本书由国际关系学院（2015年度）"中央高校基本科研业务费"专项经费项目国关文库资助出版

韩国研究文库

韩国公职人员财产登记与公开制度研究

Research on
the Korean Public Officials'
Asset Registration
and Declaration Institution

曹玮 著

社会科学文献出版社
SOCIAL SCIENCES ACADEMIC PRESS (CHINA)

目录

绪　论 ·· 1

第一章　公职人员财产申报制度与腐败治理间的理论逻辑 ········· 30
　　第一节　有关腐败的理论研究 ·· 31
　　第二节　制度、公职伦理与腐败治理的关系 ······················· 46
　　第三节　公职人员财产申报制度在腐败治理上的作用 ········· 60
　　小　结 ·· 69

第二章　金泳三政府改革公职人员财产登记与公开制度的原因 ······ 71
　　第一节　制度的自身发展因素 ·· 71
　　第二节　制度改革的生态环境因素 ··································· 90
　　第三节　制度改革的主体因素 ··· 109
　　小　结 ··· 117

第三章　金泳三政府改革公职人员财产登记与公开制度的内容 ······ 118
　　第一节　财产登记环节 ··· 119
　　第二节　财产的公开环节 ·· 138

-1-

第三节　财产的审查处理环节 …………………………………… 145
　　小　结 …………………………………………………………… 155

第四章　金泳三政府改革公职人员财产登记与公开制度的效果 …… 157
　　第一节　体制外评估数据分析 …………………………………… 158
　　第二节　体制内评估数据分析 …………………………………… 173
　　第三节　改革后制度存在的问题 ………………………………… 184
　　小　结 …………………………………………………………… 203

第五章　后金泳三时期财产登记与公开制度发展情况及完善建议 …… 204
　　第一节　后金泳三时期公职人员财产登记与公开制度的发展 …… 204
　　第二节　韩国公职人员财产登记与公开制度的完善建议 ……… 229
　　小　结 …………………………………………………………… 244

第六章　结论 ……………………………………………………… 245

参考文献 …………………………………………………………… 255

附　录 ……………………………………………………………… 280
　　公职人员伦理法(2009年) ……………………………………… 280
　　公职人员伦理法施行令(2009年) ……………………………… 328
　　公职人员伦理法(1981年) ……………………………………… 373

绪　论

　　公职人员财产申报制度是目前世界上很多国家在应对国内腐败问题上的一大举措。腐败问题的存在，不仅对一国对外的国家形象产生不小的危害，还极大地妨碍着国内政治、经济、社会等各领域沿着正常、健康的轨道发展。

　　国家形象是国际社会对一国的基本印象与总体评价，是一国总体实力的重要组成部分。今天，几乎所有的国家，不管是大国还是小国，民主国家还是独裁国家，贫穷国家还是富裕国家，都投入了很大的人力、物力资源来努力塑造本国的良好形象。对国家形象的重视源于约瑟夫·奈（Joseph Nye）的软权力（soft power）说。这位哈佛大学肯尼迪政治学院前院长、卡特政府时期的助理国务卿认为，"如果一个国家的国家形象代表其他国家所期望信奉的价值观念，代表其他国家发展的方向，则其领导成本会降低；如果其意识形态具有吸引力，其他国家将愿意追随其后；如果该国能建立与其国内社会相一致的国际规范，则他无须被迫改变"[①]。根据他的观点，如果一个国家获得了好的、被他国认可的国家形象，是可以通过吸引的方式而不需要动用战争强迫达到政策目的

[①]〔美〕约瑟夫·奈：《硬权力与软权力》，门洪华译，北京大学出版社，2005，第97~98页。

的。以吸引的方式获得对他国的权力即是软权力，而国家形象是软权力的客观存在形式——软实力的组成部分。由此，越来越多的国家加入到塑造国家形象的队伍中来。

对国家形象的评价受到国内和国际两个层面多种因素的影响。国内层面上，一国政治过程的透明度、公民政治参与的途径、媒介传播的自由空间等，无疑是评价国家形象最重要的几项指标。而这些方面的良好运转都绕不开一国政府反腐败的努力。一个致力于腐败治理并取得良好成绩的国家，它本国的政治过程将会更加透明、公民参政议政的渠道将会更加通畅、社会媒体将可以更好地发挥其作为"公民的喉舌"的作用，这样的国家在国际社会上的形象将明显优于国内腐败问题缠身的国家。从这个角度看，一国反腐的努力极大关系到国际社会对该国的认知，影响了一国国家形象的构建，进而与国家利益的得失紧密相关。作为反腐败手段之一的公职人员财产申报制度，其功能的发挥和效力的大小也就具有了影响一国国家形象的作用。

不仅与国家形象有关，腐败的存在对一国自身经济、政治和社会等各方面的发展影响更大。经济方面，腐败会抑制经济的增长，影响资源的有效配置，造成直接的经济损失；政治方面，会导致公共权力的滥用和腐化，促使政权进一步软化，带来政权的合法性危机，危害政治稳定；社会方面，则会破坏社会公平与公正，造成社会思想混乱，引起社会整体道德滑坡，破坏法制，使社会处于无序状态；等等。[①] 正是这些不良后果的发生，多国加快了腐败治理的步伐，意图通过各种方法肃清国内腐败问题。

可以看到，不管是从国家形象塑造的角度出发，还是从国家建设发展的维度考量，当今绝大多数国家对腐败现象的治理明显加强。治理措施涉及对腐败的预防与惩治的各个环节。中国监察学会对国内外腐败治理方法进行梳理发现，"加强廉政立法，是现行世界各国加强廉政建设

[①] 任建明、杜治洲：《腐败与反腐败：理论、模型和方法》，清华大学出版社，2009，第51~63页。

的一个重要措施和共同趋势。其中，公职人员财产申报是各国一项重要的廉政立法内容"①。

何谓公职人员财产申报制度？所谓财产申报制度，指的是规定国家公职人员（也称"公务员"）②在任职之初、任职期间以及任职期满后一段时间向有关部门申报并公开自己及一定范围的家庭成员的财产及其变化状况的制度。

该制度最早起源于230多年前的瑞典。早在1776年，瑞典公民就有权查看从一般官员直到首相的纳税清单。1883年，英国《净化选举·防止腐败法》延续了该制度，并以正式立法形式制定了世界上第一部有关财产申报的法律。③之后，世界很多国家和地区纷纷出台了类似的、与财产申报有关的法律、法规和条例。例如，美国于1965年、1978年相继颁布并逐步实施了《行政官员道德纲要》《政府道德法》；新加坡1960年推出《反贪污法》，随后又颁布了《财产申报法》和《公务员法》；加拿大在1994年制定实施了《公职人员利益冲突与离职后行为法》；我国台湾地区在1993年6月和8月分别通过并发布了"公职人员财产申报法"、"公职人员财产申报法实施细则"和"公职人员财产申报资料审核及查阅办法"；2002年7月，我国香港开始实施公职人员申报财产的制度；等等。本书所要研究的韩国公职人员财产申报制度，则是在1981年以立法的形式确立下来，于1983年1月1日正式实施的。

本书以韩国公职人员财产申报制度为研究对象。首先，从理论上分析财产申报制度对于肃清腐败的重要作用。其次，围绕公职人员财产申报制度在金泳三政府时期的发展这一主题，重点探讨这一制度为何会在

---

① 中国监察学会秘书处、中央纪委监察部外事局、纪检监察研究所编译《国外公务员从政道德法律法规选编》，中国方正出版社，1997，第1页。
② 公务员有广义和狭义之分。广义上的公务员是指占有国家编制职位并由公共财政支付其报酬的公职人员，狭义上的公务员是指在政府中行使行政权力、执行公务的常任制公职人员。本书所指的是广义上的公务员。
③ 梁国庆：《中外反腐败实用全书》，新华出版社，1994，第322~324页。

金泳三政府时期而非其他政府时期获得巨大发展，并分析这一制度在金泳三政府时期的重要表现形式，进而通过体制内外评估的方法测量该制度在腐败治理上的效用并指出其存在的问题。最后，对后金泳三时期的制度发展情况做简单的介绍，并结合我国目前的情况，讨论其对我国的启示。

在行文之前，关于韩国公职人员财产申报制度的名称做必要的说明。韩语中，该制度被称为"公职人员财产登记与公开制度"。之所以如此，是因为，该制度在韩国早期的发展中，只涉及财产的登记环节，不包括公开环节。直到20世纪90年代，韩国才通过立法的形式将财产的对外公开确立下来。可见，申报制度在韩国的发展经历了两个阶段，而它在名称的使用上也就明确地包含了"登记"与"公开"两部分。本书讨论的是财产申报制度在韩国的发展，所以需要做出说明的是：下文在谈及韩国的情况时，使用"韩国公职人员财产登记与公开制度"这一名称。在理论探讨部分以及论述其他国家的制度情况时，依然采用"公职人员财产申报制度"这一提法。

一 问题的提出及研究意义

韩国公职人员财产登记与公开制度是韩国治理腐败的重要措施之一。该制度在韩国的具体的发展进程如下。

20世纪60年代初，韩国政界人士开始关注公职人员财产登记与公开制度。背景是，1960年韩国发生"4·19"革命①政变，李承晚政府被推翻，张勉民主党政府上台。新上台的民主党政府，既要面对自由党政府留下的极严重的腐败烂摊子，又面临全社会要求全面改革的呼声。在这种情况下，张勉政府决心全力打击蔓延已久的腐败问题。

---

① "4·19"革命是指由于1960年4月18日高丽大学的示威学生遭到政治流氓袭击，继而引发的自4月19日开始的波及全国的示威游行。在此次运动后，李承晚宣布下野并流亡美国夏威夷。第一共和国结束。

其措施之一就是向国会提交《公职人员财产登记法案》。该法案要求，各部门所属一定职级以上的公职人员在任职和退职时应登记本人、配偶以及同一户籍内直系亲属所拥有的财产。此外，每年还要申报财产的增减情况，便于政府部门准确掌握公务员的财产变化，防止滥用职权的不法敛财行为发生。[①] 遗憾的是，当时国会以现有法令足以处罚有不正当行为的公职人员、没有另立他法的必要为由，无限期搁置了该提案。

直到朴正熙政府上台后，公职人员财产登记制度才在一定范围内被实施。1964年7月16日，韩国政府正式下发国务总理指示——《公职人员财产自愿登记指南》。指示规定，公职人员应自愿登记所拥有的财产，用以表明自身的清正廉洁，从而获取国民信任，重树政府的威信。[②] 根据该指示，韩国首次实践了公职人员财产登记制度。只是此次登记内容并不对外公开，更为遗憾的是，登记只进行了一次，就未再继续下去。

到20世纪80年代，公职人员财产登记制度在韩国有了很大发展，获得了得以实施的立法基础，但这一时期公开制度仍迟迟未有发展。1981年12月31日，《公职人员伦理法》颁布。该法的最主要内容就是规定了财产登记制度的各种事项，包括登记对象、登记内容、登记方法以及相应的惩罚措施，等等。考虑到将登记的财产予以公开可能会给新一届政府带来巨大压力，该法并没有将财产的公开部分纳入其中。[③] 1983年1月1日，公职人员财产登记制度在韩国正式实施。

1993年，在金泳三政府上台后不久，就全面修订了公职人员财产登记制度的内容，并以法律的形式确立和实施了公开制度。根据1993年6月11日新修订的《公职人员伦理法》的规定，一级以上的高级公职人

---

① 参见韩国国家记录院国务会议录第66次《公职人员财产登记法案》内容。
② 〔韩〕徐源锡：《韩国反腐败政策的变迁》（上、下），载王伟、车美玉等《中国韩国行政伦理与廉政建设研究》，国家行政学院出版社，1998，第123页。
③ 韩国法制处国家法令信息中心：《公职人员伦理法》第十条（1981年12月31日）。

员应公开登记的财产。① 至此，真正意义上的包含"登记"和"公开"两个必要环节的财产申报制度才在韩国真正建立起来。关于登记制度部分的修订，包括大幅度地增加新条款和删除部分旧条款。例如，扩大了原有登记义务者（"登记义务者"是韩国法律中对需要登记财产的公职人员的称谓。"登记对象"是对"登记义务者"、配偶及其一定范围内亲属的统称）的范围和登记财产的内容，增加了登记机关的数量，进一步细化了财产金额的算定方法，赋予了公职人员伦理委员会审查职能以及增加了拒绝财产登记罪、提交虚假材料罪等罪名，等等。

仅一年多之后，金泳三政府在1994年年底再次修订了《公职人员伦理法》。针对在过去一年多里实施公职人员财产登记与公开制度过程中出现的新问题、新现象，有针对性地在相应法条上进行了修改。例如，增设地方警察厅、地方国税厅作为财产登记机关，将登记义务者的登记范围扩大到监察、税务、检察事务职九级，等等。

金泳三政府之后，继任的金大中、卢武铉以及李明博政府也先后对《公职人员伦理法》和用以指导法律实施的《公职人员伦理法施行令》（以下简称施行令）做了部分修订。例如，2001年1月，金大中政府修订了《公职人员伦理法》。修订内容包括增加财产公开对象人员应申报股票投资细目、财产变动事项可延缓申报这两项规定。同年4月，施行令做了修订，将建筑、土木、环境、食品、卫生等部门更多较低职级的公职人员纳入登记义务者范围之内，而同时对其他一些部门则缩小了登记范围，提高这些部门应登记人员的职级。卢武铉政府于2005年5月对《公职人员伦理法》进行修订，新增加了对股票白纸信托制度的规定。具体内容是：财产公开人员应对超过一定限额的股票进行处理，超过部分或者直接出售或者信托给有资质的相关机构。2006年12月，卢武铉政府再次修订《公职人员伦理法》。修订事项主要有三：一是若财产总额发生变动，应及时

---

① 韩国法制处国家法令信息中心：《公职人员伦理法》第十条（1993年6月11日修订）。

进行申报，即增加了财产变动申报的内容；二是要求财产公开对象人员对财产的形成做出说明；三是增设"拒绝告知"的事前许可条款。李明博政府在2009年2月3日以法律第9402号重新对《公职人员伦理法》进行修订。但此次修订，重点工作放在相关术语的更正上，内容上仅做了一处修改，增加对不动产信息事先查询制度的规定，以便更准确地统计公职人员的财产价值。

公职人员财产登记与公开制度在韩国的发展进程，一方面向我们清晰地展示了申报制度之所以在韩国被称为登记与公开制度的原因，另一方面也展示出在制度的发展过程中，金泳三政府发挥的举足轻重的作用。从严格的意义上讲，公职人员财产申报制度应至少包含以下四个方面：一是将制度以国家法律的形式加以确立；二是向国民公开申报财产的内容；三是设立审查财产的机关；四是要有对申报过程中出现的违法违规行为进行惩处的规定。可以看到，在金泳三政府时期，通过他的改革，韩国财产的公开制度才以法律的形式确立并实施，在审查和惩罚环节上，也有了实质性的改变。毫无疑问，韩国真正意义上的申报制度是在金泳三政府时期确立的。

由此，也让我们产生了学术上的困惑。财产登记制度在韩国1983年就已经得到实施，而早在20世纪60年代，韩国政府就已经开始关注并试图确立该制度。但是，真正意义上的财产登记与公开制度却一直到20世纪90年代金泳三政府时期才得以确立。在金泳三之后的几届政府，虽然也对制度做了完善，但都只不过是在这一时期的制度框架下做的小修小补。对此我们不禁要问：为什么韩国是在金泳三政府时期而不是在其他政府时期实现了公职人员财产登记与公开制度的巨大发展？在制度的发展过程中，金泳三政府对其做了怎样的大修大补？这种大规模的制度改善是否有助于韩国腐败的治理呢？它的积极意义和消极意义分别是什么？该制度是否需要在某些方面做进一步的完善呢？更重要的是，公职人员财产登记与公开制度在韩国的发展对中国的相关制度建设又会有什么样的启示？

上述这些问题构成了本书的核心困惑。对这些问题的回答构成了本书的基本内容。对韩国公职人员财产登记与公开制度的研究有着显而易见的理论和现实意义。

理论上，公职人员财产申报制度无疑是各国在实施"低薪养廉""高薪养廉""重法促廉"模式后，在探索"以法导廉"模式道路上的又一新的创举。"以法导廉"模式是当今很多国家普遍使用的反腐模式之一。与"重法促廉"模式更加注重法律的惩治功能、强调唯有通过严刑峻法才能带来公职人员的廉洁不同，该模式强调法律在腐败治理手段中的主导地位。它要求以法制为中心，建立不同层面的权力约束机制，坚信在社会结构中唯有形成一种内在的以法律为主导的制约机制，才能保证公职权力的正常运行，收到反腐倡廉的实效。① 进一步讲，这种模式强调包括公职伦理在内的可能影响公职人员腐败的各种因素都应纳入法律框架中，用法律引导和规约公职人员的行为。就公职人员伦理道德而言，"以法导廉"模式认为，道德的养成不是自然而然发生的，须凭借外部权威的力量，走法制化的道路，将伦理道德规范转化为具体的、量化的、具有约束惩罚力的法律要求，才能引导公职人员逐步由他律实现自律，帮助公职人员树立正确的公职伦理观，以充分发挥伦理道德在腐败治理尤其是腐败预防中的作用。

"以法导廉"模式中所讲的公职伦理法制化，指的是通过立法程序将一定的公职伦理以法律、国家意志的形式明确表现出来并使之具有法律效力。其中，"法"的实质，是"将那些涉及公私利益冲突的、底线层次的、可普遍化的公职行为伦理准则以正式制度的形式确定下来，使其成为公职人员必须履行的具有确定性和具体指令性的伦理责任。以这样的方式确定公职人员的底线伦理标准，不仅可以减少公职伦理要求的抽象模糊性，避免公职人员行为选择的主观随意性，而且可以增强公职伦理的权威性、约束力和有效性"②。实现公职伦理的法制化也是西方发达国家的普遍做法。公职人员财产申报制度便是其中重要的内容之一。

---

① 林喆：《当代中国官员财产申报制度建立的难点及对策》，《中国党政干部论坛》2009年第9期，第27页。
② 龙兴海：《公职伦理建设论纲》，《中南大学学报》2005年第5期，第553页。

该制度通过规定国家公职人员在任职之初、任职期间以及任职届满后向有关部门登记并公开自己及一定范围内家庭成员的财产及变化状况,将公职人员履行基本伦理义务的情况变成可公开、可审查、可质询的财产拥有状况,以此来作为监督与确认公职人员廉政与否的重要依据,从而达到用法律法规引导公职人员树立良好公职道德、约束与指导公职人员行为活动的目的。

如前所述,公职人员财产申报制度最早起源于欧洲。因此,对该制度的学理研究与实践也是西方占绝对主导的。但问题是,以美欧等西方国家实践为基础抽象出来的理论适合东方国家吗?我们知道,东方尤其是东亚国家的腐败问题较之西方无论是历史长度还是严重程度都要长得多、厉害得多。西方国家在实施财产申报制度过程中所遇到的阻碍也远没有东亚国家那么大。如此,有关该制度的西方理论与经验就很难照搬到东亚国家身上。令人遗憾的是,由于该制度在亚洲国家的适用并不广泛,因此,相应的地区性理论建设非常缺乏。本书通过系统研究东亚典型国家——韩国的公职人员财产登记与公开制度的发展,无疑将会丰富原有的制度理论研究内容,将东方国家的制度模式和理论构想融合进去,建立更具包容性、普适性的公职人员财产申报制度理论。

我们知道,韩国是深受儒家文化影响的典型东亚国家。在"修身、齐家、治国、平天下"的理想和"学而优则仕"的成才观念影响下,千百年来,韩国的普通民众几乎都将"入仕"作为人生最高的目标追求。但官员的数量是有限的,官位资源是紧张的,因此,在这种极难获得为官可能的情况下,人一旦成功入仕,便极易滋生特权思想,腐败也就接踵而来。自高丽、朝鲜王朝起,韩国国内就存在着大量的腐败问题。直至1945年,李承晚建立现代意义上的民族国家——大韩民国后,腐败问题仍如影随形,没有多少改观,严重困扰着当局。基于治理腐败的需要,韩国政府适时推出了公职人员财产申报制度。但起初,它并未像西方国家那样明确确立起完备的制度框架。直到制度被引入韩国30多年后,金泳三政府才对其进行了彻底的改革并将其切实贯彻施行。显然,与西方国家相比，韩国公职人员财产申报制度的发展演进过程更加曲折艰难。

通过对金泳三政府时期韩国公职人员财产申报制度内容的研究，不仅可以展示在此期间该制度在内容规定上所发生的重大调整与改变，更重要的是可以寻找出究竟是哪些因素的综合作用诱发该制度发生了根本性的变化。此外，还能在该制度在韩国运行后的长期追踪的基础上评估出该制度的效能。这些工作将从理论上弥补公职人员财产申报制度在亚洲国家的适用性及其阶段性发展问题上的空白。事实上，目前不仅中国学术界对这些问题的研究十分缺乏，而且韩国国内对这一特定时期的相关制度发展问题也鲜有研究。

对金泳三政府改革公职人员财产登记与公开制度的研究，还有着重要的实践意义。

观察韩国的制度实施情况我们可以看到，通过逐步运行和有效实施财产登记与公开制度，韩国的腐败状况有了明显好转。尤其是在金泳三政府时期，一方面，通过细化法律条文，完善了制度运行。法律条文由1981年最初立法时的仅四千多字、权责罚条款混乱的情况修改成为字数接近一万两千字，同时包含总则、财产申报和公开、礼品申报、限制退职公职人员就业、补则、惩戒和罚则六大部分的系统性的法律文本。此外，还颁布专门的新的施行令，指导法律具体的实施。另一方面，在相对成熟的制度运行和保障下，腐败案件的发现率较之前政府时期明显提高，达到了查处腐败、杜绝腐败的立法目的；同时由于制度切实执行形成的对公职人员群体的强有力震慑作用，制度还有效地发挥了预防腐败的功效，在源头上遏制和杜绝了腐败的蔓延。

作为和韩国有着近似官僚文化传统的我国，现今也颇受腐败的困扰。虽然曾有过关于施行财产申报制度的提案，却迟迟没有上升为法律。从性质上看，财产申报制度在我国还仅是一种政策性规定，适用范围还很窄。而一项制度如果没有上升为国家的法律，那它就不能依赖国家的强制力保障实施。从内容上看，我国财产申报制度虽然在申报主体、申报范围、申报程序、受理机关、申报监督和究责等问题上都做了一些规定，但每项条款都只是寥寥数字，规定得比较宽泛，具体实施起来存在很多问题，因此，还难以称得上是一项真正完整的制度。如何完善现有制度、促成制度的法制化成为我国政府面临的一项任务和挑战。为更好地治理腐败、建设廉政型的干部队伍，我们可以从韩国公职人员财产登记与公开制度的建设尤其从金泳三政府的制度改革中吸取经验和教训。与西方国家相比，韩国政治文化的诸多方面都与我国更加类似，韩国在制度的改革和发展中遇到的困难和阻碍在我国有可能也会遇到。因此，研究韩国的公职人员财产登记与公开制度对中国具有现实意义。通过借鉴韩国的经验，可以帮助我们更好地构建有关我国财产申报制度的法律规范，加快完善制度的运行，尽早发挥制度的效能，起到对内推进廉政化的进程、对外塑造良好国家形象的作用。

二 前期研究情况综述

从整体的研究看，国内学者对韩国公职人员财产登记与公开制度的最早关注便是开始于金泳三政府时期。由中国监察学会秘书处、中央纪委监察部外事局、纪检监察研究所于1997年共同编印的《国外公务员从政道德法律法规选编》是国内首部介绍韩国财产登记与公开制度的文献著作，书中全文翻译收录了韩国政府1993年6月修订的《韩国公职人员道德法》（即本书所讲《公职人员伦理法》，译法不同），详细介绍了有关该制度的法律规定内容。该法共包括六章三十条，其中有关财产登记与公开内容的条款主要集中在第二章和第六章，具体规定了登记主体、应登记的财产范围、负责登记财产的机关以及对变动事项的申报等方面的内容。[①]

1998年由中国国家行政学院和韩国行政研究院合作出版的《中国韩国

---

① 中国监察学会秘书处、中央纪委监察部外事局、纪检监察研究所编译《国外公务员从政道德法律法规选编》，中国方正出版社，1997，第64~84页。

行政伦理与廉政建设研究》一书是中韩两国学者就行政伦理与廉政建设开展共同研究的一大成果。该书收录了多篇中韩学者的文章，其中涉及韩国公职人员财产登记与公开制度的共有三篇。两篇由韩国学者徐源锡所写。其中，《韩国反腐败政策的变迁》（上、下）一文，介绍了韩国第一至第六共和国的反腐败情况，对有关公职人员财产登记与公开制度立法依据的《公职人员伦理法》的修订沿革做了较为详细的说明。包括：第一共和国时期发表了《公职伦理确立宣言》、第二共和国时期民主党政府向国会提交《公务员财产登记法案》、第三共和国时期发布公务员财产登记实施方案、第五共和国时期制定《公职人员伦理法》、第六共和国时期向国会提交并通过了以高级公务员财产公开为主要内容的《公职人员伦理法》。①

徐源锡另一篇文章是《韩国与中国反腐败政策的评价与展望》，文中在评价金泳三政府时期的一系列反腐败政策时称："金泳三政府所推行的反腐政策的最大特点，是总统有决心要进行一次彻底的从上至下的改革。金泳三上任伊始就做出了良好的表率。不仅宣布在任期间绝对不收政治资金，还率先公开自己的财产，并要求其他的高级公职人员也一并公开财产，这些活动对包括公职人员财产登记与公开制度在内的各项反腐措施的切实执行有着重要的推动作用。这一时期从上到下的腐败肃清工作也是之前历届政府所没有做过的。"②

《中国韩国行政伦理与廉政建设研究》一书中唯一一篇中国学者撰写的文章是王伟、车美玉的《韩国行政伦理与廉政建设的经验与启示》。该文也部分涉及金泳三政府制度改革的成效和内容。例如，文中谈到"韩国的两位前总统卢泰愚和全斗焕先后因巨额秘密资金罪被逮捕，源于金泳三政府认真实施了《韩国公职人员伦理法》"③，"金泳三总统在

---

① 〔韩〕徐源锡：《韩国反腐败政策的变迁》（上、下），载王伟、车美玉等《中国韩国行政伦理与廉政建设研究》，国家行政学院出版社，1998，第117~171页。
② 〔韩〕徐源锡：《韩国反腐败政策的变迁》（上、下），王伟、车美玉等《中国韩国行政伦理与廉政建设研究》，国家行政学院出版社，1998，第268~280页。
③ 王伟、车美玉：《韩国行政伦理与廉政建设的经验与启示》，载王伟、车美玉等《中国韩国行政伦理与廉政建设研究》，国家行政学院出版社，1998，第259页。

任期内，先后几次修订了《韩国公职人员伦理法》，使制度建设日趋完善。"① 但是，这种论述仅仅是寥寥数语，文章本身并未对制度如何发挥作用、为何能发挥作用等问题进行深入的剖析和研究。

除著作外，自20世纪90年代开始，国内学者陆续通过期刊文章的形式对金泳三政府改革后的制度运行做了一些说明和评介。例如，1995年，《瞭望》周刊以汉城专电的形式最先介绍了韩国在修改《公职人员伦理法》、实现财产公开后的几年时间里在防止腐败方面的效果。文章指出，"经过近3年的反腐败运动，（韩国）为数众多的国会议员、政府高官、军队将校、财界巨子等在这场自上而下的运动中闻风落马。政经勾结、以权谋私等数十年经济社会开发过程中相伴产生的社会弊端得到一定程度的遏制，为韩国建立清廉的社会创造了一个良好的开端"。② 1997年，西北政法大学的费京润、闫萍发表了《韩国公职人员的财产申报和公开制度》一文，首度从法律的角度介评了作为制度法律依据的《公职人员道德法》（即金泳三政府时期的法律），认为其立法目的鲜明、规范范围明确、惩罚和罚则严明。③

此外，鉴于韩国公职人员财产登记制度走向公开，制度本身变得更为系统化、更具科学化，当时一些着眼国内腐败问题的学者也开始重新审视我国财产申报制度的构建情况，呼吁尽快将财产申报制度列入立法规划。例如，1993年姬亚平的《建立国家公职人员财产申报制度的设想》④、1994年陈君的《财产申报制度是廉政之必要条件》⑤、1995年何向南的《建立财产申报制度的设想》⑥、1995年宋文斌的《国家公职人

---

① 王伟、车美玉：《韩国行政伦理与廉政建设的经验与启示》，载王伟、车美玉等《中国韩国行政伦理与廉政建设研究》，国家行政学院出版社，1998，第261页。
② 张忠义：《韩国财产公开防止腐败》，《瞭望》1995年第43期，第41页。
③ 费京润、闫萍：《韩国公职人员的财产申报和公开制度》，《法学杂志》1997年第2期，第40、46页。
④ 姬亚平：《建立国家公职人员财产申报制度的设想》，《行政法学研究》1993年第4期，第27~30页。
⑤ 陈君：《财产申报制度是廉政之必要条件》，《社会》1994年第5期，第23~24页。
⑥ 何向南：《建立财产申报制度的设想》，《人民检察》1995年第1期，第58页。

员财产申报制度初探》①等文章都从考察包括韩国在内其他各国的财产申报制度的实施情况出发，探讨并提出应建立适合我国的公职人员财产申报制度的一系列意见和建议。可惜的是，这种讨论并没有持续很久。在此之后的十余年间，有关韩国制度的讨论逐渐趋于停滞。

直到最近几年，国内学者才开始重新关注韩国公职人员财产登记与公开制度的发展。2006年，周金恋所写的《韩国公职人员财产登记制度的演变及其启示》一文，重点考察了韩国公职人员财产登记制度演变的过程，将制度的发展分为法案初创期、政策指导期、重新制定期和修订完善期四个时期。文章认为，金泳三政府时期属于制度的修订完善期。韩国财产登记制度的演变具有循序渐进、逐步完善，内部监督、成就斐然，总统带头、率先垂范，惩戒有力、处罚从严等特点，值得我国借鉴和学习。② 2008年，曹贵宝等的《加美韩新等国家和地区财产申报制度及经验的借鉴与启示》一文，介绍了包括韩国在内的四国的财产申报制度的内容。文章认为，财产申报制度之所以能够在这些国家取得成功，得益于政府的强硬态度、廉政的强力他律性、公民的廉洁自律性等多个因素。我国应参照这些国家的实施经验，抓紧时间形成具有我国特色的反贪污反行贿反受贿的财产申报法案，早日筑成我国维护社会主义廉政的法网与德纲。③ 2010年，孔凡河的《韩国官员财产申报制度的路径变迁及启示》，从韩国官员财产申报制度的缘起与路径变迁、韩国官员财产申报制度的障碍因素解析以及韩国官员财产申报制度对我国的启示三个方面对制度做了探讨。文章指出，在亚洲，韩国的财产申报制度全面、系统，堪称典型。韩国财产申报制度的构建大致经历了萌芽初创、基本确立、修订完善和例行公事四个阶段。金泳三政府时期属于修订完善阶段，公职人员财产申报制度在这一

---

① 宋文斌：《国家公职人员财产申报制度初探》，《中国刑事法杂志》1995年第4期，第25~27页。
② 周金恋：《韩国公职人员财产登记制度的演变及其启示》，《河南社会科学》2006年第6期，第72~74页。
③ 曹贵宝、刘宏勋、刘书增：《加美韩新等国家和地区财产申报制度及经验的借鉴与启示》，《邯郸学院学报》2008年第2期，第74~79页。

时期基本定型。文章继而指出,既得利益群体的抵触、官僚政治中的权力之争、社会公众的低度政治参与以及对个人隐私权顾虑重重等因素的掣肘,是制度发展一波三折的主要原因。韩国官员财产申报制度的发展经验对我国的启示是:应分步实施、逐步扩大;多管齐下,不断完善配套制度;加强教育,营造廉洁自律的公共伦理环境等。① 2010 年,刘重春的《韩国公务员财产申报制度及其借鉴意义》,采取实证研究的方法总结了韩国在推行公务员财产申报制度中的基本经验。文中将韩国制度的发展分为三个时期,其中 1960 年至 1982 年为探索时期、1983 年至 1993 年为发展时期、1993 年以后为完善时期。文章认为,韩国的经验表明,财产申报和财产公开应以高级公务员为重点,政治领袖的垂范推动与舆论监督是推进财产公开制度建立的动力,法律制度的可操作性及设立有效的监督执行机构是财产申报制度得以落实的保证。②

从上述文章中可以发现,国内早期的相关研究主要围绕金泳三政府时期制度的内容展开,以介绍为主,分析评价较少,近期的研究开始从历史的角度来分析韩国财产申报制度的变迁过程,力图从韩国制度发展中寻找经验加以借鉴,但对金泳三政府时期制度改革情况的专门研究却更加贫乏。此外还有一些文章在论及金泳三政府的廉政改革时涉及金泳三改革公职人员财产登记与公开制度的情况,例如敖依昌等的《韩国金泳三政府反腐廉政新举措述评》③、李国强的《韩国总统金泳三反贪污内情》④、张学谦的《金泳三加强廉政建设的举措》⑤、章平平的《金泳三

---

① 孔凡河:《韩国官员财产申报制度的路径变迁及启示》,《行政论坛》2010 年第 6 期,第 99~102 页。
② 刘重春:《韩国公务员财产申报制度及其借鉴意义》,《学习与实践》2010 年第 9 期,第 96~101 页。
③ 敖依昌、刘益良:《韩国金泳三政府反腐廉政新举措述评》,《重庆大学学报》1996 年第 1 期,第 113~116 页。
④ 李国强:《韩国总统金泳三反贪污内情》,《国际新闻界》1994 年第 1 期,第 13~14 页。
⑤ 张学谦:《金泳三加强廉政建设的举措》,《国际展望》1994 年第 6 期,第 20~22 页。

与韩国的反腐败运动》①、张晓燕的《金泳三政权：通过改革建立新秩序》②、黄兆群的《论韩国前总统金泳三》③ 等，但都限于对改革内容的简单描述，没有做更深入的分析与讨论。

与中国学者的研究成果相比，韩国学者对公职人员财产登记与公开制度的研究显然更为成熟，成果也更丰富。可大致将韩国国内对该制度的研究成果分为两类：一类是以"公职人员财产登记与公开制度"为直接研究的对象所展开的研究；一类是将"公职人员财产登记与公开制度"作为研究韩国腐败或韩国公职人员伦理的一部分展开的研究。

就第一类而言，1997 年由韩国腐败防止对策委员会编写的《公职者财产登录制度的实态和改善方案》④，是目前韩国国内阐释该制度最为翔实的文献资料，书中给出了公职伦理的概念，评价并分析了《公职人员伦理法》的主要内容，是研究从韩国建国到 1997 年期间该制度发展过程的重要参考资料。此外，还有几篇硕士学位论文也以财产登记制度为主题做了较为深入的研究，分别是 1985 年金重阳的《我国公职者财产登录制度的研究》⑤、1995 年崔永钧的《对我国公职者财产登录和公开制度的评价》⑥、1998 年沈再弼的《为确立公职者伦理的财产登录制度效率性确保方案研究》⑦、2001

---

① 章平平：《金泳三与韩国的反腐败运动》，《理论观察》1993 年第 6 期，第 57～58 页。
② 张晓燕：《金泳三政权：通过改革建立新秩序》，《中国党政干部论坛》1994 年第 12 期，第 38～39 页。
③ 黄兆群：《论韩国前总统金泳三》，《烟台师范学院学报》2003 年第 1 期，第 37～42 页。
④ 부정방지대책위원회：『公職資財産登錄制度의 實態와 改善方案』，부정방지 대책위원회，1997. 注：此处原书名为"资"，韩国学者著书时的通常做法是将韩文书名直接转换为繁体汉字。但转换后的繁体汉学书名一般会有误，不符合汉字使用习惯。此处是保留了原著的书名。但同时也带来了使用上的问题，即注释和正文中的文章标题有所不同。正文中笔者改成了符合汉语习惯的且是简体字的标题。（后同）
⑤ 金重陽：『우리 나라 공직자재산등록제도에 관한 연구』，서울대학교 석사학위논문，1985.
⑥ 최영준：『우리 나라 공직자재산등록공개제도에 대한 평가』，국방대학교 석사학위논문，1995.
⑦ 심재필：『공직자 윤리 확립을 위한 재산등록제도의 실효성 확보 방안에 관한 연구』，경남대학교 석사학위논문，1998.

绪　论

年罗钟焋的《有关公职者财产登录制度效率性确保方案的研究》①以及2005年罗宽柱的《公职者财产登录制度实效性确保方案研究》②。上述五篇论文都对当时的公职人员财产登记（公开）制度做了评析，介绍了《公职人员伦理法》的主要内容，分析了当时制度的问题点并提出了一些建议。

遗憾的是，这些文章的目光皆是聚焦于当时的时间点，对制度发展中的重要变革时期——金泳三政府时期要么没有研究，要么只作为一个阶段加以叙述，没有系统解析和评估该重要时期制度的情况。例如，金重阳的论文只研究了1981年的财产登记制度，崔永钧的论文虽然时间点落在20世纪90年代，但是研究更加侧重对制度效果的评价，而罗钟焋和罗宽柱论文的研究重点则是金大中时期的财产登记和公开制度。

与著作和学位论文相比，韩国学者相关的研究性文章颇为繁多，迄今有一百余篇。③其中，在金泳三政府时期发表的文章就有二十余篇。例如，1993年洪正轩的《公务员的财产登记义务》④、1993年李尚近的《公职者财产登记和公开的效果》⑤、1994年金重阳的《公职者财产登录制度》⑥、1995年李旺载的《公职者财产公开的问题点分析和政策建言——以公职者伦理委员会的运行为中心》⑦、1995年李筱成的《改革沿革——"公职人员财产公开"》⑧等。金泳三政府之后，有关文章包

---

① 羅鐘焋：『公職者財産登錄制度 效率性確保方案에 關한 研究』，全南大學校 석사학위논문，2001.
② 나관주：『公職者財産登錄制度 實效率性確保方案 研究』，서울시립대학교 석사학위논문，2005.
③ 统计数字来源于韩国国会图书馆，http://www.nanet.go.kr/，最后访问日期：2013年12月30日。
④ 홍정선："公務員（公職者）의財産登錄義務"，『考試研究』，1993 (06)，52-61쪽.
⑤ 이상진："공직자재산등록공개의 효과성"，『경상대학교사회과학연구소학보』，1993 (01)，78-84쪽.
⑥ 김중양："공직자 재산등록제"，『考試界』，1994 (03)，114-129쪽.
⑦ 이왕재："공직자 재산공개의 문제점 분석과 정책제언 - 공직자윤리위원회의 운영을 중심으로"，『상명여대 사회과학연구』，1995 (01)，231-259쪽.
⑧ 이효성："개혁실마리 공직자재산공개"，『한국논단』，1995 (05)，75-82쪽.

括 1997 年郑日燮的《有关财产登记和公开制度的研究》①、2000 年金钟成《公职者财产登录制度的问题点和改善方案》②、2003 年李炳哲的《韩国公职人员财产公开的评价和政策方向》③、2010 年朴洪石的《对公职人员财产登记与公开制度认知集团差异》④ 等。上述文章从法律沿革的角度对公职人员财产登记与公开制度进行描述后,基本上都从有效预防腐败的角度提出了对制度的改善意见。这些意见基本都涉及几个方面的完善建议:登记财产的范围和标准、登记的对象、公职人员伦理委员会的组成、处罚措施等。但是这些文章同样大都只关注某个具体时间点上制度的效果,对金泳三时期制度改革的深入分析基本没有,相较于上述学位论文甚至更缺乏研究深度。

第二类成果是将"公职人员财产登记与公开制度"作为韩国腐败或韩国公职人员伦理研究的一部分而开展的研究。这些著作或文章,因研究重点不在财产登记与公开制度,因此也多停留在简单介绍的层面。在有关腐败研究的著作中,公职人员财产登记与公开制度是作为防止腐败的一项法律性制度措施被提及的。这方面的成果包括 1995 年具滋龙的《行政控制的理解》⑤、1995 年崔炳轩的《政治行政非理和对应方案》⑥、1996 年权秀日的《官僚腐败论》⑦、2001 年反腐败国民联大编写的《反腐败制度》⑧ 等。在有关公职伦理研究的著作中,公职人员财产登记与公开制度作为韩国公职人员从政道德法律法规之一也被提及。这方面的

---

① 정일섭:"재산등록 및 공개제도에 관한 연구,"『사회과학연구소 논문집』, 1997 (01), 99-112 쪽.
② 김종성:"공직자 재산등록제도의 문제점과 개선방안에 관한 제도적 접근", 경실련 공청회 발표논문, 2000.
③ 이병철:"한국공직자재산공개에 대한 평가와 정책방향", 『울산대학교 사회과학논집』, 2003 (01), 56-72 쪽.
④ 박홍식:"이창길. 공직자 재산등록 및 공개제도에 대한 공직사회 이해관계 집단 간 인식의 차이", 『한국부패학회보』, 2010 (06), 64-90 쪽.
⑤ 구자용:『행정통제의 이해』, 서울전예원, 1995.
⑥ 최병선,『정치행정 비리와 대응방안』, 서울대학교출판부, 1995.
⑦ 전수일:『관료부패론』, 서울선학사, 1996.
⑧ 반부패국민연대:『반부패지도』, 서울사람생각, 2001.

成果包括 2000 年李相安的《公职伦理奉献论》①、2005 年江申泽的《行政学的伦理》②、2010 年罗忠实的《韩国的公职伦理》③ 等。

  此外，以腐败、公职伦理为题撰写的硕博士论文中也有对该制度的分析和介绍。④ 其中，2005 年金圭贤的博士学位论文《有关公职腐败的法的统治研究》⑤ 和 2005 年金相植的博士学位论文《腐败防治政策实效性研究——公职人员财产登记制度的组织学习理论分析》⑥ 将"公职人员财产登记制度"单列一章来评述，是相关论文中对财产登记与公开制度研究水平最高的。尤其是后者，以组织学习理论为分析

---

① 이상안：『공직윤리봉사론』，서울박영사，2000.
② 강신택：『한국행정학의 논리』，서울박영사，2005.
③ 나중식：『한국의 공직윤리』，서울경제경영，2010.
④ 有关腐败方面的代表性学位论文有：차재상：『공무원 부패방지에 관한 연구』，광주대학교 석사학위논문，2012; 이상범：『공무원 부패방지 정책의 효과성 인식에 관한 연구』，경상대학교 석사학위논문，2008; 이덕환：『우리나라 부패실태와 공직자의 부패방지방안에 관한 연구』，공주대학교 석사학위논문，2007; 유인영：『한국부패통제기구에 관한 연구：부패방지위원회를 중심으로』，연세대학교 석사학위논문，2004; 김성호：『공직부패 방지를 위한 제도개선에 관한 연구』，건국대학교 석사학위논문，2003; 임영찬：『공무원 부패방지에 관한 연구』，중앙대학교 석사학위논문，2001; 崔炳允：『韓國 官僚腐敗의 防止方案에 관한 研究』，漢陽大學校 석사학위논문，1999; 金昭怡：『公務員의 腐敗防止에 관한 研究』，檀國大學校 석사학위논문，1998; 崔瑾燮：『관료부패의 원인과 방지전략에 관한 연구』，東義大學校 석사학위논문，1995; 朴天一：『公務員腐敗의 防止戰略에 관한 研究』，慶熙大學校 석사학위논문，1992; 南勁旭：『第 5 共和國의 腐敗防止政策에 관한 研究：公職者 倫理法을 中心으로』，서울대학교 석사학위논문，1987; 趙永載：『한국의 서정쇄신과 공직자 부패방지』，서울대학교 석사학위논문，1980; 劉基天：『公務員 腐敗防止策에 관한 연구』，동국대학교 석사학위논문，1970。
有关公职伦理方面的代表性学位论文有：김대성：『공직윤리 확립 방안에 관한 연구』，고려대학교 석사학위논문,2011; 형남주：『공직윤리 문제와 해결바안』，조선대학교 석사학위논문,2010; 김태호：『지방공무원의 공직윤리 확립방안에 관한 연구』，충남대학교 석사학위논문,2003; 金春植：『公務員의公職倫理 確立 方案에 관한 研究』，湖南大學校 석사학위논문,1998; 孟基永,『우리나라 公職倫理 確立 方案에 대한 硏究』，檀國大學校 석사학위논문,1996; 玄京浩：『公職倫理의 提高方案에 관한 硏究』，江原大學校 석사학위논문,1993; 金永國：『韓國 公職倫理 確立方案에 관한 硏究』，國民大學校 석사학위논문,1992; 鄭龍彩：『韓國 公務員의 公職倫理 改善 方案에 연구』，檀國大學校 석사학위논문,1991; 金道相：『韓國 官僚의 公職倫理에 관한 硏究』，嶺南大學校 석사학위논문,1988; 鄭鎭善：『公職倫理에 관한 硏究』，연세대학교 석사학위논문,1983; 김남득，『공직의 윤리』，명지대학교 석사학위논문 1979。
⑤ 김규현：『公職腐敗에 대한 法의 統制 研究』，대전대학교 박사학위논,2005.
⑥ 김상식：『腐敗防止 政策의 實效性에 關한研究：公職者財産登錄制度의 組織學習論的 解釋』，고려대학교 박사학위논문，2005.

框架，分第五、第六共和国（1980—1992年）、文民政府（1993—1997年）、国民政府（1998—2002年）、参与政府（2003—2005年）四个时期，从内容、效果以及配套制度的完善情况等三个方面分别对财产登记与公开制度进行了研究，并据此总结概括了当时制度所存在的问题，如贯彻意志不坚定、制度运行中缺乏公平性等。此外，相关的期刊学术文章中，如1991年咸友植的《解消官僚腐败，确立公职伦理的方案》[①]、1999年金英忠的《效果性反腐败政策》、2004年尹泰范的《为确保公职伦理，利害冲突的回避制度》、2008年罗永才的《反腐败战略和政策对腐败改善的效果研究》、2012年朴景元的《我国公职伦理制度的问题点和改善方案》[②]等也有对财产登记与公开制度的介绍，但这些文献更多的是一种科普性质的介绍，未对制度本身做深刻的剖析，而对金泳三政府时期制度的改革内容的专门论述更是难以找到。

综合以上韩国和中国学者有关金泳三政府时期公职人员财产登记与公开制度改革的研究成果可以看出，尽管金泳三政府时期的制度改革和完善构筑了现行制度的基本框架，但是却几乎没有学者专门研究过这个时期。这一方面凸显了本书的研究价值，另一方面也使本书的研究缺乏前期成果的有力支撑，因而只得更多地依赖于对法律文本的直接解读。本书还将借鉴制度变迁理论的成果，从制度变迁的角度研究金泳三政府制度改革的多方面内容，包括制度改革的原因、制度改革的内容、制度改革的成效以及制度改革后的遗留问题。

由于本书的研究依据主要是法律文本，因此笔者全文翻译了1981年版韩国《公职人员伦理法》、现行《公职人员伦理法》（2010年版）以及现行《公职人员伦理法施行令》（2009年版），放于附录中，供今后学者研究韩国公职人员财产登记与公开制度时参考使用。1994年版的《公职人

---

① 咸友植："官僚腐败 解消를 위한 公職倫理 確立 方案",『전북행정학보』, 1991 (04), 67-85 쪽.
② 박경원:"우리나라 공직윤리제도의 문제점과 개선방안," 『감사 통권』, 제114호(2012년 봄), 32-35 쪽.

员伦理法》和《公职人员伦理法施行令》已有中译本,笔者就未重新翻译。

三 理论与研究方法

本书的研究对象是公职人员财产申报制度。对一项具体制度的研究,离不开制度变迁理论的学理支撑。对于制度变迁的地位和作用,制度主义各流派的观点基本相同,认为制度变迁是决定经济社会发展和政府改革或再造的关键因素。例如,新制度主义学派的代表人物道格拉斯·诺斯认为,"制度构造了人们在政治、社会或经济领域里交换的激励,制度变迁决定了人类历史中的社会演化方式,因而是理解历史变迁的关键"①。历史制度主义学者卡斯诺认为,制度的断续均衡式变迁决定了政治和社会发展的脉络。

但各流派对于制度变迁发生原因的看法却不尽相同。主要有以下三种观点:第一种观点认为,制度变迁是一个自然演进的过程,因而制度变迁是无主体的。不仅如此,人本身也要受到某些制度因素的影响,与制度一起变迁。这种观点被称为"社会达尔文主义"的变迁观或演进主义的变迁观。其代表人物是哈耶克。他坚决反对一切认为制度是人为设计的观点。在他看来,"由于人类的知识和信息都是非常有限的,人类实际上不可能设计出任何有效的制度。设计一个制度所需要的完备信息与知识,与个人有限的信息与知识是不一致的。如果硬要由人类自己来设计制度,那这种制度要么是极不合理的,要么就演变为集体主义的制度"。哈耶克认为,"制度的形成是自然演进的,只有自然演进的制度,才能形成好的制度"②。

与之相对,第二种观点认为,制度变迁由人的意志来决定,是建立在个人偏好基础上的理性选择的结果。新制度经济学派以经济人行为假设和交易费用为分析工具,来分析制度的变迁。他们认为,当现存制度

---

① 〔美〕道格拉斯·C. 诺斯:《制度、制度变迁与经济绩效》,杭行译,格致出版社,2008,第5页。
② 转引自范如国《制度演化及其复杂性》,科学出版社,2011,第8页。

的社会净收益小于另一种可供选择的制度的社会净收益，也就是出现一个新的赢利机会时，会产生对新的潜在的制度的需求。各制度主体从收益出发，会力图改变现有的制度结构，选择一种更为有效的制度，制度变迁就得以发生。① 显然，这种观点与达尔文主义的变迁观是相互对立的，它更加强调人在制度变迁中的能动作用。②

20 世纪 80 年代之后，博弈理论家开始对"制度"产生浓厚的兴趣，他们试图从博弈论的视角来解释制度变迁。于是，产生了关于制度变迁的博弈论观点。最早把博弈论引入制度变迁分析的是奥地利经济学家斯科特。他把制度作为一种博弈参与人的均衡解，认为制度的变更是所有经济行为人在寻求各自收益最大化的过程中出现新的稳定的战略组合的结果，从而开创了制度变迁研究的新视角。1981 年，奥地利经济学家肖特在《社会制度的经济理论》一书中运用精致的博弈模型描述了"从习惯到习俗，从习俗到惯例，再从惯例到制度"的制度演化过程，成为制度分析史上的一座里程碑。日本学者青木昌彦也从博弈论的视角研究制度变迁问题，他认为在博弈论上的思考框架分析社会科学问题是有价值的。制度变迁实质上是一个复杂的动态非均衡过程，演化是制度变迁的实质。制度变迁的路径只能是制度边际上实现创新的演化。制度变迁路径的选择是在"同时前进与后退"中完成的。先要有连续的变化和新奇，然后才能达到"不变""既定"的目标。③

进化博弈方法在制度演化中的运用，是制度变迁理论研究的一次重大突破。它从互动的角度解释制度的演化和变迁，带来了全新的研究视角。就演进主义的变迁观而言，它基于演化经济学，以达尔文生物进化论和拉马克的遗传基因理论为基本思想，强调经济制度变迁的动态演化

---

① 范如国：《制度演化及其复杂性》，科学出版社，2011，第 8 页。
② 杨国栋：《公共行政信息化制度变迁的发展动力与实施机制》，《广东社会科学》2011 年第 3 期，第 91~92 页。
③ 周冰、靳涛：《青木昌彦的制度观与制度演化的进化博弈思想评析》，《江苏社会科学》2004 年第 3 期，第 59~65 页。

绪 论

过程，但它的"自由主义"倾向却表现出了对人类理性与知识的轻视，导致了理论上的自相矛盾。新制度经济学派从成本—收益角度分析制度的变迁，其缺陷是尽管它也强调人类的学习和试错过程，但它完全理性的假设和静态分析方法难以满足复杂现实的要求。相比较而言，博弈论的制度变迁理论就显得更为科学和合理。它不仅注重了人的主观能动性，还考虑到制度变迁的动态性。

基于此，本书将从博弈论的视角出发，将制度变迁看作是以参与者基于自身利益的成本—收益分析为基础的，体现参与者共同选择的一种重复、动态博弈过程。这即是本书给制度变迁所下的工作定义。

制度变迁理论主要包含了制度变迁周期理论[①]和制度变迁方式理论。制度变迁周期理论是对变迁过程的研究，重在分析一项旧制度被一项新制度的取代过程中，需要经历哪些阶段。对变迁周期的研究，可以帮助我们打开制度变迁的黑箱，找到有规律可循的变迁阶段，从而得以从微观层面观察和分析一项具体制度是如何变迁的。

从制度变迁周期的角度看，制度变迁是一个由制度僵滞阶段、制度创新阶段和制度均衡阶段构成的周期。如前所述，制度变迁理论是从经济学现象中抽象出的理论，继而被理论迁移到政治学中。因此，这里所讲的几个阶段，制度变迁学者们都是从经济层面阐释的。他们观察到，一个制度之所以需要或可能开始某种程度的变化，往往是因为本身缺乏对经济增长的推动力，制度收益不足以补偿成本的支出。而此时，社会中的个人、群体或由群体形成的集团为增进自身的收益，就想尽办法从制度现有的总收益中争取更大的分配份额。这样的经济行为是以损害他人或集团的利益为代价的，从而更进一步地导致整个制度收益总水平的下降。这样的一个状态就被称为僵滞阶段。僵滞阶段是制度变迁的起始阶段，这个阶段的主要表现是制度的极端不合理，大多数人都不满意这个制度。

---

① 关于制度变迁理论的论述，参见程虹《制度变迁的周期》，人民出版社，2000。

制度僵滞的程度愈深，制度所面临的危机就愈大，制度创新的机会也就愈大。制度创新阶段的主要特征是原有的产权规则被打破，出现了新的产权形式，经济实现了新的增长。制度创新是制度变迁过程中极为重要的阶段，没有制度创新的出现，制度变迁就不可能有实质性的演进。制度创新是制度僵滞合乎逻辑的发展阶段。

均衡阶段是整个制度变迁的完成阶段。该阶段以新的制度规则的确立为标志。新的制度规则一般都是基础性的规则，通常表现为宪法或重要性法律的修订。因为在制度创新阶段所出现的新规则，如果不能形成宪法或重要法规的形式，则其规则的长期性和效能都不会受到全社会保护，新制度的收益就没有稳定的预期。制度创新阶段合乎逻辑的演进规律，便是将创新制度确定为全社会所认可的基础性制度。在基础性制度确立之后，制度变迁的阶段就真正完成了。

值得注意的是，一个制度变迁完成之后，并不会静止不动。随着时间的推移，创新性收益会降低，这样在均衡阶段就潜伏着向僵滞阶段过渡的趋势。一旦这个过渡完成，那么制度就进入了下一个"制度僵滞—制度创新—制度均衡"的循环。

借鉴制度变迁周期理论，我们可以将韩国公职人员财产登记与公开制度的变迁划分为三个阶段。第一阶段从大韩民国建立到1981年《公职人员伦理法》颁布之前，是制度变迁中的制度僵滞阶段。在这一阶段，该制度的运行状况无法满足韩国反腐败的需要，韩国腐败问题越发严重，社会矛盾一触即发，包括总统在内的各个阶层都希求建立行之有效的新的制度框架。第二阶段从1981年《公职人员伦理法》颁布到1993年金泳三政府全面修订该法之前，是制度变迁中的创新阶段。在这一阶段，韩国政府改变了过去通过行政指令来指导实施财产登记制度的做法，创造性地首次以法律为依据，在全国范围内实施制度，赋予制度的运行强制性。在这一阶段后期，还出现了要求财产公开的声音。虽然最终没有实行，却不失为财产登记实施之后的又一次创新尝试。第三阶段从1993年6月《公职人员伦理法》的全面修订至今，是制度变迁中的均衡阶段，即完成阶段。完成的标志即是法律的全面修订。在这一阶段，各方都满意制度带来的反腐效果，新制度的运转进入常态化。

通过上述对韩国公职人员财产登记与公开制度的划分可以看到，该制度完成变迁，达至均衡阶段的标志性事件就是1993年金泳三政府全面修订《公职人员伦理法》。也就是说，金泳三政府的改革在制度变迁中发挥了最终的也是最重要的作用。正是在这次改革之后，制度改革进入了良性发展的均衡阶段。同时，这种阶段划分还启示我们，要想探究为何制度变革发生在金泳三政府时期而不是其他政府时期，有必要首先全面回顾和分析制度在僵滞阶段和创新阶段的发展情况。因为均衡阶段是前两个阶段合乎逻辑的演进结果。有鉴于此，本书第二章将探讨金泳三政府改革的制度自身性发展因素。

除了制度变迁周期理论，制度变迁的另一个重要理论是制度变迁方式理论。该理论关注的是在制度变迁的过程中哪些群体发挥了关键性的作用。以此为标准，制度变迁可分为诱致性制度变迁和强制性制度变迁两种模式：前者是指个人或自愿性组织为响应获利机会而自发倡导、组织和实现的对现行制度的变更、替代或新制度安排；后者则是指由国家强制力或政府命令推动和实现的制度变迁。[①]

诱致性制度变迁是自下而上进行的一种制度变迁类型。在这种制度变迁过程中，处于基层的行为主体因为发现潜在获利机会而先有制度需求，然后自下而上产生对制度的需求或认可，直至影响决策者安排更好的制度。所以，诱致性制度变迁具有边际革命和增量调整的性质，是一种渐进的、不断分摊改革成本的演进过程。但由于其主体是个人或自愿性团体（也称"初级行为团体"），因此，不仅其组织成本和实施成本较高，而且面临着普遍的外部效应和"搭便车"问题。综合来看，这种制度变迁具有自发性、局部性、时滞性和渐进性的特点。

---

① 柳新元：《利益冲突与制度变迁》，武汉大学出版社，2002，第41~43页。

与诱致性制度变迁不同，强制性制度变迁是自上而下、具有激进性质的制度变迁类型。在强制性制度变迁中，国家强制力最大程度上弥补了诱致性制度变迁的自发性、局部性、缺乏约束力等缺陷。它不仅能比以初级行为团体低得多的费用提供服务，而且可以利用其"暴力潜力"降低制度变迁中的组织成本和实施成本。因此，在一个国家正式规则的创设和修订过程中，一般都是以中央政府为主体来组织新制度安排的供给。但是，这种制度变迁也存在一些缺陷。例如，政府的制度安排有可能是基于经验而不是根据现实的需要，有可能出现不适应制度环境而出现低效率的现象。

观察韩国公职人员财产登记制度的整个变迁过程可以发现，各阶段基本都是政府在向前推进。而金泳三政府时期对制度的改革，更是典型的强制性制度变迁。在此次改革中，韩国政府一直站在最前台，通过政府的权威和强制力保证了制度安排的较好运行。当时韩国已经实行了总统制，因此总统是政府的最高权力者。由此给我们带来的另一启示是，在研究为何是金泳三政府带来了制度的改革时，不仅要考虑到制度变迁的周期性原因，还需要考察金泳三个人的原因。换言之，如果此次变迁主要推动者不是金泳三而是其他人，制度改革可能仍然不会成功。有鉴于此，本书第二章还将论及金泳三政府推行制度改革的主体性原因。

除了制度变迁周期理论和制度变迁方式理论外，制度变迁理论也关注制度绩效问题。所谓制度绩效，指的是制度在运行过程中达成的效果或取得的收益。如上所述，制度在完成一个周期的变迁后，会保持较长一段时间的均衡状态，直到收益出现大幅度递减，进入到下一个周期的变迁。在均衡状态期中就需要对制度绩效进行评估，以提高制度的有效性，尽可能大地发挥现有制度的社会功能。对金泳三政府改革公职人员财产登记与公开制度而言，制度经其改革后进入到均衡阶段。因此，我们同样有必要对改革后制度的腐败治理情况进行科学的评估，并据此发现改革后制度尚存的不合理之处。事实上，韩国在金泳三政府之后的历届政府，都从更大地发挥制度实效性的角度，对该制度做了部分的修正。对于金泳三政府制度改革的绩效评估和后任政府的制度修补是本书第四章和第五章的核心内容。

本书主要采用的是文献研究方法。该方法侧重从历史资料中发掘事实和证据。与直接、实地的调查研究相比,文献研究的特点在于它不直接与研究对象接触,不会产生由于这种接触对研究对象所造成的"干扰",因而不会造成资料的"失真"。[①] 本书的文献分析包括三种方式:

一是内容分析。内容分析是对文字资料的深入解读。本书主要依据的资料是韩国有关公职人员财产登记与公开制度的五个法律文本。它们分别是1981年版的《公职人员伦理法》、1994年版的《公职人员伦理法》及其施行令、2009年版的《公职人员伦理法》及其施行令。通过深入地分析和对比上述几个文本的不同,可以清楚地确定金泳三政府改革的具体内容和改革重点。

二是统计资料分析。统计资料分析包括对他人通过统计手段得出的数据的再次利用和分析。本书在评估金泳三政府制度改革的绩效时,评估的数据大部分来自韩国政府的统计数据库以及一些韩国学者自己所做的数据测量。

三是历史—比较分析。历史比较分析包括两个维度:第一个是历史分析,要求回溯和梳理某一制度、现象的历史发展进程;第二个是比较分析,要求与其他各国就这段历史的发展做横向比较。本书在制度评估和完善建议部分将对韩国的相关制度发展史与美国、日本等国的制度发展史做出梳理和对比,讨论韩国公职人员财产登记和公开制度的特点及其目前存在的问题。

四 本书内容安排

第一章是理论探讨部分。该部分将首先从理论层面探讨腐败问题的

[①] 袁方主编《社会研究方法教程》,北京大学出版社,1997,第143页。

成因、后果和治理等，展示制度的内涵、功能及其与腐败治理的关系。然后具体讨论公职人员财产申报制度这种制度在腐败治理上的功效是怎样的。通过这种规范意义上的研究，为接下来的实证分析做好理论上的准备。此外，该章还将具体介绍制度变迁理论的发展，并结合该理论，详细分析公职人员财产登记与公开制度在韩国的演进过程。

第二章将进入到实证研究部分。重点探讨韩国公职人员财产登记与公开制度为何偏偏是在金泳三政府时期而非其他政府时期达到制度均衡的状态，亦即探讨金泳三制度改革的成因。对改革成因的探讨将涉及三方面的因素。一是制度本身的因素，即从制度自身变迁发展的角度来分析；二是制度所处的生态环境因素，重在考察制度改革当时的整个社会的政治、经济环境等；三是主体因素，侧重研究金泳三总统个人的原因。

第三章将通过法律文本的分析，展示金泳三政府对公职人员财产登记与公开制度改革的主要内容。具体来看，改革的内容包含了制度实施的所有环节，一是财产的登记环节；二是财产公开环节；三是审查处理环节。在财产登记环节，改革的内容包括扩大义务登记者的范围、增加登记机关的数量等；在财产公开环节，通过修订法律，该环节得以首度正式实施；在审查处理环节，改革的内容则包括强化公职人员伦理委员会的审查权限、加大处罚力度等。

第四章将综合使用体制内评估和体制外评估数据，对金泳三政府制度改革后的效果进行评估。体制内评估数据来源于财产的审查机关——公职人员伦理委员会每年公布的审查结果和实际查处发现的案件，体制外数据来源于韩国学者对制度效果所做的问卷调查和透明国际的清廉指数报告。在效果评估的基础上，该章还将继续讨论改革后的制度所存在的问题，重点对制度所规定的登记主体、登记财产的范围、公开对象以及惩处措施等方面进行考察和分析。

第五章首先将分析金泳三政府之后的几届政府在公职人员财产登记与公开制度的建设上所做的工作，指出金泳三政府之后的诸届韩国政府虽然都对制度做了一定程度的完善,但都未离开金泳三政府所确立的制度的基本框架。随后,借用清华大学廉政与治理中心在预防制度研究领域所建立的模型,该章还将给出韩国财产登记与公开制度合理化的完善建议。

最后是结论。该章除了对前五章的内容进行总结之外,还将介绍我国公职人员申报制度发展的基本情况,指出其中存在的问题。在借鉴韩国相关制度发展经验的基础上,给出我国制度建设的可行性意见。

第一章 公职人员财产申报制度与腐败治理间的理论逻辑

本书研究的是公职人员财产申报制度。之所以会选择此主题，是基于以下这个核心假设：公职人员财产申报制度在国家腐败治理上有着积极的促进作用。该假设是否成立，直接关系到本书研究的意义和重要性。因此，本章将着力从理论上来验证上述假设的正确性。

要解决"公职人员财产申报制度是否有助于腐败治理"这一问题，首先需要回答"公职人员财产制度是关于什么方面的制度"。如绪论部分所述，它是有关公职伦理的制度。于是，对核心假设的回答就变成了"为什么公职伦理有助于腐败治理"。接下来我们所面临的问题是，如果说公职伦理是有助于腐败治理的，而公职人员财产申报是实现公职伦理的一种方式，那么这种实现方式为什么要以制度而不是其他的形式而存在呢？换言之，为什么公职人员财产申报要以制度的形式存在才最有助于腐败治理？第二个问题实际上涉及制度在腐败治理上的作用。

如果能够科学地回答"为什么公职伦理有助于腐败治理"和"为什么公职人员财产申报以制度的形式存在有助于腐败治理"这两个问题，我们就能找到公职人员财产申报制度与腐败治理之间的关联，就能验证

第一章　公职人员财产申报制度与腐败治理间的理论逻辑

上述核心假设。不过，在回答上述两个问题之前，我们首先需要对"腐败"这个制度治理对象本身做出系统的梳理和阐释，回答"什么是腐败？为什么会产生腐败？腐败是否一定有害？腐败问题如何才能有效治理？"等一系列基本问题。

基于上述思路，本章第一节将介绍有关腐败治理的相关理论内容，包括腐败的内涵、腐败的成因、腐败的后果和腐败的治理等。第二节具体分析制度、公职伦理与腐败治理的关系。先介绍有关制度理论问题，包括制度的内涵、功能及其与腐败治理间的关系等，然后分析公职伦理与腐败治理之间的关系。在此基础上，第三节将完整阐释公职人员财产申报制度在腐败治理上的作用。此外，为给后面的章节做好理论铺垫，本节还将从制度变迁的角度分析公职人员财产申报制度在韩国的发展路径。

第一节　有关腐败的理论研究

一份对亚洲国家所做的调查报告显示，政治官员的贪污腐败行为是引发政府"信任危机"的主要原因，是第二大的"国家问题"。[①] 观察近年来通过政变上台的新政府的行为我们可以发现，其共同的显著性特征之一就是承诺要集中力量克服前一届政府遗留下的腐败问题。如果"前任恰是新政府首脑的密友，情形更是如此"。[②] 与发达国家相比，第三世界国家的腐败问题似乎更加严重，"行贿受贿是大多数第三世界国家内部的恶性肿瘤，它蚕食着人民与统治者之间相互信任的基础，加重了发展中国家的两个关键性弱点：一是政治势力与经济势力不光彩的联

[①] Harvey A. Averch et al., *The Matrix of Policy in the Philippines*, Princeton, Princeton University Press, 1971.

[②] 〔南非〕罗伯特·克利特加德：《控制腐败》，杨光斌、何庄、刘伯星等译，中央编译出版社，1998，第2页。

姻，另一个是国家的'软弱性'，即无力实施自己的法律和法规"①。

尽管有学者还在为腐败并未加深作辩护，例如，西尔维尔·瓦西波德（Silvio Wasibord）就曾为腐败辩护说，"人们之所以在今天看到更多腐败，是新的政治与传媒条件导致的，并不是因为这届政府比上届政府更为腐败"，②但是，不管是从国家的对外形象还是从国内的政治民主考虑，各国都加大了腐败治理的力度。现实的需要无疑有力地推动了腐败治理理论的发展。学者们纷纷从腐败的基本内涵着手，进行了扎实而有成效的理论构建工作。

本节将围绕腐败的定义、腐败产生的原因、腐败的后果和如何有效治理腐败四个方面展开。通过对这些基本问题的梳理，为第二节讨论公职人员财产申报制度与腐败治理之间的关系做好理论铺垫。

一 腐败的定义

"腐败"一词目前存在明显的被泛化使用的问题。例如，我们经常可以在报纸杂志上看到诸如"交通腐败""节日腐败""工程腐败"等提法，似乎只要是违法行为，就能和"腐败"挂钩。但严格来讲，很多行为并不是真正意义上的腐败。此外，由于对腐败的认知具有明显的主观色彩，各国甚至同一国的政府官员和普通民众对"腐败"的认知也不尽相同。例如，在此国此地的某种腐败行为，到彼国彼地有可能并不被认为是腐败行为。普通民众认为是腐败的行为，政府官员并不一定有相同的认识。因此，我们有必要对"腐败"一词做出明确的界定。

关于什么是腐败，古希腊著名思想家亚里士多德在《政治学》一书中就已谈到。他认为，随着城邦国家政体的改变，主宰者违背各得其所的原

---

① 〔英〕保罗·哈里森：《第三世界：苦难·曲折·希望》，钟菲译，新华出版社，1984，第423页。

② Silvio Wasibord, *Globe and Mail*, December 19, 1995.

第一章　公职人员财产申报制度与腐败治理间的理论逻辑

则进行分配，把全部和大部分好的东西留给自己，将财富看得高于一切，独自一人驾驭着城邦和人民，施政专以满足私利为好，把人民的利益置之度外，这类政体就应被称为腐败。可见，他是从政治形态变异的角度来定义腐败的。这一观点对后世的学者产生了很大影响。

近现代之后，随着社会科学不断分化成各种具体的门类，对腐败的定义也就越来越有"专业"特色。学者们分别从各自不同的学科领域出发来界定腐败。

从政治学角度来定义腐败是最常见的，这也是受到了亚里士多德思想的影响。例如，有学者认为，腐败就是执政者（在政党社会就是执政党的成员）受腐化思想所支配，凭借执政的权力，从事与执政者的宗旨背道而驰的行为。[①] 类似的定义还有：腐败是由党或国家机构的一级组织，党政机关工作人员，包括国家机构任命的其他人员，利用权力为个人或小集团利益而实施的违背党纪政纪、违反国家法律的行为；[②] 腐败是政党、政府等政治性组织机构因权力制约机制不健全、制度不完善，难以自行及时有效地抑制个体的利己主义和调节、清除机体的弊端，而导致公职人员不正当使用公共权力，严重违背职责和法律、道德规范，政治上麻木、经济上贪婪、精神上颓废和生活上糜烂，完全背离既定目标和既定轨道运转的政治状态；[③] 等等。

还有学者从经济学角度来定义腐败。例如，经济学家吴敬琏认为，腐败是权力与货币的交换。这种"以权谋私"现象，在经济学术语上叫作设租和寻租活动。[④] 雅科布·范·克拉弗伦也认为，权力腐败是指将公共职位视为一种经营活动，继而意图寻求最大限度地扩大这个职位收益的行为。[⑤]

[①] 杨继亮：《腐败论》，中国社会科学出版社，1997，第1页。
[②] 李雪勤：《中国拒绝腐败》，中国言实出版社，1997，第68页。
[③] 吴吉远：《贪污与腐败辨析》，《研究参考》1997年第6期，第14页。
[④] 陈可雄：《反腐败必须釜底抽薪——访著名经济学家吴敬琏教授》，《新华文摘》1994年第1期，第25页。
[⑤] 王沪宁主编《腐败与反腐败——当代国外腐败问题研究》，上海人民出版社，1990，第18页。

社会学家则从社会学的角度定义腐败，认为任何人行为的动因在于追求满足自身欲望的社会资源，而社会资源的有限性必然决定它采取一定的所有权形式，因而个人追求社会资源的行为必然是一种涉及他人利益的社会行为，必须遵循一定的社会规范。腐败是违反合理的和合法的社会规范且妨碍社会公共生活或社会进步的行为。①

观察上述不同学科的学者给出的定义可以发现，他们的侧重点各有不同。具体来说，政治学家对腐败的定义是以公共职务为落脚点，认为腐败是偏离公职的行为；经济学家的定义则以市场为观察点，认为腐败是权钱交易，随供求变化而获得不等的利益；社会学家的定义则是以公共利益为轴心，认为腐败是为了个人的利益而损害公共利益的行为。

但就像一位学者所说，"当人们把腐败概念与公共职位的责任，或需求、供应、交换，或公共利益等因素联系在一起时，他们便在实际上提出了以何种规范行为区分腐败与非腐败的标准问题"。② 事实上，腐败行为的复杂性决定了从任何单一学科角度定义腐败都是不科学的，需要超越学科的局限性，寻找腐败的基本内涵。

于是，有很多机构尝试从腐败行为的本质出发来定义腐败。例如，世界银行的定义是，"以获取个人利益为目的滥用政府权力"；国际货币基金组织的定义是"滥用公共权力谋取私利"；③ 透明国际的最新定义是，"滥用委托权力谋取私人利益"。④ 此外，我国学者王沪宁也曾给出了类似的定义：腐败是"公共权力的非公共运用"。⑤ 这些定义的共同点是没有了学科上的界限，直指腐败行为的核心，即从以权谋利的角度出

---

① 任建明、杜治洲：《腐败与反腐败：理论、模型和方法》，清华大学出版社，2009，第10页。
② 林喆：《权力腐败与权力制衡》，法律出版社，1997，第71页。
③ 胡鞍钢：《中国：挑战腐败》，浙江人民出版社，2001，第3页。
④ 〔新西兰〕杰里米·波普：《制约腐败——构建国家廉政体系》，清华大学公共管理学院廉政研究室译，中国方正出版社，2003，第5页。
⑤ 王沪宁主编《腐败与反腐败——当代国外腐败问题研究》，上海人民出版社，1990，第7页。

发定义腐败。

基于此，本书从权力的角度，给腐败下一个定义：所谓腐败，指的是为私人利益滥用公共权力的行为。这里，"私人利益"既包括金钱或者其他有价值的财产，也包括权力的增加或地位的上升。此外，未来获得好处的允诺、给予亲戚朋友的利益也属于私人利益。"公共权力"指在公共管理的过程中，由政府官员及其相关部门掌握并行使的用以处理公共事务、维护公共秩序、增进公共利益的权力。"滥用"是指背离公共角色的正式义务的行为，通俗地讲，指的是追逐狭隘的利益而随意地牺牲广泛的公共利益的行为。①

也就是说，这些为私人利益而滥用公共权力的行为就是本书所研究的公职人员财产登记与公开制度所要针对、应对的行为，制度实施的核心目的即是为了防止这些行为的发生。

二 腐败的成因

明确了何为腐败之后，本部分将讨论"腐败为什么会发生"这一问题。对腐败生成机理的探讨将有助于寻找到治理腐败的有效对策。关于腐败的成因，依据学者的归纳，现有的研究成果可分为三类：一类是主体论，它从权力主体身上寻找原因；一类是客体论，将腐败归结到权力客体身上；还有一类是环境论，关注周围环境对腐败的影响。②

主体论强调作为权力主体的"权力人"的因素。例如，有学者就将腐败归结为是人类本性或个人品质存在缺陷的结果，认为人类贪得无厌、趋乐避苦、自私自利的本性，或个人贪图享乐的恶劣品质导致了腐败的发生。这一派的观点也被称为"人性说"。还有学者同样从权力主

---

① 参见〔德〕约翰纳·伯爵·兰斯多夫《腐败与改革的制度经济学：理论、证据与政策》，清华大学公共管理学院廉政与治理研究中心译，中国方正出版社，2007，第14页。
② 参见廖泽平《对腐败成因的公共选择理论分析》，《唯实》2001年第1期，第42页。

体的角度出发，将腐败看成是为满足个人或团体需要而采取的非规范的行为，认为腐败的过程便是满足个人或团体需要的过程，在物质财富匮乏的状况下最易发生利用职权谋取私利的行为。此派观点被称为"需要说"。此外，还有"道德说"，它将腐败现象的发生归结为人的道德，认为公职行为的腐败是权力和道德规范蜕变的结果。

客体论强调作为权力对象的"人"的因素。例如，"纯客体说"认为，权力客体的非规范行为或诱惑（例如，主动行贿的行为）是导致公职权力腐败的主要原因；"客体—制度说"，从客体对权力的腐蚀行为与制度间的联系寻找腐败的根源，将腐败过程描绘为：现有制度的不完善和存在的漏洞刺激了权力客体，于是他们认为有机可乘，为获取更多的个人利益开始对权力主体进行腐蚀，权力腐败产生。腐败还产生了示范效应，导致腐败范围扩大。寻租理论①就属于典型的"客体—制度说"。

环境论则认为腐败的发生源于周围的环境。环境论的学者们深入到特有的政治制度、经济体制、历史传统、价值观念等生态环境中去寻找腐败的根源，就此产生了结构说、传统说和价值说等学派观点。尽管关注的环境对象不同，但都强调环境对腐败的决定性作用。詹姆斯·司各

---

① 从广义上讲，寻租就是"花费稀缺资源追求纯粹转移的活动"。由于寻租活动的最初直接产出为零，故寻租活动并不生产包括在正常效用函数中的产品和劳务，也不生产投入这些产品与劳务的商品。经济学家布坎南、塔洛克等把寻租活动产生的根本原因归结为政府对市场的过度干预。政府拥有各方面的特权、垄断权和优惠权，寻租活动的目的就是通过影响各种公共权力的运用来获取巨额资金。常见的寻租行为有政府特许权，政府的关税与进出口配额，政府购买以及制度安排等，它们的共同特点是政府采取阻碍生产要素在各行业间流动，限制竞争等方法获得利益，并利用行政权力对利益进行再分配。从本质上讲，寻租是一种非生产性利润的再分配活动，它本身并不新创社会利益，相反却给社会造成了多个方面的资源浪费。寻租活动的共同特征：一是它们造成经济资源配置的扭曲，阻碍了更有效的生产方式的实施；二是它们本身白白地浪费了社会的经济资源，使本来可以用于生产性活动的资源浪费在这些无益于社会发展的活动上；三是这些活动还会导致其他层次的寻租或避租。如果政府官员在这些活动中享受了特殊利益，他们的行为就会扭曲，因为这些特殊利益的存在会引发下一轮追求行政权力的非生产性竞争。租金激励拥有权力的官员和拥有金钱的寻租人共同参与和分享经济租金。经济租金越高，寻租激励就越大，腐败现象就越严重。寻租活动本身既是社会腐败的突出表现，也是加剧腐败的催化剂。

特曾举例，东方人送礼的习俗深深根植于社会联络和地位差异的精密网络中，这是一种象征性的社会财富再分配。就行为本身而言，在这些地区并不视为一种腐败，但随着西方制度形式的引入，传统的礼物交换就转换成了腐败。也就是说，根据司各特的观点，是东方的环境塑造了东方人的行为，腐败的发生是环境作用的结果。

上述三种观点都具有一定的片面性。从腐败治理的角度来观察，可以发现，如果将腐败的发生单纯归结到人的趋利本性上，就会使所有的国家失去治理腐败的信心，因为人的本性无法改变，腐败治理将没有可能；如果将腐败的发生单纯归结到权力客体的身上，就会使得反腐工作难以正常开展，因为我们显然无法在腐败发生之前就准确地判断出谁将会行贿，并就此肃清腐败；如果将腐败的发生单纯归结为环境的作用，想必这项工作的工程量将比判断谁会对国家工作人员行贿更大，因为按这种说法，要想治理腐败，我们必须改变包括政治、经济甚至历史传统在内的各项环境因素。

此外，上述三种观点自身的解释力也存在问题。主体论无法解释为什么有些公职人员腐败而有些公职人员却恪守清廉一生。客体论无法解释为什么除了寻租行为之外，各国都还存在着大量的非寻租形式的腐败问题。环境论同样无法解释为什么在同一生态环境中运行的公共权力，有的发生了腐败，有的却没有。

当有关腐败成因的理论探究陷入困境的时候，经济学家的公共选择理论带来了新的研究腐败成因的视角。公共选择理论是由经济学家詹姆斯·布坎南和戈登·塔洛克等人发展起来的。其出发点是经济人假定，认为每个经济人都具有自利性，但同时还具有理性，会追求自身利益的最大化。这里，政治过程是通过交易的视角来观察的，政治过程被看作类似于市场的交易过程。

就市场交易过程而言，它是进入市场的人们自由达成契约的过程。市场上的每一个人都有各自的效用函数，这些效用函数或价值判断之间没有高下优劣之分，只要交易达成，就意味着交易双方的福利状态得到了促进，或至少任何一方的福利不会受损。政治过程与之类似，也是一种复杂的交易过程。在政治领域，人们相互间建立起契约关系，一切活动都以最起码的个人成本—收益计算为基础，只不过与市场过程的交易对象是私人产品不同，政治过程交易的对象是公共产品。①

因此，对政治过程中的国家公职人员来说，他们常常会陷入一种两难的困境中：一方面，理性经济人的本性使其本身无法抵抗对公共产品进行交易从而获取私人利益的欲求；另一方面，公职人员职位上的公共性又要求他们必须在任何时候都要坚持公共利益的最大化，绝不能因为私人利益影响公共权力的正常行使。一边是趋利的本性，一边是职责的约束，他们如何取舍，就看天平哪侧的质量更大。也就是说，当二者出现利益冲突时，如果公职人员在成本—收益计算的基础上发现滥用权力获益更多，那么他就会选择为个人私利滥用权力而不再会为公众谋求福利，这样，腐败就发生了。

从上述公共选择理论的分析，可以得出以下几个基本结论。

结论一：腐败发生的根源在于权力主体不断追逐私利的本性。值得注意的是，这种本性不必然导致真的会有腐败。因为权力主体自律性的存在以及在合法范围内通过合法途径实现个人利益最大化并不构成腐败。也就是说，自利的本性并非发生腐败的充分条件，还必须要有其他因素的共同作用。当出现不断膨胀的私欲，同时道德修养和自我控制能力下降时，公共权力的行使者才有可能滥用手中的权力来牟取个人的私利。

结论二：权力本身的可交换、有价值的属性是腐败发生的必要条件。如果权力本身没有任何的价值，没有被交换的可能，它就不会成为交易的对象，也就不会发生滥用公共权力的腐败行为。关于权力的属性，有学者从以下五个方面进行了归纳②，而正是这些属性的存在，使

---

① 严浩坤、文彬：《腐败的经济学分析——理论、方法与观点》，《贵州社会科学》2007年第4期，第143页。
② 陈翟、晏一茗：《腐败根源的深层理论探究》，《中国青年政治学院学报》2004年第4期，第77页。

得腐败成为可能。这五个属性分别是：

（1）权力的强制性。强制性意味着权力主体拥有对权力客体的支配影响权，权力主体可以使权力客体的意志服从自己的意志，而且这种服从无须事先征得权力客体的同意。权力主体凭借权力的强制性使其意志和命令对权力客体形成压力并使之做出服从的行为，从而使权力在现实社会中得以实现。权力的强制性本身就蕴含着某种程度的危机，权力主体与权力客体地位的不平等使权力拥有者很可能对他人产生支配欲，当这种欲望在一定条件下，超过一定界限，无限膨胀，就会利用手中权力对客体进行压制，或为自己谋取私利，从而导致各种腐败行为。

（2）权力的价值性。公共权力大致有两方面的功能：一方面是为社会公共生活提供必需的公共物品和公共服务，如国防、安全、秩序、环境保护、公用设施的投资建设等；另一方面，还掌握着如颁发进出口许可证、营业执照、分配资源额度等社会稀缺资源的配置权。公共权力功能的广泛性尤其是对社会稀缺资源配置权的存在，客观上使权力成为一种可以产生利益的资源。公共权力的运作过程实际上是社会利益的分配过程，权力主体作为公共权力的拥有者和行使者可以从对社会资源和价值的支配与制约中获取利益。由于社会可供分配资源的有限性无法直接满足每个人的需求，权力主体在资源占有和利益分配上的天然优势使其利用公共权力来满足个人私欲成为可能。

（3）权力的工具性。权力的运转和实现要以一定的主体及其相关意志的存在为前提。权力与利益紧密相连，但权力的运行是受它的行为主体制约和支配的，完全体现其行为主体的意志和要求。当公共权力的行使者把纯粹的个人利益要求作为权力运行的目标时，公共权力就成为谋求个人利益的工具，并在权力的运行中把个人的意志变为现实。

（4）权力的扩张性。在特定的范围和界限内，权力可以充分发挥自己的作用，一旦超出了这个范围和界限，权力就会失去应有的效力。权力的强制性导致权力主体在不受制约的情况下，往往会无限地扩张权力，竭力地聚敛权力，以致打破既定的范围和界限，侵犯其他权力，危及他人及社会公共利益。

（5）权力的可交换性。权力是一种外在于其行为主体的力量，权力行使者手中的权力是建立在一定职位的基础上的，一旦他与这一职位相分离，便不再拥有这类权力的行使权。一方面，权力的这种外在性使行使者产生"有权不用、过期作废"的心理，滥用权力；另一方面，权力也可能从主体那里分离出来，作为一种平衡各种利益关系的手段，充当可以自由买卖或交换的商品，进入流通领域。权力的可交换性，不仅使权力的行使者可以利用公共权力为自己换取金钱等物质利益，也使权力与权力之间的交易成为可能。

结论三：权力运作的复杂性和不透明是腐败由理论上的可能变为事实的关键性因素。按照民主政治理论，政府官员是执行民意并由民众委托执行民众拥有的公共权力的人。在民众与官员之间存在一种隐含的契约关系。依据契约，民众将自己的权力委托给官员执行以实现自己的利益，而官员则按照契约执行这一权力并取得相应的报酬，二者之间形成了一种委托—代理的关系。这种在理论上完美的权力运行方式，在实际行使中却可能出现问题。一方面，民众与政府、官员间事实上形成了多层的委托—代理关系，使原有的两层公共权力委托代理关系链增大。另一方面，民众无法从处于垄断地位的政府及其官员那里获得有关权力运行活动的全部信息，民众与官员之间的与公共权力相关的信息分布极不对称。这种信息不对称不仅为代理人利用信息优势谋取私利提供了便利，而且直接影响到委托人监督职能的实现，腐败变得难以被发现，从而降低了代理人从事腐败的风险。当腐败的个人预期成本远小于预期收益时，官员们就必然会选择腐败行为。

综上，从公共选择理论的视角出发得出的有关腐败成因的三个结论，很好地解释了现存的纷繁复杂的腐败现象，加深了我们对腐败的认识。自私趋利的本性是腐败发生的根源，权力的本质属性使腐败的发生成为可能，权力运作的复杂与不透明使得腐败由理论上的可能转化为现实中的行为。将这些结论归结成一点就是，理性经济人会从成本收益的计算出发去行为。当腐败的成本低于收益时,他就会选择腐败,反之,则会放弃腐败。有关腐败成因的讨论给我们治理腐败带来的最大启示是,由于无法控制收益的多少,因此要想治理腐败,尽可能减少腐败行为的发生,就应该从成本入手,通过各种方式手段,提高公职人员腐败的预期成本。

三　腐败的后果

对腐败所产生的后果,学者们明显分出了两个阵营。一方认为,腐败有其经济、政治方面的积极意义,尤其是在发展中国家这种积极性的作用更为明显。另一方认为,腐败会给国家、社会带来巨大的危害。

持腐败有益观点的学者以美国政治学家塞缪尔·亨廷顿为代表。他认为,传统的法律或官僚制度阻碍经济的发展,腐败行为常常是跨越这种障碍的有效手段:"一定程度的腐败是帮助轻松地踏上现代化道路值得欢迎的润滑剂,通过少量的腐败行为,一个发达的传统社会可以得到改进,至少可以现代化。"另一位美国学者戴维·贝利也认为,当政治的通道阻塞时,腐败可以作为对政府事务和管理的非暴力通道,或者作为一种缓和公务员与政治家之间潜在的极有害的紧张关系的方法,通过腐败把他们联系在一个容易分辨自身利益的网络中。[1]

南非学者罗伯特·克利特加德综合归纳了那些持腐败有益观点的经济学家、政治学家和经济管理者的理由。[2] 首先,经济学家认为腐败引进了一种市场机制。在按秩序、政治、随意选择或"功绩"分配商品和服务的制度中,腐败会反其道而行之,按人的意愿和支付能力分配商品。腐败会把商品、服务分配到最珍惜、最能有效地利用它们的人手中。因此,从一定意义上讲,在经过腐败行为之后,这些商品和服务能

---

[1] David H. Bayley, "The Effects of Corruption in a Developing Nation," *The Western Political Quarterly*, Vol. 19, No. 4, 1966, p. 719.
[2] 〔南非〕罗伯特·克利特加德:《控制腐败》,杨光斌、何庄、刘伯星等译,中央编译出版社,1998,第34~37页。

得到经济学意义上的更为"有效"的配置。

其次,政治学家认为腐败很可能也会带来政治上的好处。在政治权威分散、敌意滋长的情况下,政治家可以利用腐败促成各部落、地区、统治集团或党派的政治一体化,以此带来政治上的和谐。

再次,经营管理者认为如果官僚法规是约束性的,组织机构有时也许能从职员规避法规的腐败行为中受益。对有限度的窃取、侵吞、谎报开支、回扣、"速度钱",最高经营者往往会视而不见、充耳不闻。因为一方面控制这些不端之举会花很大代价,另一方面这些违法的收入来源从长远来看会取代对高工资的要求。

尽管如此,持腐败有害观点的学者还是占绝大多数。他们普遍认为,与好处相比,腐败给国家、社会带来的危害性更大。

在系统地评估了腐败带来的各种可能的利弊后,美国学者奈得出了腐败"一般是有害无益"的结论。"我们可以仔细斟酌有关腐败和政治发展的一般论述,'在不发达国家,腐败的利有可能大于弊,除非上层腐败涉及现代诱因和边际偏差,或者除非在只有腐败才能铲除发展道路上的严重障碍的情况下'。"[1] 迈克尔·纳赫特研究发现,腐败是发展中国家政府更迭的一个重要的预测器,广泛蔓延的腐败会使民众失去对政府的希望。

罗伯特·克利特加德从效率、分配、刺激、政治四个方面阐述了腐败的危害性。效率层面,腐败会导致资源的浪费、"公害"的产生和政策被歪曲;分配层面,腐败会导致资源重新分配到那些有钱有势的人手里,他们要么掌握军、警大权,要么就是拥有垄断权力;刺激层面,当官员和百姓把精力都放到追逐腐败租金这样的没有社会生产价值的活动中时,就容易招致社会总体财富减少;政治上,腐败会增长离心力与愤世嫉俗情绪,带来政权不稳。[2]

---

[1] J. S. Nye, "Corruption and Political Development: A Cost-Benefit Analysis," *The American Political Science Review*, Vol. 61, No. 2, 1967, p. 427.

[2] 〔南非〕罗伯特·克利特加德:《控制腐败》,杨光斌、何庄、刘伯星等译,中央编译出版社,1998,第51页。

第一章　公职人员财产申报制度与腐败治理间的理论逻辑

斯塔彭赫斯特认为，尽管一些人认为腐败可能对增长缓慢和过度被管制的经济起到润滑的作用，但人们很少怀疑腐败会增大商品与服务的成本，增加从经济角度来看不可行或不具可持续性的项目的非生产性投资，导致质量标准的下降，甚至增大一国债务负担和成本。①

关于腐败有害的观点，也得到了国际组织的认可。世界银行报告中就曾指出："一个小的受贿行为对于一个政府公务员来说可能只不过是个小过失，但当这种行为被更多的人效仿，即被扩大一百万倍时，它们合起来的影响将是巨大的。如果对此不查处，那么这种看上去算不得什么的小过失积累起来将会严重损害公共制度的正当性，甚至没有腐败行为的官员和社会成员都会对保持忠诚失去信心。"②

我国学者普遍持腐败有害的观点。例如，有学者从经济、政治、社会三个方面系统论述了腐败的恶劣后果。经济方面，腐败将导致直接的经济损失；影响资源的有效配置；抑制经济增长。政治方面，腐败将导致公共权力的滥用和腐化；促使政权进一步软化；导致政权合法性危机，危害政治稳定。社会方面，腐败将破坏社会公平和公正；造成社会思想混乱，社会失去精神动力；引起社会整体道德滑坡；破坏法制，使社会处于无序状态；对社会心理稳定形成巨大的冲击；对青少年产生潜在而致命的危害，等等。③

综上，学术界的主流观点是，腐败的消极影响显然远大于其积极影响（如果说有积极影响的话）。这一结论也给各国所开展的积极的腐败治理行动提供了理论上的支持。

四　腐败的治理

鉴于腐败的危害性，学者们提出了各种各样的方法来帮助政府治理

---

① 〔加〕里克·斯塔彭赫斯特、萨尔·J. 庞德主编《反腐败——国家廉政建设的模式》，杨之刚译，经济科学出版社，2000，第12~30页。
② World Bank, *Helping Countries Combat Corruption*, Washington D. C., 1997.
③ 任建明、杜治洲：《腐败与反腐败：理论、模型和方法》，清华大学出版社，2009，第51~63页。

腐败问题。例如，杰里米·波普提出应从多方面入手采取综合措施来应对腐败。这些方面包括社会程序的构建、政府的重组、法律强制措施的实施、公众觉悟的提高，以及在防腐败机构的设立上做出努力。① 针对发展中国家特有的腐败问题，迈克尔·约翰斯顿认为，应将实现公民社会与政治国家的力量均衡作为反腐败的重要战略。为此，应着重开展以下工作：积极建立公民社会的机构并支持它们开展活动；在民间团体和政府之间建立起更加广泛的互动关系；在政治和经济之间找到一种均衡点，避免任何一方畸形发展，在其各自领域内通过消除垄断、促进竞争的方式，保持一种均衡关系。②

从学者们所提供的腐败治理方法看，基本上包括了政治意志、政府行政、监督机构、议会、司法体系、公众意识与参与、新闻媒体和私人部门等各方面的改进建议。但问题是，虽然从理论上看，这些全方位的改进建议具有科学性和可行性，但在实际运用中，我们发现还是出现了很多问题。腐败并没有像当初反腐败设计者所预想的那样很快地被抑制住，就更不用说减少甚至肃清了。

为什么这些综合而全面的方案会归于失效？如果方案本身没有问题，那么究竟是哪里出了问题呢？腐败研究者们于是开始了对治腐手段失效原因的研究。杰里米·波普在分析了以往反腐败努力失败的案例之后得出，失败的原因就在于"改革时没有具体的和可以实现的重点，因此，没能给公众带来任何切实的改变"。③ 约翰纳·伯爵·兰斯多夫也持类似的观点。他说，"即使我们相信这种整体性的方案会出现，它也不会清楚地指明改革的方向。它提醒公众还有许多事情要做，却并没有准

---

① 〔新西兰〕杰里米·波普:《反腐策略——来自透明国际的报告》，王淼洋等译，上海译文出版社，2000，第7页。
② 〔美〕迈克尔·约翰斯顿:《论作为一种反腐败战略的社会发展》，何增科译，《经济社会体制比较》1995年第6期。
③ 〔新西兰〕杰里米·波普:《反腐策略——来自透明国际的报告》，王淼洋等译，上海译文出版社，2000，第32~33页。

第一章 公职人员财产申报制度与腐败治理间的理论逻辑

确地提出必须采取哪些措施以及哪里应当优先解决"。①

由此可以看到,腐败的治理尽管需要一个全方位的应对策略,但如果在这个整体方案中仅有具体改革的内容而没有明确告知实施各项措施的先后顺序,那么各项工作齐头并进的结果往往会是整体方案的部分甚至全部失效,腐败治理就难以达到预期目标。事实上,之所以会出现各种措施同时上马,归根到底源于不知道何种原因是导致腐败发生的最主要因素。

回顾对腐败成因的分析,公共选择理论给出了一个崭新而又科学的研究视角。它从成本—收益的角度出发解释腐败发生的原因,从而提供给我们治理腐败的新思路:要想治理腐败,尽可能减少腐败行为的发生,就应该首先从腐败的成本入手,想办法提高公职人员腐败的预期成本,使其在成本收益的计算之后选择放弃腐败。

对于公职人员来说,他的腐败成本是什么呢?罗伯特·克利特加德给出了一份详细的公职人员成本—收益的相关因素分析图。② 设 K 为公职人员的工资,$R(O)$ 为他因不贪污受贿而得到的道德满足。不贪污受贿时,公职人员得到一份报酬:$K+R(O)$。设 x 为贿赂(即由于腐败而得到的报酬),p 为公职人员因贪污受贿被发现而判刑的可能性,f 代表处罚的轻重程度,$R(x)$ 代表他接受贿赂时所付出的道德代价,U 表示公职人员的效用。那么代理人的决策树如图1-1所示。代理人贪污受贿的预期效用为:EU 是期望收益 $= U[R(x) + p(x-f) + (1-p)x]$。如果该值大于 $K+R(O)$,那么他将会接受贿赂。

克利特加德用文字进一步阐释了公职人员有关腐败成本—收益的计算。"假如我不贪污受贿,我得到的是工资收入和作为一个清廉人的道德满足。假如我贪污受贿,我得到的是贿赂,但须'付出'道德代价。

---

① 〔德〕约翰纳·伯爵·兰斯多夫:《腐败与改革的制度经济学:理论、证据与政策》,清华大学公共管理学院廉政与治理研究中心译,中国方正出版社,2007,第14页。
② 〔南非〕罗伯特·克利特加德:《控制腐败》,杨光斌、何庄、刘伯星等译,中央编译出版社,1998,第79~80页。

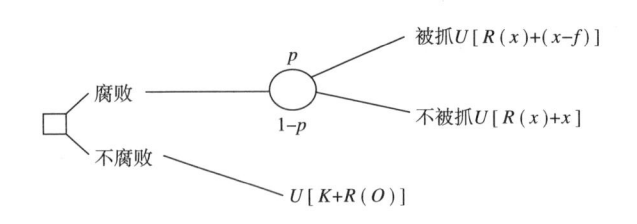

```
                    被抓 U[R(x)+(x−f)]
              p
腐败 ───────○
         1−p
              不被抓 U[R(x)+x]
不腐败
         U[K+R(O)]
```

图 1−1　潜在的腐败代理人的决策树

还有可能被察觉判刑，如果那样我还要自食苦果。因此，如果贿赂减去道德代价，再减去被察觉的可能性与可能遭受的刑事处罚之积，其结果大于工资收入与道德心理满足之和，那么，我将会贪污受贿。"

由此可见，腐败与否和道德素质的高低（R）、被察觉的可能性大小（p）、刑罚的轻重（f）以及贿赂的多少（x）有显著关联性。这四个变量直接影响到成本与收益的计算。其中，贿赂的多少属于收益，是不可控的。而剩下的三个变量，则可以由政府出面调节。如果能提高这三个变量的值，使得贪污受贿的预期成本大于预期收益，腐败行为就能得到有效的抑制。因此，对于腐败治理而言，首先要做的是对影响成本的三个变量——公职人员本身的道德素质、腐败被发现的可能性和处罚的力度，进行干预。

那么，通过何种手段才能使得干预更为有效，使得腐败预期成本增加呢？经济学家诺斯等人指出，制度通过影响人们对各种行动方案的成本与收益的计算而最终影响个人选择，因而制度建设是腐败治理中最为优先的环节。

第二节　制度、公职伦理与腐败治理的关系

通过上一节的梳理可知，公职人员对自身成本收益的计算会影响到其是否会选择腐败，而制度建设则是干预公职人员的腐败成本的重要手段。因此，在这一节中，我们将首先讨论制度的相关内容。在准确定义

第一章　公职人员财产申报制度与腐败治理间的理论逻辑

制度内涵的基础上，重点讨论制度的功能，考察制度如何能帮助实现有效的腐败治理，为接下来讨论公职人员财产申报制度与腐败治理之间的关系做好理论准备。此外，如本章开头所述，要研究公职人员财产申报制度与腐败治理关系还应涉及对该制度"内容"的研究。公职人员财产申报制度是有关公职伦理的制度。因此，在讨论完制度部分后，本节将讨论公职伦理的相关内容，包括内涵及其与腐败治理的关系等。

一　制度的内涵

近代制度经济学的创始人凡勃伦（Veblen）和康芒斯（Commons）从一般的意义上最早对制度进行了界定。1899年，凡勃伦在其《有闲阶级论》一书中谈道，"制度实际上就是由人们的思想和习惯形成的，而思想和习惯又是从人类本能产生的，所以制度归根结底是受本能支配的。制度是一些具有持久性和流行性的精神态度或思维方式，并且镶嵌于团体的习惯或者人们的风俗之中。制度受环境的影响，一旦环境发生变化，它就会随之而变，而它的变化是通过个人思想习惯的变化来实现的"。[①] 从这个界定看，凡勃伦所认为的制度与我们今天所讲的"非正式制度"类似，他还进一步解释了非正式制度的存在形式。

1931年，康芒斯首次正式提出了关于制度定义的问题。他指出，"定义制度主义经济学的困难在于'制度'一词含义的不明确。有时候，制度指的是一种法律或自然权利的架构，人困于其中，个人行为如同狱中囚犯。有时候，它似乎又指的是囚犯本身的行为。有时候，任何更多地对古典或享乐主义经济学进行的批判则被视为制度主义的。有时候，它又指的是任何和'经济行为'有关的规则。有时候，任何重视'动态'而非'静态'、'过程'而非'实物'、'行动'而非'感觉'、'集体'而非'个人'行动、'管理'而非'均衡'、'控制'而非'自由

[①]〔美〕凡勃伦：《有闲阶级论》，蔡受百译，商务印书馆，1964，第139页。

放任'的架构,都被视为制度主义"。康芒斯认为,制度是控制、解放和扩展个人行动的规则系统。①

在凡勃伦、康芒斯之后,新制度经济学者们从一般意义上出发,赋予"制度"新的含义。诺贝尔经济学奖获得者、新制度经济学的代表人物道格拉斯·诺斯在1990年出版的《制度、制度变迁与经济绩效》一书中给出了至今仍有很大影响的制度定义。他认为,"制度是一个社会的博弈规则,更规范地说,它们是为决定人们的相互关系而人为设定的一些制约,是一系列被制定出来的规则、守法程序和行为的道德伦理规范,它旨在约束追求主体福利或效用最大化利益的个人行为"。②

另一位新制度经济学家舒尔茨在其《制度与人的经济价值的不断提高》一书中将制度定义为"管束人们行为的一系列行为规则,这些规则涉及社会、政治及经济行为"。在舒尔茨看来,制度是为经济提供服务的,制度提供的服务应有利于降低市场交易的费用,并影响要素所有者间的配置风险。③

此外,还有几位著名的新制度经济学家也给制度下了定义。例如,拉坦在《诱致性制度变迁理论》中将制度看作"是一套被用于支配特定行为模式与相互关系的行为准则。制度是社会或组织的规则。这种规则通过人们在交往中形成合理的预期来对人际关系进行调整"。④ 柯武刚认为,制度是人类相互交往的规则。它抑制着可能出现的、机会主义的和怪癖的个人行为,使人们的行为更可预见,并由此促进着劳动分工和财富创造。⑤

与近代制度经济学家的看法相比,新制度学家们对"制度"的定义不再那么抽象,变成更具有操作性的概念,抓住了制度的本质。制度被

---

① 〔美〕康芒斯:《制度经济学》(上册),于树生译,商务印书馆,1962,第86~89页。
② 〔美〕诺斯:《制度、制度变迁与经济绩效》,刘守英译,上海人民出版社,1994,第3页。
③ 〔美〕T. W. 舒尔茨:《制度与人的经济价值的不断提高》,载〔美〕R. 科斯、A. 阿尔钦等主编《财产权利与制度变迁——产权学派与新制度学派译文集》,上海三联书店,1991,第253页。
④ 拉坦:《诱致性制度变迁理论》,载〔美〕R. 科斯、A. 阿尔钦等主编《财产权利与制度变迁——产权学派与新制度学派译文集》,刘守英译,上海三联书店,1991,第270页。
⑤ 柯武刚、史漫飞:《制度经济学》,韩朝华译,商务印书馆,2000,第12页。

看作是一系列具体的调节、约束人的行为的规则。

近年来,对制度的认知在原有的基础上又加入了博弈论的观点。这种理解也广为学界所接受。例如,日本学者青木昌彦认为,为了对制度起源和实施进行内生性分析,应该把制度看成是博弈过程的内生稳定的结果。因为制度的本质是参与人行动选择的自我实施规则,在重复博弈的状态下,它能规制参与人的持续不断的互动过程,而且规则不是外生给定的,是参与人通过互动产生的。① 我国也有学者持类似的看法。将制度定义为"不同制度主体之间基于自身利益进行多次重复博弈而产生的、用以规范或激励制度主体的行为,给集体或社会带来意义和稳定的认知性及标准化结构"。②

值得注意的是,在马克思主义经济学著作中虽然没有直接对"制度"进行明确的定义,但从不同的角度和层次使用了"制度"概念,如"所有制""资本主义所有制""财产制度""法律制度""奴隶制度"和"封建制度"等。从这些概念可以看出,马克思所使用的"制度"指涉的是"特殊制度",而不是"一般意义上的制度",例如使用特殊的"资本主义制度"来分析该制度的问题,研究资本主义制度内部存在的各种问题、资本主义如何向社会主义过渡的问题等。③

结合上述研究成果,本书将主要遵从诺斯的说法,将制度定义为社会中个人所遵循的一套行为规则或博弈规则。它由正式制度、非正式制度以及实施机制构成。其中,正式制度指的是以有形的(成文的)形式存在的,具有一定强制力的制度。例如,宪法、法律、规章、契约等。非正式制度与其相对,指的是无形的(不成文的)、不具有强制力的制度。例如,价值观念、伦理秩序、道德规范、风俗习惯和意识形态等。

---

① 周冰、靳涛:《青木昌彦的制度观与制度演化的进化博弈思想评析》,《江苏社会科学》2004年第3期,第59~65页。
② 范如国:《制度演化及其复杂性》,科学出版社,2011,第21页。
③ 李增刚:《制度经济学的三大范式》,载邹东涛主编《经济中国之新制度经济学与中国》,中国经济出版社,2002,第249页。

实施机制是指对违反制度的人做出相应的惩罚（也包括对遵守者给予奖励）从而使这些约束得以有效实现的条件和手段的总称。① 就公职人员财产申报制度而言，其是有形、成文的存在，属于正式制度。这一制度是否由国家而不是一般强制力保证实施，就看它是否被纳入国家法律体系中。实际上，我们现在谈各种制度时，例如，税收制度、财务制度等，说的都是正式制度。因此，狭义的制度就是指正式制度。

在制度构成中，正式制度至关重要。它由界定人们在分工中的"责任"的规则、界定人们"权利"或"选择空间"边界的规则（每个人可以做什么、不可以做什么）以及违反（正式制度）的惩罚规则和"度量衡"规则构成。按照少数服从多数的原则、权利与责任对等的原则以及依据人类行为的自利性及机会主义动机等基本假定设计制定而成。

对正式制度的发展，非正式制度会起到促进或阻碍的作用。"一方面意识形态或伦理道德能起到降低正式制度实施成本（监督、维持等费用）的作用；另一方面，由于非正式制度（核心是意识形态）总是滞后于正式制度甚至与正式制度不相容，因此，非正式制度与正式制度之间常常出现'紧张'状态，非正式制度阻碍正式制度的贯彻执行。"② 而正式制度同样能反作用于非正式制度，通过有强制力的刚性手段实现从他律到自律的转变，强化甚至改变原有的价值观念、思想道德等。

此外，实施机制对正式和非正式制度效用的发挥起到了保障作用。如果有了制度，但没有对遵守行为的奖励，对违反行为的惩罚，制度就形同虚设，制度权威性就会受损，甚至还可能会由此形成人们对制度不正常的预期，产生蔑视制度的心理。实施机制保证了制度的实施和有效性的实现。

从制度构成要素的关系出发看公职人员财产申报制度，得到的启示有三：一是作为正式制度的财产申报制度能否有效运行，除了自身的制

---

① 参见柳新元《利益冲突与制度变迁》，武汉大学出版社，2002，第18~25页。
② 樊纲：《渐进式改革的政治经济学分析》，上海远东出版社，1996，第16页。

度设计外,很可能还会受到诸如价值观、风俗习惯这样的非正式制度的影响。二是非正式制度的确立、强化甚至改变可以依靠正式制度的外部强制力来实现。三是保证制度良好运行的一大要件是惩罚机制的强化,这和我们在第一节讨论腐败有效治理时得出的要加大对腐败的处罚力度以提高腐败的预期成本的结论是一致的。

对制度的理解,还涉及对制度环境和具体制度安排这两个概念的准确认知。这将为接下来的第二章做好理论上的铺垫。具体制度安排即是上述所讲的制度,它可以是正式的,也可以是非正式的,可以是暂时的,也可以是长期的,可以是由社会全体决定或国家规定的,也可以是由少数人决定的或私人商定的。比如,公职人员财产申报制度就是一项具体制度安排。制度环境指的是一系列用来建立生产、交换与分配基础的政治、社会、法律基础规则。它一般体现在一国的宪法中,采取的是正式制度的形式。制度环境作为一国的基本制度而影响一国的具体制度安排,一般不容易改变,特别是在一个既定的社会形态内不易发生激变,而只是发生旷日持久的渐变(革命引起的制度环境改变除外)。因此,制度环境一般被视为制度变迁模型的外在变量。制度环境决定制度安排的性质、范围和进程,制度安排反作用于制度环境并推动制度环境的局部调整。由此给我们的启示是,在研究公职人员财产申报制度在韩国的变迁时,应考虑作为制度环境存在形式的宪法是否发生了改变。

二 制度的功能及其与腐败的关系

关于制度的功能,科斯、德姆塞茨、舒尔茨、诺斯,以及威廉姆森等人都进行了探讨。

一些学者阐释了制度所具有的降低交易费用的功能。科斯认为,企业制度之所以代替市场是因为它可以用要素所有者之间的一个长期交易(契约)代替一系列短期市场交易(契约),从而节省交易费用。威廉姆森从人的有限理性、机会主义行为、资产专用性、交易的不确定性和交易的频率等引起交易费用上升的因素入手，认为许多治理机制（即制度）都具有减少人的机会主义行为和交易的不确定性的功能，而这些功能的共同功能是可以降低交易费用。

另一些学者阐释了制度所具有的外部性内在化和激励的功能。德姆塞茨认为，制度具有帮助人们形成合理的预期和外部性内在化的激励功能。与德姆塞茨的观点类似，诺斯认同制度具有外部性内部化的功能，这一功能同时具有激励性。所有能使私人收益率接近社会收益率（外部性内部化）的制度安排都能形成对人们从事合乎社会需要的活动的激励。此外，诺斯也认为制度还具有减少不确定性的功能。

与上述学者关注制度的一两项功能不同，舒尔茨更加全面地阐述了制度的多种功能：制度是某些服务的供给者，它们可以提供便利，便利是货币的特性之一；可以提供一种使交易费用降低的合约，如租赁、抵押贷款和期货；可以提供信息，正如市场与经济计划所做的那样；可以共担风险，这是保险、公司、合作社及公共社会安全安排的特性之一；还可以提供公共物品，如学校、高速公路、卫生设施及实验站。①

综上，经济学家们所分析的制度功能主要有四种：抑制人的机会主义行为；外部性内在化与激励；减少不确定性、形成合理预期；降低交易费用。而与本书所讨论的腐败治理制度直接相关的是前三种功能，即约束性功能、激励性功能和可预见性功能。以下逐一分析这三种功能。

首先，制度的约束性功能。制度具有强制参与者为或不为的功效，实质就是约束行为者的随意行为，为清除反向干扰创造条件。就正式制度与非正式制度而言，正式制度由于其定型化、成文化、组织化的规定，比非正式制度具有更为明显的强制性。它要求一定范围的社会成员必须毫无例外地遵守它的规定，否则就要受到谴责或惩罚。通过制裁强化了制度的约束性功能。正如柯武刚所说，制度"抑制着人际交往中可

---

① 转引自瞿喜宝、袁庆明《制度的功能问题研究》，《云梦学刊》2006年第4期，第64页。

第一章 公职人员财产申报制度与腐败治理间的理论逻辑

能出现的任意行为和机会主义。制度为一个共同体所共用,并总是依靠某种惩罚而得以贯彻。没有惩罚的制度是无用的"。①

其次,制度的激励性功能。制度可以引发行为者的行为动机朝体系所期待的价值方向。赫伯特·西蒙认为,制度能够向组织成员"提供一般性的刺激因素和注意导向器",来引导成员行为。② 制度激励功能的实现不能离开个体追求自身利益最大化这一基本假定。激励效果的大小和强弱,取决于处在制度活动中的当事人的努力与报酬的距离。个人努力与报酬越接近,制度激励作用就越大、越有效;个人努力与报酬越偏离,制度激励作用就越小。

再次,制度的可预见性功能。由于制度本身所具备的稳定性和规律性特征,制度能对未来行为起到较为准确的预见作用。马克斯·韦伯指出,"法与制度的关键作用就在于提供个人获益行为的可预计的机会"。③ 丹尼尔·W. 布罗姆利认为,作为行为准则的制度其功能在于"给人类相互关系带来制度和可预测性"。④ 埃莉诺等在有关公共经济的制度分析中,同样强调制度对于公共经济所起的这种预期性效应。⑤

在制度的上述三个主要功能中,最重要和最基本的是约束功能,即不让个体做什么。与通过刺激实现让个体做什么相比,让个体不做什么更为困难,更容易引起个体的逆反。就这一点而言,与非正式制度相比,正式制度作为一种必须遵守的制度和规范,在外在强制力的保障下,其约束人们行为的能力就显得更加突出和有效。

制度所具备的这些功能,也决定了它在腐败治理中的优先性。如前

---

① 〔德〕柯武刚、史漫飞:《制度经济学》,韩朝华译,商务印书馆,2000,第32页。
② 〔美〕赫伯特·西蒙:《管理行为——管理组织决策过程的研究》,杨砾等译,北京经济学院出版社,1988,第98页。
③ 〔德〕马克斯·韦伯:《经济与社会》(上卷),林荣远译,商务印书馆,1997,第350页。
④ 〔美〕丹尼尔·W. 布罗姆利:《经济利益与经济制度——公共政策的理论基础》,陈郁、郭宇峰、汪春译,上海人民出版社,1996,第51页。
⑤ 〔美〕埃莉诺·奥斯特罗姆、帕克斯、惠恃克:《公共服务的制度构建》,宋全喜、任睿译,上海三联书店,2000,第3、22页。

所示，目前腐败治理面临的最大问题不是缺乏综合的治理方案，而是无法确定出各项措施的先后顺序。具体来看，从公共选择理论出发，每个人都是在限制条件或约束条件下使其实际收益最大化的。与其他方法相比，制度，尤其是正式制度，可以对人的行为选择起到更强的支配性作用。

那么，正式制度究竟是如何实现治理腐败的功能的呢？如上所述，约束性是制度最基本的功能。没有其他任何一种形式比正式制度的约束力更大，因为它有更大的强制力为后盾。所谓强制力，就是你一旦逾越了现有的制度框架，就必然受到惩罚，而且惩罚是严厉的。我们知道，公职人员之所以选择腐败，是考虑到腐败的收益远大于成本。当正式制度的实施增加了腐败的成本后，出于趋利避害的考虑，个体就会严格遵循制度规定的内容来做，理智地选择放弃腐败。

非正式制度同样可以在腐败治理中发挥作用。但是，其发挥作用的方式与正式制度不同，主要不是依靠外部的强制力或者是严厉的惩罚，而主要是依靠个体的自觉性和自身的素养来实现，通过这种内在的"软性"自省而非外力"硬性"强制的方式实现对个体行为的约束。从长远来看，非正式制度具有从根本上肃清腐败的效用；从中短期和实际效果看，正式制度做得更好。

因此，无论从正式制度还是从非正式制度的角度看，腐败治理都应将制度建设放在首位，这是由制度本身的功能所决定的。

关于制度在腐败治理中的重要性，有学者做过这样一段论述："在必要性上，公共权力具有社会性，而在现实性上，公共权力则始终是掌握在具体的个人手里的，当我们说国家在行使它的权力时，这实际上总是因为那些代表国家的人决定按照某种特定方式运用公共权力。这些人既可以全心全意为公众服务，也可能无意识地消极渎职，更能够有意识地滥用职权。这些掌握着公共权力的个人究竟如何行为，取决于现实的制度对其的制约程度。因此，尽管我们经常认为腐败现象的滋生和蔓延是经济、政治、社会、历史、文化等多种因素和条件交互作用的结果，

第一章　公职人员财产申报制度与腐败治理间的理论逻辑

但是在根本上它的基本成因则是公共权力制度化程度低和没有得到有效的监督。"①

最后需要说明的是，本书所探讨的"制度建设"指的是正式制度建设。原因有二：一是与非正式制度相比，正式制度在约束个体行为上，起效更快，效果更为明显；二是非正式制度对腐败治理是通过个体自省的方式实现的。而如前所述，正式制度可反作用于非正式制度，通过强制力实现由他律到自律的转化，帮助诸如思想规范等非正式制度的建设，从而实现道德规范的内化。当外在规范内化为自我的品德后，就开始自觉地指导个体的行为。从这个角度看，非正式制度对腐败治理发挥作用的起点仍是正式制度。

换言之，正式制度本身既可以通过直接规约个体的行为，从而达成腐败治理的效果，还可以通过影响非正式制度的建设，以非正式制度为纽带，间接达到治腐的效果。从这个意义上讲，"制度建设"的关键是正式制度的建设。因此，本书以下部分所提及的有关"制度建设"的各种内容，都仅指正式制度。

三　公职伦理与腐败治理的关系以及公职伦理的制度化建设

公职人员财产申报制度是公职伦理的一种制度化，换言之，它是一种关于公职伦理的具体制度。因此，要讨论公职人员财产申报这项制度与腐败治理之间的关系，有必要首先讨论作为该制度内在精神的公职伦理，以及这种伦理与腐败治理的关系。

伦理作为人类的自我发展在个人欲望的满足与社会秩序的和谐之间的一种平衡机制，"既是人类自我实现的方式，也是社会矛盾的调解方式和调节社会关系的手段，它为人们的生活、创造以及交往活动提供必要的秩序，提供适应环境、改造环境和自我完善的方式"。因此，伦理

---

① 参见王邦佐等编著《中国政党制度的社会生态分析》，上海人民出版社，2000，第301页。

是一系列指导行为的观念，是从概念角度对道德现象的哲学思考，它不仅包含着人与人、人与社会以及人与自然之间关系处理中的行为规范，也深刻地蕴含着依照一定原则来规范行为的深刻道理。① 公职伦理作为伦理的一种，专指国家公职人员在履行公务或公共职责时持有的思想观念和价值判断。从本质上看，它是职业化、角色化的政治伦理和行政伦理。②

从某种意义上讲，伦理是一种非正式的制度，它具有制度的所有功能。因此，作为伦理的一种形式，公职伦理也能通过个体"自省"的方式起到治理腐败的作用。如前所述，公职人员在决定是否腐败时会进行成本收益的计算。影响其计算的因素之一就是公职人员本身的道德素质。对于道德水平较高的公职人员来说，他若腐败，付出的道德代价就高，道德压力就大，因此，腐败的预期成本就高。在收益既定的情况下，道德水平高的人员与道德水平低的人员相比，发生腐败的可能性更低。

因此，各国都相继加强了对公职伦理的建设。建设的基本目标是建立针对公职人员政治、行政行为的有效的伦理道德控制系统以保障公职人员政治行政行为的正确有效性、公益性和正义性，实现国家的政治伦理目标和行政伦理目标。③

进行公职伦理建设，不仅要有规范伦理学的考量，而且要有德性伦

---

① 冯益谦主编《公共伦理学》，华南理工大学出版社，2010，第10页。
② 国内学者在谈到政治与行政时一般不做划分，或更多的是将行政视为政治的一部分。本书采用政治与行政二分法。《世纪辞典》（The Century Dictionary）对"政治"所下的定义就是："从狭义和较常用的意义上说，政治是通过公民中的政党组织指导或影响政府政策的行为或职业——因此，它不仅包括政府的伦理道德方面的内容，而且，只要公职的占有可能取决于个人的政治态度或政治贡献，它就经常不顾伦理道德的原则而特别包括那些左右公共舆论，吸引和引导选民，以及获取和分配公职任职权的艺术。"布劳克（Block）在其《法国行政辞典》（Dictionanaire de l'administration francaise）中把"行政"定义为："公共服务的总体，从事于政府意志的执行和普遍利益规则的实施。"《世纪辞典》有关"行政"的说法是："行政人员的责任或职责，特别是政府的执行功能，包括政府的总体和局部的所有的权力和职责的行使，它既不是立法的，也不是司法的。"这些定义都着重于说明，政治与指导和影响政府的政策有关，而行政则与这一政策的执行有关。参见 F. J. 古德诺《政治与行政》，王元译，华夏出版社，1987，第10～11页。
③ 龙兴海：《公职伦理建设论纲》，《中南大学学报》2005年第5期，第553页。

理学的考量。规范伦理学的考量主要是确定公职人员的伦理责任或其公职行为的伦理标准;德性伦理学的考量主要是把握公职人员履行公职所要具备的"内部力量"或主体道德素质。①

从规范伦理学的角度看,公职伦理建设有目的论与道义论两大基本向度的价值定位。目的论向度的定位,是体现国家政治目的和政府行政目的之实现要求的价值指向,其核心价值要求是效率,实质是强调公职人员必须高效地履行职责,为国家、社会和公民创造或提供最大化的公共善,具体的行为要求是:快捷而有效地贯彻国家法令;有效地维护公民的合法权益;节省公共运作成本,以最小的公共支出创造最大的公共善;勤政精政,为公民提供高效的公共服务等。道义论向度的定位,是体现国家正义秩序要求和公职的公共性本质所规定的价值指向,基本价值要求是"忠诚"、"尊重"、"廉洁"、"公正"和"信用"。"忠诚"要求公职人员忠于国家、忠于宪法、忠于人民、忠于职守或职责;"尊重"要求公职人员尊重公民的权利和权益;"廉洁"要求公职人员去私从公,正确地行使公共权力,无私或无条件地运用公共权力为国家和社会的公共利益服务;"公正"要求公职人员严格依法办事,客观公正地处理社会权益纠纷,公平合理地分配涉及公民权益的负担或好处;"信用"要求公职人员在履行职务的过程中重承诺、守信用,以取信于社会和公民。

从德性伦理学的角度看,公职伦理建设也有两个基本的向度。一方面,要注重观念性、情感性和意志性的品质以及行为品格的培养;另一方面,又要注重在道德心理基础上培养体现伦理主体性或自主性的伦理决策能力和伦理实践操作能力。就德性伦理学而言,它强调公职伦理建设的实质是将规范伦理学所要求的公职伦理规范内化为公职人员的德行。②

---

① 龙兴海:《公职伦理建设论纲》,《中南大学学报》2005年第5期,第553页。
② 有关公职伦理的建设,可参见〔美〕特里·L.库珀《行政伦理学:实现行政责任的途径》,张秀琴译,中国人民大学出版社,2001;张康之《公共管理伦理学》,中国人民大学出版社,2003;〔美〕迈克尔·沃尔泽《正义诸领域》,褚松燕译,译林出版社,2002;李建华《德性与德心:道德社会培育及其心理研究》,教育科学出版社,2000;唐凯琳、龙兴海《个体道德论》,中国青年出版社,1993。

在今天，公职伦理建设呈现的是对规范伦理的培养明显重于对德性伦理的培养，在将规范内化为公职人员德性的环节上存在明显的不足。而事实上，尽管伦理规范很重要，但公职伦理能否真正确立关键取决于是否已经内化为公职人员的德性。因为对公职人员来说，如果这些规范仅仅是一种行为的要求，并未被他们自愿地接受和认可，是不可能会被用来规约自我行为的。一旦遇到机会，必然还会选择腐败。有鉴于此，在关乎腐败治理的公职伦理建设中，就有必要加强德性伦理的建设，积极寻求使公职伦理内化的有效途径。

在公职伦理的内化养成过程中，过去往往采取的是思想教育的方法。思想教育关注个体的修为，注重个人意识、个人修养和个人行为的自觉养成。但是这样一种相对柔和的方式，很难保证每个人都被内化成功。也就是说，公职伦理内化的实现只是依赖于公职人员不稳定的、往往也是不可靠的自觉。从伦理道德的养成规律来看，人接受和践行伦理道德都有一个由外而内，从他律到自律的过程，公职人员伦理道德的养成同样也不会自然而然地发生。与教育相比，只有依靠稳定的、强有力的外部权威力量的约束，才有可能更快地使伦理规范成为公职主体行为选择时的"条件反射"，逐步地引导公职主体通过他律实现自律。而这种强有力的外部约束就是制度。

关于道德建设中教育的局限性以及引入制度的必要性，有学者做过精辟的阐释。"在道德建设过程中仅仅通过道德教化所形成的'意义世界'是有局限的。一方面，道德教化总是以假定的、理想的人性和道德图景为前提，向人们宣传道德精神的高尚，却往往忽视现实社会的道德严峻现实。虽然'意义世界'的道德理性可以陶冶人的情操，提升人的精神境界，激励和鼓舞人们为实现超现实的理想而奋斗，但它毕竟无法解决理想和现实的矛盾。当人们从道德向往回到社会现实的时候，'适者生存'的逻辑常常导演出这种'不择手段'的恶剧。这就意味着，只有理想的劝导，不可能让每个人都在现实的利益冲突面前保持道德的崇高。另一方面，由于'意义世界'的道德教化是通过传统习惯、社会舆论、榜样示范等柔性手段和途径来进行的，要通过主观世界的自我认可才能转化为道德理性，其结果只能劝善而无法有效地惩恶，因此，要保证社会道德意识的普遍养成和社会道德规范的共同遵守，必须在道德教化的基础上强化制度的规约，使社会公众内心形成的道德'意义世界'在向道德自觉的行为转化过程中得到制度的伦理支持……制度通过强制性力量的介入来调整社会成员的利益关系，使人们不仅依赖于制度而生活，而且在制度化的行为过程中包含着价值追求和情感依恋的融合。"①

如前所述，公职伦理属于非正式制度的范畴。所以，用制度来强化公职伦理的建设，实质上就是前文所讲的将"正式制度"作用于"非正式制度"，以尽快实现公职伦理的内化，进而达到治理腐败的目的。

考虑到制度在公职伦理建设中的重要作用，公职伦理的制度化建设成为提高公职伦理的必然选择。重视公职伦理制度化建设，一方面是纠正长期以来对公职伦理建设的漠视，弥补对公职主体善恶判断和公职选择培养的缺位；另一方面则是源于原有的公职伦理培养路径难以发挥成效。通过把伦理原则和道德要求提升、规定为制度，来强化道德"自律"的养成。

所谓公职伦理的制度化建设，就是将那些涉及公私利益冲突的、底线层次的、可普遍化的公职行为伦理准则以正式制度的形式确定下来，使其成为公职人员必须履行的具有确定性和具体指令性的伦理责任。以这样的方式确定公职人员的基本伦理责任或底线伦理标准。这样不仅可以减少公职伦理要求的抽象模糊性，避免公职人员行为选择的主观随意性，而且可以增强公职伦理的权威性、约束力和有效性。

公职人员财产申报制度就是公职伦理制度化的主要内容之一。它通过将基本伦理义务的情况变成可公布、可审查、可质询的事项，为公职

---

① 李仁武：《制度伦理研究：探寻公共道德理性的生成路径》，人民出版社，2009，第170~171页。

人员自觉履行公职道德施以外部控制,逐步引导公职主体通过他律实现自律,切实提高公职人员的伦理道德。

第三节 公职人员财产申报制度在腐败治理上的作用

如本章开头所说,本章的主要任务是验证公职人员财产申报制度有助于腐败治理这一核心假设。为此,本章第一节讨论了腐败的相关问题,得出腐败治理的关键应是对腐败的预期成本进行干预,通过提高腐败成本,迫使公职人员放弃腐败。第二节前半部分重点讨论了制度所具有的功能使其成为提高腐败成本的最有效方式,从而首先从理论上解决了公职人员财产申报制度所采取的"制度"这种形式本身在腐败治理上的效用;第二节后半部分着重探讨了公职伦理在腐败治理上的效用,展示了作为公职伦理制度化主要内容之一的公职人员财产申报制度从制度的内容上看同样有助于腐败治理。

以上述理论探讨为基础,本节将具体讨论公职人员财产申报制度具体是通过何种方式来实现对腐败的有效治理的,以及其在腐败治理上的效用。

一 公职人员财产申报制度对腐败治理的直接与间接作用机制

所谓财产申报制度,就是要求国家公职人员在任职之初、任职期间以及任职届满后一段时间内向有关部门申报并公开自己及一定范围内的家庭成员的财产及变化状况。核心就是将财产情况公开,接受外部监督。接受监督,就意味着他人会知晓个人的财产状况,更重要的是,财产的任何变动也会被知晓。

在腐败治理部分已经谈到,有效治理腐败的方法是提高腐败的预期成本,当成本大于收益时,个体就会放弃腐败。而能够影响到预期成本

第一章 公职人员财产申报制度与腐败治理间的理论逻辑

的三个变量是：公职人员本身的道德素质、腐败被发现的可能性和惩处的力度。

根据公职人员财产申报制度的规定，在审查中，若发现个体有资产骤增的情况，而这又明显与他本人的正常合法的财产收入不相符，审查机关可依法对财产的来源进行跟踪调查，并责令当事人做出解释。也就是说，如果公职人员想腐败，他会面临腐败随时被发现的危险。因为腐败最主要的收益就是金钱，财产的申报将使得财产的不合理增加被依法怀疑。可能存在这样一种情况：公职人员存在侥幸心理，刻意规避财产的申报，不报或漏报财产。但是，由于一项完善的财产申报制度对财产的监管是多方位的，即便个体不主动申报财产，申报审查机关也可以通过与金融机构、不动产管理部门的联网工作，实现对个体财产的监管与追踪。因此，不管隐瞒与否，个体若腐败，都很容易被发现。从这个意义上讲，财产申报制度的实施，将直接增大腐败被发现的可能，从而提高了腐败的预期成本。基于成本收益的考虑，个体将更倾向于主动放弃腐败。这是公职人员财产申报制度对腐败治理的直接作用机制。

除此之外，财产申报制度还会间接地作用于腐败治理。如前所述，财产申报制度最初设置的目的是作为公职伦理建设的一种方式或工具，来帮助实现公职伦理的内化，以提高公职人员的廉政道德素养，实质是有关道德建设的一项设计。持续不断地进行财产公示，将给公职人员造成极大的心理压力。在制度的约束和压力下，伦理规范将逐渐成为个体选择时的条件反射，从而实现他律转化成自律，公职伦理得以被内化。而我们知道，道德素质是影响个体决定是否腐败的另一个重要变量。道德素养高的人，他若腐败，承受的道德压力就比道德素质低的人要大，即腐败的预期成本变高。相反，如果选择不腐败，他所获得的道德心理满足也相应地会比道德素质低的人要大，即不腐败的收益要高。权衡腐败与不腐败的得失，公职伦理强的个体将会倾向于不腐败。因此，从这个角度看，财产申报制度可以通过作用于公职伦理的内化，间接地影响腐败的成本收益，促使个体从内心深处拒绝腐败。这是公职人员财产申报制度对腐败治理的间接作用机制。

综上，公职人员财产申报制度治理腐败的作用机制如图1-2所示。简单而言，财产申报制度可以通过公开审查环节，增加腐败被发现的可能性，起到提高腐败成本，直接迫使个体放弃腐败的作用；还可以通过制度性压力，使他律转化成自律，提升个体道德素养，以道德为媒介，作用于腐败成本的增加，起到间接治理腐败的作用。

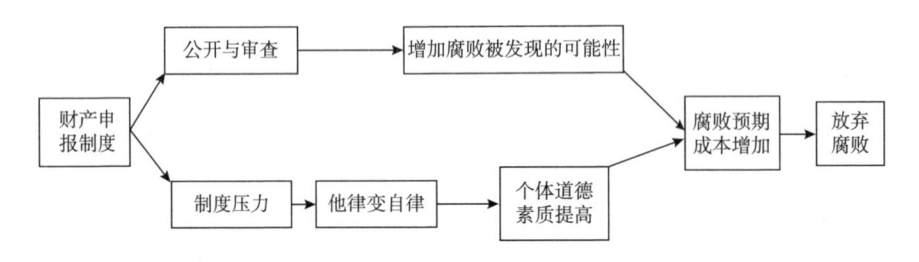

图1-2 公职人员财产申报制度治理腐败的作用机制

理论上，从制度入手治理腐败，包含了事前预防和事后惩罚两种制度安排。所谓预防，是一种事前（腐败行为发生之前）措施，是依靠或通过制度手段，减少腐败机会，弱化腐败动机，达到从根本上降低腐败发生率的一种治理腐败手段。[①] 本书所要研究的财产申报制度从性质上讲属于事前预防制度。而按照新制度经济学的基本思想，治理腐败应优先采取预防的方法而不是其他。这也从另一个角度说明了该制度建设的重要性。

在明确了制度与腐败治理之间的内在逻辑机制后，还有一个问题需要解决：是否制度一建立，就能发挥预防腐败的作用呢？事实显然并非如此。我们知道，制度对个体行为的形塑是需要较长时间的，很难收到立竿见影的预防效果。必须在财产申报制度实施一段时间后，个体行为才会因制度而改变。但随之带来的又一问题是：制度在建立初期，是否

---

① 任建明、杜治洲：《腐败与反腐败：理论、模型和方法》，清华大学出版社，2009，第107、111~112页。

第一章 公职人员财产申报制度与腐败治理间的理论逻辑

不会有任何效果?

事实也并非如此。对于政府而言,虽然在初期难以通过制度预防腐败,却可以因此更早地发现腐败。通过对个体财产状况的审查,加之与其收入作对比,若发现有明显差异的,便可以此为切入点,进行深入的调查取证。因此,制度在运行初期可以发挥腐败预警的作用。而在实施较长一段时间后,制度的主要功能——预防腐败,亦即减少腐败行为才能真正发挥出来。需要注意的是,通过制度的实施,可以继续发现腐败,只不过它不是该制度的最主要功能。

需要说明的是,本书并无意说明,与其他制度相比,公职人员财产申报制度的优势更明显,是治腐唯一的灵丹妙药。本部分的目的是说明这项制度是可以通过直接和间接两条路径收到治理腐败的效果的。它是一项有效的手段。所谓"阳光是最好的防腐剂,路灯是最好的警察"。的确,让权力在阳光下运行,对于腐败的治理有着不言而喻的好处,但若将反腐的希望都寄托在财产申报制度上也是不明智的,那种期望财产一申报、公开,所有的腐败就销声匿迹、无影无踪的过分要求更是做不到的。且不论制度本身的完备情况、制度是否能够被彻底贯彻执行,只看各国的腐败状况,其表现形式就复杂多样,根源也各不相同。因此,对于财产申报制度的效用,既不应否认和轻视,也不应过分拔高。

二 公职人员财产申报制度的实践效果

上一部分,我们从理论上解决了公职人员财产申报制度对腐败治理的效用问题。但在实践中,是否发挥了理论上所预期的作用呢?

公职人员财产申报制度最早起源于两百多年前的瑞典。1776 年,瑞典公民被赋予权限查看从一般官员直到首相的纳税清单,这就是财产申报制度的雏形。1883 年,英国《净化选举·防止腐败法》是世界上第一部以正式立法形式确立有关财产申报制度的法律。根据该法律,各候选人在选举结果公布之后,必须按照规定申报其竞选中各项费用的开支情况，并向社会公开。① 后来，很多国家也出台了类似的法律、法规或条例。例如，美国分别于 1965 年和 1978 年出台并逐步实施了《行政官员道德纲要》《政府道德法》；加拿大在 1994 年制定实施了《公职人员利益冲突与离职后行为法》；韩国于 1981 年制定了《公职人员伦理法》；新加坡于 1960 年后相继推出了《反贪污法》《财产申报法》《公务员法》和《没收非法所得法》等；我国台湾地区于 1993 年 6 月和 8 月分别颁布了"公职人员财产申报法""公职人员财产申报法实施细则"和"公职人员财产申报资料审核及查阅办法"；2002 年 7 月以来我国的香港特别行政区也开始实施官员申报财产的制度。

目前看，不管是美国、英国这样的发达国家，还是阿尔巴尼亚、尼日利亚等不算太发达的国家，还是像印度、新加坡这样的新兴市场国家，都广泛建立了公职人员财产申报制度。

随着财产申报制度在很多国家的确立和实施，它在腐败治理上的效用也逐渐显现出来。由于涉及控制干扰变量的问题，本书将在讨论韩国该制度效用的部分详述申报制度在减少腐败上的效果。这里重点讨论财产申报制度在发现腐败方面的成效。

以美国为例，里根总统执政时期，一位内阁部长被揭露未在财产申报期间如实申报当年从一公司获得的一笔优惠贷款，随即受到廉政署的调查。调查中该官员被查明，他曾在得到这笔优惠贷款时帮助该公司疏通了一笔在中东的生意。因涉嫌触犯"公私利益冲突法"，该部长不得不辞职。②

再以韩国为例，金泳三政府初期，以高级官员公布个人财产为契机，短短几个月，就有 1363 名高级官员因财产被曝光，无法解释财产来源，被涉嫌渎职罪遭到整肃，另有 242 人因用不正当手段获得财产而被迫辞职。这些人中，既有重要职能部门的部长、副部长，也有国会议员和部队将军。其中比较有名的是，有韩国政界"常青树"之称的金在

---

① 梁国庆：《中外反腐败实用全书》，新华出版社，1994，第 322~324 页。
② 曹贵宝、刘宏勋、刘月增：《加美韩新等国家和地区财产申报制度及经验的借鉴与启示》，《邯郸学院学报》2008 年第 2 期，第 76 页。

第一章　公职人员财产申报制度与腐败治理间的理论逻辑

淳因违法占用都市绿色保护地以及其妻子从事房地产投机买卖而被免职；国会议长朴浚圭因申报财产不实，被查出隐匿财产而下台；金泳三总统的主要竞选伙伴、法务部长官朴喜太以及内阁保健社会部长官朴良实、建设部长官许在荣、汉城特别市市长金尚哲也都因各种违反《公职人员伦理法》的行为而引咎辞职。可见，公职人员在财产申报的制度运行中，尤其是初期，多因财产的公开而被发现其腐败问题，以致被迫辞职或遭到起诉。

对财产申报制度的实践效果，腐败研究领域的专家也做过深入的调查，并提出了建立和完善制度的必要性的建议。杰里米·波普认为，"保持公务部门廉政的一个关键性措施就是要求所有身居要职的人员填写收入、财产和债务申报单。虽然那些收受贿赂的人不会准确地公开自己的收入和财产，但这会迫使他们记录下自己的经济状况，这样就为今后的起诉打下了重要的基础。譬如，这会使得他们无法表明先前未曾公开的财产是合法取得的"。此外，"公开财产的要求还应该延长至卸任以后的一段时期，以防止在退休之后接受贿赂款项"。①

里克·斯塔彭赫斯特也认为，在公务员制度下保持廉政的一个重要手段就是要求所有在重要位置上的官员定期申报他们的财产、收入和负债。那些收受贿赂的官员当然不会报告自己的所作所为，然而强迫他们记录自己的财务状况却为后来的起诉工作带来了便利。②

国际货币基金组织成员阿贝德（George T. Abed）、达乌迪（Hamid R. Davoodi）在其2000年的研究分析报告中将转型经济时期的腐败分为两大类，一种是国家俘获（state capture）③，另一种是行政性腐败

---

① 〔新西兰〕杰里米·波普：《反腐策略——来自透明国际的报告》，王淼洋等译，上海译文出版社，2000，第7、83~84页。
② 〔加〕里克·斯塔彭赫斯特、萨尔·J.庞德主编《反腐败——国家廉政建设的模式》，杨之刚译，经济科学出版社，2000，第132~133页。
③ 它指的是公共部门或私人部门的个人、群体或企业为了其自身利益，通过向政府官员提供非法的、秘密的个人报酬的方式来影响法律、规章、法令和政府其他政策的制定，是上层腐败（grand corruption）的重要表现形式。

(administrative corruption)①。他们在报告中强调，要达到对这两类腐败的有效遏制，必须确立包括财产申报制度在内的多层次、全方位的反腐战略。

值得一提的是，1990年的第八届联合国预防犯罪和罪犯待遇大会决定将公职人员的财产申报和公开化作为一项有效的反腐倡廉的政策推荐给各成员国。2005年，作为联合国历史上通过的第一个用于指导国际反腐败斗争的法律文件——《联合国反腐败公约》生效。公约明确要求：各缔约国均应当根据本国法律的基本原则，酌情努力制定措施和建立制度，要求公职人员特别就可能与其公职人员的职能发生利益冲突的职务外活动、任职、投资、资产以及贵重馈赠或者重大利益向有关机关申报。

综上表明，制度在实践中的确发挥了在腐败治理上的效用。公职人员财产申报制度作为一项腐败预防制度，已得到越来越多国家的认可。

三 韩国公职人员财产申报制度的发展历程

通过上述部分，我们明确了有关腐败的相关理论，厘清了制度、公职伦理分别与腐败治理的关系，在此基础上，进一步明晰了公职人员财产申报制度对腐败治理的直接与间接作用机制，同时还考察了制度的实践效果。这些理论上的探讨一方面证明了本书研究的重要意义，另一方面为接下来具体分析韩国金泳三政府时期制度的情况做了理论的铺垫。

为在后文更好地分析金泳三政府时期的公职人员财产登记和公开制度，探究该制度的改革原因，本小节将以政权更迭作为背景主线，展示该制度在韩国的发展脉络。具体历程如下：

第二共和国时期，在韩国第4届总统尹潽善治下，公职人员财产登记与公开制度开始被韩国政府关注，并曾试图提交国会通过。当时新上

---

① 它主要指通过向政府官员提供非法的、秘密的个人报酬的方式为政府或非政府的参与者提供报酬，故意扭曲现行法律、规则和规章的执行，主要表现为下层腐败或小腐败（petty corruption）。

第一章 公职人员财产申报制度与腐败治理间的理论逻辑

台的民主党政府为打击自由党政府时期严重的腐败问题,曾于 1960 年 11 月 2 日向国会正式提交了《公务员财产登记法案》。法案要求,各部门所属一定职级以上的公职人员在任职和退职时应登记本人、配偶以及同一户籍内直系亲属所拥有的财产。但当时的国会以现有法令足以应对腐败、没有另立他法必要为由,未通过该法案。

第三共和国时期,在韩国第 5 届总统朴正熙治下,公职人员财产登记与公开制度再度受到重视。1964 年 7 月 16 日,政府下发国务总理指示——《公职人员财产自愿登记指南》,要求公职人员自愿登记财产,以表明自身的廉政,获取国民的信任,重树政府的威信。在该指示下,韩国开展了首次公职人员财产登记活动。

第五共和国时期,在韩国第 11 届总统全斗焕治下,1981 年 12 月 31 日,以公职人员财产登记制度为主要内容的《公职人员伦理法》颁布。制度的法制化使制度的运行获得了法律的保障。财产的登记将不再像朴正熙时期那样只实施一次就告中断,而成为常态性的制度。

第六共和国时期,1988 年 3 月 3 日,韩国第 13 届总统卢泰愚上任伊始,就在总务部工作报告会上做了为公开公职人员财产而修订《公职人员伦理法》的指示。原因在于全斗焕时期只实施了财产登记,财产并不对外公开,因而影响了反腐的实效。4 月 22 日,卢泰愚率先公开了总统财产。9 月,总务部提出修订法案并提交国会,但最终仍未予通过。

到第六共和国时期的第 14 届总统金泳三上台后,制度有了新的发展。1993 年 6 月 11 日,《公职人员伦理法》被做了首次也是迄今为止唯一一次全面修订。在过往实践经验的基础上,一方面修改了与财产登记有关的不恰当的内容,另一方面将高级公职人员的财产公开也以法律的形式给予确认。真正意义上的财产登记与公开制度在此时期得以确立。

在之后的第六共和国时期至今,公职人员财产登记与公开制度在金泳三政府的基础上进行了必要的完善。例如,增设"拒绝告知"事前许可条款、增加财产变动申报项目和"股票白纸信托"规定,等等。

综上,韩国的公职人员财产登记与公开制度在张勉民主党时期、朴正熙时期、全斗焕时期、卢泰愚时期和金泳三时期都有发展。根据绪论部分有关制度变迁周期理论的论述，韩国该制度的发展可分为三个阶段（如表1-1所示）。

表1-1 公职人员财产登记与公开制度在韩国的发展阶段

时 期	届 别	总 统	制度变迁周期
第一共和国时期 （1948年7月至1960年4月）	1~3届	이승만（李承晚） （1948年7月至1960年4月）	制度僵滞阶段
第二共和国时期 （1960年6月至1962年3月）	4届	윤보선（尹潽善） 1960年8月至1962年3月	
第三共和国时期 （1962年12月至1972年10月）	5~7届	박정희（朴正熙） 1963年12月至1972年10月	
第四共和国时期 （1972年10月至1980年8月）	8~9届	박정희（朴正熙） 1972年10月至1979年10月	
	10届	최규하（崔圭夏） 1979年12月至1980年8月	
第五共和国时期 （1980年8月至1987年10月）	11~12届	전두환（全斗焕） 1980年9月至1988年2月	制度创新阶段
第六共和国时期 （1987年10月至今）	13届	노태우（卢泰愚） 1988年2月至1993年3月	
	14届	김영삼（金泳三） 1993年2月至1998年2月	制度均衡阶段
	15届	김대중（金大中） 1998年2月至2003年2月	
	16届	노무현（卢武铉） 2003年2月至2008年2月	
	17届	이명박（李明博） 2008年2月至2013年2月	
	18届	박근혜（朴槿惠） 2013年2月至今	

韩国共和国时期的划分，并不是以总统的上（下）台为分界线而是以宪法的颁布/修订为标志，所以，上述表中共和国的存续时间和总统在位时间并非完全一致，或前或后。

制度僵滞阶段，时间跨度是从第一共和国建立到1981年《公职人员伦理法》颁布之前。此时制度的偶尔运行无法满足反腐的需要，无法遏制腐败的蔓延，韩国腐败问题严重。包括总统在内的各个阶层都希望建立行之有效的新的制度框架，制度创新意愿日趋强烈。

制度创新阶段，时间跨度是从《公职人员伦理法》颁布到1993年金泳三政府全面修订该法之前。在这一阶段，韩国政府改变了过去以行政指令来指导实施财产登记制度的方法，尝试通过制度的法制化来推动制度的发展。以《公职人员伦理法》的颁布为契机，开始了制度的不断试验、探索甚至试错的进程，如制度的分阶段运行、财产的公开等方式方法都曾被用到过或提到过。

制度均衡阶段，时间跨度是从《公职人员伦理法》的全面修订至今。达成均衡的标志就是1993年6月11日法律的全面修订。通过修订法律，先前通过不断试错所积累的经验被固化下来，公职人员财产的登记与公开制度得以正式确立。此后，制度又前前后后在既有框架下部分修订了几次并得以不断完善。

观察韩国公职人员财产登记和公开制度的变迁历史可以看到，金泳三政府的确在此过程中起到了极为关键的作用。如果没有1993年相关法律的全面修订，之前制度创新的成果就无法被确立下来。缺少国家强制力保障实施的制度，很难持续贯彻下去，制度改革也很可能最终归于失败。

小 结

本章的主要内容是从理论上验证"公职人员财产申报制度在腐败治理上有积极作用"这一核心假设。为证明这一假设，本章第一节首先探讨了有关腐败的几个基本问题，包括腐败的定义、腐败的成因、腐败的后果和腐败的治理方法。通过分析，得出腐败的存在对一国来说弊大于利，要有效地治理腐败，应着力提高腐败的预期成本。

在此基础上，本章第二节讨论了制度本身以及公职伦理分别与腐败治理的关系。一方面，公职人员财产申报制度的实现形式是一种"制度"，另一方面，该制度所涉及的内容是"公职伦理"。研究发现，制度（这里指"正式制度"）可以凭借其强有力的外部约束力，迫使个体放弃腐败，而公职伦理则可以通过"软性"的方式，使个体主动地选择不腐败。

在第二节的基础上，第三节着重讨论了公职人员财产申报制度与腐败治理的内在逻辑机制。研究表明，该制度可以通过直接和间接两种方式实现腐败的治理。具体来讲，财产申报制度可以通过公开审查环节，增加腐败被发现的可能，起到提高腐败成本、直接迫使个体放弃腐败的作用；还可以通过制度性压力，使他律转化成自律，提升个体道德素养，以道德为中间媒介，起到间接治理腐败的作用。

此外，第三节的最后还从制度变迁的角度，划分了公职人员财产申报与登记制度在韩国的三个发展阶段，为接下来的研究做好了准备。

第二章　金泳三政府改革公职人员财产登记与公开制度的原因

金泳三政府上台后不到半年，就全面改革了公职人员财产登记制度，建立了真正意义上的财产登记与公开制度。如第一章所述，这项从20世纪60年代就被政府关注的制度，直到30多年后才被完全地确立下来并被认真地贯彻实施。那么，究竟是什么原因使得韩国最终在金泳三政府时期彻底改革和实施这项重要制度？这是本章研究的核心主题。

一项改革的进行，绝不是单一原因导致的，而是多种因素综合作用的结果。那么，到底包括哪几种因素？制度变迁理论给我们提供了研究的视角。以此为基础，本章将从制度变迁理论出发，分别从制度变迁的周期、制度变迁的方式和制度环境三个方面来观察和寻找制度变迁得以在金泳三政府时期完成的原因。

第一节　制度的自身发展因素

制度变迁周期理论告诉我们，制度的变迁是逐步的、演进的、分阶段的。一个完整的制度变迁周期包括了制度僵滞、制度创新和制度均衡三个阶段。其中，均衡阶段是前两个阶段演进的结果。也就是说，如果没有前两个阶段制度的发展，制度变迁是无法一步跨越到均衡阶段的。

如第一章所讲，金泳三政府的改革在制度变迁中发挥了最终的也是至关重要的作用。通过对《公职人员伦理法》的全面修订，韩国公职人员财产登记与公开制度进入了制度均衡阶段。由上述理论可以得到这样的启示，要想探究为何制度变迁在金泳三政府而不是其他政府时期完成，必须全面回顾和分析制度在僵滞阶段和创新阶段的发展情况。

因此，本节将从制度的僵滞阶段，即大韩民国建立（1948年）时开始梳理，分阶段论述各时期公职人员财产登记与公开制度的运行情况，寻找制度改革的历史原因。其中，制度僵滞阶段主要论述李承晚政府、张勉政府和朴正熙政府三个时期；制度创新阶段包括全斗焕政府和卢泰愚政府两个时期。

一 制度僵滞阶段

从大韩民国建立到1981年《公职人员伦理法》的颁布这段时间属于制度的僵滞阶段。在这一阶段，我们不仅需要观察制度本身的运行情况，还需要了解各方对新制度的需求状况，以回答制度为何需要变迁。因为"为了分析制度变化，人们必须知道制度要素和其它现状"。[①]

（一）李承晚政府和张勉政府时期（1948~1962年）

首先看制度本身的运行情况。在这一时期，公职人员财产登记与公开制度还仅处于被政府关注、曾作为提案被提交国会的状态。也就是说，从强制性的角度看，它还未上升到法律层面，尚未有法律强制力保证制度的实施；从实践的角度，它还仅是一种想法、方案，还未被实践过。

仅有的一次提案是1960年11月，当时的民主党政府向国会提交的

---

① 〔美〕V. 奥斯特罗姆、D. 菲尼等编《制度分析与发展的反思》，王诚等译，商务印书馆，1994，第158页。

《公务员财产登记法案》[①]。对于提案的理由,事由书中这样写道:"公务员是人民的公仆,应做到清正廉洁。自大韩民国成立以来,公务员滥用职权、不法敛财的行为屡受国民的指责。……新的政府将致力于培养公务员的清正廉洁。措施之一是要求公务员在任职期间和任职届满后登记所拥有的财产,并每年申报财产的增减情况,以便政府准确掌握财产状况。"

根据提案,登记义务者,横向上涉及行政、司法、立法以及军队等各个部门;纵向上,既包括中央,也包括地方公务员。登记主体主要为二级以上公务员。登记内容主要是房地产以及价值50万韩元(大约相当于当时5万人民币)以上的动产、债券等。登记对象,包括了登记义务者本人,及其配偶和同一户籍内的直系亲属。对于登记结果,提案建议采取不公开的方式(参见表2-1)。

表2-1 1960年韩国《公务员财产登记法案》内容

登记义务者	登记内容	登记对象	是否公开
1. 行政部门二级以上公务员(作为例外,相当于三、四级公务员的官署署长也包括在内); 2. 教育公务员中校长、副校长、院长、教育监以及各级学校负责人; 3. 军队中营级以上的将校和尉官级以上部队长官; 4. 地方公务员中的汉城特别市长、道知事、特别市及道议会议员,市议会议员和市长等	有关房地产的一切权利和价值50万韩元以上的动产、债券、债务等	登记义务者本人、配偶以及同一户籍内直系亲属	登记结果保密

注:1. "登记义务者"是韩国法律中对需登记财产的公职人员的称谓。"登记对象"是对"登记义务者"、配偶及其一定范围内亲属的统称,即应登记财产的群体。

2. 造币公司、韩国银行、韩国产业银行、农业银行及其他国有企业的董事级以上的人员也要登记财产,但这些无法在法案中全部列举。国务院中部分委任人员、立法部中两院的议员、事务部长、次长和专业委员及以上的事务职人员也要登记财产。司法部中大法官、法院行政处长及判事同样也要登记财产。

资料来源:〔韩〕徐源锡著《韩国反腐败政策的变迁》,载王伟、车美玉等《中国韩国行政伦理与廉政建设研究》,国家行政学院出版社,1998,第120~121页。

[①] 韩国国家记录院国务会议录《公务员财产登记法案》(第66次), http://theme.archives.go.kr/next/cabinet/keywordSearchResultDescription.do? level = 2&docid = 0028656220,最后访问日期:2013年12月30日。

在韩国，三级以上（不含三级）公务员为高级公务员。从这份提案可以看出，当时的意图仅是登记高级公务员的财产，对象并不涉及中下层的公务员。而当时韩国的腐败表现在各阶层，而非仅仅是上层的腐败。此外，提案建议应将登记结果保密，这并不属于真正意义上的公职人员财产申报制度，不公开将降低制度的有效性。因此，从上述两个方面看，该提案还不十分完善。当然，也应注意到，提案中明确要求不仅公务员本人，其近亲属的财产也应一并登记。这种做法能更加真实地反映公务员的财产收入情况，有助于规避官员向近亲属转移财产的行为，具有一定的积极意义。

以上是公职人员财产登记与公开制度在这一时期的发展。那么这一时期，作为制度解决对象的腐败问题情况是如何呢？

1948年8月15日，大韩民国成立，李承晚成为韩国的第一任总统。效仿美国的政体，韩国建立起了行政、立法、司法机关三权分立的政治体制，确立成为一个民主国家。依据宪法，韩国实行总统制，总统的权力要受到国会的制约。国会不仅拥有批准条约、宣战和向海外派遣武装力量、监督内阁、提请监督委员会监督资金账目和支出等权力，还拥有选举、弹劾总统的权力。

但实际情况是，在李承晚时期，民主最终沦为了一种形式，专制独裁才是最基本的特征。上台后不久，李承晚为强化政治基础，就与执政党自由党一道利用反共意识形态宣传和国家暴力工具实行专制统治，残酷镇压反对派，破坏已有的宪政秩序。其中，与右翼民主党①的斗争最为激烈。作为控制国会多数议席的右翼民主党，最初曾全力支持李承晚当选总统。但不久，李承晚与民主党闹翻，李的势力在国会中成为少数派。1949年，改组后的民主党，以实现责任内阁制，削弱总统权力为己任，与李承晚政府展开激烈的权力之争。1952年，四年任期届满的李承晚担心通过国会间接选举总统的办法难以获得连任，于是以政府名义向

---

① 韩国民主党成立于1945年9月16日，代表人物为袁世勋、金炳鲁、赵炳玉等人，是一个与建国准备委员会等左倾势力针锋相对的右翼势力大联合。1949年2月10日，韩国民主党改组为民主国民党，1955年9月又改组为民主党。

第二章　金泳三政府改革公职人员财产登记与公开制度的原因

国会提出宪法修订案，建议将总统由国会选举改为国民直接选举，但改宪案在国会遭到激烈反对。同年7月，李承晚利用朝鲜战争这一特殊时期，以共产党势力反政府活动猖狂为由，在釜山宣布戒严，先后组织"白骨团""马蜂队"等暴力组织逮捕了50多名反对派国会议员。之后强行通过以总统直接选举为内容的改宪案。这就是韩国历史上有名的"宪政危机"。依据修改后的新宪法，1952年8月5日，李承晚当选为第二届总统。再之后，又通过"四舍五入改宪"和"三选改宪"，谋得第二次连任。

可见，虽然韩国在建国之初依据宪法建立了总统共和制的民主国家，但是在李承晚统治的整个第一共和国时期，"李承晚及其自由党千方百计维护家产制统治，巩固自己权力、任人唯亲、打压反对党，有明显的独裁特点"。[①]

在专制统治下，权力的使用没有了边界，权力制衡形同虚设。李承晚本人就完全无视法律程序，随意调动下属官员，把"忠诚"看作用人的最重要标准。在这种政治气候下，传统体制下的亲疏关系成为官员晋升与否的重要依据，不加考核、随意任用人员的做法随处可见。随着专制统治的日益加强，滥用人员的弊端逐渐显现，腐败现象丛生。其中，最为典型的腐败案件是私吞美国援助和在处理日本留韩企业私有化过程中发生的权钱交易。"二战"后，美国经济援助大量运往韩国，掌握着物资分配权、银行信贷、进出口许可证大权的官员们毫无顾忌地大肆进行贪污受贿活动。在拍卖日本人留下的工厂的过程中，一批有拍卖权的政府官员也纷纷索贿、受贿。在当时，"若不贿赂政府官员，不同政治领导人有私人关系，是不可能买到工厂的。"[②] 在中央政府的不良带动下，韩国各级政府的腐败日益猖獗，司法、税收、海关等主要政府部门被严重侵蚀。

[①] 尹保云：《韩国威权主义时期的选举》，《韩国研究论丛》第十八辑，第209页。
[②] 尹保云：《韩国为什么能够成功》，文律出版社，1993，第44页。

面对着如此严重的、普遍存在的腐败，李承晚政府无意进行真正彻底的腐败治理活动，仅把"反腐"作为一种政治口号提了出来。因此，在李承晚任期里，看不到任何有助于反腐的法律法规的颁布实施。所做的唯一和反腐有关的工作是提高公务员工资。在他看来，腐败的产生与公务员工资太低有关。因此在1950年末，李承晚政府提高了公务员的工资。同年发布了《公职伦理确定宣言》，要求公职人员廉洁、公正。

事实上，李承晚政府就是因腐败而最终倒台的，"第一共和国是造成体制腐败的政权，也是因独裁和腐败倒塌的政权。"[①] 1960年，以学生为主导的"4·19"革命结束了李承晚独裁政权。鉴于独裁统治带来政权覆灭的教训，新上台的第二共和国政府表现出了很强的政治自由化和惩腐的决心。不仅在政治上把总统制改为内阁制、增设总理职位，变总统为名誉虚职，扩大地方自治的范围和幅度，放松对言论出版自由的限制，而且将反腐视为国家政治事务的第一要务，提出了一些有积极意义的治理方案。其中最为重要的就是前文所讲的，1960年11月民主党政府向国会提交的《公务员财产登记法案》。但可惜的是，民主党上台后不到一年，1961年，朴正熙少将就发动了"5·16"军事政变，推翻了张勉民主政府。各种计划方案不了了之。

可以看到，在李承晚时期，韩国的腐败问题因独裁统治已非常严重，政府却无意也无力进行腐败的治理。而革命上台后的张勉政府深刻反思了前任政府的教训，意识到治理腐败刻不容缓，因此在上台不久就提出了应对方案，试图通过准确掌握公职人员的财产状况，来及时发现并有效预防腐败的发生。换言之，当时腐败的严重性使得包括公职人员财产登记制度在内的各种反腐措施亟须推行，制度必须进行改革和发展。但短短一年的执政期使得原本可能成形的公职人员财产登记制度胎死腹中。

---

① 〔韩〕徐源锡：《韩国反腐败政策的变迁》（上、下），载王伟、车美玉等《中国韩国行政伦理与廉政建设研究》，国家行政学院出版社，1998，第123页。

第二章　金泳三政府改革公职人员财产登记与公开制度的原因

一方面是社会各基层对反腐的热切要求，对建立成熟完善的制度有很大的需求；另一方面是财产登记制度仍处在酝酿通过阶段。两者形成鲜明的反差。从制度变迁周期理论看，当时的制度状况显然无法满足各方的反腐诉求，制度处于僵滞阶段，制度改革势在必行。

值得注意的是，在张勉时期，公职人员财产登记制度之所以未被国会批准，表面是国会认为现有法律已经比较健全，但其深层原因是新上台的民主党政府尚未形成足够的力量实现对全局的掌控。仓促上台后的一系列猝不及防的改革使国家陷入无法控制的混乱状态。社会动荡、民众游行示威不断，民主党自身也出现分裂，9个月内先后进行了多达四次的内阁改组。由此可见，公职人员财产登记制度要想得到有效的改革和发展，要从提案走向实践，必须要有一个强政府的出现。这一任务就留给了后继的朴正熙政府。应该肯定的是，《公务员财产登记法案》虽未被国会通过，但法案中提议的很多内容却被朴正熙政府所采纳，被应用到后来的公职人员财产登记制度的实践中，并对1981年颁布的《公职人员伦理法》也产生了很大的影响。

（二）朴正熙政府时期（1962~1979年）

朴正熙发动"5·16"军事革命政变后，就开始了长达18年的统治。在朴正熙政府时期，公职人员财产登记制度实现了从认识到实践的跨越。如前所述，民主党政府时期还仅仅是认识到了该制度的重要性，并未来得及真正实践，而朴正熙政府时期则有了财产登记制度的首次实践。

1964年7月16日，朴正熙政府下发了国务总理指示——《公职人员财产自愿登记指南》。指示规定，公职人员应自愿登记财产，以表明自身的廉政，获取国民的信任，重树政府的威信。

根据指示，这次登记的人员从群体类别上看，只包括行政类公务员，不像1960年的提案涉及行政、立法、司法三大类公务员。但从职级上看，更多的行政类公务员被包括进来。早前提案中的登记人员主体是二级公务员，此次则以三级公务员为主，此外，四级的行政长官也包括在内。不过，此次实践仍是采取对登记结果保密的方式（参见表2-2）。结果显示，在此次登记中，有占应登记人员总数90%的13003名公务员自愿登记了财产。

表2-2 《公职人员财产自愿登记指南》实施情况

登记义务者	实施结果	是否公开
1. 三级以上公务员（含地方公务员）和相当级别的公务员，教育公务员中校长、副校长、院长、教授、副教授、助理教授、中/高校的校长、奖学官、教育官、教育长、教育研究官； 2. 四级的行政机关长官； 3. 课长级以上的政府管理企业的职员； 4. 其他所属长官认证的人员	占比90%	登记结果保密

资料来源：〔韩〕徐源锡：《韩国反腐败政策的变迁》，载王伟、车美玉、徐源锡编《中国韩国行政伦理与廉政建设研究》，国家行政学院出版社，1998，第123页。

从实践的角度看，此次登记是制度建设过程中的巨大进步，具有重大意义。与张勉政府时期仅止步于政府提案相比，这次登记首次间接地检验了制度在腐败治理上的效用。之所以说是间接，是因为韩国政府并没有在登记之后，对登记财产进行审核，也就无从具体知道由此发现的腐败案件有多少，即无法衡量制度在发现腐败上的效用。但是10%的未登记人员，这个数字本身就间接地说明，该项制度对官员的心理还是有很强的震慑作用。他们担心对登记财产的调查会牵连出自身的腐败，因此拒绝登记。

但此次制度的实践也暴露出了很大的问题。首先，此次公职人员财产登记方案是依据国务总理的指示施行的，也就是以行政命令而不是以行政法规或更高一层的法律为依据进行的，这一做法带来两个弊端：一是实施范围有限。因为是行政命令，所以登记义务者就只包含了行政类公务员，其他如立法、司法部门的人员就无法包括其中，制度的影响范

第二章　金泳三政府改革公职人员财产登记与公开制度的原因

围有限。二是缺乏权威性。在没有法律强制力的保障下，制度的实施很难持续。事实也的确如此。此次财产登记，仅实施了一次就告中断。

其次，指示规定，财产登记以自愿为原则，这就给应登记人员留下了可选择不登记的弹性空间。结果是，包括朴正熙在内的1152名公职人员未申报财产，制度适用的公平性丧失。此外，作为最高统治者的朴正熙本人未能率先垂范，并未高度重视该制度的实施。可以想见，在当时的威权体制下，没有总统全力支持的制度，其建设进程必将缓慢。朴正熙任期内再未有任何进一步制度建设的努力。

最后，登记结果采取不公开的形式，使得威权主义政体下本就被严重削弱的政党监督和群众监督失去了一个重要的监督政府的渠道。登记财产在缺乏监督和审核的情况下必然难以达到腐败治理的目的。

以上是朴正熙时期公职人员财产登记制度建设的基本情况。以下回顾这一时期韩国的腐败问题状况。

朴正熙上台后，就对李承晚时期的各项政策和体制进行了较为彻底的调整与改革，改革的重点在经济领域。他执行"经济第一主义"① 的国家理念，将经济发展视为头等大事，实施政府主导型的市场经济政策，实行出口导向型的发展战略，大力扶持大型企业的发展。"包括韩国在内的大部分亚洲国家，必须诉诸非民主的极端的办法来改善大众的生活境遇。没有经济平等，政治民主只会流于一种抽象的毫无用处的概念"；② "我要强调再强调，'5·16军人革命'的关键因素是实行韩国的工业革命。革命的首要目标是实行民族复兴，因此革命也设想进行政治、社会和文化改革。而我主要关心的是经济革命。"③ 因此，在长达18年的任期内，朴正熙始终把经济发展视为最大的政治，用"现代化""经济发展第一"的口号取代了李承晚的"反共""爱国主义"等意识

---

① 经济第一主义理念其实是张勉时期首先提出来的口号，但真正付诸实施是朴正熙。
② John Kie - Chiang, *Korea Politics: the Quest for Democratization and Economic Development* (New York: Cornell University Press, 1999), p. 52.
③ 任晓：《韩国经济发展的政治分析》，上海人民出版社，1995，第29页。

形态口号，把对朝鲜的军事抗衡，转变为"发展、建设和创造"的竞争。①

"经济第一主义"的国家理念，的确带来了韩国经济的腾飞，创造了20世纪70年代的"汉江奇迹"。但是，民主政治改革并未随着经济的发展顺利进行。以1971年为界，在此之前，朴正熙政治的特点是虽然政府出台了很多高压措施，但不能称之为真正的独裁。这期间，政府关闭了数百家新闻机构，但是民间对政府的公开批评从未停止。其对政府批评的激烈程度，连朴正熙本人也感到十分沮丧。不仅如此，在野党的政治势力也未被完全压制，有着相当大的活动空间。1971年，参加总统选举的在野党领袖金大中曾这样说道："民众支持反对党候选人的情绪空前高涨，参加反对党候选人竞选活动的人也空前广泛。……1971年的总统选举反映了候选人之间在许多具体问题上存在着针锋相对的争论。这在韩国历史上还是第一次，国内外对这次选举也都投以赞许的目光。"②

但很快，以1971年的成功连任为起点，朴正熙开始走向独裁。1972年10月17日，他以国家安全面临"来自北方的南侵威胁"为由，发布紧急戒严令，解散国会，禁止所有政党和社会团体的一切政治活动，实行军事管制。同年11月，韩国举行公民投票，通过所谓的"维新宪法"，对总统的任期、选举制度等做了重大修改。主要内容包括：总统的任期由4年改为6年，取消了限制总统连任的条款；在国会外，另设"统一主体国民会议"，议员由1630个选区选举产生，总统兼任会议的议长；将原来由选民直接选举总统的办法，改为由统一主体国民会议选举；国会议员的2/3由选民选举，另外1/3则由统一主体国民会议根据

---

① Walter C. Clemens. Jr., "GRIT at Panmunjon: Conflict and Cooperation in a Divided Korea," *Asian Survey*, Vol. 7, No. 1 (1973).
② 〔韩〕金大中：《金大中哲学与对话集：建设和平与民主》，冯世则等译，世界知识出版社，1991，第156~157页。

第二章 金泳三政府改革公职人员财产登记与公开制度的原因

总统提出的候选人名单进行选举。① 修改后的宪法，单方面扩大了总统的权限。朴正熙个人几乎掌握了立法、司法、行政的所有大权。以此为基础，韩国国内建立起了威权主义的国家体制。威权主义②是国家集权的一种重要表现形式，典型特征是军人干政，排斥体制外政治参与，政府用牺牲民主政治发展来追求经济的高速增长。

随着集权的日益加深，朴正熙政府的腐败问题也越发严重。在政治主导型经济体制下，韩国政府过多、过深地介入到经济活动中去。政府掌握着足以影响企业前途命运的信贷、税收、金融等诸多优惠政策。政府是否扶植某个企业，相当程度上决定了这个企业能否存活下去。为获得政府的优惠贷款，企业间竞相展开了对官员的行贿受贿活动。由于缺乏体制内外的监督，官员们大胆地利用手中的决策权和资源分配权换取"寻租"企业的"酬谢"，并分享寻租企业的"利润"。对此，朴正熙总统本人曾颇为感慨道："由于行政机构缺乏合理的控制，尤其是缺乏民主监督，国家公职常常由于成为谋取私利的工具而遭亵渎。整个机构的制度化腐败现象即由此产生，其结果造成了整个国家的病态。"③ 诺贝尔经济学奖获得者戈里·贝尔亦曾表达了类似的观点，"因政府介入了经济，才衍生了腐败，介入越多，贪污贿赂就越严重，哪个国家都如此。"④ 而事实上，到了20世纪70年代，韩国的腐败问题已经比50年代李承晚时期还要严重。

面对政府严重的腐败问题，朴正熙并未放之任之。在他执政的18

---

① 任晓：《韩国经济发展的政治分析》，上海人民出版社，1995，第25页。
② 威权主义，是指"二战"后拉丁美洲、南欧、东亚和东南亚等部分发展中国家广泛采用的国家治理理念。这种理念包含了以下内容：（1）军人和文人官僚相结合进行统治或是集团专制，军人干预政治；（2）没有深入而广泛的政治动员，排斥体制外的政治参与，社会控制系统发达；（3）执政势力具有经济发展意识，实行政府主导型经济发展体制，政府掌握绝大多数经济资源；（4）过渡特征明显，政治制度、经济模式、思想观念等都处于转型状态；（5）实行有限法制。参见谢孝东《韩国威权主义政治与腐败关系研究》，硕士学位论文，西北大学历史系，2008，第7页。
③〔韩〕朴正熙：《我们国家的道路》，陈琦伟译，华夏出版社，1998，第165页。
④〔美〕麦凯尔·埃里特奥：《"好处费"腐蚀着世界》，《编译参考》1995年第6期。

年里，从未停止过与腐败的斗争。他本人更从未受到任何有关腐败的指控。朴正熙的反腐可大致分为两个阶段：第一阶段为20世纪60年代。这一阶段重点针对的是李承晚时期的腐败。朴正熙在上台后的几个月里，就逮捕、开除、解雇了有贪污受贿等劣迹的旧官僚行政人员数万名。与此同时，中央和地方的所有官员都完成了为期一周的职业培训，重点内容之一即是分析李承晚时期的官场腐败。[①] 这一阶段还推行了严格的监察制度，扩大了监察委员会和监察院，成立了行政改革调查委员会。其中，前述所讲的财产登记制度的实践也在这一时期得以进行。第二阶段为20世纪70年代，重点惩办的是由经济发展模式滋生出的腐败问题人员。在意识到"政府指导下的资本主义发展模式"带来的政经勾结问题后，朴正熙在1975年发起了"庶政刷新"运动。运动分为三阶段，第一阶段主要针对的是低级公务员的生计型腐败；第二阶段针对的是高级公务员的权力型、致富型腐败；第三阶段在前两个阶段基础上，要求把净化的准则内化到人们的思想意识中。为此，采取了加强"垂直集体责任制"、建立"庶政刷新奖励簿"、改善公务员生活福利待遇等措施。

尽管如此，朴正熙时期的腐败治理并未因其本人的努力而有太大的改观。官员经济违纪案件的数目每年以30%的速度迅速增长，腐败成为反对党和社会大众共同抨击朴正熙政府的最大口实。为何腐败治而无效呢？从根本上讲，这与朴正熙牺牲民主政治改革全力发展经济有关。当国家政治以经济发展为第一要务时，所谓的反腐败运动也只是为了守护经济更大的发展而已，其真正目的并非反腐本身。从现实来看，法治的缺乏是造成反腐不力的直接原因。威权体制虽给韩国经济带来巨大的发展，但在政治上的影响就是总统个人的意志成为政策能否持续贯彻执行的关键，与之相对的是，法律被完全漠视。朴正熙时期的反腐倡廉运

[①] 王伟、车美玉：《韩国行政伦理与廉政建设的经验与启示》，载王伟、车美玉等《中国韩国行政伦理与廉政建设研究》，国家行政学院出版社，1998，第251页。

第二章 金泳三政府改革公职人员财产登记与公开制度的原因

动,其动力主要来自朴正熙本人。这种自上而下、没有法律保障的政策措施,在缺乏社会动员的情况下,其实施必然没有持续性可言。事实也是如此。包括公职人员财产登记制度在内的多项反腐措施都仅仅实施过一次并很快被放弃。此外,这种反腐运动还存在着政治"强迫"的意味。例如在"庶政刷新"运动中,绝大部分的官员就是由总统个人下令而被免职的。

可以看到,虽然与张勉民主党政府相比,朴正熙建立了强有力的政府,全面掌握了国家社会的各种资源,但在制度发展的道路和腐败的肃清道路上却渐行渐远。究其原因,主要在于朴正熙建立起的威权体制把政府的权力发展极化到了另一个极端,以至于个人意见高于法律,从而导致了腐败的持续蔓延和各项反腐措施或难以为继或无法发挥效用。

综上,一方面是威权体制带来的严重的腐败,一方面是初次实践就"夭折"了的财产登记制度。从制度变迁的周期理论看,这一时期的财产登记制度远不能满足现实的需要,必须进行制度上的创新。因为,仅仅一次限制在行政部门的财产登记,不仅由于未对财产进行审查和公开而影响了制度效用的发挥,更重要的是,采取行政命令的方式,使得制度的实施没有长期性的保障。与此同时,不管是朴正熙本人,还是反对党,抑或是普通民众,面对日益严重的腐败都希望崭新的制度形式的出现。

二 制度创新阶段

制度僵滞的程度越深,制度所面临的危机就越大,此时,制度创新的需求就越大。当各方在原有制度下所获取的收益越来越小,亟须通过制度创新来获得更多的收益时,制度创新就被提上了议事日程。制度创新是制度僵滞合乎逻辑的发展阶段。就韩国公职人员财产登记与公开制度的发展来看,到朴正熙后期,当时的制度未能给社会的主要行为体,也就是韩国政府，带来预期的效果。对于新上台的全斗焕政府而言，就面临着严峻的国内环境，需要通过制度的创新来摆脱政权危机。在前一阶段制度发展的经验积累和现政府执政的现实需要双重作用下，公职人员财产登记与公开制度就由僵滞阶段进入到了创新阶段。这一阶段包括了全斗焕政府和卢泰愚政府两个时期。

（一）全斗焕政府时期（1980~1988年）

韩国公职人员财产登记与公开制度发展到朴正熙后期，按照原有的行政指令方式，显然已无法适应当时的政治需求。作为朴正熙继任者的全斗焕，上台后很快就将财产登记制度创新纳入国政改革的框架中去。这一时期，韩国公职人员财产登记与公开制度的实施由行政指令上升到法律法规的层面。根据1981年12月31日颁布的《公职人员伦理法》，公职人员财产登记制度从1983年1月1日起正式实施。由此，该制度在韩国实现了制度上的巨大创新，有了法律的保障，有了长期实践的法理依据。

这期间，制度的发展一方面与此前日益严重的腐败形势有重大关联，另一方面和全斗焕政府因军事政变上台带来的政权合法性危机有密切关系。观察朴正熙政府时期，他执政下带来的卓越的经济增速使其因政变上台所引发的政权合法性问题不再频受质疑。而对于全斗焕而言，他一上台就面临着国内经济严重的通货膨胀问题，显然无法复制前任政府通过发展经济获取合法性的方法，当务之急只能是在通过采取有力措施慢慢复苏经济的同时，加紧以治理腐败为名寻求政权的正当性和合法性。因为在朴正熙政府后期，腐败问题已演化成为全社会的"公敌"，就连朴正熙本人也因此备受指责。公职人员财产登记制度正是第五共和国初期新上台的集权势力以"清扫旧恶"为名，通过肃清腐败来谋求政权正当性的重大举措之一。

在全斗焕政府的全力推动下，韩国公职人员财产登记与公开制度有了新的发展。1981年制定颁布的《公职人员伦理法》规定，财产登记

第二章 金泳三政府改革公职人员财产登记与公开制度的原因

义务者原则上为三级以上的公务员和公职有关团体的常任委员。这个登记义务者的级别与1964年第一次的财产登记所规定的范围相似,都主要针对的是三级以上公务员。作为例外,市长、郡守、区厅长、警察署长及四级以上的国税厅和关税厅所属的公务员也包括在其中（参见表2-3）。

表2-3 公职人员财产登记制度首次分阶段实施规定的登记义务者范围

阶段	登记义务者	实施日期
第一阶段	·国家和地方自治团体的政务职公务员 ·国会议员 ·高等法院部长判事级以上的法官 ·检事长级以上的检事 ·长官级军官中大将、中将；特一级外务公务员和教育类公务员中总长、副总长、学长（两年制大学学长除外）以及教育监 ·治安本部长，汉城（即首尔）特别市、广域市及各道的警察局长 ·地方国税厅厅长 ·政府投资机关的首长及韩国银行总裁	1983年1月1日开始
第二阶段	·三级以上的一般职国家和地方公务员以及获得与此相当报酬的别定职公务员 ·三级以上的外务公务员和国家安全企划部的职员以及一级军务员 ·第一阶段财产登记者以外的法官和检事 ·第一阶段财产登记者以外的长官级军官 ·教育类公务员中第一阶段财产登记者以外的学长 ·第一阶段财产登记者以外的总警以上的警察公务员、消防监以及地方消防监以上的消防公务员 ·市长、郡守、区厅长、警察署长、税务署长及海关总长 ·四级以上的国税厅、关税厅所属公务员 ·第一阶段财产登记者以外的公职有关团体的长官及公职有关团体的人员	1985年1月1日开始

资料来源：韩国法制处国家法令信息中心：《公职人员伦理法》施行令附表2（1984年12月31日修订）。

尽管制度的实施有了法律的保障，但是在实际的制度运行中，并不是如人们所想的，立即对上述所有登记义务主体的财产进行登记，而是采取了分阶段实施的办法。其目的是为了减弱各方给公职人员财产登记所带来的阻力。毕竟财产登记在腐败治理上的效用让当时的利益集团颇感恐惧，既得者们纷纷运用手中的权力来阻挠、推迟制度的施行。最后，根据分阶段实施的原则，从1983年1月1日起，首先将副部长级以上的官员，市、道警察局局长，地方国税厅厅长，公职有关团体中政府投资机关的长官以及韩国银行总裁的财产列为财产登记的对象。从1985年1月1日开始，实施第二阶段的公职人员财产登记制度，将登记范围继续扩大至三级以上的公务员、市长、郡守、区厅长、警察署长、税务署长、海关总长以及四级以上的国税厅、关税厅所属公务员和第一阶段施行中未被纳入的公职有关团体的人员等（参见表2-3）（详见第三章第一节）。可见，在全斗焕政府时期，公职人员财产登记制度有了实质性的发展。它摆脱了过去那种以行政指令来实施制度的弊端，通过定期财产登记的法律设定，推动制度的实施。制度的预防腐败的效果被广泛期待。

但遗憾的是，此次制度只规定对公职人员的财产进行登记，而不进行财产的公开。究其原因，也是在于既得利益集团施加的巨大阻力。

总的来看，这一时期公职人员财产登记与公开制度在财产登记环节所获得的巨大发展，是全斗焕政府在面对政府主导经济发展模式带来严重腐败、国内民主运动逐渐走向高潮、中产阶级和反对党不断壮大并要求政治民主的大背景下，采取的一种政治性的应对措施，意图通过制度建设，来治理腐败，解除政权的合法性危机。

从制度具体的实践看，积极意义在于其是对上届政府治腐不利的一种反思和新的探索和尝试。不足之处在于，尽管全斗焕上台初期非常重视公职人员财产登记制度的推进，社会的期待值也很高，但是作为制度法律依据的《公职人员伦理法》，是在相关各方就制度实施过程中可能引发的问题以及与现存制度如何契合等方面尚未考虑成熟、尚未找到合适的应对方案的情形下仓促出台的,因此在制度真正运行后,并未能按照既有的法律安排来实施。在实施一段时间后,随着执政阶层本身的推行意志减弱,公职人员财产登记制度逐渐沦为了政府反腐的一种摆设,成为政府获取民众支持的工具,远未达到预防腐败的效果。

从某种意义上讲,全斗焕政府时期,财产登记制度以法律形式的存在是该制度创新发展的重点和关键,而制度执行的效果则并未被太多关注。也正因如此,这一时期很难通过财产登记的方式达到政府廉洁的目的。

事实上,与前任政府相比,全斗焕政府时期的腐败更为严重,总统本人成为最大的贪腐官员。全斗焕在任期间,大肆起用自己的亲友担任政府要职,从而形成了"家族式腐败"。全斗焕胞弟全敬焕担任全国"新村运动"中央本部事务总长期间,贪污受贿金额达78亿韩元。堂兄全淳焕在担任大田市水产市场株式会社总经理期间,受贿2亿韩元。有数据表明,全斗焕下台前后被揭露出牵涉家族腐败的人员共有十余人。全斗焕本人也在金泳三政府时期,因受贿罪等一系列罪名被判处死刑。除了总统本人及其家族深陷腐败外,当时韩国其他各种严重的贪腐案件也层出不穷。像"明星集团非法融资事件""泛海商船向海外偷运外汇事件""日海财团舞弊案件""龙山黑板案""利权运动案",等等,都是非常严重的腐败案件,直接或间接地与全斗焕或其他军部核心成员有关。

综上,在全斗焕政府时期,公职人员财产登记制度虽然以法律为后盾得以实施,但在制度的实际运行中却更多地流于形式。更为重要的是,作为公职人员财产登记与公开制度中最重要的一环的公开环节并未出现在《公职人员伦理法》中。由于只登记不公开,使得制度无法发挥震慑公职人员心理、发现腐败端倪的效果。与此同时,这一时期韩国腐败问题的进一步恶化也呼唤着制度的进一步改革创新。

（二）卢泰愚政府时期的制度情况（1988—1992年）

卢泰愚政府时期是大韩民国政治发展史上具有重大转折意义的时期。以1987年6月29日卢泰愚发表的八点民主宣言①为标志，韩国开启了政治民主化的进程。1987年10月27日，宣言被写入韩国第一部民主宪法当中。韩国因此进入了第六共和国时期，直至今天。

卢泰愚任期内，韩国公职人员财产登记与公开制度有了新的创新发展。鉴于不公开原则对财产登记制度实效性的消极影响，1987年12月总统选举前夕，当时作为总统候选人的卢泰愚就在"选举公约"中提出主要公职人员应公开财产的意见。在卢泰愚当选为总统后不久，紧接着，他在1988年3月30日总务部工作报告会上，作了为公开公职人员财产修订《公职人员伦理法》的指示。4月22日，卢泰愚率先公开了个人财产。同年9月，总务部向国会提交了《公职人员伦理法》修订法案。但遗憾的是，该修订法案最终并未在国会获得通过。看似理应有所发展的公职人员财产登记制度却像1960年时那样，被国会驳回。

如前所述，卢泰愚竞选总统时，就在"选举公约"中建议公开登记的财产。为何他在如此重要的竞选阶段就会提到登记财产的公开问题呢？对卢泰愚来说，新宪法规定的直接选举方式决定了，其要想赢得全民选举，关键在于如何在竞选宣言中就国民最关心的问题提出相应的合理方案和建议，以此争取国民的支持。20世纪80年代中后期，韩国经济在经过近30年的发展后已达到中等发达国家水平。与之相对的是，政治改革却远远落后于经济的发展。立法、司法、行政三权分立与相互制衡的政治体制和公民权利的扩大是当时国民最为关注的两大问题。而这些问题的实质是限制政府权力与提高政府效能。其中，腐败问题是影响政府效能的痼疾。全斗焕政府已实施的、有着很高国民期待值的公职

---

① 八点民主宣言是：实行总统直接选举；实施公正选举法；对受监禁的政治犯实行大赦；保证基本人权和法治；保证新闻自由；实施地方自治；确保政党的基本权利；保证社会稳定和公共福利。

第二章　金泳三政府改革公职人员财产登记与公开制度的原因

人员财产登记制度①也就自然地成为卢泰愚"选举公约"中的主要组成部分。在上届政府对制度的推进过程中，由于不对外公开登记的结果，遭到了来自民众的越来越多的质疑。此时，卢泰愚提出公开财产的建议显然会为其赢得更多的选民。值得一提的是，新政府运行伊始，卢泰愚总统就兑现了对国民的政治承诺，做出了修订《公职人员伦理法》的指示并公开了本人的财产。

那么，为何提交国会的修订法案却被国会驳回了呢？这与当时韩国向民主化过渡的历史阶段密切相关。军人出身，并曾是全斗焕得力助手的卢泰愚总统，虽然在其执政期间，从宪法上确立了韩国的民主政体，并意图通过国会来发挥监督政府的作用，但几十年铸成的威权主义体制却无法在一朝一夕就被彻底改变。事实上，由于盘根交错的关系，前一届政府的很多官员仍在此届政府中被继续留用。这使得该届政府清除原有体制弊端、肃清腐败的决心最开始就是不足的，财产登记的公开受到阻挠。

换言之，韩国在民主化转型的进程中，虽然政府认识到了民众的重要性，认识到清廉的政府能够获得更多民众的支持，保证政权的合法性，但在威权主义的负面影响尚未全面清除、领导人的治腐决心还不够强大的情况下，总统个人财产的公开不但未能使登记财产公开义务化由政治意愿上升到法律层面，而且也没有得到其他高级公职人员的积极响应，导致财产公开不了了之，公职人员财产登记与公开制度依然在创新阶段徘徊。

在制度继续朝前发展不畅的情况下，卢泰愚政府时期的腐败现象也是有增无减。总统本人也因利用批建高尔夫球场、选择移动通信工具等机会获得秘密政治资金罪等罪名，在卸任后被一审判处有期徒刑22年零6个月，罚款2838亿韩元。

综合来看，全斗焕和卢泰愚两位总统都曾在任期内大力推动公职人

---

① 国民期待问题在下一章详细论述。

员财产登记与公开制度向更有效率的方向发展。但由于体制的束缚和总统个人的原因，制度变迁并未达到均衡阶段。与此同时，制度所治理的对象腐败问题却并未有所缓解。现实的急迫性要求继任的政府必须重视制度的完善和发展。但值得一提的是，在这十多年里，从制度的分阶段实施到尝试财产的公开，都是制度的有益创新。这种种的创新行为无疑为金泳三政府时期制度的彻底变革做了扎实的铺垫和预先准备。

通过上述梳理可以看到，张勉民主党政府时期《公职人员财产登记法案》首次提交国会审议是从法律层面谋求制度发展的初次尝试。朴正熙政府时期，根据国务总理指示进行的首次公职人员财产登记，是制度在实践层面上的一次有益尝试。全斗焕政府时期颁布的《公职人员伦理法》，使财产登记制度的实施有了法律依据，摆脱了过去以行政指令实施制度带来的不确定性的弊端。到卢泰愚政府时期，总统率先公布财产并要求修订《公职人员伦理法》的做法，推动了公职人员财产登记制度向公开方向的发展。正是制度上历史性的发展和积累，才使得金泳三政府彻底改革韩国公职人员财产登记与公开制度成为可能。当然，仅有制度自身的因素，还不足以带来改革的最终成型，它还需要有一个良好的制度环境和强有力的廉洁的政府。

第二节 制度改革的生态环境因素

对制度改革动因的探究，还离不开对制度环境的分析。第一章"制度"部分已经谈到，对具体制度的理解需要置于宏观的制度环境下。制度环境指的是一系列用来建立生产、交换与分配基础的政治、社会、法律基础规则。它一般体现在一国的宪法中，采取的是正式制度的形式。宪法作为一国的基本制度影响一国的具体制度安排，被视为制度变迁的外在变量。公职人员财产申报制度就是一项具体制度安排。具体来讲，制度环境与制度安排之间是决定与被决定的关系。制度环境决定制度安

第二章　金泳三政府改革公职人员财产登记与公开制度的原因

排的性质、范围和进程，制度安排反作用于制度环境并推动制度环境的局部调整。由此给出的启示是，研究公职人员财产申报制度在韩国金泳三政府时期的重大改革，应注重考虑作为制度环境存在形式的宪法的变化。

以上是制度理论在制度变迁问题上的研究成果。本节中，笔者将在此基础上，引入行政生态学的生态分析方法，将原有的"制度环境"（即宪法）内容扩展为"制度生态环境"。

行政生态学是运用生态学的理论和方法研究公共行政的一门学科，它借用生态学研究生命主体与其环境的相互关系和作用的基本理论与方法，来研究行政系统与其社会环境的相互关系。行政生态学专家里格斯详细地阐释了生态环境与行政行为的关系。他认为，影响一个国家行政的生态要素是多种多样的，但其中最主要的有五个要素：经济要素、社会要素、沟通网、符号系统和政治架构。[①] 他还在此基础上提出了融合型、衍射型、棱柱型三种行政模式。[②] 里格斯提出的五种生态要素具体内涵如下。

第一，经济要素方面。经济要素是影响一国行政的第一要素，一国的行政模式，基本上是由该国的经济结构所决定和塑造的。融合型社会的经济结构是"互惠—重配"结构。所谓"互惠"，泛指国家或地区之间互赠国产，地方官吏向国王"纳贡"，以及民间以物易物、互补不足的交易形式。在这种"互惠"行为中，实际上完成了社会经济活动的"重配"功能，即在一定程度上实现了社会财富的重新分配。国王是"重配"的中心，他将所得的贡物"重配"（即赐予）给廷臣、皇族及各级官吏，各级官吏手中也都握有一些财富以"重配"给其下属，依此类推，实现社会财富再分配。这种经济结构决定了该社会的行政只能是一种"重配"的行政制度，经济结构也就是行政结构，"经济行为"与

[①] 具体可参见〔美〕里格斯《行政生态学》，金耀基译，台湾商务印书馆，1978。
[②] 唐兴霖：《里格斯的行政生态理论述评》，《上海行政学院学报》2000年第3期，第52页。

"行政行为"是重合的。在融合模式中,"高层级"出身的人可享有各种特权,而不必去管他做了什么工作,而"低层级"出身的人要想挤进"高层级"圈子却难乎其难。衍射型社会的经济结构是一种"市场—企业"的结构。社会经济运行遵守价值规律,根据"功利"与"理性"的市场原则进行交换,力图用最少的投入取得最大的产出。在这种经济结构下,整个行政制度也市场化、商品化。最明显的是人事行政,政府机构与行政官员之间是一种基于契约的雇佣关系。行政官员出售的是他的"服务"而换取一定的"职位"。介于上述两种类型之间的棱柱型社会的经济结构是"集市—有限市场"型,最明显的特征是"价格不可决",即商品价格不完全由其价值决定,而要受到许多非经济因素,诸如交换双方的社会地位、家庭出身、名望、亲疏等因素的影响。这种"价格不可决"影响到行政方面,最突出的表现是在行政职位的授予、荣誉及薪水的确定方面,"市场"与"身份"同时在起作用。

第二,社会要素方面。主要是指各种社会组织,有两大类,一类是以血缘关系为纽带结成的自然团体,如家庭、家族;一类是以利益关系为纽带结成的人为团体,如教会、政党、工会、商会等,统称为"社团"。在融合型社会中,家庭的作用很大,而社团则微不足道。政府的行政行为常为一些显赫家庭所左右,任命升迁行政官员时所注重的主要不是其能力才干,而是其家庭背景。官吏首先考虑的是家庭的利益而不是公众的利益。因此,融合型社会的行政必定是裙带风盛行,结党营私、行政封闭、效率低下。在衍射型社会中则恰好相反,代表着各种不同社会利益的功能性社团种类繁多,非常活跃,对社会生活的各个方面都产生重要影响,尤其与行政的关系非常密切。一方面,社团成为各种利益和要求的汇聚点和表达者,变成了一种"媒介",通过它的作用,许多特殊的利益都可从公民转迁到政府。另一方面,政府也利用社团来表达自己的目的。在棱柱型社会中,家庭所扮演的角色异常重要,社团发展则较脆弱。这与融合型社会类似。政府官员的任命升迁所注重的,主要不是其能力才干,而是其家庭和社会背景。

第二章　金泳三政府改革公职人员财产登记与公开制度的原因

第三，沟通网方面。包括社会的文化水平、使用语言的状况、社会舆论的力量，以及通信和交通等使整个社会互相"沟通"的手段。它对该国的公共行政也具有重要影响。沟通网的状况直接影响到一个社会的"动员性"和"同化性"。所谓动员性，指全社会的人口参与庞大的沟通网的程度；同化性指全社会的人口与优异分子分享同一的符号、认同于同一的基本价值与目标的程度。融合型社会是多元化社会。在一个分化为各种互相对立的社会集团的多元化社会中，许多敌对竞争团体的存在会阻碍计划的有效执行。在行政机关任用、选拔官吏时也会遇到困难，政府必须运用一种"分配制度"来保证各个团体的代表性。衍射型社会是一元化社会，不同的利益团体可以顺利地凝聚他们的诉求，制造他们的"公共舆论"，促使官吏或政客注意他们的需要。棱柱型社会沟通的渠道比融合型社会通畅，但比衍射型社会的同化程度低。

第四，符号系统方面。包括政治神话、政治法则、政治典章在内的一整套政治符号系统。政治神话是指用以表明主权的最后源泉、人的天性与命运、人的权利与义务以及主要的关系等的信念。政治法则和政治典章则是前者的进一步具体化和规范化。在融合型社会中，政治神话指在上帝面前人人平等、君权神授、君臣名分不可逾越等等。其中"君权神授"的政治神话认为，统治者被认为是神的代理人，统治者的权威是建立在神意之上的，人民对统治者的顺从也就是顺从神，人民的意见无足轻重，甚至不起作用。因此，在这种社会中，整个行政系统便只对专制统治者负责而不向人民负责，行政的权威不是来自人民高度的认同感，而是来自武力的强制。衍射型社会中存在的是"主权在民"的观点，政府的权威来自人民，政府只对人民负责。政府官员任何行为均受到民众监督，而舆论也必然对其形成一种压力。这种行为结构实质上也反映了其自身的符号系统。而棱柱型社会的政治符号系统比较复杂，在该社会中，融合型的符号系统和衍射型社会的符号系统并存，主流的符号系统和支流的符号系统并存。

第五，政治架构方面。政治与行政应是分离的，政治是决定政策的过程，行政是执行政策的过程。换言之，政治领导行政，而行政则实现政治的目标，政治与行政实际上存在着一种"功能依存关系"。这种依存关系，决定了政治结构也是影响行政生态的一个重要因素。在融合型社会中，由于社会结构没有分化，没有专职的行政机构，政治权力与行政权力是合为一体的，人们无法在"政客"与"官僚"之间划一界限，从国王到各级地方官员实际上都是身兼二任的。这样，由于行政权力与政治权力合为一体，行政官吏可以不向任何人或任何机关负责而专横独断，为所欲为。衍射型社会中，行政是服从于政治的，行政官僚的权力是有限的，是受"非官僚权力"制约的，因此可以保证较高的行为效率。而在棱柱型社会，社会的政治构架表现为政治权力与行政权力的分离未完成，甚至合成为一体。

诚然，里格斯的行政生态学理论遭到了一些学者的批评。例如有学者指出，里格斯的生态环境分析缺乏完整性，他只列出了五种生态要素，而还有一些基本要素被遗忘了，比如自然环境对行政的影响等。但毕竟，上述五种因素已足以涵盖影响"制度"发展的重要方面。

借鉴行政生态学理论的成果，本章在讨论制度改革的外部环境因素时，将"制度环境"，扩展为"制度生态环境"。因为对一项制度而言，尽管宪法对其发展有直接的影响意义，但经济、政治、社会等因素构成的完整生态环境才是决定制度存废和发展的最全面的因素。值得一提的是，制度理论中所讲的"制度环境"实际上就属于"符号系统"的范畴。

基于此，本章从以上五个方面来具体分析韩国制度生态环境。以下将以时间为序，具体展示五个因素在金泳三时期到底发生了哪些与之前几任政府不同的变化，并以此从制度生态环境的角度分析制度改革发生在金泳三政府时期的原因。

一 李承晚和张勉政府时期的制度生态环境

从 1945 年日本投降到 1948 年大韩民国建立，美国军政当局掌

第二章　金泳三政府改革公职人员财产登记与公开制度的原因

握和行使了当时韩国的国家权力。① 军政期间，美国除提供给韩国大量的经济援助外，还派出大量顾问团以及其他各类代表团帮助韩国建立包括行政、教育、金融和军事制度在内的各类现代制度。② 于是，建立在美国军政基础上的韩国第一共和国的第一部宪法就是以美国宪法为蓝本制定的。但形式上的民主并未带来实质上的民主。李承晚在统治期间排除异己，先后通过多次改宪，谋求连任，践踏了韩国的民主。

除了政治上独揽政权外，在关系民生的经济方面，李承晚同样不予重视。他始终打着追求南北统一的幌子，强调要重视政治斗争和军事斗争，完全无意于抓住和利用美国给韩国提供大量经济援助的契机，启动国家经济现代化，发展经济。李承晚的原则简单来讲就是，先统一，后建设；不统一，不建设。政府从未提出像样的经济发展战略，即便是对美国专家给韩国设计好的战后重建计划也不太感兴趣。同周围国家和地区相比，韩国在20世纪50年代的发展速度是最慢的。1953~1962年，韩国国民生产总值平均年增长率仅3.7%，而同期中国台湾为7.0%，泰国为5.1%，菲律宾为5.4%。由于韩国50年代人口增长率高达4%，其人均国民生产总值年增长率仅有0.7%。③ 诚如有学者所言，"李承晚重政治、轻经济的国政运营导致韩国原本不成熟的市场经济体制无法得到整顿和有效发展，官员腐败和官商勾结导致'早产型'垄断和寡占，整个国民经济以美国经济援助为背景在'贫困的恶性循环'中徘徊。进口替代型轻工业化得到一定发展，但是整个国民经济尚未找到走向产业

---

① 1945年9月7日美国陆军在仁川登陆，9月20日美国军方宣布，在建立民主主义政府之前的过渡时期，军政府是隶属于统治、指导和支配38度线以南朝鲜地区的联合国总司令之下的。美军所建立的临时军政府，是朝鲜38度线以南的唯一政府。参见김운태，미군정의 한국통치，서울：박영사，1992。

② Hy-sop Lim's Chapter in *Korean Perceptions of the United States: A History of Their Origins and Formations*, translated by Michael Finch (Seoul: Jimoondang, the National Library of Korea Cataloging-in-Publication, 2006), pp. 315-316.

③ World Bank, *Korea's Experience with the Development of Trade and Industry*, Washington, 1988, p. 4.

化的出路。"①

在教育方面，除将日本式高等教育改为美国式高等教育外，并没有什么实质性改革。但值得注意的是，这一时期韩国的高等教育在数量上得到了一定的发展，1960年高等教育入学率已达到5%，在校人数比1950年增加了7.9倍。这也为后来学生运动的迅猛发展和经济的崛起储备了人力资源。

总的来说，在第一共和国时期，新独立的大韩民国并没有建立起行之有效的政治和经济秩序，未能塑造起良好的文化氛围，反而因其军事独裁统治带来了严重的政府腐败。

上述政策也就由此塑造了这一时期特有的制度生态环境。经济要素上，虽然政府确立了自由市场经济体制，也推进了国有资产的私有化，但因始终更加关注权力斗争，并未把精力放到以经济恢复为目标的经济计划的长远制定和实施上，因此，国内经济凋敝，现代化的市场经济尚未出现，企业无法获得自由成长的良好环境。非正常的经济行为影响到政治，带来了大量腐败。政治家、高级公务员同企业之间结成了错综复杂的腐败之网，一时间官商勾结瓜分国有资产和美元款项物资的现象蜂起。

社会要素上，封建社会以血缘为纽带的家族共同体此时仍是维系社会关系最重要的纽带，政府机关中裙带关系普遍可见。与之相对，以利益关系为基础结成的功能性团体，包括教会、政党、工会等虽有一定程度的发展，但发展缓慢。尽管宪法中规定了合法的政党政治，却有名无实，在执政党的打压下，在野党势力微弱，无力监督政府。

沟通网要素上，社会整体文化水平偏低。一方面，对民众来说，最基本的仍是物质需求，有关民主权利的政治诉求还未形成，全社会没有达成一致的价值认同；另一方面，舆论被政府高压管制，无法发出自己

---

① 朴昌根：《韩国现代化模式：产业化与民主化并驾齐驱》，《韩国研究论丛》第十五辑，第18页。

第二章　金泳三政府改革公职人员财产登记与公开制度的原因

的声音,导致社会沟通渠道还不发达。

符号系统要素上,虽然此时韩国已确立了民主共和政体,但出生于没落贵族家庭的李承晚深受传统封建社会"君权神授"观念的影响,实行专制独裁统治。强调政府必须为统治者负责而不是为国民负责,政府的权威不是来自于国民的支持和认同,而是源自武力的强大。这就使得政府上下形成了遵从权威、下级对上级负责、上级对总统负责、总统拥有至高无上权力、国民诉求则被完全忽视的高度集权的官僚体制。

政治架构要素上,通过"拔萃改宪"、"四舍五入改宪"和"三选改宪",李承晚牢牢地确立了执政党自由党对国会的控制,国家置于一人统治之下。作为行政首脑的总统,其地位远高于国会。他通过对国会的控制,还进一步控制整个政治领域。这种"行政上位的行政政治一体化"体制导致了当时的国会完全无法行使宪法赋予的监督政府的权利,只被赋予了对总统行为事后追认的权限而已。

可以看到,在这段近乎介于里格斯所描绘的"融合型"和"棱柱型"的中间过渡时期里,韩国的整个运转系统很难用"民主"来形容。其结果是,不完善的市场经济体制和高度集权的官僚体制引发了大量官员的腐败。社会有效监督力量的不成熟、司法和立法监督的失效更助长了腐败的蔓延之势。此时,醉心于权力斗争的李承晚政府根本无暇顾及严重的腐败问题,寄希望于政府自身通过纠错机制肃清腐败是没有可能的。公职人员财产登记与公开制度是无法在这种制度生态环境下有任何发展的。

李承晚下台后,新上台的第二共和国政府存续时间很短,不到一年的时间。因此,尽管表现出很强的政治自由化和惩腐的决心,但是却没有根本改变李承晚政府时期形成的制度生态环境。如前所述,1960年提交给国会的《公务员财产登记法案》被驳回,其深层原因就是在尚未对国内经济、政治进行全面改革,因而第一共和国时形成的制度生态环境尚未被改变的情况下,政府的任何行为都只能止步于提案和口号,公职人员财产登记与公开制度难有制度化的发展。

二 朴正熙政府时期的制度生态环境

由于民主党政府不能稳定政局,韩国社会日益陷入严重的失控状态。1961年5月16日,朴正熙发动军事政变推翻了张勉的民主党政府。他在实行了2年零7个月的军政后,还政于民,开启第三共和国时期。

朴正熙从李承晚政权的倒台中吸取了教训,上台后就开始对李承晚的各项政策与管理体制进行了比较彻底的调整与改革。经济上,确立"经济第一主义"发展理念。在朴正熙统治的18年间,韩国经济发生了根本性变化。到1979年,韩国人均GDP达到1546美元,是1963年83美元的18倍;出口额达到150亿美元,是1961年出口额的300多倍;失业率从1962年的9.1%逐渐控制在3.8%以内。[1] 巨大的经济成就弥补了朴正熙政府因军事政变上台而带来的合法性缺失的问题。

值得注意的是,以"国家主导主义""增长第一主义"为取向的国家发展模式不仅带来了经济上的巨大飞跃,还推动了社会力量的不断壮大。快速现代化带来的城市化使大量农村劳动力流动到城市,产生了大规模的"离农"现象。在20世纪60年代初,韩国城市人口占全国总人口的28%,到60年代中期,这个比例已上升到34%,1970年又上升到41%。[2] 可以看到,韩国这一时期的社会经济大转型带来了两方面的影响:一是蓝领工人的大量出现。他们在为韩国出口导向型工业输送了充足的廉价劳动力的同时,也成为韩国20世纪七八十年代轰轰烈烈的工人运动的主力军。二是中产阶级的出现。韩国经济在不断推进产业升级、生产和组织的规模化、技术和管理的专业化过程中,逐渐培育了大量高素质的中产阶级。在之后20世纪80年代的民主化运动和市民社会涌起的浪潮中,他们无疑发挥了重要的引领和推动作用。

---

[1] 김용철, 문정인, "한국의 경제발전 민주화 경험: 정치경제의 역설적 순환,"『사회과학논집』, 제26권(1995), p.126.

[2] 李惠国主编《当代韩国人文社会科学》,商务印书馆,1999,第568页。

第二章　金泳三政府改革公职人员财产登记与公开制度的原因

政治上，如本章第一节所述，1972 年通过"维新宪法"，并以此逐渐确立了威权主义的统治。

教育上，在 20 世纪 60 年代初，朴正熙政府就着手进行了教育改革。将教育发展纳入国家总体发展规划中，以立法来确保教育的发展。其中，1963 年通过了旨在加强职业技术教育的《教育振兴法》，规定新设实业高等专门学校；1968 年颁布了国民教育宪章，规定教育的目标应着眼于人的道德修养、理性的崇高、个性的丰满和精神的健康，注重培养人的创新意识和精神；1971 年，为加强研究生教育，成立了专门培养应用科学和工程技术高级人才的韩国科学院等。高等教育的发展和改革，大大提高了国民的素质。1975 年，韩国 14 岁以上人口中大专以上文化程度的已占 20.7%，而 1960 年只有 2.7%；就业者的平均受教育年限从 1960 年的 4.15 年提高到 1975 年的 6.92 年。而经济上 1962～1979 年 9.5% 的年均增长率与这一时期高等教育的发展也是密不可分的。据韩国经济学家计算，1955～1970 年，韩国教育对经济增长的贡献率为 22.6%；1970～1980 年，韩国国民生产总值年均增长 8.5%，其中技术进步（含教育）的贡献为 40%，资本贡献为 34%，劳动贡献为 26%。

上述的政策也塑造了朴正熙时期制度的生态环境。经济要素上，高度集中的政府主导型发展模式在带来经济巨大飞跃的同时，却由于政府权力过度介入到经济活动中，造成了腐败的蔓延，政权遭遇合法性危机。从积极意义上讲，这一局面也促成了朴正熙花大力气治理腐败，给反腐带来契机。1964 年 7 月 16 日，以国务总理指示的形式实施的《公职人员财产自愿登记指南》，就是在这一背景下进行的一次重要反腐行动。

社会要素上，工业化进程的加快，虽然使得以家族为纽带的社会网络有所消解，却促使以学缘、地缘为纽带的新集团共同体开始逐渐发挥影响力。帮派、地域主义盛行于政府各部门，不仅影响了政府效能，而且政党也受到影响。在朴正熙时期，韩国政党的地方割据化现象非常突出，尤其表现在国会议员选举和总统选举中。以 1971 年第 7 届总统选举为例，大邱出身的朴正熙和光州出身的金大中进行总统竞选时的宣传语是,"全罗道人紧紧抱成团,庆尚道人也该紧密团结起来"。① 选举结果显示,朴正熙在岭南地区得到总票数的71%,金大中在湖南地区得到总票数的62%。事实上,韩国政党间的这种地缘意识一直延续至今。尽管如此,在维新体制之前,相对宽松的政治环境还是提供给了反对党监督执政党和政府的良好空间,但在1972年后,随着高度集中的威权统治的形成,政党政治受到严重破坏,反对党被打压,对政府行为的监督也就变得十分困难。

沟通网要素上,伴随着接受教育的民众的比例大幅度攀升,韩国社会内部的动员性与同化性有很大的提高。民众开始表现出较为明显地要求政治民主和清廉的倾向。其间,民众也曾发起反对"4·27"舞弊总统选举、"5·25"舞弊国会议员选举的斗争和抗议。

符号系统要素上,在朴正熙统治前期,虽仍未确立"民权在民"的思想,但允许一定程度的言论自由;后期随着高度集权的统治确立,"政府权威来自人民""政府应为人民负责"的政治观念几乎荡然无存,相反官本位意识却越发增强。

政治架构上,这一时期仍然是由总统掌握立法权和行政权的集权型政府。国家置于一人统治之下,行政权侵夺政治领域的活动权限。

可见,朴正熙时期的制度生态环境一方面带来了制度发展的契机,但另一方面却使得制度的实践无法持续下去,更无法获得法律的保障。也就是说,尽管朴正熙意识到经济体制引发的体制性腐败已带来政权合法性的危机,"一国官吏的腐败及随之而生的国家行政腐败,会招致该国政治体制破产,使现代化受挫,是最大的政治危机",② 但由于总统凌驾于法律之上,加之政党、民众监督政府行为渠道不畅,对腐败的惩治工作基本都来自从上到下的指示。由于没有健全的法律法规作为保障,政策在实施中便经常出现贯彻不力、精神被扭曲、最后不了了之的情

---

① 《第七届大韩民国总统大选》,韩国《中央日报》1971年4月30日。
② 〔韩〕朴正熙:《我们国家的道路》,陈琦伟译,华夏出版社,1988,第165页。

第二章　金泳三政府改革公职人员财产登记与公开制度的原因

况。正是在这样的制度生态环境下，才会出现 1964 年 7 月 16 日以国务总理的指示实施的公职人员财产自愿登记的初次尝试，但同时也注定了这样的尝试很难持续下去。

三　全斗焕政府时期的制度生态环境

全斗焕上台后，建立了和朴正熙类似的威权体制。只是在经济上减少了国家的干预，把经济逐渐由"国家主导型"转变为"民间主导型"。政治上，为确保独裁统治，一方面开展清除政治异己的活动，金大中、金泳三和金钟泌都成为当时被打击的重点对象；另一方面加强对新闻的管制，全斗焕政府先后取消了 172 种出版物，撤销了 617 家出版社，其中，有 800 多名新闻工作者被整肃。从这个意义上，全斗焕体制可以被看作朴正熙维新体制的延续。尽管如此，全斗焕时期的政治也有一定的进步。在 1980 年第八次宪法修正中，总统任期被改为单任制，这标志着韩国向政治民主化迈进了一步。

全斗焕政府时期与之前政府时期最大的不同是，社会民主运动有了新的发展。早在 1980 年，要求政治民主化的韩国民众就曾通过光州抗争[①]反击即将建立的军人政权。但遗憾的是，当时的民主运动遭到了全斗焕军队的无情镇压。到 1983 年，全斗焕政府考虑到"民主观念已在民众中扎根，经济已有好转，政治上控制异己的法律措施也已运转如意，而自由化的实行也不会危及政治稳定"[②]，于是开始主动实行一些自由化措施。例如释放政治犯，解除对绝大多数反对派政治家政治活动的禁止，撤出驻扎于校园的军队，等等。随着军政府的减压，沉寂一时的社会民主运动迎来了再

---

① 所谓光州抗争（1980 年 5 月 18～27 日），是指在维新体制崩溃并要产生第五共和国的过渡时期，以韩国光州地区为中心发生的市民抵抗运动。在光州抗争中，由于动用军队的武装镇压，市民伤亡人数达到了 3000 名左右。光州抗争被称为韩国 20 世纪 80 年代民主化运动的母体。

② Park S., "Two Forces of Democratization in Korea," *Journal of Contemporary Asia*, Vol. 28, No. 1 (1998), pp. 45 - 73.

度复兴。到1987年，韩国民主化运动达到一个高潮。据不完全统计，仅在1987年6月10~26日的半个月间，韩国各地共爆发2145次示威活动，参加人数达830多万。这也是全斗焕上台以来参加人数最多、规模最大、冲突最激烈、持续时间最长的一次政治斗争，是民主势力与威权统治势力的一次最大冲突，始称"六月抗争"。在持续高涨的民主化运动打击下，韩国国家机器几近崩溃，警察士气低落，士兵纪律涣散。

上述的一系列经济、政治和社会政策，塑造了这一时期特有的制度生态环境。经济要素上，政府与企业间的粘连关系越发紧密，公职人员普遍将自己的职位看成一种营利手段，结构性腐败日益严重。社会要素上，到20世纪80年代后半期，韩国中产阶级的人数已达全体人口的六七成，[①] 他们在要求拥有与其经济地位相适应的政治权利的民主运动中表现得越发活跃；以利益为纽带结成的社团和政党的活动，因政府管制的一度放缓，有了间歇性的发展。沟通网要素上，虽然整个社会的教育水平、生活水平和人口素质都有了普遍的提高，但因全斗焕进一步强化集权统治，加强舆论控制，致使国民的合理诉求很难被政府所采纳，对政府的有效监督很难实现。符号系统要素上，随着民主运动不断地推向高潮，完全的军事管制、无视国民民主意愿的独裁统治已变得越来越不可取，如何获得民众的认同，树立政府的权威成为全斗焕必须考虑的问题。政治架构要素上，因延续了朴正熙时期威权主义的统治模式，这一时期政治和行政还未实现分离，权力仍高度集中在总统手中，代表舆论的议会和政党等代议制机构地位仍然不高。

这样的制度生态环境，既决定了财产登记制度实施的必然性，但同时也决定了实施的不彻底性，难以达到预期的效果。1983年1月1日，全斗焕政府将作为反腐败措施之一的公职人员财产登记制度正式实施。之所以要如此大力反腐，和统治初期军事政变上台缺乏政权合法性、国

---

① 根据韩国经济企划院的研究结果，1980年韩国中产阶级约占总人口的35%，1985年为40%~50%。参见 Dong W., "The Democratization of South Korea: What Role does the Middle Class Play?" *Korea Observers*, Vol. 22, No. 2 (1991), pp. 257–282.

第二章 金泳三政府改革公职人员财产登记与公开制度的原因

内通货膨胀、结构性腐败蔓延以及民主运动的蓬勃发展等制度环境密切相关。换言之，该措施是当时全斗焕政府在面对政府主导经济发展模式带来严重腐败、国内民主运动逐渐走向高潮、中产阶级和反对党不断壮大并要求政治民主化的大背景下，采取的一项政治性的应对措施。

进一步讲，将财产登记作为反腐手段之一，还源于全斗焕政府对朴正熙政府时期反腐不力的反思。全斗焕认识到导致腐败的重要原因在于公职伦理的堕落。之前政府所采取的针对腐败人员的措施只有法律和制度框架下的粗暴的、短暂性的惩治手段，是不能有效遏制腐败的，而必须以法律为后盾，从源头上遏制腐败产生的根源。因此就需要通过对财产进行登记，对财产形成过程进行全面审查，并让财产接受社会监督，来形成对公职人员的有效心理威慑，从而达到提高公职人员伦理道德、让其主动拒绝腐败的目的。而正如金相植所说，公职人员财产登记制度就是这样一种"通过确立公职社会的伦理，确保公职履行的公正性，提高公职人员的社会顺应度，以达到建设透明的、清正廉洁的公职社会这一目标的控制性制度措施。该制度最终通过公职伦理的提高来防止公职人员陷入不正和腐败的泥潭中"。[①]

综上，这一时期颁布施行的公职人员财产登记制度既是一种政治应对措施，也是本届政府对上届政府治腐手段不力的一种反思和改进。但遗憾的是，这一时期的制度生态环境依然使得公职人员财产登记制度的实施难以彻底。其中，威权政治体制的延续从根本上导致了任何治腐手段最后都会流于形式。财产登记过程中不严格根据规定办事、登记的财产不对外公开成为必然。

四 卢泰愚政府时期的制度生态环境

如前所述，卢泰愚政府时期是韩国政治发展史上一段重要的时期。

[①] 김상식：『腐敗防止 政策의 實效性에 關한 研究:公職者財産登錄制度의 組織學習論 的 解釋』，고려대학교 박사학위논문，2005年，p.123.

新宪法规定：选民直接选举总统，取消总统采取紧急措施和解散国会的权力，国会具有国政调查和监察权。国会各专门委员会均设置听证会制度，定期听取政府有关部处的工作报告并对其进行监察。与此同时，新宪法还增强了司法机关的独立性，大法官和法官均可连任。从规定上看，新宪法明显降低了行政权，提升了立法权和司法权。卢泰愚成为新宪法出台后第一位通过直选上台的总统。在他执政的5年时间里，被公认为是韩国政治由威权主义走向民主化的最重要的过渡时期，时任政府所实施的各种自由化措施使民主化政治的法律框架和议会政治功能得到逐步确立和完善。

卢泰愚出任总统后，韩国经济、政治等各方面都有所进步。到1991年，韩国人均国民收入达到6000多美元，进入中等发达国家水平。政治上，出现了新的不同于以往的新变化。其中一个变化是，国会不再是依附于政府的傀儡。在1988年4月的国会议员选举中，执政的民主正义党仅获299个议席中的125席，这也是韩国历史上第一次执政党在国会中被剥夺控制权。国会中"朝小野大"的局面使国会获得了对行政的有效监督权，同时也成为反对派活动的阵地。执政党由于成为国会的少数派，因此只能与在野党联合，以保证政府的正常运转。基于此，卢泰愚在与金泳三、金钟泌协商后，于1990年2月宣布合并民主正义党、统一民主党和新民主共和党，成立民主自由党。于是，威权政府不再存在，政府成了保守势力的大联盟。

韩国政治这一时期的另一个新变化是市民运动的兴起。由于政府解除了各种有碍民主的禁令，经济正义市民联盟、廉政之眼、公正选举市民运动联合会、参与民主人民联盟以及青年基督教联盟等一大批市民运动组织建立起来。更重要的是，这一时期的市民运动突破了固有的阶级局限性，开始将目光聚焦到公益的实现上。一方面，它承认政府统治，另一方面，也看到政府的管理和程序模式中仍然存在着问题，于是，在强调与政府共存的同时，试图推动对上述问题的改革。"这些组织竭尽所能要使选举在实践中杜绝腐败并抛弃地区主义传统，认为政党的公共

第二章 金泳三政府改革公职人员财产登记与公开制度的原因

政策应该代表公众整体的意见和要求。"①

上述政策的改变,带来了崭新的制度生态环境。其中,与过往最大的区别表现在政治架构上。韩国的政治与行政开始相分离,政治成为决定政策的过程,行政变成执行政策的过程,行政服从于政治,政治与行政之间构成了一种"功能依存关系"。行政官员必须向国会负责,其行政权力下降。经济要素上,由于政府更关注政治民主化改革,对经济干预有所减少,经济保持一定程度的增长,现代化的市场经济也逐步建立。但与此同时,因政经结合带来的政府腐败还没有太大的改观。社会要素上,代表着各种不同社会利益的功能性社团不断涌现,活跃于社会生活的多个层面。值得一提的是,这些社团的活动开始对政府产生影响,公民的诉求以其为"媒介"得以传递给政府。这一时期,政党政治也因国会的独立而变得颇为活跃。沟通网要素上,国民有了表达自己政治意愿的自由,社会同质性和动员性大幅度提高,过去几十年的强政府弱社会的局面开始改变。符号系统上,"政府应对国民负责""政府的权威来自国民的授权""政府官员的任何行为应受到民众的监督"等民主观点以宪法的形式被确立下来并被逐步实施。

上述制度生态环境的变化决定了这一时期公职人员财产登记制度虽未有实质性的改变,但有所进步。如前所述,卢泰愚不仅在选举前的公约中建议对登记财产进行公开,而且上任后就公开了个人财产,更积极推动《公职人员伦理法》的修订。遗憾的是,提交到国会的修订法案最终未被通过。事实上,韩国制度生态环境在这一时期的积极变化确实为公职人员财产登记制度的进一步发展提供了良好的契机,但由于这一时期还处于由威权体制向民主体制过渡的时期,各项事业虽蓬勃发展,却还未成熟巩固,因此制度的改革被搁置也在情理之中。不过,这一时期各环境要素的良性发展和逐渐稳定,为五年之后继任的金泳三总统创造

---

① 朱海忠:《韩国政治转型中的政府与社会》,《扬州大学学报》2002 年第 5 期,第 79 ~ 85 页。

了制度改革的极佳的外部生态环境。

五　金泳三政府时期的制度生态环境

1992年12月，金泳三在韩国第14届总统选举中获得胜利。这是自20世纪60年代以来的30多年间韩国政治史上第一次由非军人出身的人士掌握国家的最高领导权。金泳三将自己的政府命名为"文民政府"，并提出了有关新政府建设的三个核心概念："以人民为本的政府""民主高效的政府""节约、廉洁和有能力的政府"。其中，为实现第三个目标，即建立廉洁的政府，金泳三在上台后的半年时间里，全面改革了公职人员财产登记制度，推动了财产公开制度的建立。那么，为何金泳三政府能够做到其几位前任均未能做到的公职人员财产登记和公开制度改革？

显然，这与当时焕然一新的制度生态环境密不可分。金泳三执政时，韩国政治的民主化进程已大体完成，而他上任后即实施的一系列政策行动更推动了民主化的完成。这种民主化首先体现在政府与军队的关系上。在1961年朴正熙发动军事政变上台后的很长一段时间里，韩国的政治都是军人政治。总统为军人出身，政府的正常运转完全依靠军队的支持，军队控制了社会生活的方方面面。到卢泰愚执政时期，尽管着手对韩国的政治进行了改造，推动了民主宪法的实践，但由于卢泰愚本人的军人身份，使得当时的政府依然无法完全实现政权与军队的脱离。直到文人总统金泳三上任后，他依循卢泰愚的民主政治路线，并充分利用自身的文官身份，对军人政治时期的遗留物进行了大刀阔斧的改变，上台不久就采取措施推动军队的非政治化，还为光州事件平反，对前军人政府和军人集团重新进行处理，并在官兵中树立民主意识。

韩国这一时期政治民主化的另一个体现是政党政治和市民团体运动。如前所述，在卢泰愚时期，政党政治逐渐活跃，各政党通过民主国会选举，通过获得的议席来制衡和监督政府。韩国政治在经历五年这样的民主净化后,到金泳三时期,党际关系变得更加健康。执政党不仅不会再像军人政权时代那样严格限制政治竞争,而且政党间的关系也由过去的敌对演化为正常的竞争关系。此外,市民团体和政府的关系也有了新的变化。可以看到,在卢泰愚政府之前,政府与市民团体、市民运动的关系是相互对立和冲突的。随着卢泰愚民主化政策的推进,双方开始进一步磨合。到金泳三政府时期,逐渐形成了相互合作的良性关系。市民团体通过市民参与、市民监督和市民提案等方式提出自己的诉求,以推动社会的公平公正。于是,不断成熟的市民团体与有着同样改革倾向的领导人相互呼应,有力地促进了政府的改革。

除了政治要素外,经济方面这一时期也有了新的发展。朴正熙时期开始的经济第一主义发展理念,为韩国经济的腾飞注入了动力,帮助韩国跨入发达国家行列。到金泳三上台后,多年的积累使韩国有了丰厚的资本。但金泳三并不止步于此,而是根据国际经济形势的变化和韩国国内的实际情况,在上台伊始,就适时地推出了新的五年计划,大力推行有关财政、金融、行政与经济意识四大改革,以实行增强经济增长潜力、扩充国际市场、改善国民生活条件的三大战略。

由此,可将金泳三上台时的制度生态环境归纳如下:基于解决自身政权合法性危机的考虑,在过去 30 多年里,威权主义统治者们大都集中力量搞好国内建设,结果当金泳三上台时,韩国经济有了很好的积累。经济的发展带来了连锁的积极效应:一方面促进了国内教育水平的提高,在开阔人们视野的同时,也培养了他们参政议政的能力;另一方面市场经济的发展培育了人们的民主政治意识。随着等价交换、自由开放和公平竞争为主要原则和特征的现代市场经济逐渐确立,契约意识与权利意识逐渐形成。在经济发展所带来的双重效应下,韩国社会的政党政治更加活跃,在野党以议会为阵地制衡政府,而市民也以市民团体为喉舌,积极表达自身的政治诉求,监督政府行为。在这种崭新的制度生态环境下,建立廉洁型的新型政府成为可能。

于是,金泳三在上台后就将清除腐败作为执政的最重要课题来做。

1993年6月,《公职人员伦理法》实现了全面修订,以法律的形式明确确立了财产公开制度,并完善了登记制度,标志着公职人员财产登记与公开制度达至均衡阶段。

综上,作为首届文人政府领袖,金泳三总统面对着不同于以往的崭新的制度生态环境,尤其是政治民主化的转型,为其坚决清算独裁统治、建立廉洁政府创造了有利的契机。正是在这一背景下,公职人员的财产走向公开,开始接受公众监督,该制度也开始真正发挥其预防腐败的作用。

以上,本节从制度生态环境的角度分析了韩国公职人员财产登记与公开制度的改革为何会发生在金泳三而非其他政府时期。我们从经济要素、社会要素、沟通网、符号系统和政治架构五个方面,对金泳三政府及其以前诸届政府的制度环境进行了分析。分析发现,金泳三之前的政府都还不具备制度改革的条件,而到了金泳三执政时期,多年的积累使制度发展获得了良好的契机,拥有了变革的有利的制度生态环境。

到金泳三上台时,一方面,对最高权力的制衡已确立、民意代表的素质得到提升、政党政治的机制被改进,这样形成的一个较为成熟的宪政民主环境为制度的变革创造了良好的外部条件。另一方面,多年的威权政治和经济体制带来的腐败问题已到了不可不治的地步。政经勾结、权钱交易、腐败投机等行为不仅造成了经济的不公正,恶化了经济环境,而且严重动摇了社会的基础,损害了民众价值观。对于新上台的金泳三来说,全力整治腐败、挽回国民信任、重塑市场体制成为最为重要的任务。在以上两方面的作用下,作为一项能够有效预防腐败的制度,公职人员财产登记与公开制度的改革成为可能。

那么,仅有制度自身的积累和良好的制度生态环境,改革就必然会发生吗?显然,这是不够的。制度是由人来推进的。如果没有制度主体的因素,即便具备了上述两个条件,改革也很难发生。第三节,我们将探讨制度主体因素对金泳三政府制度改革的影响。

第二章　金泳三政府改革公职人员财产登记与公开制度的原因

第三节　制度改革的主体因素

如本书绪论所述，制度变迁方式理论关注的核心问题是在制度变迁的过程中究竟是哪些群体发挥了关键性的推动作用，并以此将制度变迁分为诱致性制度变迁和强制性制度变迁两种模式。其中，诱致性制度变迁是指个人或自愿性组织为响应获利机会而自发倡导、组织和实现的对现行制度的变更、替代或新制度安排。强制性制度变迁则是指由国家强制力或政府命令推动和实现的制度变迁。诱致性制度变迁是一种自下而上进行的一种制度变迁。与之相对，强制性制度变迁是自上而下、具有激进性质的制度变迁类型。在强制性制度变迁中，政府是主要推动力，方式是以法律的形式实现对规则的创设或是既有规则的修订。

观察韩国公职人员财产登记与公开制度的整个变迁过程可以发现，制度的发展都是由当时的政府作为主体来推进的。从民主党政府向国会提交登记法案，到以国务总理指令完成财产登记的首次实践，再到《公职人员伦理法》的颁布以及财产公开修订案的酝酿，这些事件的背后都是政府。到金泳三政府时期，它对制度的改革更是体现了政府的主导作用。韩国政府一直站在最前台，通过政府的权威和强制力保证了制度安排的较好运行。换言之，从制度变迁推进性质来看，韩国公职人员财产登记与公开制度的变迁属于强制性制度变迁。基于此，分析制度改革的主体因素就落到了对韩国政府的分析上。

值得注意的是，政府是个抽象的概念。而当时的韩国，其政体是总统制，总统是政府的最高长官。因此，以下对韩国制度改革主体因素的考察中，将着重考察金泳三个人的作用。总统本人是否有坚强的政治意志、改革的魄力、敏锐的洞察判断力，将直接影响制度的发展。与此同时，我们还将观察韩国当时利益集团的情况。因为作为政府的构成者，他们的立场反应很多时候也能影响到政府的行为。

一 金泳三的廉政偏好与强行动力

统治者的偏好是影响强制性制度变迁的重要因素。"只要统治者的预期收入高于他强制推行制度变迁的预期费用①,就会采取行动来消除制度的不均衡。如果制度变迁会降低统治者可获得的效用或威胁到统治者的生存,那么国家可能仍然会维持某种无效率的不均衡。"② 那么,金泳三与之前的总统在治理腐败时的处境有何本质的不同呢?

韩国首任总统李承晚专注于权力斗争,根本无暇顾及反腐问题,完全放任腐败的蔓延;到民主党时期,张勉虽关注腐败问题,却缺乏掌控全局的能力和行动力;紧接着的朴正熙,虽然有着大刀阔斧的改革能力和意愿,但是与治腐相比,他更关注经济问题,在治腐上受制于经济发展的束缚,没有进行深度的改革;到全斗焕时期,他的廉政举措并非来源于其强烈的廉政意识,更多的是出于维护政权合法性的考虑,这也注定了治腐难以彻底;之后的卢泰愚,其推动腐败治理的意愿虽比全斗焕强烈,但囿于军人身份,难有彻底改革的决心,行动力上也颇为不足。

与前几任相比,金泳三无论是在廉政意识还是在行动力上都有着更好的表现。1992 年 12 月,金泳三以 42% 的得票率获胜,当选韩国第 14 届总统。韩国历史上第一位文职总统就此诞生。1993 年 2 月 25 日,金泳三总统在宣誓就职的演说中宣誓,将竭尽所能通过改革来建立一个

---

① 制度变迁的预期成本包括:(1)设计成本。即用于探索、研究、设计、选择、谈判和缔约形成新制度的初始成本。它的高低取决于这一过程中所需的人力资源和其他资源投入的要素价值。(2)预期的实施成本。它是指预期的制度供给方案得以确立之后具体组织实施的成本。它的多寡往往会影响制度的组织实施和制度方案的选择。(3)预期的摩擦成本。这包括清除旧制度的损失和费用,消除新旧制度之间的摩擦或减少变革过程的阻力所需要的费用。(4)随机成本。它是指制度变迁过程中不可预料的不确定性因素或机会主义行为所带来的成本。

② 程虹:《制度变迁的周期》,人民出版社,2000,第 195 页。

第二章　金泳三政府改革公职人员财产登记与公开制度的原因

"新韩国":"……洋溢着高尚品德和正义的国家……充满自由和和平的国家……建设富强和繁荣的国家,这就是新韩国的面貌。为了新韩国的建设,我们需要勇气和献身……应与我们自身存在的腐败和惰性作斗争……"① 可以看到,金泳三在就职时就明确地表现出了不同于以往任何总统的强烈的廉政意识。即便是朴正熙,其廉政意识也没有金泳三这么强烈。与朴正熙的"经济第一主义"相比,金泳三将治腐视为国家的头等大事,明确排在经济发展之前。领导人的如此偏好,使得政治的重心重重地落到了腐败治理上来。

当然,仅有廉政意识是不够的。金泳三并不像全斗焕那样将反腐流于形式和口号,而是在公职人员财产登记与公开制度全面改革前就扎扎实实地做了几项工作。既用实际行动表达了反腐的决心,也为制度的改革做好了预先铺垫。主要工作有以下两项:

第一项是率先公布个人及其亲属的财产。在第一次内阁会议上,金泳三就表示改革要从自身做起。"如果我们不进行自身的改革,就不能要求国民发生变化与改革……国务委员要铲除私心,率先垂范地进行自身的革新和自身的净化"。② 在会议当场,金泳三就公布了自己及其直系亲属的财产,宣布在五年任期内不接受企业和个人提供的政治资金,并号召政府总理和各部长官也公开个人的财产。③ 在金泳三的号召下,以国务总理黄寅性为首,包括监察院长官李会昌、副总理兼经济企划院长官李经植、副总理兼统一院长官韩完相在内的24名内阁长官,以及国家安全部长、汉城特别市长、检察总长等29名内阁部长级官员,125名副部长级官员,176名执政党高级干部和执政党籍国会议员相继公布了个人财产。1993年4月5日,在野党124名高级干部也公布了私人财

---

① 〔韩〕徐源锡:《韩国反腐败政策的变迁》(上、下),载王伟、车美玉等《中国韩国行政伦理与廉政建设研究》,国家行政学院出版社,1998,第150页。
② 敖依昌、刘益良:《韩国金泳三政府反腐廉政新举措述评》,《重庆大学学报》(社会科学版),1996年第1期,第114页。
③ 敖依昌、刘益良:《韩国金泳三政府反腐廉政新举措述评》,《重庆大学学报》(社会科学版),1996年第1期,第114页。

产。4月13日，国防部长官权宁海下令490名军队准将以上的军官公布个人财产。这样，政界上下形成了一场声势浩大的财产公开运动。

与此同时，韩国政府成立了调查组，重点调查官员申报财产是否属实，是否有将财产转移到子女、妻子或其他人名下的情况发生，同时调查财产来源是否合法，是否涉及以权谋私、受贿、投机等不法行为。如果发生上述问题，即移送司法机关处理。

以高级官员公布个人财产为契机，在金泳三上台后不久，韩国国内就掀起了反腐倡廉运动的第一波。短短几个月间，因涉嫌渎职罪遭到整肃的高级官员就达1363人，另有242人因使用不正当手段获取财产被迫辞职。

第二项工作是恢复监察院的职能。韩国当代监察机关成立于1948年，是一个二元化组织机构。一部分负责会计财务监察，为审计院；另一部分由监察委员会组成，负责监察公务员的职守。1961年，朴正熙总统将二者合并为一，监察员由相当于副总理级的人物出任。但在朴正熙、全斗焕、卢泰愚这三位军人总统统治时期，监察院形同虚设。为了使廉政运动得以有效落实，金泳三上台后，立即宣布监察院为独立匡正机关，直接向总统负责，不受政府控制，同时任命没有政党背景并长期从事法律工作的李会昌为监察院院长。金泳三向监察院表示，"不管什么人，只要犯了法，一定要受惩罚，即使是一些过去同生死共患难的战友，如果跟不上清正廉洁的潮流也一视同仁"。[①]

获得独立监察职能的监察院随即对总统府秘书室、警护室、警察署、税务署、银行等职能要害部门以及军队、地方政府进行了大规模的清查。其中，前国防部长李钟久、李相薰，前空军参谋长韩周事，前海军参谋长金铁宇等人所涉及的军火交易受贿案是当时监察院查出的最大案件。这些高官随后被指控，在一项大宗武器进口计划中收取了3000万至4.3亿韩元不等的巨额贿赂。还有一起大案是朴泰俊受贿偷税案。

---

① 张学谦：《金泳三加强廉政建设的举措》，《国际展望》1994年第6期，第21页。

第二章　金泳三政府改革公职人员财产登记与公开制度的原因

监察院发现，韩国浦项制铁集团前会长、韩国执政的民自党前最高委员、前国会议员朴泰俊，在1988年到1990年，从浦项制铁集团所属的32个下属企业和47个有业务联系的企业那里收受贿赂56亿韩元，个人存款高达360亿韩元。为逃避搜查，朴泰俊还将赃款存在亲属及朋友名下。他所经营的浦项集团偷税漏税高达730亿韩元，个人逃税总额达63亿韩元。此外，韩国商业巨子郑周永在1993年竞选总统期间挪用现代集团公司将近6200万美元充当经费，也被监察院查处，等等。

通过恢复监察院职能、稽查大案要案，金泳三政府上台伊始，就向国民表达了强烈的惩治腐败的决心。《韩国日报》在金泳三总统就职一个月后进行的调查显示，国民对金泳三总统的反腐败运动表示肯定的比例高达88.7%。就上述第二项工作，亦即监察院独立职能的恢复这一举措而言，不仅在财产申报和公开制度改革之前向国民表达了政府治腐的坚强决心，获取了国民的信任，还保证了财产申报和公开制度的实施不再流于形式，凡有资产金额存疑的人员，都会受到监察院的监察。

而就第一项工作，亦即总统本人财产的公开，则直接推动了法律的全面修订。高级公职人员公开财产的实践获得了良好的社会反响。1993年5月，金泳三政府向国会提交了以高级公务员财产公开为主要内容的《公职人员伦理法》修正案。6月11日，国会通过修正案。7月11日，全面修改后的《公职人员伦理法》正式实施。

综上，金泳三个人强烈的廉政意识和极强的行动力很好地保证了公职人员财产登记与公开制度能够在很短的时间里得以进行全面的改革。正如一位学者所说，"在反腐败的问题上，想法和信念至关重要。有时候，仅靠某位具有人格魅力和坚定信念的领袖人物的推动，改革就能启动。一位强有力的领导人能够激励人民勇于面对重大的变革，这一点是其他领导人所望尘莫及的。"[①]

[①] 〔美〕苏珊·罗斯·艾克曼：《腐败与政府》，王江、程文浩译，新华出版社，2000，第262页。

值得一提的是，为保证公职人员财产登记与公开制度落到实处，在实施新的制度后不久，1993年8月12日，金泳三就发布了第16号紧急总统令，宣布实行"实名金融交易制度"。多年来，韩国许多要人都以假名在银行设立账户进行贷款、不动产投机、掩盖财产来源或逃避纳税义务，甚至官商勾结、贪污受贿也是通过银行假名进行的。为杜绝假名金融交易，同时也为避免财产申报过程中匿名转移财产，韩国政府随即实行金融实名制度，规定所有非实名资产必须在两个月内实名化，否则将课以重税。其间，有97%的假名账户变成了实名账户。前述的卢泰愚、全斗焕两位总统的秘密资金案也是在此时发现、被揭发出来的。1995年，金泳三将他们送上了法庭。一审判决前总统全斗焕死刑，判决前总统卢泰愚22年零6个月有期徒刑，并分别罚款2259亿韩元和2838亿韩元。金融实名制的出台使公职人员财产登记与公开制度真正落到了实处，为制度的实施起到了保驾护航的作用。

二 利益集团势力减弱

根据制度变迁理论，制度变迁经常会在不同选民中重新分配财产、收入和政治权利。"如果变迁中的受损者得不到补偿，他们将反对这种变迁。如果制度变迁中的受损者是统治者所依赖的那些集团，那么统治者会因为害怕自己的政治支持受到侵蚀而不愿意进行这种制度变迁。"[1]也就是说，即便是有着廉政偏好和强行动力的领导人，也会考虑以高层官员为核心的利益集团的意见和立场。这意味着，利益集团会对制度的变迁产生不可忽视的影响力，而这种影响力更多的时候是一种阻力。

具体来讲，这些有着相当分量发言权的官僚利益集团会理性考虑制度变革的得失。通常情况下，作为原有制度形式下的既得利益者，他们是不愿意变革的。以公职人员财产登记与公开制度为例，该制度的实施

---

[1] 程虹：《制度变迁的周期》，人民出版社，2000，第197页。

第二章　金泳三政府改革公职人员财产登记与公开制度的原因

对象就是政府官员们。在制度的实施下，既得利益者们将无法再进行权钱交易、无法再进行不法敛财。他们从自身的利益出发，必然会尽力迫使政府延迟制度的改革。这尤其体现在强制性制度变迁中。因为在这种变迁类型中，既得利益者们掌握着更充足的话语权。可见，处于优势地位的政府官员，会为自身特殊利益而延迟有效制度供给或使制度变迁沿着错误的路径进行，使有效制度供给不足或低效制度供给成为一种常态。

上述分析说明，尽管总统能在很大程度上决定制度变迁的进程，但有时也会屈从于既得利益集团的压力或者出于政治上的考虑，容许无效制度的存在或使制度变迁向错误方向发展。观察金泳三政府前的历届政府，强大的既得利益集团的存在的确曾严重制约公职人员财产登记与公开制度的改革。

我们知道，当时韩国的腐败是体制性的腐败，上至政府高层，下至最底层公务员，几乎无官不腐。公职人员财产登记与公开制度是一项阳光治腐法案，通过登记和公开公职人员的财产，增加腐败的预期成本。这项制度必然会遭到韩国腐败政界的抵制。更为严重的是，如果总统也涉嫌腐败，那么其就会一方面以国家领袖的身份表面上将自己塑造为制度的拥护者，以维护政权的合法性；另一方面，作为既得利益集团中最大的官僚，其又会暗中抵制或削弱制度的有效性，以最大化个人的利益。典型的例子就是韩国第11届和第12届总统全斗焕。全斗焕总统上任后，就开展了多项反腐惩腐工作，其中还包括确立公职人员财产登记制度。但同样还是这位总统，在实施登记制度的过程中，明确规定财产登记以不公开为原则，以减少制度对自身的危害。不仅如此，制度也没有被认真实施，在其执政期间，对公职人员财产像样的审查一次都没有，制度沦为摆设。此外，如前所述，制度在改革实施过程中往往采取分阶段的方法，这也从一个侧面反映出既得利益集团的强大以及它对制度改革的巨大阻力。

除此以外，1964年7月，《公职人员财产自愿登记指南》在颁布实施过程中遭遇部分公职人员拒绝财产登记的事件，也同样可以说明韩国既得利益集团对制度变迁的影响。根据规定，符合条件的公职人员应自行申报自己的财产。但包含朴正熙在内的1152名公务员却拒绝申报财产。即使对已申报的财产，也未进行公开。制度实施一次就不了了之。究其原因，其中重要的一点就是当时大多数的公职人员消极对待，恶意阻挠。

进一步而言，这也可以解释为何有关公职人员财产登记的方案在历经20年后才得以立法，以及为何又过了10余年后，才得以全面改革。其中重要的原因就是既得利益集团的反对，给制度发展设置了障碍。

那么，到了金泳三时期，既得利益集团发生了什么变化呢？最突出的一点就是，政府内部既得利益集团的势力被严重削弱。金泳三上台后，立即进行了人事制度改革。不仅不起用自己的亲属，而且在就职10天内就撤销了法务、保健、建设部长和汉城特别市市长等在总统竞选中为他出过力但不称职的官员，这些人多为金泳三的至交。而一些敢于直言、善于改革的能人则得到了重用。不仅如此，他还推行政府各部门的改革，将中央政府部门原有的40多个部级单位调整为25个，125名正部级干部减少到27名，总统的一至三级秘书官由50人减至40人，中下层机关的人员和机构也进行了缩减。

上述政府行政机构和人事方面的调整，不仅理顺了部门关系，更重要的是将原有的不少既得利益者剔除出权力中心，为公职人员财产登记与公开制度的改革扫清了集团压力障碍。随着金泳三总统公布个人财产，高级官员们也无不在惶恐中公开了自身的财产。而对审查出问题的官员的严厉追责，更是强烈地震慑了在任的官员们。于是，与以往积极阻挠制度改革的做法不同，势力被极大削弱的既得利益集团这一次只能被动而无奈地接受金泳三的主张，制度的成功改革也就变得顺理成章了。

以上，本节主要从制度推进主体的角度，分析了制度改革之所以会发生在金泳三政府时期的原因。分析认为，与前任统治者们不同，金泳

第二章　金泳三政府改革公职人员财产登记与公开制度的原因

三本人表现出了强烈的廉政意识和强行动力，从根本上保证了制度改革在短时间内就可成功启动。与此同时，既得利益集团势力的减弱，也在最大程度上减少了制度向前推进的阻力。在总统和利益集团两方面主体因素的共同作用下，公职人员财产登记与公开制度改革由可能变为了现实。

小　结

本章核心探讨的问题是：作为一项从 20 世纪 60 年代就被政府关注的制度，为何会在 30 多年后的金泳三政府时期才被真正地确立下来并被认真地贯彻实施？是什么原因导致了改革发生在金泳三政府时期而非其他政府时期？

本章的分析指出，韩国公职人员财产登记与公开制度的全面改革之所以会发生在金泳三政府时期，是以下三种因素综合作用的结果，三者缺一不可，都是制度改革的必要条件：

一是制度本身的发展。到金泳三政府时期，制度已经历过僵滞和创新阶段。制度在不断的试错中，逐渐清晰地展示出什么样的制度以及如何改革制度才能更好地发挥效用。制度自身的变迁经历为全面改革奠定了坚实的基础。

二是制度生态环境的变化。制度的改革和推进需要有制度环境的保障。到金泳三政府时期，以经济要素、社会要素、沟通网、符号系统和政治架构组成的制度生态环境已基本达到了制度改革的要求。这一时期，成熟的宪政民主环境为制度的改革提供了良好的外部条件。而同时，当时严重的腐败问题也对制度的改革提出了紧迫性的要求。

三是制度推进的主体因素。金泳三个人强烈的廉政意识和极强的行动力保证了改革在其上台后较短的时期内就得以成功实现，而当时既得利益集团势力的减弱，也促进了改革的顺畅进行。

第三章 金泳三政府改革公职人员财产登记与公开制度的内容

1993年6月11日，韩国法律第4566号公布了新修订的《公职人员伦理法》，并规定，该法在公布一个月后，即7月12日起正式施行。以法律的全面修订为标志，韩国公职人员财产登记与公开制度发展到均衡阶段。

在韩国，当出台或修订一部法律时，以总统令形式颁发的、用于指导法律实践的施行令也会同时出台或全面修订。因此，《公职人员伦理法施行令》也于1993年7月12日对外公布并立即执行。所以，要全面准确地解读制度改革的内容，需要对法律和施行令两份文件同时进行分析。

除了1993年的全面修订外，金泳三政府还于1994年12月31日对《公职人员伦理法》及其施行令在1993年版本的基础上又做了一次部分修订，包括了对原有不妥的条款的修改、完善或是补充。这次修订是对制度实施一年半以来出现的问题的积极回应，有助于已达至均衡阶段的制度更好地运行。

因此，本章将以1993年和1994年的两份法律和两份施行令的文本为分析对象，通过与1981年颁布的《公职人员伦理法》（1983年1月1日正式实施）和1982年颁布的《公职人员伦理法施行令》进行对比，

第三章 金泳三政府改革公职人员财产登记与公开制度的内容

全面分析金泳三政府对公职人员财产登记与公开制度的改革与此前相比究竟有哪些新的变化。

如前所述，严格意义上的公职人员财产登记与公开制度应包括三部分：一是财产登记；二是财产的公开；三是财产的审查处理。那么，金泳三政府的改革是否全部涉及上述三个部分呢？本章的三节将分别对其做出考察。需要说明的是，本章所分析的法律文本全部直接来源于韩国法制处国家法令信息中心。

第一节 财产登记环节

登记环节是公职人员财产登记与公开制度中最基础也是非常重要的一环。因为只有先有了财产登记，才可能会有接下来的公开和审查环节。在登记环节的规定中，主要涉及登记主体、登记机关、登记种类、登记财产及其算定标示方法几个方面。较之1981年的制度规定，金泳三政府的制度改革在这一环节有重大的变化。

一 登记主体的范围

根据《公职人员伦理法》的规定，公职人员财产登记与公开制度的登记主体（韩文称"登记对象"——등록대상）共有两类。一类是财产登记义务者（재산등록의무자），也就是需要登记财产的国家及地方公职人员[①]；另一类是与登记义务者有亲属关系，也被纳入登记财产范

[①] 韩国的公职人员从纵向上可分为国家公务员和地方公务员，从横向上可分为"经历职公务员"和"特殊经历职公务员"。经历职公务员是指按照本人的资格和成绩被录用，并保障工作到退休年龄的公务员。经历职公务员分为一般职公务员、特定职公务员和技能职公务员三种。其中，一般职公务员规定最为复杂，是指负责技术、研究、行政方面的业务的公务员，一般职公务员的级别分为高级公务员和三到九级公务员。一般职公务员可分为行政、技术2个职群，行政、税务、教育、矫正、工业、设施等31个职列。一般

畴的那部分人群。其中，财产登记义务者负责财产的整个登记过程（如要公开，还包括公开过程），还须对法律所规定的例外情况向相关机构做出说明或提交材料等。分析1993年和1994年的法律和施行令文本可以发现，在金泳三政府的制度改革中，较之1981年的规定，在很大程度上扩大了财产登记主体的范围，尤其是登记义务者的范围。

（一）财产登记义务者的范围

首先来看1981年版《公职人员伦理法》在财产登记义务者上的规定。该法第三条第1款明确规定了财产登记义务者，包括：三级以上一般职公务员、外务公务员以及获得与此相当报酬的别定职公务员、军务员等；法官和检事①；长官级（即将军级）军官；总长②、副总长、学长等教育公务员；教育监③；总警、消防监以上的警察公务员和消防公务员，以及公职有关团体的任员④等。此外还包括市长、郡守、区厅长、

(接上页注①)职公务员当中负责研究或指导工作的五级以上的公务员称为研究官或指导官，六级以下的公务员称为研究师或指导师。特定职公务员是指负责政府特殊领域的业务的公务员，包括教员、外交官、法官、检察官、军人、警察、消防公务员、宪法研究官等。特殊经历职公务员是指录用时不需要一定资格或成绩，只保障一定的工作期限的公务员。技能职公务员是指负责政府技能方面的业务，从事技术性工作的公务员，如事务员、总机员、防护员、卫生员等，技能职公务员的级别共分为十级。特殊经历职公务员分为政务职公务员、别定职公务员、契约职公务员和雇佣职公务员四种。其中，政务职公务员是指根据选举、国会同意、政治决定等聘用的次官以上公务员和其他不同法律指定的公务员，负责及辅助高层次的政策制定职务。别定职公务员是指负责特定的业务，采用不同于经历职公务员的步骤和方法而聘用的执行业务的公务员，如次官补、诉请审查委员、秘书官、秘书等。契约职公务员是指根据国家和任用合同，在一定期间内从事需要具备专门知识的公务员。雇佣职公务员是指从事简单劳务的公务员。

① 韩国法律称之为"检事"，它相当于我国的"检察官"。
② 韩国法律称之为"总长"，它相当于我国全日制普通高校的"校长"。
③ 韩国目前在16个广域地方自治团体都设有教育监，教育监是统筹办理广域地方自治团体教育委员会业务的职位。
④ "任员"是指理事、监事（包括虽然名称不同，但与此相当职务者）以上的常勤人员。

第三章 金泳三政府改革公职人员财产登记与公开制度的内容

警察署长,以及五级以上的关税和国税厅所属公务员。① 可以看到,1981 年规定的财产登记义务者主要是三级以上的公务员。

需要注意的是,在同条第 2 款还规定,登记义务者的财产登记根据总统令进行分阶段实施。1982 年 12 月 31 日制定的《公职人员伦理法施行令》也规定,财产登记分阶段实施。从 1983 年 1 月 1 日开始,首先将副部长级以上官员、市道警察局局长、地方国税厅厅长、政府投资机关的首长以及韩国银行总裁等人员的财产进行登记;从 1985 年 1 月 1 日开始,实施第二阶段的公职人员财产登记,将登记义务者的范围扩大。包括了三级以上的公务员;市长;郡守;区厅长、警察署长、税务署长、海关关长;四级以上国税厅和关税厅所属公务员,以及公职有关团体的人员等(参见表 3-1)。

对比 1981 年版法律和 1983 年版施行令还可以发现,法律规定的作为财产登记义务者的"二至三级军务员"和"国税、关税厅所属五级公务员"这两类人群,在实践中并未纳入登记人群范围中。也就是说,虽然法律规定了这两类公职人员的等级义务,但他们直到 1993 年法律全面修订时也没有向有关部门登记过自己的财产。

表 3-1 1983 年公职人员财产登记制度分阶段实施的登记义务者范围

阶段	登记义务者	实施日期
第一阶段	·国家和地方自治团体的政务职公务员 ·国会议员 ·高等法院部长判事级以上的法官 ·检事长级以上的检事 ·长官级军官中大将、中将;特一级外务公务员和教育类公务员中总长、副总长、学长(两年制大学学长除外)以及教育监 ·治安本部长,汉城(即首尔)特别市、广域市及各道的警察局局长 ·地方国税厅厅长 ·政府投资机关的首长及韩国银行总裁	1983 年 1 月 1 日

---

① 韩国法制处国家法令信息中心:《公职人员伦理法》第三条(1981 年 12 月 31 日)。

续表

阶段	登记义务者	实施日期
第二阶段	・三级以上的一般职国家和地方公务员以及获得与此相当报酬的别定职公务员 ・三级以上的外务公务员和国家安全企划部的职员以及一级军务员 ・第一阶段财产登记者以外的法官和检事 ・第一阶段财产登记者以外的长官级军官 ・教育类公务员中第一阶段财产登记者以外的学长 ・第一阶段财产登记者以外的总警以上的警察公务员、消防监以及地方消防监以上的消防公务员 ・市长、郡守、区厅长、警察署长、税务署长及海关总长 ・四级以上的国税厅、关税厅所属公务员 ・第一阶段财产登记者以外的公职有关团体的长官及公职有关团体的人员	1985年1月1日

资料来源：韩国法制处国家法令信息中心：《公职人员伦理法施行令》附表2（1984年12月31日修订）。

再看金泳三政府时期法律和施行令中有关财产登记义务者方面的修订。1993年版《公职人员伦理法》在第三条做了重大调整，将登记义务者的范围由原来的三级公务员扩展到四级，极大地增加了财产登记义务者的数量。对照1981年版法律的规定，条款上的具体变化是：

将原规定"三级以上的一般职国家和地方公务员以及获得与此相当报酬的别定职公务员"扩展为"四级"相关人员；将原规定"三级以上的外部公务员和国家安全企划部所属职员"扩展为"四级"相关人员；将原有"长官级（即将军）军官"扩展到"大领（即大校）以上军官"；将原有规定中"教育公务员中总长、副总长、学长、教育监"扩展为除原有人员外，另外增加"研究生院院长、大学学长、专科大学的校长以及与专科大学相当的各类学校的校长"；将原规定中"消防监和地方消防监以上的消防公务员"扩展为"消防正和地方消防正以上的消防公务员"（参见表3-2）。

经过此次扩大，登记义务者的数量达到了当时公职人员总数的20%

第三章 金泳三政府改革公职人员财产登记与公开制度的内容

左右。登记范围的扩大，也反映出金泳三政府在公职人员群体中广泛实施财产登记与公开的强烈意愿。

表3-2 1993年版《公职人员伦理法》修改前后登记义务者范围的主要变化

1981年《公职人员伦理法》中规定的财产登记义务者	1993年《公职人员伦理法》中规定的财产登记义务者
·国家和地方自治团体的政务职公务员	·总统、国务总理、国务委员、国会议员等国家政务职公务员 ·地方自治团体的首长和地方议会的议员
·三级以上的一般职国家和地方公务员以及获得与此相当报酬的别定职公务员	·四级以上的一般职国家和地方公务员以及获得与此相当报酬的别定职公务员
·三级以上的外务公务员和国家安全企划部的职员以及获得与此相当报酬的军务员	·四级以上的外务公务员和国家安全企划部的职员
·长官级军官	·大领以上的军官以及与此相当的军务员
·教育公务员中总长、副总长、学长（大学学长除外），以及教育监	·教育公务员中的总长、副总长、研究生院院长、学长（包括大学的学长）、专科大学的校长以及与专科大学相当的各类学校的校长，汉城特别市、直辖市、各道的教育监和教育委员
·总警以上的警察公务员、消防监以及地方消防监以上的消防公务员	·总警以上的警察公务员、消防正以及地方消防正以上的消防公务员

资料来源：韩国法制处国家法令信息中心：《公职人员伦理法》第三条（1981年12月31日、1993年6月11日）。

1994年版《公职人员伦理法施行令》在1993年版《公职人员伦理法》的基础上，在登记义务者的范围上再次做了局部调整，重点是将登记义务者的范围继续扩大，将监察院所属公务员、国税厅和关税厅所属公务员、法务部和检察厅所属公务员九级以上全部纳入登记义务者范围内，将警察公务员中警司以上和消防公务员中消防长以上也全部纳入进来（参见表3-3）。这种调整与金泳三更深入开展财产登记工作的意图有密切的关联。

表 3-3　1994 年登记义务者扩展范围

部门类别	登记义务者扩展范围
1. 监察院	·扩展至所属公务员中五级以下的一般职公务员和与此相当的别定职公务员
2. 国税厅及关税厅	·扩展至所属公务员中五级以下的一般职公务员和与此相当的别定职公务员
3. 法务部及检察厅	·扩展至所属公务员中五级以下的检察事务职公务员
4. 中央行政机关（包括下属机关）和地方自治团体（邑、面、洞除外）	·扩展至所属公务员中就职于以监察为主要业务的部门的五级以下一般职公务员和与此相当的别定职公务员及其上级监督者 ·扩展至所属公务员中就职于与课税、征税、查税及审税业务有关的部门的五级以下的一般职公务员和与此相当的别定职公务员及其上级监督者
5. 警察公务员	·警正、警监、警卫、警司
6. 消防公务员	·消防领、消防警、消防尉、消防长和地方消防领、地方消防警、地方消防尉、地方消防长

资料来源：韩国法制处国家法令信息中心：《公职人员伦理法施行令》第三条（1994 年 12 月 31 日修订）。

从表 3-3 可以看到，与 1993 年相比，1994 年登记范围的扩大呈现出两个特点。第一个特点是部门相对集中。主要涉及两类部门，一是与金钱较易发生关联、易滋生腐败的部门，比如国税厅、关税厅等；二是从事司法执法监察业务，也极易发生腐败问题的部门，比如法务部、警察厅、监察院等。第二个特点是在部分部门实现了财产的全员登记。韩国实行的是一至九级公务员制度。其中，三级以上为高级公务员，而九级是公务员中的最低等级。此次修订将监察、税务、检察等部门的所有从一级到九级公务员全部纳入财产登记义务者的范围。值得注意的是，这一次也是韩国实施财产登记制度以来迄今为止涉及职级范围最广的一

第三章　金泳三政府改革公职人员财产登记与公开制度的内容

次。在后来的法律和施行令的修订中，又逐渐缩小了范围。

总之，在金泳三政府时期，通过 1993 年法律和 1994 年施行令的修订，登记义务者所涉及的部门和自身的数量都有大幅的扩充，并将许多极易滋生腐败的部门和易有腐败倾向的公职人员都纳入规约的范围。

（二）配偶、直系亲属等其他登记主体的范围

根据 1981 年版《公职人员伦理法》第四条第 1 款的规定，登记义务者应将包括本人、配偶（包括有事实婚姻关系者），以及本人的直系亲属的财产进行登记。此外还有两点特别的说明：一是直系亲属中的女子，若已出嫁，则不被纳入登记群体；二是如果登记义务者因婚姻关系入籍到夫家或入赘到妻家的，所说的直系亲属则为配偶的直系亲属。[①] 通过该条款可以看到，20 世纪 80 年代的登记制度所涉及对象十分广泛，不仅将配偶，还将直系亲属也包含其中。

有关配偶、直系亲属等其他登记主体的规定，在金泳三政府时期的两次法律的修订中都有涉及。1993 年版《公职人员伦理法》第十二条第 4 款设立了一项"拒绝告知财产制度"（"고지거부제도"），主要内容是允许部分符合条件的直系亲属不进行财产登记。

根据第十二条第 4 款的规定，"直系亲属中非被抚养的人员可拒绝告知自己的财产情况，拒绝登记，此种情况下，登记义务者应在财产登记文件中明示该事由"。所谓的"被抚养的人员"，是指无收入或者低收入无法独立维持生计的、需要接受登记义务者抚养的直系亲属。[②] 也就是，如果直系亲属有足够收入、能够独立维持生计、不需要登记义务者抚养的，可以通过"拒绝告知财产制度"，不进行财产的登记。这种做法，也显示了金泳三政府对公民基本权利的保护。韩国宪法明确规定，有关公民

[①] 韩国法制处国家法令信息中心：《公职人员伦理法》第四条（1981 年 12 月 31 日）。
[②] 韩国法制处国家法令信息中心：《公职人员伦理法施行令》第二十七条（1993 年 7 月 12 日修订）。

个人的经济自由权和隐私权必须得到保护。这也是当公职人员财产登记制度与其他法律发生冲突时，金泳三在力图规避法律间矛盾上的一种新探索。

根据1993年版《公职人员伦理法施行令》第二十七条的规定，"拒绝告知财产"是一种事后审查制度，也就是认为符合条件的人先不进行登记，然后再由相关部门审查条件是否具备。具体规定是："直系亲属中非被抚养人员，依据1993年版《公职人员伦理法》第十二条第4款规定，有拒绝登记财产情况的，登记义务者应在财产登记文件中记载告知拒绝的事实，提交财产登记告知事由书。公职人员伦理委员会对'拒绝告知事项'做事后审查，对其中不符合条件的人员，给予'补充要求登记财产'的处理。"

观察"拒绝告知财产制度"实施一年后的情况，从政府公职人员伦理委员会1994年的年度报告看，全体共25229名登记对象义务者中，有2388名义务者的直系亲属有拒绝告知财产的情况，拒绝比例达9.5%；[①] 而在大法院公职人员伦理会也出现了类似的情况，在2654名登记义务者中有499名人员的直系亲属拒绝告知财产，占总人数的18.8%。[②] 在该制度实施的第十个年头，即2002年，拒绝比例更是庞大。其中，政府公职人员伦理委员会所属84848名财产登记义务者中，有18203名人员的直系亲属拒绝告知财产，拒绝比例高达21.5%，是1994年的2倍还多；[③] 而2002年大法院公职人员伦理委员会年度报告书显示的拒绝比率，更是达到了39.4%，在4542名登记义务者中，有1791名人员存在直系亲属拒绝告知财产的情况。[④]

在拒绝告知财产的情况越来越严重的情况下，一项本是旨在契合宪法精神、保护公民财产隐私权的制度却被越来越多的不法人员所利用。

---

① 《政府公职人员伦理委员会1994年年度报告书》。
② 《大法院公职人员伦理委员会1994年年度报告书》。
③ 《政府公职人员伦理委员会2002年年度报告书》。
④ 《大法院公职人员伦理委员会2002年年度报告书》。

第三章 金泳三政府改革公职人员财产登记与公开制度的内容

他们频繁地利用该制度来躲避财产的登记。"拒绝告知财产制度"之所以能够被滥用,与事后审查这一规定密切相关。因是事后审查,相关人员便不用先进行财产的登记。而等到全国范围的登记日期之后,伦理委员会便开始投入到对登记财产的审查工作中,关注点几乎都在已登记财产上,无暇再顾及拒绝告知财产的事由是否属实、人员是否符合条件。结果导致了事后审查流于形式。也正因如此,越到后来,利用"拒绝告知财产制度"来转移、藏匿财产的情况越多。

当然,该项制度的设立并非没有好处。《公职人员伦理法》作为下位法,确实契合了上位法《宪法》的精神。问题的关键在于程序设置上存在问题。如果将事后审查变为事前审查,则会更大限度地避免制度的滥用。所幸的是,在 2006 年《公职人员伦理法》修订时,该项制度得到了完善。修改后的条款将原有的事后审查改为事前审查,并且规定每3 年须由所属公职人员伦理委员会对是否具有拒绝告知的资格进行再审查。①

现行的"拒绝告知财产制度"的审查就包括了上述两个方面。一是事前许可,这在最初财产登记或定期财产变动申报时进行。二是再审查,是对已经取得拒绝告知许可的登记义务者的直系亲属,每三年进行的是否符合资格的再次审查。关于事前许可,根据现行《公职人员伦理法》的规定,具体步骤是:公职人员应在成为登记义务者之日起 15 日内或定期变动申报期开始之日起 20 日内通过公职伦理综合信息系统(该系统是 2008 年开发,为网上操作系统,英文简称"PETI")向所属公职人员伦理委员会申请许可拒绝告知财产登记事项;紧接着,委员会要在收到申请之日起 10 日内,决定是否许可并予以通报,在必要情况下,可延长 10 日。此时如果认定不许可,那么在接到不许可决定之日,登记机关的首长应延长该登记义务者的财产登记期间,延长期为 30 日(对公开对象人员来说,则为 20 日),登记义务者须在该期间内完成各

---

① 韩国法制处国家法令信息中心:《公职人员伦理法》第十二条(2006 年 12 月 28 日)。

种财产的登记。

关于拒绝告知的再审查，根据现行《公职人员伦理法施行令》第二十七条的规定，拒绝告知许可的人员从接到许可之日起，每三年，在第三年的定期变动申报期间，将拒绝告知许可的再审查申请书，通过 PETI 系统提交给公职人员伦理委员会，接到再审查申请书的公职人员伦理委员会应在该年的 11 月 30 日之前决定并通报拒绝告知许可与否。

可以看到，上述事前许可和再审查的规定更好地规避了之前利用此种规定规避财产的可能，既实现了"拒绝告知财产制度"最初的保护公民财产隐私权的目的，也保障了公职人员财产登记与公开制度的有效实施。尤其是再审查规定，更是堵住了"一劳永逸"的口子，能够防止有人恶意利用此前规定的漏洞。

图 3-1 是参照相关法律、施行令规定，以及韩国政府公职人员伦

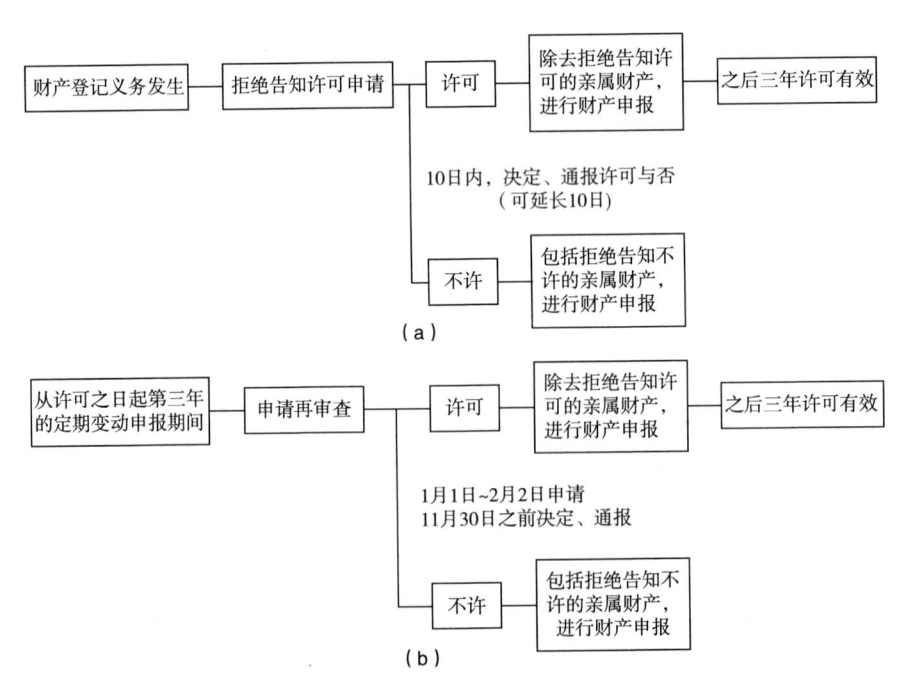

图 3-1　拒绝告知财产制度的事前许可和再审查程序

注：(a) 是事前许可图，(b) 是再审查程序图。

理委员会网站上的相关内容，绘制的有关拒绝告知财产制度的程序图。

除了上述1993年版法律和施行令对登记主体中的配偶、直系亲属规定上有修订外，1994年版的《公职人员伦理法》又进行了一次修订。在1981年和1993年法律的基础上，对第四条第1款第3项做了补充，规定不仅是出嫁女，外祖父母、外孙子女也被排除在登记对象之列。亦即缩小了直系亲属的范围。这种做法既和上述"拒绝告知财产制度"的精神吻合，也反映了韩国社会的现实。韩国是以男性血脉为家族血缘的国家，在实际的韩国社会生活中，男性是家族的主体和继承者。修订后的这一条款沿用至今。

综上，与登记义务者的范围被扩大不同，在直系亲属的范围上，金泳三的改革更加注重了与韩国宪法和韩国社会现实的契合。与1981年法律相比，这一部分登记主体的范围实际上被缩小了。

二 登记机关的数量

韩国《公职人员伦理法》规定，公职人员在其成为登记义务者后的一个月内，应向有关机关登记其所持有的财产。该有关机关就是"财产登记机关"。1981年版《公职人员伦理法》在登记机关的设置上，一共仅设有四处。分别是：国会事务处、法院行政处、国防部和总务处。它们的管辖范围分别是：国会事务处管辖国会议员等国会所属公职人员的财产登记，法院行政处管辖法官等法院所属公职人员的财产登记，国防部管辖军人和军务员的财产登记，总务处管辖除上述人员以外的其他所有登记义务者的财产登记。[①] 20世纪80年代财产登记机关之所以只有上述四处，与当时登记义务者人数偏少有关。

1988年，《宪法裁判所法》修订。《公职人员伦理法》也就在当年8

---

① 韩国法制处国家法令信息中心：《公职人员伦理法》第五条（1981年12月31日）。

月5日，对登记机关的设置做了相应的调整。除原有的四处登记机关外，新增宪法裁判所事务处为财产登记机关，管辖宪法裁判所所长、常任裁判官以及宪法裁判所所属公务员的财产登记。[①]

1993年版《公职人员伦理法》在增加登记义务者数量的同时，也相应地增设了更多的财产登记机关，以更好地完成登记工作。将原有的五处机关增加为包括国会事务处、法院行政处、宪法裁判所事务处、中央选举管理委员会事务处、总务处、政府的各院部处厅、监察院事务处、国家安全企划部、各地方自治团体、各地方议会、各市道教育厅、各市道教育委员会在内的共12类机关（参见表3-4）。[②]

表3-4 1993年版《公职人员伦理法》规定的财产登记机关及其管辖对象

登记机关	管辖对象
1. 国会事务处	·国会议员、国会所属公务员
2. 法院行政处	·法官、法院所属公务员
3. 宪法裁判所事务处	·宪法裁判所所长、宪法裁判所裁判官以及宪法裁判所属公务员
4. 中央选举管理委员会事务处	·中央选举管理委员会和各级选举管理委员会所属公务员
5. 总务处	·政府的各院、部、处、厅所属公务员、监察院和国家安全企划部所属公务员以及公职有关团体的任员中的公开对象人员 ·未指定登记机关的其他登记义务者
6. 政府的各院、部、处、厅	·所属公务员中的非公开对象人员 ·受其监督的公职有关团体的任职员
7. 监察院事务处	·所属公务员中的非公开对象人员
8. 国家安全企划部	·所属公务员中的非公开对象人员

---

① 韩国法制处国家法令信息中心：《公职人员伦理法》第五条（1988年8月5日）。
② 韩国法制处国家法令信息中心：《公职人员伦理法》第五条（1993年6月11日）。

第三章　金泳三政府改革公职人员财产登记与公开制度的内容

续表

登记机关	管辖对象
9. 各地方自治团体	·地方自治团体所属公务员 ·受其监督的公职有关团体的任职员
10. 各地方议会	·议会议员、地方议会所属公务员
11. 各市、道教育厅	·所属公务员
12. 各市、道教育委员会	·市、道教育委员 ·市、道教育委员会所属公务员

资料来源：韩国法制处国家法令信息中心：《公职人员伦理法》第五条（1993年6月11日修订）。

除了上述财产登记机关外，在1993年版法律中还专门提到了三类人群，规定他们的财产也应登记，并明确了相应的登记机关。其中，第一类人群是从原职务上退下来的公务员以及由于其所属机关或团体从公职有关团体中被排除而免除登记义务的人员，登记机关为原登记机关；[1] 第二类人群是公职选举的候选人，他们在选举之前应向所属选举管理委员会提交财产申报书；[2] 第三类人群是国会任命的和选举出的公职人员，他们需要向国会提交财产申报书。[3] 其中，国会任命的公职人员包括大法院院长、国务总理、宪法裁判所所长、监察院院长和大法官；国会选举出的公职人员包括3名宪法裁判所裁判官和3名中央选举管理委员会委员。

在1993年版《公职人员伦理法》的基础上，1994年版施行令又增设了地方警察厅、地方国税厅作为财产登记机关。[4]

可以看到，金泳三政府两次修改法律，都增设了登记机关。这说

---

[1] 韩国法制处国家法令信息中心：《公职人员伦理法》第六条第2款和第4款（1993年6月12日修订）。

[2] 韩国法制处国家法令信息中心：《公职人员伦理法》第十条之二第1款（1993年6月12日修订）。

[3] 韩国法制处国家法令信息中心：《公职人员伦理法》第十条之二第2款（1993年6月12日修订）。

[4] 韩国法制处国家法令信息中心：《公职人员伦理法施行令》第四条之二（1994年12月31日修订）。

明，随着登记义务者数量的增加，金泳三并非只是在做表面文章，而是相应地增加了登记机关的数量，为财产登记的实施提供便利。如果仅扩大登记人员范围而不增加登记机关，必将使得登记机关因工作量巨大而流于形式，登记工作也难以做到准确全面。

表3-5　财产登记机关的变动增加情况

1981年原设	1988年增加	1993年增加	1994年增加
·国会事务处 ·法院行政处 ·国防部 ·总务处	·宪法裁判所	·中央选举管理委员会事务处 ·各院、部、处、厅 ·监察院 ·各地方自治团体 ·市、道教育厅 ·市、道教育委员会	·地方警察厅 ·地方国税厅

三　财产登记的种类

1981年版《公职人员伦理法》所规定的财产登记的种类已经比较齐全。到金泳三政府时期，又在原有的四类的基础上增加了一类。1981年版《公职人员伦理法》规定的四种财产登记分别是"最初财产登记""定期财产变动申报""义务免除人员财产变动申报"和"再登记义务人员财产变动申报"。

所谓最初财产登记，顾名思义，指的就是财产的首次登记。根据1981年版《公职人员伦理法》第五条第1款规定，"因任用、晋升等原因首次成为财产登记义务者的公职人员，应进行财产的最初登记，登记基准日是公职人员成为登记义务者之日，登记期间为基准日后一个月以内"。[1]

---

[1] 韩国法制处国家法令信息中心：《公职人员伦理法》第五条第1款（1981年12月31日）。

第三章 金泳三政府改革公职人员财产登记与公开制度的内容

所谓定期财产变动申报,指的是登记义务者需将每年 1 月 1 日至 12 月 31 日期间发生的财产变化,定期向登记机关进行申报。当时法律第六条规定,"该申报的对象为已成为财产登记义务者的公职人员,申报基准日为每年的 12 月 31 日,申报期间为基准日起至次年的 1 月中旬"。该条同时规定,"该项申报不适用于当年的义务免除人员,该人群应适用义务免除人员财产变动申报"。①

所谓义务免除人员财产变动申报,指的是不再具有财产登记义务的公职人员进行的财产变动申报。根据当时《公职人员伦理法》第十一条的规定,"登记义务者保有公务员或公职有关团体任员、职员的身份(含在退职后的一个月内再次成为公务员或公职有关团体的任员、职员),因调离等原因被免除登记义务的,应在调离之日起一个月内,将该年 1 月 1 日(如果是 1 月 1 日以后成为登记义务者,则从成为登记义务者的日期起算)以后至调离日为止的财产变动情况,向原登记机关申报。之后两年间,还应在调离的月份申报上一年的财产变动情况"。②

所谓再登记义务人员财产变动申报,指的是再次获得财产登记资格的公职人员所进行的财产变动申报。根据当时《公职人员伦理法》第五条第 1 款的规定,"因调离、降任、退职等原因免除登记义务的人员在三年以内再次成为登记义务者的,应申报调离、降任、退职以来财产的变动情况。申报基准日为再次成为财产登记义务者之日,申报期间为基准日之后 1 个月内"。

以上就是 1981 年版《公职人员伦理法》规定的财产登记的种类。1993 年《公职人员伦理法》修订时,又在此基础上增加了一类"退职人员(퇴직자,即中文所讲的'离退休人员')财产变动申报",并因此新增设了《公职人员伦理法》第六条第 2 款的规定。根据规定,"退职的登记义务者应在退职后一个月内,把本年 1 月 1 日(1 月 1 日以后成为登记

---

① 韩国法制处国家法令信息中心:《公职人员伦理法》第六条第 1 款(1981 年 12 月 31 日)。
② 韩国法制处国家法令信息中心:《公职人员伦理法》第十一条第 1 款(1981 年 12 月 31 日)。

义务者的，则从成为登记义务者之日起）至退职日期间发生的财产上的变动情况，向退职时隶属的登记机关申报"。该款还有个"但书"规定。即"但该申报不适用于退职后一个月内再次成为登记义务者的人员"。①

这样，在1993年版《公职人员伦理法》中，就包含了五类财产登记。可以发现，此次修订的重点是将退职人员也纳入法律监管的范畴中。这意味着，不只是在任者，退职人员的财产也要接受监管。这就从更广的时间跨度上监督了公职人员的财产变动情况，进一步增强了制度对公职人员的震慑力。

由于新增加了退职人员的财产变动申报，原第四类"再登记义务人员财产申报"在适用人群上也进行了必要的调整。"因调离、降任、退职等原因成为非财产登记义务者后3年以内，再次成为财产登记义务者的公职人员"，修改为"因调离、降任等原因成为非财产登记义务者后3年以内，再次成为财产登记义务者的人员；和因退职成为非财产登记义务者后1年以内，再次成为财产登记义务者的人员"。②

到1994年版的《公职人员伦理法》，又在1993年版基础上稍微做了调整。其中，"最初财产登记"增加了适用人群，将"由非公开对象者变为财产公开对象的人员"也纳入其中。具体规定是："登记义务者在财产登记完毕后，因晋升或调任成为公开对象者的，在成为公开对象者后一个月内再次向登记机关登记自成为公开对象者以来的财产。"③

"义务免除人员财产变动申报"增加了"但书"规定，将义务免除人员群体中的退职人员排除在适用范围之外。即"但在财产变动事项申报义务期间退职的，适用于退职人员财产变动申报"。④

---

① 韩国法制处国家法令信息中心：《公职人员伦理法》第六条第2款（1993年6月12日修订）。
② 韩国法制处国家法令信息中心：《公职人员伦理法》第五条第1款（1993年6月12日修订）。
③ 韩国法制处国家法令信息中心：《公职人员伦理法》第十条第2款（1994年12月31日修订）。
④ 韩国法制处国家法令信息中心：《公职人员伦理法》第十一条（1994年12月31日修订）。

第三章　金泳三政府改革公职人员财产登记与公开制度的内容

由此，通过金泳三政府的两次法律修订，完善了公职人员财产登记的种类。修订后的财产登记类型包括最初财产登记、定期财产变动申报、义务免除者财产变动申报、再登记义务者财产变动申报、退职者财产变动申报五种（具体参见图 3-2）。这些登记形式延续至今。从制度效果上看，通过设立种类齐全的登记形式，有效地保证了公职人员财产登记与公开制度在运行过程中对各类公职人员的各类财产变动进行实时、全面监管和追踪，有助于预防腐败功能的发挥。

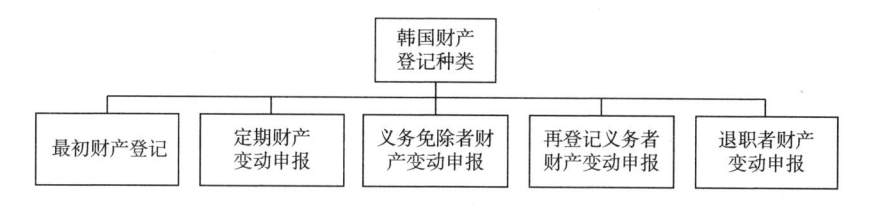

图 3-2　财产登记种类

四　财产登记的内容和财产的算定标示方法

《公职人员伦理法》在初创时就确立了所有财产登记的原则，到 1993 年法律修订时，延续了该原则，并根据当时出现的新的财产形式，增加了登记的内容。

具体说来，1981 年版《公职人员伦理法》第四条第 1 款规定，"财产登记义务者必须将包括本人、配偶以及直系亲属的不动产、动产在内的所有财产进行登记"。[①] 在该条第 2 款详细规定了应登记的财产。共包括三类：第一类是有关不动产的所有权、地上权[②]和传世权[③]；第二类是矿业权、渔业权以及其他准用不动产规定的权利；第三类是总统令规定的动产、有价证券、无形财产权、债权和债务，以及个人所得。

---

① 韩国法制处国家法令信息中心：《公职人员伦理法》第四条第 1 款（1981 年 12 月 31 日）。
② 相当于我国民法上的土地使用权。
③ 相当于我国民法上的租赁权。

1993年版《公职人员伦理法》为体现新的财产形式,增加了新的应登记财产的内容。考虑到当时韩国社会已有向非营利机构捐款的现象,并且很多韩国民众已在海外拥有大量资产,这次《公职人员伦理法》修订时将"向非营利法人捐助的财产以及在国外拥有的财产"①也纳入登记的范围。换言之,1981年版《公职人员伦理法》所规定登记的财产仅是登记主体现时拥有的、在韩国境内的财产,而此次修订则是包括了登记主体现时拥有和已捐助的、国内国外的资产。

此外,仔细观察1981年版的规定可以发现,第三类应登记的财产是由总统令规定的。与《公职人员伦理法》相比,总统令权威性稍弱,而且持续性不长,易发生变化。因此,在1993年《公职人员伦理法》的修订中,明确将第三类财产的具体名目以法律的形式确定下来,并新设在第四条第2款中。由此,增强了有关财产规定的权威性与确定性(具体参见表3-6)。

表3-6 1993年版《公职人员伦理法》规定的应登记财产

第一类	有关不动产的所有权、地上权和传世权
第二类	矿业权、渔业权以及其他准用不动产规定的权利
第三类	各种动产、有价证券、债权、债务和无形财产权 ①所有人持有的合计为1000万韩元以上的现金(包括支票); ②所有人持有的合计为1000万韩元以上的存款; ③所有人持有的合计为1000万韩元以上的股票、国债、公债、公司债券等有价证券; ④所有人持有的合计为1000万韩元以上的债权; ⑤所有人持有的合计为1000万韩元以上的债务; ⑥所有人持有的合计价值500万韩元以上的黄金和白金(包括黄金和白金的制品); ⑦单价相当于500万韩元以上的宝石类; ⑧单价相当于500万韩元以上的古董和艺术品; ⑨每券为500万韩元以上的会员券; ⑩一年内能够获得1000万韩元以上收入的无形财产权

---

① 韩国法制处国家法令信息中心:《公职人员伦理法》第四条第1款(1993年6月12日修订)。

有关财产的算定标示方法。根据 1981 年版《公职人员伦理法》第四条第 3 款规定,由总统令确定各类财产的标示方法。1993 年法律修订时,在第 3 款处详细列出了各类登记财产的算定或标示方法。值得注意的是,与 1981 年版相比,此处使用了"算定"方法(산정방법)和"标示"方法(표시방법)两种方法。之所以如此,是因为 1993 年在财产登记实施时,规定一些财产应算出价额,计入财产总额中,这类财产就需要使用"算定"方法。属于此类的财产有"土地、住宅、现金、债权债务、有价证券"等。而另一部分财产只需标出属性、种类等明细,无须计算价格,也不需计入财产总额中,这类财产就需要使用"标示"方法。其中,公司的出资份额、黄金白金、古董艺术品等就属于此类。各类财产具体算定或标示方法如表 3-7 所示。

表 3-7 1993 年版《公职人员伦理法》规定的各类财产的算定或标示方法

财产类别	算定或标示方法
1. 土地	按《有关不动产价格公示及鉴定评价的法律》确定的公示地价
2. 公寓、联体住宅等共同住宅	按《所得税法》确定的基准市价
3. 第 2 项所列共同住宅以外的住宅、商街、大厦、写字楼等其他不动产	土地部分按《有关地价公示和土地等的评价法律》确定的公示地价来算定价额,建筑物部分按国家或地方自治团体公示的最高价格来计算(有取得时价格的,附上取得价格),然后将两部分价额合计
4. 准用不动产规定的权利	列出种类、数量、内容等的明细(有取得价额的,包括取得价额)
5. 现金、存款、债权、债务	该金额
6. 国债、公债、公司债等有价证券	该票面金额
7. 股票	上市的部分按财产登记基准日证券交易所最终价格(如果交易在财产登记日前停止,则以最后一日的最终交易额为准),非上市部分按票面金额
8. 联营公司、合资公司、股份公司中出资的份额	列出出资比率和最近工作年度该公司的年销售额
9. 黄金和白金(包括黄金和白金制品)	列出种类、含量和重量

续表

财产类别	算定或标示方法
10. 宝石类	列出种类、大小、色泽等的明细
11. 古董和艺术品	列出种类、大小、作者、制作年代等明细
12. 会员券	按取得时的价值。高尔夫会员券按《所得税法》确定的标准市价

资料来源：韩国法制处国家法令信息中心：《公职人员伦理法》第四条第3款（1993年6月12日修订）。

由上可见，金泳三政府的制度改革，在财产登记的内容和财产的算定标示方法上都有很大的改进。其中，最大的改进是用法律的形式明确规定了登记的各类财产和各类财产的算定标示方法。如此明确的规定，使得登记的财产更加全面，财产的估价也更为准确。为之后的审查提供了翔实、准确的依据。

本节主要讨论了金泳三政府在公职人员财产登记与公开制度的改革中，在登记环节的改革。通过梳理对比发现，在登记主体上，金泳三政府扩大了登记义务者的范围，缩小了应登记的直系亲属的范围；在登记机关方面，为满足扩大的登记主体的登记需要，大幅度增加了登记机关的数量；在登记种类上，在原有的四类基础上，增加了新的种类，建立了更为齐全的登记体系；在登记财产的内容和财产的算定标示方法方面，用法律的形式加以明确而详细的规定。通过改革，财产登记环节较之1981年版《公职人员伦理法》初设时，在制度设计上更加完善，其实效性值得期待。

第二节 财产的公开环节

如果说金泳三政府在财产登记环节上的改革还只是对原有制度规定的修正，那么，在公开环节上的改革则是从无到有的创举。

第三章 金泳三政府改革公职人员财产登记与公开制度的内容

1981年《公职人员伦理法》初设时,就在第十条特别规定了所登记财产不公开。而该条款的名称就叫"登记财产的不公开"。该条共4款。第1款明确了不公开的原则,"有关登记义务者的财产登记事项以不公开为原则",同时规定了一个"但书"条款,"但是由总统令确定的登记义务者的登记事项可以公开"。第4款规定,"第1款但书中规定的有关公开的方法、程度等程序上的有关事项由总统令确定"。然而,在笔者所能查阅到的韩国法制处的法律和施行令文件中,并未发现有这样的总统令。因此很可能虽然法律有了"但书"规定,却并没有专门颁发总统令明示可以公开的事项,规定未付诸实践。

第2款和第3款规定了在什么情况下可以被许可去阅览、复印财产登记事项。第2款规定,"任何人在未得到登记机关首长许可的情况下,不得阅览、复印有关登记义务者财产登记的材料或指使他人为之"。第3款规定,除以下情况外,登记机关首长不得根据第2款规定给予阅览、复印许可。该情况包括:对登记义务者进行犯罪搜查、违法调查以及与此相关的审判上的需要时;国家机关、地方自治团体和公职有关团体的首长,为判断所属公职人员是否与违法事件有牵连时;登记义务者或原登记义务者要求阅览或复印本人之登记事项时。

由第3款可以看到,事实上,他人可以去查阅、复印有关登记义务者财产登记事项的情形只有两条。而即便是在这两种情形下,查阅主体也只能是政府人员,并非普通民众。此外,它所针对的只是有刑事犯罪或违法行为嫌疑的人。换言之,这种公开是因为某人有嫌疑而引起的公开,并不是因为公开继而发现有犯罪或违法嫌疑。换言之,这项规定所承担的功能仅仅是为了证明有问题的人是否真的有问题。然而如前所述,财产公开的一项重要功能就是通过公开和审查来探知公职人员有无腐败的嫌疑,简单来讲,就是"发现"腐败。显然,依据上述条款的设置,财产公开仅仅只是充当了"事后证明"而非"事前发现"的角色。

总之,20世纪80年代实施的公职人员财产登记制度是以不对外公开为原则的。即便是作为例外公开的情况,也只限于有刑事犯罪或违法行为嫌疑的人员。直到金泳三政府进行制度改革时,才最终确立了公职人员的财产公开制度。以下详细阐释改革后的制度中有关财产公开范围、时间和程序等方面的内容。

一 财产公开的主体、时间和范围

根据1993年版《公职人员伦理法》第十条第1款的规定,公职人员伦理委员会应对管辖下的登记义务者中符合如表3-8所示的情况之一的人员及其配偶和直系亲属的财产登记或变动事项的申报,在登记或申报期限结束后一个月内,在官报或公报上刊载公开。简单来讲,实施财产公开行为的主体是公职人员伦理委员会、公开时间为登记或申报截止日后的一个月内。

表3-8 1993年版《公职人员伦理法》规定的财产公开人员

类别	人员
1	总统、国务总理、国务委员、国会议员、国家安全企划部部长和副部长等国家的政务职公务员
2	地方自治团体的首长和地方议会议员
3	一级一般职国家和地方公务员以及获得与此相当报酬的别定职公务员
4	特一级、特二级和一级外务公务员和国家安全企划部的企划调整室室长
5	高等法院部长判事级以上的法官、检事长级以上的检事、含副检事的支厅的检事厅长
6	中将以上的将军级军官
7	教育公务员中的总长、副总长(大学的学长除外)以及专科学校校长,相当于专科学校的各类学校的校长,首尔特别市、广域市、道的教育监和教育委员
8	治安监以上的警察公务员和首尔特别市、广域市、道的地方警察厅厅长
9	地方国税厅厅长以及二级、三级别的关税长

续表

类别	人员
10	政府投资机关的首长、副首长和常任监事，韩国银行的总裁、副总裁以及监事，银行监督院的院长、副院长以及监事，农业合作组合中央会、水产业合作组合中央会、畜产业合作组合中央会的会长以及常任监事，总统令确定的公职有关团体的任员
11	其他根据总统令所确定的政府公务员
12	退职后的上述人员

由表3-8可知，此次规定的公开人员原则上是一级以上的国家和地方公职人员以及高级军官，如总统、国务总理等国家政务职公务员、地方自治团体首长、中将以上的军官、治安监以上的警察公务员等。

可以看到，1993年确定的公开财产人员的范围与1983年1月实施的第一阶段财产登记的人员范围基本相同。当时的登记范围也基本是一级以上公职人员，例如，国家地方自治团体的政务职公务员、国会议员、高等法院部长判事级以上的法官、检事长级以上的检事、大将中将、特一级外务公务员等。在财产登记制度实施10年后，将这些曾作为首次登记财产对象的人员所登记的财产对外公开，体现了制度的良性变迁。

不仅如此，此次修订，还对公职候选人的财产公开做了补充规定，体现了对即将可能成为公职人员的候选人廉政状况的重视。1993年《公职人员伦理法》在第十条基础上新设了第十条之二。此条共规定了两类候选人必须公开财产。其中第1款规定，"欲成为总统、国会议员、地方自治团体首长、地方议会议员候选人的人员办理候选人登记时，应向所属选举管理委员会提交截止到上一年12月31日的登记对象财产申报书，所属选举管理委员会在公开候选人登记情况的同时还要公开候选人的财产申报事项"。

第2款规定，"在提出需经国会同意方可任命的公职人员（包括大法院院长、宪法裁判所所长、国务总理、监察院院长、大法官、国会事务总长），或需在国会选举产生的公职人员之选举案（这些人员包括宪法裁判所裁判官、中央选举管理委员会委员等）之同意任命案时，上述公职候选人应向国会提交关于财产登记的申报书，国会议长应立即将公职候选人申报的财产予以公开"。

第3款对上述两类候选人的审查机构做了规定，"中央选举管理委员会公职人员伦理委员会和国会公职人员伦理委员会可对提交的财产申报情况进行审查，并公开其审查结果"。

通过上述规定，1993年《公职人员伦理法》将公职人员财产公开制度的适用范围扩大到了选举领域，这也体现了金泳三政府对历届选举中产生的政治资金受贿案的重视，希望能够通过财产公开，监督候选人的选举行为，防止贿选案件的发生。

自此之后，财产公开人员的范围就没有发生大的变化，仅有几次小的修改。例如，在2001年1月26日《公职人员伦理法》进行部分修订时，增设了第十条第1款第9项之二的规定，增加"就职于可被任命为第（3）至第（6）项、第（8）项以及第（9）项公务员职位的，以及与此相当职位的契约型公务员"为财产公开人员；[①] 2006年7月1日，韩国确立高级公务员团制度，于是在原有的公开人员范围中，又增加了高级公务员团中的人员；[②] 在2009年2月3日的法律修订中，又将金融

---

① 韩国法制处国家法令信息中心：《公职人员伦理法》第十条（2001年1月26日修订）。

② 所谓高级公务员团制度是韩国政府为了提高政府工作效率，依据《国家公务员法》《高级公务员团人事规定》等有关规定，从2006年7月1日起对政府的室、局长级公务员按照本人成绩和能力开始实行跨部门人事管理的制度，以增强高级公务员的全局意识，使政府各部门的合作更加密切，有效克服部门利己主义。韩国政府原来的公务员管理实行一至九级职级管理（三级以上为高级公务员），其弊端主要是以工龄和资历作为晋升高级公务员的主要条件。由于对高级公务员的能力考察和开发不足，加上绩效管理薄弱，缺乏外部竞争，民间优秀人才难以进入高级公务员队伍，导致高级公务员能力提高缓慢，影响了国家公务员的政体素质和能力。高级公务员团不分级别，只有职务之分，由过去的职级管理过渡为职务管理。具体来说，原来的公务员只能由低职级向高职级逐级晋升，但高级公务员团制度实行后，各级国家公务员及民间人才均可参与竞争高级公务员团内空缺职务，增强了公开性和竞争性，提高了政府的执政能力和工作效率。属于高级公务员团的高级公务员的职务等级有两种。一种是相当于一级公务员的高级公务员，另一种是相当于二至三级公务员的高级公务员。

通货委员会的推荐职委员纳入财产公开人员的范畴。

此外,关于非公开人员财产的取阅,1993年《公职人员伦理法》修订时在原法第十条第3款规定的基础上又增加了一种情形:"国会议员根据《国会法》第一百二十八条第1款、《有关国政监察和调查的法律》第十条第1款、《有关国会证词和鉴定的法律》第四条的规定,要求提供国政监察和调查等资料,或为了查明在议政活动方面特定公务员是否与违法事件有牵连时,公职人员伦理委员会或登记机关的首长应同意阅览、复印登记事项。但此种情况下不得对外公开关于财产登记事项的全部明细。"如此,可阅览、复印登记事项的情形就由以前的两种增加至三种。这一增设也体现出新修订法律对国会议员质询权力的保障。

综上,金泳三政府通过法律的修订,首次确立了财产公开制度。其中,公开范围原则上为一级以上的公职人员,公开时间为登记或申报截止日后的一个月内,公开主体为公职人员伦理委员会。此外,为规范选举,还专门要求总统、议员等的候选人也公开财产。对非公开人员登记事项的复印、阅览也增加了适用情形。

二 财产公开的程序

《公职人员伦理法》中并没有明确规定财产公开的程序。笔者根据政府公职人员伦理委员会网站的内容,给出了财产公开的四个步骤(参见图3-3)。这四个步骤分别是制订公开计划、确定公开人员名单、分析财产变动情况、刊登结果及召开记者会。

制订公开计划 → 确定公开人员名单 → 分析财产变动情况 → 刊登结果、召开记者会

图3-3 财产公开流程

第一步是制订公开计划。为保证财产公开的顺利进行,公职人员伦理委员会需事先在内部制订公开计划。计划中应明确包含公开人员名

单、公开人员财产状况分析、新闻发布会和后续工作等。

第二步是确定公开人员名单。公开人员名单需将12月新晋的公开人员、即将在次年1月和2月退职的公开人员、申报延缓人员排除在公开名单之外。为避免因遗漏财产公开对象人员而引发社会公众对财产公开的不信任，在必要情况下，可要求有关机关予以确认名单是否准确。表3-9为公开人员名单确认样式。

表3-9 公开人员名单确认格式

机关名称	①公开对象人员	②定期财产变动申报的公开人员	③12月新晋的公开人员	④1~2月退职的人员	⑤申报延缓人员
—	—	—	—	—	—

资料来源：韩国政府公职人员伦理委员会，http://www.peti.go.kr/。

第三步是分析财产变动情况。这一步工作需在公开前完成，用于内部报告和之后的舆论说明。分析报告应包括以下几部分：第一部分是对全体公开人员总的财产状况的分析，包括财产增减情况的分析，主要集中于增减幅度大的人员，以及事由分析等；第二部分是按所属机关，分别做部门总的财产状况分析和财产增减情况分析；第三部分是按财产类型所做的分析，例如不动产、存款、股票等的增减变化。此外还包括其他事项的说明，例如拒绝告知比率等。

韩国政府公职人员伦理委员会网站还特别说明，在分析财产变动情况时，应注意避免只针对财产变动规模的分析。因为财产公开的目的不在于比较公开对象人员财产的增减规模，而是预防腐败。

第四步是在官报上刊登结果、召开记者会。公职人员伦理委员会在进行财产变动情况分析时，还应准备好公开目录。目录需经公开人员本人确认。对其中有关个人情况的关联事项予以删除。公开目录在与公开对象人员名单核对无误后，刊登在官报或公报上。同时，确定新闻发布会日期，准备报道材料，召开记者会。

在经过以上四个步骤后，就完成了整个财产公开的过程。公开后的财产在接受公众监督、评议的同时，还需接受所属公职人员伦理委员会为期三个月的审查与质询。公职人员伦理委员会依据审查结果给予不同的处理措施。第三节将详细展示财产审查处理的各个环节。

第三节　财产的审查处理环节

要使财产的登记与公开落到实处，最重要的一环就是审查处理环节。如果不对登记和公开的财产事项的真实性、来源的合法性等进行审查，那么登记和公开也就形同虚设。如果不对审查之后的情况进行处理，尤其是不对有犯罪或违法的情形进行处罚的话，制度就难以起到震慑公职人员心理的作用。正因如此，金泳三政府在财产的审查处理环节上也做了大量工作，进行了相关法条的修订。主要体现在三个方面：一是审查管辖权的移转；二是审查权限的增大；三是惩罚措施的改进。

一　审查管辖权

1981年版《公职人员伦理法》第八条第1款规定："登记机关的首长负责审查登记义务者的财产登记事项。"[1] 这意味着，当时审查管辖权掌握在登记机关的负责人手中。而在1993年修订该法时，则将登记机关首长的审查权移交给了公职人员伦理委员会，[2] 实现了管辖权的转移。

事实上，公职人员伦理委员会并非在1993年时才设立，在1981年

---

[1] 韩国法制处国家法令信息中心：《公职人员伦理法》第八条第1款（1981年12月31日）。

[2] 韩国法制处国家法令信息中心：《公职人员伦理法》第八条第1款（1993年6月11日修订）。

的法律中就规定设立公职人员伦理委员会，只是当时承担的职能不是审查。根据当时法律第九条第1款的规定，公职人员伦理委员会的职能一是"确认登记机关首长提交的、对有隐匿财产或虚假登记嫌疑的公职人员交由法务部（军人或军务员，交由国防部）长官调查的决定"；二是"确认退职公职人员是否有到私人企业就业的资格"。可见，当时的伦理委员会承担的两项职能仅有第一项与公职人员财产登记制度有关，而此项职能也只是对登记机关负责人所做决定的事后确认。

由于当时承担的职能不多，所以只设立了三处公职人员伦理委员会，分别是：（1）国会公职人员伦理委员会，负责管辖国会议员、国会所属公务员以及本系统退职公职人员的事项；（2）大法院公职人员伦理委员会，负责管辖法官、法院所属公务员以及本系统退职公职人员的事项；（3）政府公职人员伦理委员会，负责管辖第1项和第2项以外的其他公职人员以及退职公职人员的事项。①

在公职人员伦理委员会的人员组成上，1981年版《公职人员伦理法》第九条第3款规定："公职人员伦理委员会的构成等其他必要事项由国会规则、大法院规则以及总统令来分别规定。"亦即没有统一的人员任命标准，由各部门分别确定。

1993年新修订的《公职人员伦理法》在审查管辖权上做了重大的调整。法律第十条第1款明确规定："公职人员伦理委员会负责对财产登记事项进行审查并做出决定。"由此，公职人员伦理委员会在承担1981年法律所规定的两项职能外，又着重承担起了审查财产登记事项并对该结果进行处理的职能。②

由于所承担的业务量的增加，公职人员伦理委员会的数量也相应地增加了。国会、大法院、宪法裁判所、中央选举管理委员会、中央政

---

① 韩国法制处国家法令信息中心：《公职人员伦理法》第九条第2款（1981年12月31日）。
② 韩国法制处国家法令信息中心：《公职人员伦理法》第九条第1款（1993年6月11日修订）。

府、地方自治团体、市道教育厅等部门都设置了公职人员伦理委员会。① 各委员会及其管辖范围参见表3-10。

表3-10 1993年版《公职人员伦理法》规定的公职人员伦理委员会及其管辖范围

委员会	管辖范围
国会公职人员伦理委员会	·国会议员、国会所属公务员及其退职人员
大法院公职人员伦理委员会	·法官、法院所属公务员及其退职人员
宪法裁判所公职人员伦理委员会	·宪法裁判所裁判官、宪法裁判所所属公务员及其退职人员
中央选举管理委员会公职人员伦理委员会	·中央选举委员会、各级选举管理委员会所属公务员及其退职人员
特别市、广域市、道公职人员伦理委员会	·特别市、广域市、道所属公务员 ·所管辖公职有关团体的任员和职员 ·特别市、广域市、道议会议员和所属公务员 ·上述退职人员
市、郡、区公职人员伦理委员会	·市、郡、区所属公务员 ·所管辖公职有关团体的任员和职员 ·市、郡、区议会议员和所属公务员 ·上述退职人员
特别市、广域市、道教育厅公职人员伦理委员会	·特别市、广域市、道教育厅所属公务员、教育委员及其退职人员
政府公职人员伦理委员会	·上述以外的公职人员及其退职人员

资料来源：韩国法制处国家法令信息中心：《公职人员伦理法》第九条第2款（1993年6月11日修订）。

除委员会数量的大幅增加外，人员组成上也发生了变化。1993年版《公职人员伦理法》第九条第3款规定："公职人员伦理委员会，由包括委员长和副委员长各1人在内的9人组成。其中，包括委员长在内的5

---

① 韩国法制处国家法令信息中心：《公职人员伦理法》第九条第2款（1993年6月11日修订）。

人，应在法官、教育工作者、学识渊博和德高望重的人士中选任。市、郡、区公职人员伦理委员会，由包括委员长和副委员长各1人在内的5人组成。其中，包括委员长在内的3人，应在法官、教育工作者、学识渊博和德高望重的人士中选任。"可见，与1981年版《公职人员伦理法》相比，1993年版《公职人员伦理法》明确以法律条款的形式规定了人员的组成方式，使其更具权威性和确定性。

表3-11　1993年之前政府公职人员伦理委员会的构成及其权限

构　成	功能和权限
·政府公职人员伦理委员会 委员长：国务总理 副委员长：总务处长官等	有关事项的确认、决定
·政府公职人员伦理事务委员会 事务委员长（总务处企划管理室室长）和委员长任命的8人以内的二至三级的公务员	委员会审议之前，讨论委员会的审议事项 其他的委员长委任的事项

资料来源：《韩国政府公职人员伦理委员会构成沿革》，http：//www.gpec.go.kr/sub01/sub01_6.html。

表3-12　1993年《公职人员伦理法》修订后政府公职人员委员会的构成情况

人　员	资　格	选拔办法及任期
·委任职（包括委员长，共5名）	·法官、教育工作者或是学识渊博德高重的人	·总统委任 ·任期两年，可连任一次
·任命职（包括副委员长，共4名）	·政府所属公务员	·总统任命 ·以任命当时的职务在职时间为限

资料来源：《韩国政府公职人员伦理委员会构成沿革》，http：//www.gpec.go.kr/sub01/sub01_6.html。

由表3-11可见，1993年之前的政府公职人员伦理委员会，其组成人员全部是政府官员。政府负责人同时兼任了委员会的委员长。根据这

-148-

种设计，委员会没有任何独立性可言。1993 年之后的政府公职人员伦理委员会，它的人员组成发生了很大的变化。其中，委员长由总统委任，而且其本人并非政府现职人员，这就在很大程度上保证了委员会的独立性。虽然还有 4 名任命职的政府在职人员，但最高职位仅是副委员长。由此可见，与 1981 年版的《公职人员伦理法》相比，1993 年版的人员设置方式更为合理。

二　审查权限

1981 年版《公职人员伦理法》第八条第 2 款至第 7 款，规定了当时负责财产审查的登记机关首长的权限。审查权限包括：（1）审查过程中，必要时，可要求登记义务者提供资料或对其提出书面质疑；（2）可要求国家机关、地方自治团体、公职有关团体，以及其他公共机关的首长协助提供审查所必需的报告或资料；（3）根据审查结果，登记机关首长对其中有财产隐匿或虚假登记嫌疑的人员，在获得所属公职人员伦理委员会的认可确认后，移交给法务部长官（军人或军务员，应移交给国防部长官）调查；（4）接到调查机关的结果通报后，向有财产隐匿或虚假登记行为的登记义务者所在的机关、团体的首长通告。

从上述规定可以看到，法律当时赋予登记机关首长的审查权限，更多的是集中在审查过程中。例如在必要的情况下，可要求其他机关协助，或是要求登记义务者提供说明材料等。但与此同时，审查者却没有相应的对审查中所发现的存有不实申报等问题的登记义务者予以惩罚性处置的权限。尽管过程审查权比较重要，但如果审查人自身不被赋予结果处理权，那么，由结果处理衍生出的审查的严肃性、权威性就会受到削弱。

有鉴于此，1993 年版《公职人员伦理法》就在上述法律规定的基础上，对审查权限做了修订。

修订强化了审查者在审查过程中的权限。根据《公职人员伦理法》第八条的规定，获得审查管辖权的公职人员伦理委员会拥有以下审查权限：(1) 在审查必要时，可要求登记义务者提供资料、向其提出书面质疑，以及进行必要的调查等；(2) 可要求国家机关、地方自治团体、公职有关团体以及其他公共机关和金融机关的首长提供审查必要的报告或资料等，对此，上述机关、团体的首长不得依他法拒绝提供报告或资料；(3) 可向登记义务者及其配偶、直系亲属、其他与财产登记有关的人员提出出席要求，听取陈述；(4) 根据审查结果，对认为有虚假登记嫌疑的登记义务者，将其移交给法务部长官（军人或军务员，则为国防部长官），并要求在指定期限内调查；(5) 在财产登记或变动事项申报公开后的三个月内，要完成对全部财产公开人员的审查；(6) 在必要情况下，可将不是公开对象人员的登记义务者的登记事项的审查，委托给该登记机关的首长或其他有关机关的首长进行。

由此可见，与1981年版相比，此次规定增加了很多强制性的内容，避免有关部门在工作上的推诿。例如，明确要求有关机关在接到委员会提供资料的请求时，不能以他法为由拒绝；再如，明确要求接到移送调查的法务部、国防部必须在限期内给出调查结果等。此外，还增加了委员会自身的过程审查权限，例如可以要求登记义务者及其配偶等出席说明会，接受必要的调查等。审查过程权限的增加和调整，有效地保证了公职人员伦理委员会审查的准确性、全面性和及时性。

值得注意的是，由于公职人员伦理委员会主要负责公开人员的审查，因此1993年版《公职人员伦理法》第八条还规定，委员会可将非公开人员的审查委托给登记机关或其他相关机关进行，也就是"委任审查"。1993年版《公职人员伦理法施行令》也做了相应的调整，增设了第十三条和第十四条。施行令第十三条规定："根据法第八条第10款规定，接受登记事项审查之委托的机关首长应在审查结束后一个月内向委员会报告审查结果"；施行令第十四条规定，"委员会可监督和监察被委任机关首长的审查情况"。

被委任机关首长的职能权限，相比伦理委员会而言有所减少。其职能主要包括两部分：一是对登记义务者财产的审查，二是向公职人员伦

第三章 金泳三政府改革公职人员财产登记与公开制度的内容

理委员会汇报审查后的结果。其中,第一项职能权限中的大部分都不需要获得委员会的认可同意,可单独履行,① 只有向法务部长官(或国防部长官)移交调查事项时,必须获得公职人员伦理委员会的确认。而关于审查结果的汇报,要求其在审查结束后一个月内进行。汇报的内容主要包括财产登记基本情况、审查概要、审查结果以及措施意见等。② 这种"委任审查"成为金泳三政府之后历届政府的通行做法。

1993 年版《公职人员伦理法》对审查权限的另一方面的修订是增加了对审查结果的处理权限。1993 年版《公职人员伦理法》增加了第八条第 2 款并新设第八条之二,明确赋予委员会结果处理权。第八条第 2 款规定:"公职人员伦理委员会确认登记义务者因过失而遗漏部分登记财产或合计价额时有误记行为的,可命令该登记义务者在指定期间内,将财产登记材料补充完整。"③ 第八条之二规定:"公职人员伦理委员会对登记事项进行审查的结果,如认为有虚假记载或因重大过失行为出现遗漏或误记事实的,应予以下各项之一的处理:给予警告或要求校正;处以过怠金罚款④;在报纸的广告栏上公布其虚假登记的事实;要求给予解任或惩戒(包括罢免)。其中,第 3 项处罚可与其他处理措施一并进行。"⑤ 由此,委员会就获得了补充要求、给予警告或校正、处以

---

① 属于这一类的职能权限有:(1)对轻微漏记财产行为的补充要求命令;(2)对登记义务者在审查必要时提出质疑、要求提交材料、说明以及进行事实确认的调查;(3)给登记义务者辩解和资料说明机会、要求相关人员出席等;(4)要求国家机关、地方自治团体、公职有关机关等首长予以配合提供必要资料。
② 韩国法制处国家法令信息中心:《公职人员伦理法》第八条(1993 年 6 月 11 日修订),《公职人员伦理法施行令》第十一条、第十二条、第十三条、第十四条(1993 年 7 月 12 日修订)。
③ 韩国法制处国家法令信息中心:《公职人员伦理法》第八条第 2 款(1993 年 6 月 11 日修订)。
④ 1993 年新设法第三十条规定:(1)公职人员伦理委员会根据法第八条之二第 1 款第 2 项的规定,应给予相关人员 2000 万韩元以下的过怠金处罚;(2)对上述人员,公职人员伦理委员会应根据《非诉讼事件程序法》,将其违反规定的事实向审理过怠金的管辖法院通报。
⑤ 韩国法制处国家法令信息中心:《公职人员伦理法》第八条之二(1993 年 6 月 11 日修订)。

过怠金，以及要求给予解任或惩戒四项审查结果处分权。

总之，金泳三政府的改革强化了公职人员伦理委员会的审查权限，有助于确保财产审查有序、有效地进行，增设结果处理权限则通过惩罚性的手段逼迫登记人员诚实登记，防止虚假不实申报。

三 处罚措施

与上述公职人员伦理委员会行使结果审查权，通过给予相关登记义务者警告或处以过怠金罚款等手段督促其如实申报不同，这里所讲的处罚措施，专指对已经违反《公职人员伦理法》的相关人员，由公职人员伦理委员会（1993年之前，为所属机关）给予的行政处罚，或者是由司法机关给予的刑事处罚。处罚的主体是委员会或司法机关，处罚针对的是违法行为或是犯罪行为，处罚对象则既有登记义务者，也包括从事登记、审查等业务的人员。

关于处罚措施，在1981年制定的《公职人员伦理法》中，仅在第二十二条和第二十三条分别做了行政处罚和刑事处罚的规定。第二十二条规定："公务员、公职有关团体的任、职员违反法第五条第1款（最初财产登记——笔者注，下同）、第六条第1款和第2款（定期财产变动申报）、第十条第2款（禁止阅览、复印）、第十一条第1款（义务免除人员财产变动申报）、第十二条第1款和第2款（诚实履行登记义务）、第十三条（禁止利用财产登记事项达到非法目的）、第十四条（严守秘密）、第十五条第1款规定的，所属机关、团体的首长可以此为由要求给予惩戒。"

第二十三条规定，"违反法第十条第2款、第十四条规定的人员，处以1年以下有期徒刑或500万韩元以下的罚款，财产刑和徒刑可一并使用"。

可见，当时的处罚以行政处罚为主。行政处罚虽然针对的情形很多，共有7种，但措施很单一，仅有"要求给予惩戒"一种。这样就无法针对不同类型和不同程度的违法行为做出适当的处罚。而刑事处罚，不仅其处罚的情形仅有两类,即违反"禁止阅览、复印"和"严守秘密"的行为,更重要的是量刑较轻。以罚金为例,500 万韩元换算成人民币,不足 3 万元。如此,很难依靠处罚措施达到规约公职人员行为的目的。

鉴于处罚措施在制度实施中的关键性保障作用,1993 年全面修订《公职人员伦理法》时,就对处罚措施进行了大的改革和调整。

行政处罚方面,增加了处罚的范围和处罚的方法。根据重新修订的《公职人员伦理法》第二十二条的规定,对于那些"不进行财产登记;不申报变更事项、不提出说明材料;在没有许可的情况下,阅览、复印登记材料或指使他人从事此行为;虚假登记;不配合公职人员伦理委员会对登记事项的审查;利用财产登记事项达到本法规定以外的目的;把财产登记情况泄露给他人"的公务员、公职有关团体的任职员,公职人员伦理委员会可要求给予"解任或者惩戒"。可见,修改后的该法条新增了对不诚实的财产登记、不配合公职人员伦理委员会审查等行为的处罚规定,同时还将过去仅有的"惩戒"要求,增加为"解任或者惩戒"要求。

刑事处罚方面,不仅增加了处罚的对象,也加大了刑罚力度。修订后的《公职人员伦理法》增加了四种刑事罪名。具体如下。

新设第二十三条"利用职务上得知的秘密获取财产罪"。规定:"公职人员以及公职有关团体的任职员,利用职务上得知的机密,获取财物或财产上的利益或使第三者获利的,处以 5 年以下的徒刑或 5000 万韩元以下的罚款。"

新设第二十四条"拒绝登记财产罪"。规定:"登记义务者无正当理由拒绝登记财产,处以一年以下徒刑或 1000 万韩元以下罚款;公职选举候选人、国会任命同意的人员等无正当理由而不提出关于登记财产的申报书,处以 6 个月以下的徒刑或 500 万韩元以下的罚款。"

新设第二十五条"提交虚假资料罪"。规定:"各机关、团体、业体的首长在接到公职人员伦理委员会(包括受公职人员伦理委员会的委托而具有处理财产登记权限的登记机关的负责人)提交报告和材料的要求时，如无正当理由，提出虚假报告、虚假资料，或是无正当理由拒绝提出报告、资料的，处以一年以下徒刑或 1000 万韩元以下的罚款。"

新设第二十六条"拒绝出席罪"。规定："公职人员伦理委员会（包括受公职人员伦理委员会的委托而具有处理财产登记权限的登记机关的负责人），为取得登记义务者及其配偶和直系亲属以及其他与财产登记事项有关的人员的陈述，依照出席要求书要求其出席的，无正当理由而不出席，处以 6 个月以下的徒刑或 500 万韩元以下的罚款。"

可见，新增加的罪名主要是针对登记义务者及其配偶、直系亲属的。从中也可以看出，金泳三政府是真切地希望发挥财产登记和公开制度预防和遏制腐败的功能的。为防止拒绝登记和不实登记，将这些行为都列入了刑事犯罪中。

除新设上述几项刑事罪名外，就原法中已有的两项罪名也做了加重性的处罚规定。第二十七条"未经许可阅览、复印罪"规定："在未经许可的情况下阅览、复印财产登记的材料或指使他人从事此行为，处以一年以下的徒刑或 1000 万韩元以下的罚款。"第二十八条"泄露机密罪"规定："从事和曾经从事财产登记的工作人员以及其他因职务上关系而了解财产登记情况的人员，不得向他人泄露所知情况。违反时，依照刑罚规定，处以一年以下的徒刑或 1000 万韩元以下的罚款。"可见，修改后的法律主要在罚金上做了加重性的规定，处罚金额由原来的 500 万韩元增加到 1000 万韩元。

综上，通过 1993 年《公职人员伦理法》的修改，金泳三政府在韩国建立起了系统和严格的制度惩罚体系。包含众多行政处罚和刑事处罚的制裁措施为今后制度的顺利实施，起到了保驾护航的作用。

以上，本节主要介绍了金泳三政府对公职人员财产登记与公开制度在审查处理环节上的改革。其改革主要体现在以下三个方面：一是公职人员伦理委员会取代登记机关获得财产审查权；二是委员会被赋予了较之以往更大的审查权限，不仅有过程审查权，还有结果处理权；三是将更多的违法或犯罪行为纳入处罚范围内，并对这些行为给予更为严厉的惩罚。

第三章 金泳三政府改革公职人员财产登记与公开制度的内容

事实上，金泳三之后的几届政府虽对《公职人员伦理法》有过这样或那样的修订，但在审查处理环节，基本保持了金泳三政府时期所确立的框架，仅在卢武铉政府时期为便于财产的登记与审查，增设了金融交易与不动产信息事先查询制度（第五章将具体叙述）。

根据现行《公职人员伦理法》第八条第 3 款、第 4 款、第 5 款、第 6 款、第 7 款、第 10 款和第八条之二等的规定，可将公职人员伦理委员会的整个审查处理环节的业务流程绘图如图 3-4 所示。

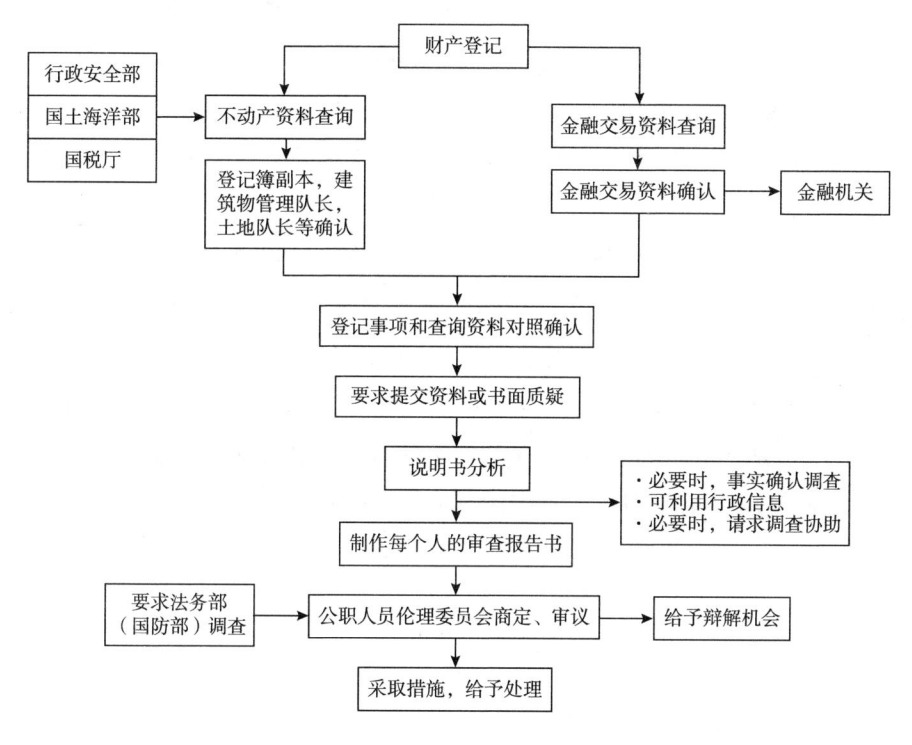

图 3-4 公职人员伦理委员会审查处理环节的业务流程

小　结

本章通过与 1981 年颁布的《公职人员伦理法》和 1982 年颁布的

《公职人员伦理法施行令》的比较，分析了金泳三政府对公职人员财产登记与公开制度改革的内容。改革涉及财产登记、财产公开和财产的审查处理全部三个环节。

在登记环节，扩大登记义务者的范围，以增强制度对更广泛的公职人员群体行为的约束；引入拒绝告知财产制度，以保护公职人员直系亲属中符合条件人员的财产隐私；增加登记机关的数量，以满足登记义务者范围扩大后对登记机关的需要；完善财产登记的种类，以全面监管公职人员在任职之初、任职期间及任职届满后的财产情况；细化各类登记财产名目和算定标示方法，以保证财产的准确估价与核算。

在公开环节，首次以法律的形式确立实施财产公开制度。为保证公开制度的顺利实施，在公开的时间、对象、主体及程序上都做了详细的规定。

在审查处理环节，将登记机关首长的审查管辖权移交给相对独立的公职人员伦理委员会来行使，以增强审查的真实性、彻底性与权威性；强化公职人员伦理委员会的审查权限，增加对结果的处理权，以保证登记义务者能够如实登记；引入委任审查制度，以减轻公职人员伦理委员会因庞大的审查对象群体而带来的繁重的审核业务；加大处罚力度，新设多项行政和刑事处罚，以此保障制度的约束效力。

第四章　金泳三政府改革公职人员财产登记与公开制度的效果

改革后的制度，其效果如何？这是包括韩国政府在内的社会各界普遍关心的问题。这也是本章研究的核心。要研究制度的效果，首先需要从方法上解决两方面的问题，一是评价的标准，二是评价的数据来源。

第一，评价的标准。确定制度的功能是设立标准的前提。诚如在第一章所述，财产申报制度的基本功能是预防腐败。它可以通过公开审查环节，增加腐败被发现的可能，起到提高腐败成本，直接迫使个体放弃腐败的作用；还可以通过制度性压力，使他律转化成自律，提升个体道德素养，以道德为中间媒介，提高腐败成本，起到间接治理腐败的作用。此外，财产申报制度还具有一项辅助性的功能，即发现腐败的功能。它可以通过审查财产是否有异常来发现是否发生了腐败。

由于制度预防腐败功能的发挥需要一段时间后才可显现，而发现腐败的功能在制度实施初期即可实现，因此，本章在评价制度效果时，将根据不同的时间段设立不同的评价标准：

在制度实施初期，以是否发现了腐败案件为评价标准。其中，腐败案件发现得越多，揪出的人物级别越高，说明制度效果越显著。

在制度实施一段时间后，以是否减少了腐败的发生和是否发现腐案件二者同时作为评价标准。其中，前一标准为主要衡量标准。腐败行为越少，说明制度预防腐败的功能发挥得越好。腐败案件发现得越多，说明制度发现腐败的功能运转良好。这里，如果数据来源于问卷调查，则以回答者的实际感受为评判标准。

第二，评价的数据来源一般而言，对一项制度的评估，会存在体制内评估和体制外评估两套体系。体制内评估是由实行该制度或专门负责监督该制度实施的部门做出，体制外评估则是由专业或非专业性的社会组织或个人所做出。体制内评估的特点是基于对实际客观数据的分析。而体制外评估，由于较难获得一手的资料数据，主要通过民意调查的方式获取主观评价性数据。

本章并不直接引用已有的评估结果，而是借用已有的体制内和体制外的评估所使用的数据来加以综合比对分析，尽可能真实地展示制度的效果。就韩国而言，体制外评估数据获得相对容易。从20世纪80年代开始，就有韩国学者通过发放调查问卷、电话调查以及网上调查等方式做出过评估。此外，还有透明国际所做的清廉指数调查。但遗憾的是，韩国政府还没有在其内部设立专门的评估机构。尽管如此，但相关的结果数据是存在的。负责登记财产审查的公职人员伦理委员会几乎每年都会发布年度报告。因此，这里将年度报告书的内容作为体制内评估数据来进行分析。此外还将辅之以其他机构的实际惩罚数据。

以下，本章将综合分析现有的体制内外的评估数据，以此展示金泳三政府改革后制度的效果。在此基础上，探讨现有制度所存在的问题。

第一节 体制外评估数据分析

关于韩国公职人员财产登记与公开制度的体制外评估，曾经有3位学者分别在20世纪80年代、90年代以及2004年，以一定的社会群体为对象，对该制度的效果做过调查。这3组数据恰好出现在金泳三政府

第四章　金泳三政府改革公职人员财产登记与公开制度的效果

制度改革之前、改革后不久,以及改革后较长一段时间。这便于从对比的角度观察制度改革的效果。只是遗憾的是,在 2005 年之后,很难再查找到有学者专门对该制度效果的调查。为了了解后期制度的效果情况,本节还将使用透明国际的清廉指数报告作为辅助性的体制外评估数据加以分析。

一　韩国学者的三份调查

(一) 1985 年金重阳的调查①

金重阳 (김중양) 的调查对象是财产登记义务者、非财产登记义务者的公职人员,以及普通民众。调查人数分别是 96 名、109 名和 116 名,共计 321 名。调查的问题涉及对财产登记制度效果和财产公开的看法。这也是自 1983 年登记制度实施后,由社会人士做出的首次调查,对了解制度实施初期公职人员和普通民众对制度效果的看法非常重要。

在金重阳所做的调查中,有两个问题与公职人员财产登记与公开制度的效果直接相关。第一个问题是:"作为一项预防腐败的政策,公职人员财产登记制度的效果如何?"对此,在所有被调查者中,有超过四分之三 (80.1%) 的人认可制度在预防腐败方面是有一定或是很大效果的。这说明,制度在实行 2 年后,还是得到了社会公众的较高的认可。观察不同类别人员的调查结果,还可以发现,与公职人员相比,普通民众对制度效果的认可度更高 (87.1%∶76.1%);而在公职人员内部,与非登记义务者相比,登记义务者对制度的评价更高 (80.2%∶72.5%) (参见表 4-1)。

对于普通民众而言,面对实施不久的制度,显然感受到了与以往腐败氛围不同的一股新的清廉气息,如此高的认可度既表明了对已实

---

① 〔韩〕金重阳:《我国公职人员财产登记制度的研究》,硕士学位论文,首尔大学行政学院,1985,第 96~98 页。

施政策情况的认可,更表明他们对制度的良好期待,期望可以遏制住存在已久的公职腐败。而对于登记义务者来说,作为制度直接规约的对象,也能有较高的制度效果认可度,也从一个侧面反映出制度已经在一定程度上影响到了公职人员的行为,发挥出预防腐败的效用。

但是,在预防腐败上,当时的制度到底发挥了"多大"的效用?如果将回答区分为效果"很大"和效果"一般"两类,那么从调查结果来看,更多的人认为发挥了"一般"的效果。回答"一般"的被调查人员占了总体的50%以上,而认为效果"很大"的仅有25.9%的人群。此外,表4-1还明确显示,在所有的被调查者中,还有部分人不认为公职人员财产登记制度是一项预防腐败的制度。这些都间接反映出当时制度所存在的一些问题。

表4-1 1985年公职人员财产登记制度的效果调查

单位:名,%

问 题	选 项	合 计	公职人员 小计	登记义务者	非登记义务者	普通民众
作为一项预防腐败的政策,公职人员财产登记制度的效果如何?	1. 效果很大	83 (25.9)	53 (25.9)	25 (26.0)	28 (25.7)	30 (25.9)
	2. 效果一般	174 (54.2)	103 (50.2)	52 (54.2)	51 (46.8)	71 (61.2)
	3. 没有什么大的效果	42 (13.1)	33 (16.1)	14 (14.6)	19 (17.4)	9 (7.8)
	4. 不是一项预防腐败的政策	17 (5.3)	12 (5.8)	5 (5.2)	7 (6.4)	5 (4.3)
	5. 不知道	5 (1.6)	4 (2.0)	—	4 (3.7)	1 (0.9)
	6. 无回答	—	—	—	—	—

资料来源:〔韩〕金重阳:《我国公职人员财产登记制度的研究》,硕士学位论文,首尔大学行政学院,1985。

第四章 金泳三政府改革公职人员财产登记与公开制度的效果

1985年金重阳调查的第二个问题与财产公开有关。虽然在1985年当时的政府并没有实行公开制度,但是金重阳还是对社会热议的财产公开问题做了调查。调查的问题是:"如何看待财产公开对制度发挥作用的影响?"对此,在所有的被调查者中,有63.8%的人相信财产的公开将在"很大"程度上或"一定"程度上有助于制度预防腐败功能的发挥(参见表4-2)。由此也可以看到,对于尚未实行的财产公开制度,大多数人对其的作用持认可态度。在具体的三类调查人群中,与上一问题相似的是,普通民众的认可度同样远高于公职人员群体的认可度(79.4%:55.2%)。从这一差异可以看出,当时的普通民众更希望公职人员财产公开,以期通过外部监督督促公职人员廉洁行政。

在公职人员内部,与非登记义务者相比,登记义务者对财产公开效果的评价较低(36.4%:71.6%)。与此同时,登记义务者中认为财产公开有反作用的比例则高达40.6%。这一结果反映出,制度所直接规约的对象对于公开制度的担心和惧怕。这也意味着,在短时间内实现财产的公开难度很大,它势必遭到既得利益集团的强烈反对。这也从一个角度解释了全斗焕政府时期没有实行财产公开的原因。

在全部被调查者中,有21.2%的人认为财产公开不仅不会有利于预防腐败的实现,而且还会起到反作用。除了登记义务者外,普通民众中也有12.9%的人认为有反作用。理论上,通过公开的方式监督政府行为无疑对民众是有益的,之所以会有人否认公开的效用,或许和当时全斗焕政府的威权主义统治有关。虽然大部分的民众相信制度本身的效用,但也有一小部分民众担心整体的制度生态环境并不会有利于制度的发挥,甚至制度还有可能会被政府恶意利用。事实也的确如此,如前所述,全斗焕一方面加强集权统治,另一方面还强化舆论控制。因此,普通民众对制度的不信任也就可以理解了。

表 4-2　1985 年公职人员财产公开制度的效果调查

单位：名,%

问题	选项	合计	公职人员 小计	公职人员 登记义务者	公职人员 非登记义务者	普通民众
如何看待财产公开对制度发挥作用的影响？	1. 有很大帮助	99 (30.8)	53 (25.9)	10 (10.4)	43 (39.5)	46 (39.7)
	2. 有一定帮助	106 (33.0)	60 (29.3)	25 (26.0)	35 (32.1)	46 (39.7)
	3. 没有影响	39 (12.2)	33 (16.1)	20 (20.8)	13 (11.9)	6 (5.2)
	4. 有反作用	68 (21.2)	53 (25.9)	39 (40.6)	14 (12.8)	15 (12.9)
	5. 不知道	8 (2.5)	5 (2.4)	2 (2.1)	3 (2.8)	3 (2.6)
	6. 无回答	1 (0.3)	1 (0.3)	—	1 (0.9)	—

数据来源：〔韩〕金重阳：《我国公职人员财产登记制度的研究》，硕士学位论文，首尔大学行政学院，1985。

通过对金重阳调查数据的分析，可以看到，对当时实施一段时间的公职人员财产登记制度，社会各阶层是比较认可的，但由于制度本身仍存有问题，评价并不是特别的高；对于尚未实现的公开制度，各方尤其是普通民众都表达了相当的期待，而制度的适用对象登记义务者则对其表现出了相当大的抵触情绪。

第四章　金泳三政府改革公职人员财产登记与公开制度的效果

（二）1995 年崔永钧的调查[①]

崔永钧（최영준）的调查对象与 1985 年金重阳的调查对象相同，都包括了财产登记义务者、非财产登记义务者的公职人员和普通民众。调查人数分别是 58 名、285 名和 179 名，共计 522 人。调查规模略大于 1985 年的那次调查。此次调查恰好是在金泳三政府改革后所做，可以为我们提供该制度改革后不久的效果情况。此份调查中，有三个问题与财产登记和公开制度的效果直接相关。

第一个问题是："财产登记与公开制度在预防腐败上的效果如何？"在所有被调查者中，有 78.4% 的人认为有"很大""不错"或"一些"效果（参见表 4-3）。可见，改革后的制度得到了大多数人的认可。具体到三类调查人群，与普通民众相比，公职人员对制度效果的认可度更高（82.5%：70.4%），而公职人员群体中的登记义务者给出的评价更高，达到了 93.1%。这与 1985 年调查的第一个问题的回答情况明显不同。在 1985 年的调查中，普通民众对制度的认可度是最高的。之所以会出现这种反差，很可能与金泳三上台后表现出的强烈的反腐意志以及改革后制度的相对完善有关。政府公职人员切身体会到了新一届政府民主廉政的决心，也被各种举措所震慑。尤其是登记义务者，在制度实践中，深刻感受到财产登记与公开不再是形式工程，而是真的给自身行为带来了压力，因此他们更加认可制度的实效性。普通民众对制度的认可度偏低，可能与对政府的不信任有关。考虑到以往政府的做法，普通民众难免会疑心金泳三政府是否仅是将反腐作为执政初期的一个政治口号，是否会像以往的政府一样，在统治前期着力推行反腐制度，而越往后推行意志越弱，最终不了了之。

[①]〔韩〕崔永钧：《对我国公职人员财产登记和公开制度的评价》，硕士学位论文，韩国国防大学行政学院，1995，第 72~74 页。

表4-3 1995年财产登记与公开制度预防腐败效果调查

单位：名，%

问题	选项	合计	公职人员 小计	公职人员 登记义务者	公职人员 非登记义务者	普通民众
财产登记与公开制度在预防腐败上的效果如何？	1. 有很大效果	45 (8.6)	32 (9.3)	7 (12.1)	25 (8.3)	13 (7.3)
	2. 有不错的效果	157 (30.1)	117 (34.1)	24 (41.4)	93 (32.6)	40 (22.3)
	3. 多少有一些效果	207 (39.7)	134 (39.1)	23 (39.6)	111 (38.9)	73 (40.8)
	4. 没有效果	88 (16.9)	48 (14.0)	2 (3.4)	46 (16.1)	40 (22.3)
	5. 完全不是如此	23 (4.4)	11 (3.2)	2 (3.45)	9 (3.2)	12 (6.7)
	6. 无回答	2 (0.4)	1 (0.3)	—	1 (0.4)	1 (0.6)

数据来源：〔韩〕崔永钧：《对我国公职人员财产登记和公开制度的评价》，硕士学位论文，韩国国防大学行政学院，1995。

1995年崔永钧调查的第二个问题是："财产登记与公开制度是否会使公职人员自我反省并自我约束？"在所有被调查者中，有69.4%的人对这一问题持肯定态度，包括"的确如此""大体如此""多少如此"三种回答（参见表4-4）。这表明，大多数人还是认同财产登记与公开制度的实效性的。具体观察三类人群的回答，与第一个问题的情况相同，公职人员的认可度高于普通民众（73.1%：62.0%），而登记义务者的认可度是三类人群中最高的（79.2%）。这更进一步表明，作为制度施行对象的登记义务者已真实感受到财产登记与公开制度对其行为带来的影响，只不过这种自我反省和行为的约束还尚未被普通民众所感知到。

值得注意的是，在该问题中，涉及"自我反省"和"自我约束"两种情况，其中"自我反省"与第一章中提到的"公职伦理"是一致的，而"自我约束"与"选择放弃腐败行为"是一致的。该问题的调查结果也显示出,这项关乎公职伦理的制度是可以提高"公职伦理"的,而在发挥制度"预防腐败"的功能方面也是有成效的。

表4-4 1995年财产登记与公开制度对公职人员自我反省与自我约束的效果调查

单位:名,%

问题	选项	合计	公职人员			普通民众
			小计	登记义务者	非登记义务者	
财产登记与公开制度是否会使公职人员自我反省并自我约束?	1. 的确如此	15 (2.9)	10 (2.9)	5 (8.6)	5 (1.8)	5 (2.8)
	2. 大体如此	124 (23.8)	89 (25.9)	14 (24.1)	75 (26.3)	35 (19.5)
	3. 多少如此	223 (42.7)	152 (44.3)	27 (46.5)	125 (43.9)	71 (39.7)
	4. 不是如此	113 (21.6)	70 (20.4)	8 (13.8)	62 (21.8)	43 (24.0)
	5. 完全不是	40 (7.7)	17 (5.0)	4 (6.9)	13 (4.6)	23 (12.8)
	6. 无回答	7 (1.3)	5 (1.5)	—	5 (1.7)	2 (1.1)

资料来源:〔韩〕崔永钧:《对我国公职人员财产登记和公开制度的评价》,硕士学位论文,韩国国防大学行政学院,1995。

1995年崔永钧调查的第三个问题是:"财产登记与公开制度的实施是否提高了公务执行的公正性?"对此,仅有略超过一半的被调查者持"的确如此""大体如此"和"多少如此"的认可态度(参见表4-5)。在这些持认可态度的人群中,仅有8人,占1.5%比例的人群认为"的确如此",这也是崔永钧调查中持最高评价人数最少的一个问题。这个结果在一定程度上反映了各个群体并不十分认可财产登记与公开制度的实施与公职人员公务执行的公正性之间的关联性。也就是说,尽管各群体大都认为完善的制度会促使公职人员更加廉洁,但并不认为该制度会促使他们的公务行为更加公正。该结果与本书第一章对财产申报和公开制度功能的分析并不矛盾。因为财产申报和公开制度的功能是预防腐败和发现腐败，其本身并没有提高公务行为公正性的功能。

具体到三类被调查的人群，普通民众的认可度最低，仅为46.3%。公职人员群体的认可度为62.1%。其中，登记义务者是58.5%，非登记义务者是62.8%。普通民众的低认可度说明，作为公共行政的服务对象，他们并没有从公职人员财产登记与公开制度的实施中感受到制度变革后行政行为发生了变化。他们相信，公职人员财产登记和公开制度可以带来一个更廉洁的政府，但不一定会带来一个更公正有效的政府。非登记义务者的认可度是三类人群中最高的，与前面两个问题的情况有所不同，原因可能与他们所处的中间位置有关。一方面，作为公职人员，他们看到了登记义务者在公务执行上较之以往的确有所改善；另一方面，他们又并非公务执行的主体，对改善的程度和效果可能无法完全了解。

表4-5　1995年公务执行公正性调查

单位：名,%

问题	选项	合计	公职人员 小计	登记义务者	非登记义务者	普通民众
财产登记与公开制度的实施是否提高了公务执行的公正性？	1. 的确如此	8 (1.5)	5 (1.5)	2 (3.4)	3 (1.1)	3 (1.7)
	2. 大体如此	85 (16.3)	62 (18.1)	14 (24.1)	48 (16.8)	23 (12.8)
	3. 多少如此	203 (38.9)	146 (42.5)	18 (31.0)	128 (44.9)	57 (31.8)
	4. 不是如此	168 (32.2)	101 (29.4)	19 (32.8)	82 (28.8)	67 (37.4)
	5. 完全不是	51 (9.8)	25 (7.3)	5 (8.6)	20 (7.0)	26 (14.5)
	6. 无回答	7 (1.3)	4 (1.2)	—	4 (1.4)	3 (1.7)

数据来源：〔韩〕崔永钧：《对我国公职人员财产登记和公开制度的评价》，硕士学位论文，韩国国防大学行政学院，1995。

第四章 金泳三政府改革公职人员财产登记与公开制度的效果

综上，崔永钧的调查数据展示了金泳三政府制度改革后不久，不同群体对制度效果的看法。首先，值得肯定的是，对于改革后制度在预防腐败上的效果，总体上各方都是持比较认同的态度。其次，与20世纪80年代的调查不同的是，三类人群的反应有所差异。此次调查显示，公职人员群体，尤其是登记义务者对制度的评价要远高于普通民众。这与金重阳的调查正好相反。究其原因，公职人员的评价走高更多源于制度本身的完善，而民众的评价走低则和过去的认识有关。由于过去的政府更多的只是将反腐作为上台初期获取民众支持的一种手段，在制度施行后往往并不认真贯彻执行，因此普通民众在改革后的制度实施初期，更多地表现出了对制度效果的不信任。

（三）2004年李相洙的调查①

李相洙（이상주）的调查与前两次调查的对象不同，此次被调查者只包括公职人员财产登记与公开制度的对象人员，即登记人员和公开人员，并不包括其他非公职人员以及普通的民众。调查人数总计有1072人，其中公开人员72名，非公开仅登记人员1000名。涉及的部门包括政府公职人员伦理委员会管辖的25个机关、首尔特别市和京畿道公职人员伦理委员会所管辖的2个机构，共计27个机关的公职人员。此次调查也是三次调查中涉及部门最广的一次。此次调查完成于1993年制度改革10年之后，因此有助于我们了解制度实施较长一段时间之后的效果。

此次调查有三个问题与制度效果相关。第一个问题是："现行的公职人员财产登记制度是否一项构建清廉社会的制度？"这个问题与之前的问题相比在性质上有所不同，它是从规范意义上询问制度的效果，即"该制度在理论上是否一项治理腐败的制度"。对此，被调查者中有67.9%的人认为"完全如此""大体如此"或"多少如此"（参见表4－

---

① 〔韩〕李相洙：《公职人员财产登记制度调查研究报告书》，2004，第127~138页。

6)。这一数据显示，改革后的制度虽然已运行10年，但制度的核心功能依然得到了多数被调查人员的认可。

表4-6 2004年构建清廉社会效果调查

单位：名，%

问 题	选 项	回 答
现行的公职人员财产登记制度是否一项构建清廉社会的制度？	完全如此	22（2）
	大体如此	356（33.2）
	多少如此	350（32.7）
	基本不如此	240（22.4）
	完全不是	100（9.3）
	无回答	4（0.4）
	共 计	1072（100）

资料来源：〔韩〕李相洙：《公职人员财产登记制度调查研究报告书》，2004。

2004年李相洙调查的第二个相关问题则是从实然角度调查制度的成效，即"制度实际的效果如何"。该问题是："财产登记制度是否有助于腐败的治理？"对此，被调查者中有71.4%的人认为"完全如此""大体如此"和"多少如此"（参见表4-7），与上一问的比率基本持平。这说明，当时登记和公开义务者对制度应该发挥功能的期待和他们对制度实际发挥效果的评价相差不大。

虽然这一认可比率还算比较高，但与1995年崔永钧调查中登记义务者的认可度相比却还是下降了很多，当时登记义务者的认可度是93.1%（参见表4-3）。究竟是什么原因使得十年之后同一类主体对同一制度的实际效果所做的评价变低了呢？最可能的原因就是该制度在实施中出现了一些问题，减弱了自身的效果。那么，究竟是哪里出了问题？为此，李相洙做了进一步的调查，也就是下面的第三个问题。

第四章 金泳三政府改革公职人员财产登记与公开制度的效果

表4-7 财产登记制度的腐败治理贡献度调查

单位：名,%

问 题	选 项	回 答
财产登记制度是否有助于腐败的治理？	完全如此	17 (1.6)
	大体如此	326 (30.4)
	多少如此	422 (39.4)
	基本不如此	220 (20.5)
	完全不是	82 (7.6)
	无回答	5 (0.5)
	共 计	1072 (100)

资料来源：〔韩〕李相洙：《公职人员财产登记制度调查研究报告书》，2004。

第三个问题是："财产登记制度不能有效治理腐败的原因是什么？"有28.5%的被调查人员选择"不诚实或虚假登记财产"，25.4%的被调查人员选择"《公职人员伦理法》法律制度的脆弱性"。列在第三位至第六位的分别是"仅公开部分登记人员的财产"（13.7%）、"对登记财产的不切实审查"（13.3%）、"对虚假登记人员的处罚太轻"（11.4%）和"委任审查过多"（7.7%）（参见表4-8）。如果将后四个选项重新归类，可以看到，从性质上，第一项涉及的是登记环节的问题，第二项涉及的是执行环节的问题，第三项涉及的是公开环节的问题，第四、五、六项涉及的是审查处理环节的问题。换言之，调查表明，有关制度本身的三个环节以及制度在实际的执行环节都被认为存在不同程度的问题。尤其值得注意的是，"制度的脆弱性"排在所有原因中的第二位。脆弱性的潜在意思是公众认为该制度的约束性不强，无法有效约束行为者的行为。之所以会有这么多的被调查者如此认为，应该与制度未能认真彻底贯彻实施有关。不被切实贯彻，自然没有约束可言。这意味着，改革后的制度在已规定的内容上存在贯彻不力导致制度疲软的隐患。

表4-8 财产登记制度治理腐败不力的原因调查

单位：名,%

问题	选项	回答
财产登记制度不能有效治理腐败的原因是什么？	不诚实或虚假登记财产	148（28.5）
	仅公开部分登记人员的财产	71（13.7）
	对登记财产的不切实审查	69（13.3）
	委任审查过多	40（7.7）
	对虚假登记人员的处罚太轻	59（11.4）
	《公职人员伦理法》法律制度的脆弱性	132（25.4）
	共　计	519（100）

资料来源：〔韩〕李相洙：《公职人员财产登记制度调查研究报告书》，2004。

综上，李相洙的调查展示了制度改革十年后，财产公开和登记当事人对制度效果的看法。与1995年的调查相比，虽然从趋势上看，被调查人员对制度效果的认可度变低了，但仍维持在一个较高的水平上。这一方面说明，金泳三改革后的制度经受住了时间的检验，总体上是成功的；另一方面也表明，当时的一些设计和想法并不十分符合韩国的情况，还存在一些问题有待完善。

二　透明国际的调查

由于上述三次调查不能给出连续性的效果评价，而且也不知道2005年之后的情况，本部分还将分析透明国际的清廉指数报告作为补充。

透明国际（Transparency International，TI）是目前研究腐败问题最权威、最全面和最准确的国际非政府组织。该组织成立于1993年，自1995年起，每年制定和发布清廉指数（Corruption Perceptions Index，CPI）。这一指数的得出是基于若干独立研究的十几项覆盖不同领域的普查资料和数据，反映的是全球各国商人、学者、风险分析家以及一般民

第四章 金泳三政府改革公职人员财产登记与公开制度的效果

众对世界各国腐败状况的观察和感受。对一国而言，必须至少有关于本国的三份调查报告才能被透明国际评估。正因为它是多项腐败调查报告的综合，清廉指数又被认为是"民意中的民意"，被学者广泛引用。德国学者兰斯多夫还曾用实证统计验证了该指数的准确性，并表示，"尽管感知永远不能和现实相混淆，但是从已有的经验来看，该指数和现实是一致的，这使得我们有理由相信，获得的感知是腐败实际水平的反映……感知是最有力的指示器"。①

自1995年起，透明国际发布的清廉指数（CPI）就包括韩国的数据。CPI 10分为满分，越接近10分，说明政府越清廉，越接近0分，则说明政府腐败越严重。由于每年参评国家数量不一，所以表4-9中特别给出了位次比例，用来表明韩国在当年度所有参评国家中的腐败水平。以1995年为例，位次比例为65.85%，说明当年在所有参评国家中，有65.85%的国家清廉水平比韩国要高；而以2010年为例，位次比例为21.91%，说明当年只有21.91%的国家的清廉水平高于韩国（见表4-9和图4-1）。

表4-9 透明国际（TI）的韩国的CPI数据（1995~2011年）

年 份	得 分	参评国家数量	排名数	位次比例（%）
1995	4.29	41	27	65.85
1996	5.02	54	27	50.00
1997	4.29	52	34	65.38
1998	4.2	85	43	50.59
1999	3.8	99	50	50.51
2000	4.0	90	48	53.33
2001	4.2	91	42	46.15
2002	4.5	102	40	39.22

---

① 〔德〕约翰纳·伯爵·兰斯多夫：《腐败与改革的制度经济学：理论、证据与政策》，清华大学公共管理学院廉政与治理研究中心译，中国方正出版社，2007，第17~22页。

续表

年份	得分	参评国家数量	排名数	位次比例（%）
2003	4.3	133	50	37.59
2004	4.5	145	47	32.41
2005	5.0	158	40	25.32
2006	5.1	163	42	25.77
2007	5.1	179	43	24.02
2008	5.6	180	40	22.22
2009	5.5	180	39	21.67
2010	5.4	178	39	21.91
2011	5.4	182	43	23.62

资料来源：透明国际网站，http://www.transparencyinternational.com。

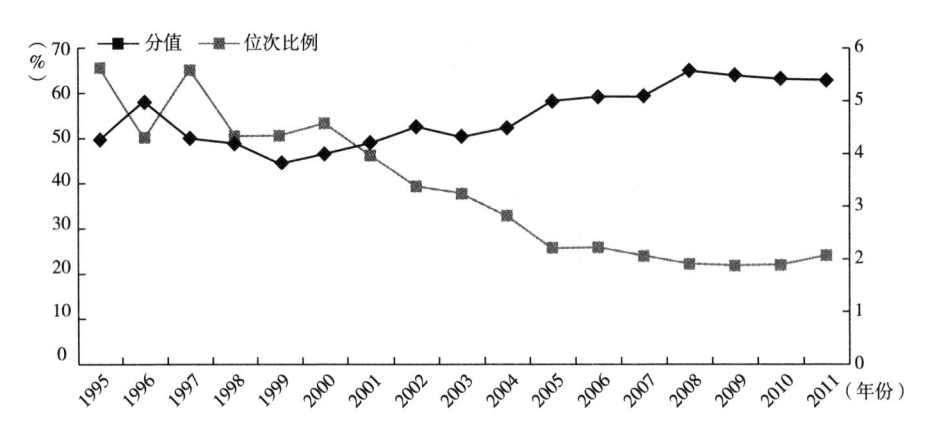

图4-1 韩国CPI分值和位次比例趋势（1995～2011年）

从表4-9和图4-1可以看到，时间越靠近现在，韩国的CPI得分越高，即政府越清廉，尤其在2005年之后，得分都在5分以上；并且越靠近现在，韩国CPI的位次比例越小，表明韩国清廉程度的国际排名在不断提高。但同时也应看到，在2005～2011年的7年间，韩国的廉政状况似乎已进入了一个瓶颈期，虽然还时有改善，但不管是从自身角度还是在与其他国家的比较中，都停滞在一定范围内上下波动。

诚然，导致韩国腐败状况改善的因素有很多，但整体腐败情况的好转，无疑能在很大程度上表明包括财产登记与公开制度在内的各项制度运转良好且效果不错。同时，近年来韩国所遇到的廉政困境，也明确地暗示包括财产登记制度在内的廉政措施可能还存在一定的不足。这也与对前面三份调查的分析结果相吻合。如前所述，在制度刚改革后不久，社会反映良好，而到2005年时，社会评价则相对有所降低。

通过上述两类体制外评估数据的分析，可以得到如下结论：金泳三改革后的制度的确起到了预防腐败的作用，带来了韩国政府腐败状况的好转。但同时，制度在长期的实施过程中，也发现存在一定的问题，有待改进。

第二节 体制内评估数据分析

依据体制外评估的主观性数据可知，改革后的制度效果良好，那么，对体制内评估的客观数据的分析，结果又会如何呢？客观数据的分析结果是否与社会民众的主观性评价一致呢？本节将具体分析体制内评估数据。

一 政府公职人员伦理委员会的年度报告

如前所述，为切实施行公职人员财产登记与公开制度，金泳三政府在原有的三处公职人员伦理委员会的基础上，又增设了几十处委员会，专门负责审查登记的财产。在所有委员会中，政府公职人员伦理委员会是审查对象最多、涵盖部门最广的一个。中央机关所属各部门的登记义务者，以及其他未被纳入已有委员会管辖范围的人员，都归政府公职人员伦理委员会管辖。为规范审查工作，该委员会每年年末都会发布年度报告书，公布当年的审查处理情况。

一方面,与其他委员会相比,政府公职人员伦理委员会的信息相对系统、完整;另一方面,该委员会的审查结果,在一定意义上可以反映韩国整体的腐败情况,具有代表性。因此,这里将主要以韩国政府公职人员伦理委员会的年度报告作为体制内评估的主要数据来源。由于各种限制,数据仅到2002年。尽管如此,仍然足以较为清晰地展示制度改革后近十年的效果。

表4-10是1994~2002年财产审查年度报告的汇总(1995年缺)。观察该表可见,委员会明确将公开财产人员和非公开财产人员的审查情况分开来列,说明在对待这两类群体上确有不同。如第三章所述,公开财产人员财产的审查必须由伦理委员会直接负责,而非公开财产人员的财产审查则可委托给登记机关或其他机关的首长来进行。此外,表4-10还列出了审查人数和针对不同情况给予的四种可能的审查处理结果。

表4-10 政府公职人员伦理委员会财产审查情况(1994~2002年)

年份	区分		审查人数(名)	审查结果(名)			
				无异常	补充	警告、校正	其他
1994	公开财产人员		948	902 (95.1%)	44 (4.6%)	2 (0.2%)	
	非公开财产人员	委员会审查	3358	3271 (97.4%)	82 (2.4%)	5 (0.1%)	
		委任审查	20923	20476 (97.9%)	442 (2.1%)	5 (0.02%)	
		小计	24281	23747 (97.8%)	524 (2.1%)	10 (0.04%)	
	总计		25229	24649 (97.7%)	568 (2.2%)	12 (0.05%)	

第四章　金泳三政府改革公职人员财产登记与公开制度的效果

续表

年　度	区　分		审查人数（名）	审查结果（名）			
				无异常	补　充	警告、校正	其　他
1996	公开财产人员		961	903（94.0%）	53（5.5%）	4（0.4%）	解任要求：1
	非公开财产人员	委员会审查	3850	3536（91.8%）	298（7.7%）	15（0.4%）	
		委任审查	67330	62961（93.5%）	4345（6.5%）	21（0.03%）	惩戒要求：2
		小　计	71180	66497（93.4%）	4643（6.5%）	36（0.05%）	惩戒要求：2
	总　计		72141	67400（93.4%）	4696（6.5%）	40（0.05%）	惩戒要求：2 解任要求：1
1997	公开财产人员		998	786（78.6%）	208（20.8%）	4（0.04%）	
	非公开财产人员	委员会审查	4110	3649（88.8%）	451（10.9%）	9（0.2%）	解任要求：1
		委任审查	65828	65675（99.8%）	153（0.2%）		
		小　计	69938	69324（93.4%）	604（6.5%）	9（0.01%）	解任要求：1
	总　计		70936	70110（98.8%）	812（1.1%）	13（0.01%）	解任要求：1

续表

年 度	区 分		审查人数（名）	审查结果（名）			
				无异常	补 充	警告、校正	其 他
1998	公开财产人员		1215	1039 (85.5%)	174 (14.3%)	2 (0.16%)	
	非公开财产人员	委员会审查	3753	3306 (88.1%)	380 (10.1%)	66 (1.76%)	惩戒要求：1
		委任审查	69212	64830 (93.7%)	4382 (6.3%)	—	
		小 计	72965	68146 (93.4%)	4752 (6.5%)	66 (0.09%)	惩戒要求：1
	总 计		74180	69185 (93.2%)	4926 (6.6%)	68 (0.09%)	惩戒要求：1
1999	公开财产人员		1090	1009 (92.6%)	77 (7.1%)	3 (0.3%)	惩戒要求：1
	非公开财产人员	委员会审查	4158	3858 (92.8%)	288 (6.9%)	12 (0.3%)	
		委任审查	71878	66469 (92.5%)	5396 (7.5%)	13 (0.02%)	
		小 计	76036	70327 (92.5%)	5684 (7.5%)	25 (0.03%)	
	总 计		77126	71336 (92.5%)	5761 (7.5%)	28 (0.04%)	惩戒要求：1

第四章　金泳三政府改革公职人员财产登记与公开制度的效果

续表

年　度	区　分		审查人数（名）	审查结果（名）			
				无异常	补充	警告、校正	其他
2000	公开财产人员		930	861（92.6%）	69（7.4%）	—	
	非公开财产人员	委员会审查	4915	4717（96.0%）	192（3.9%）	6（0.1%）	
		委任审查	80840	76614（94.8%）	4215（5.2%）	11（0.01%）	
		小　计	85755	81331（94.8%）	4407（5.2%）	17（0.02%）	
	总　计		86685	82192（94.8%）	4476（5.2%）	17（0.012%）	
2001	公开财产人员		1070	997（93.1%）	68（6.4%）	5（0.5%）	
	非公开财产人员	委员会审查	5111	4870（95.3%）	225（4.4%）	16（0.03%）	
		委任审查	84157	80127（95.2%）	4011（4.8%）	19（0.02%）	
		小　计	89268	84997（95.2%）	4236（4.8%）	35（0.04%）	
	总　计		90338	85994（95.2%）	4304（4.8%）	40（0.04%）	

续表

年　度	区　分		审查人数（名）	审查结果（名）			
				无异常	补　充	警告、校正	其　他
2002	公开财产人员		943	891 (94.5%)	48 (5.1%)	4 (0.4%)	
	非公开财产人员	委员会审查	5279	5122 (97.0%)	146 (2.8%)	10 (0.2%)	征收过怠金1 (0.02%)
		委任审查	78626	74730 (95.1%)	3884 (4.9%)	12 (0.02%)	
		小　计	83905	79852 (95.2%)	4030 (4.8%)	22 (0.02%)	征收过怠金1 (0.001%)
	总　计		84848	80743 (95.2%)	4078 (4.8%)	26 (0.03%)	征收过怠金1 (0.001%)

注：1995年数据缺失。
资料来源：《韩国政府公职人员伦理委员会年度报告书》。

在表4-10中，"审查结果"的第一种情况是"无异常"。由表4-10、图4-2可知，从1994年到2002年的历年审查中，有90%以上的被审查人员都是没有问题的。这表明，绝大多数作为登记对象的公职人员能够诚实地登记、申报自己的财产。而诚实申报本身，也说明公职人员对自己无腐败问题的确信，进而可以说明在财产登记与申报制度的影响下，绝大多数公职人员都趋向于选择不腐败。换言之，该制度在很大程度上发挥了预防腐败的功能。

除"无异常"外，如第三章第三节所述，审查时如果发现问题，可视情形给予"补充""警告或校正""征收过怠金"以及"解任或惩戒"的处分。由表4-10可见，在这些措施中，要求"补充"的人数是最多的，几乎每年都有几千人之多。相对而言，给予其他三项处分的人则极

第四章　金泳三政府改革公职人员财产登记与公开制度的效果

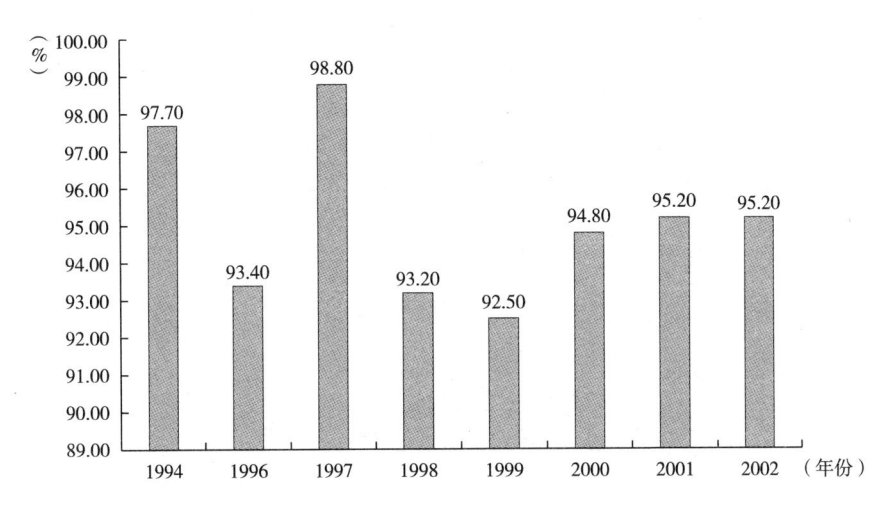

图 4-2　审查结果中"无异常"比例（1994～2002年）

注：1995年数据缺失。

少，每年仅几十人次。图4-3给出了"补充要求"与其他三项措施加总的百分比堆积图。由图可见，被处以其他三项措施的人数占所有受处分人群的比例最高仅有2%，绝大多数出现问题的公职人员都是给予"补充"的处分。

根据1994年的《公职人员伦理法》第八条第2款和第八条之二的规定，适用于要求"补充"措施的是"因过失而遗漏部分登记财产或合计价额时有误记行为的"情形，而适用于后三种措施的是"有虚假记载或因重大过失出现遗漏或误记事实的"情形。由此可以看到，在出现问题的人员中，更多的是过失造成的漏记或误记，严重性不大。这体现出，登记义务者大都能够较为诚实地登记财产。

但同时，韩国大检察院每年所受理的公职人员贪污、受贿案件的数量并非为零。这意味着，审查的结果与实际的犯罪数量并不一致。这说明审查环节存在漏洞，它并未能发现所有的腐败问题。这一点与上一节李相洙的调查相吻合。他的调查显示，"对登记财产的不切实审查"是导致财产登记制度不能有效治理腐败的重要原因。

-179-

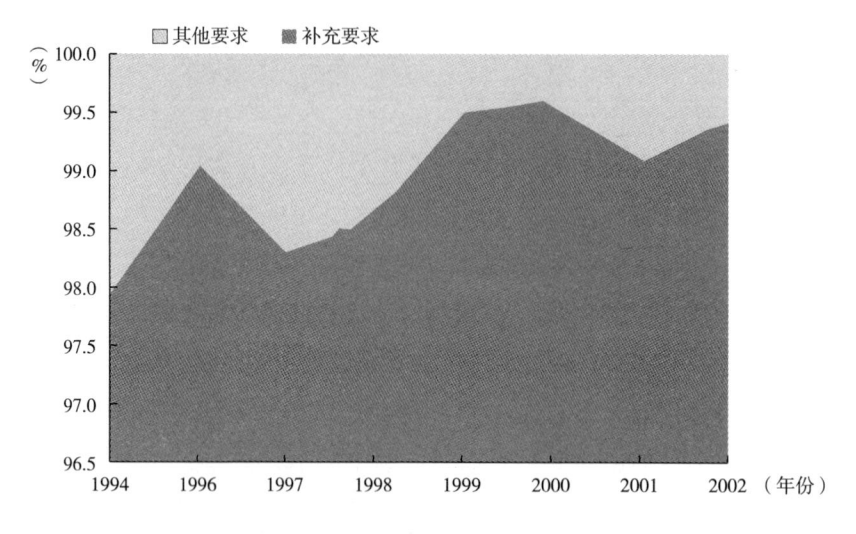

图 4-3 审查结果百分比堆积

从审查人数看，总体登记人数基本上呈逐年增长的趋势。其中的非公开财产人员的数量也是逐年增加（参见图 4-4、图 4-5）。越来越多的公职人员被纳入财产登记的范围之内，无疑使制度的影响范围不断扩大，而如果相关机关能够做到认真审查的话，制度效果也将随之不断增强。但与此同时，公开财产人员的数量并没有明显的增加，基本维持在 1000 人左右，占总登记人数的比例为 1%～2%（参见图 4-6）。

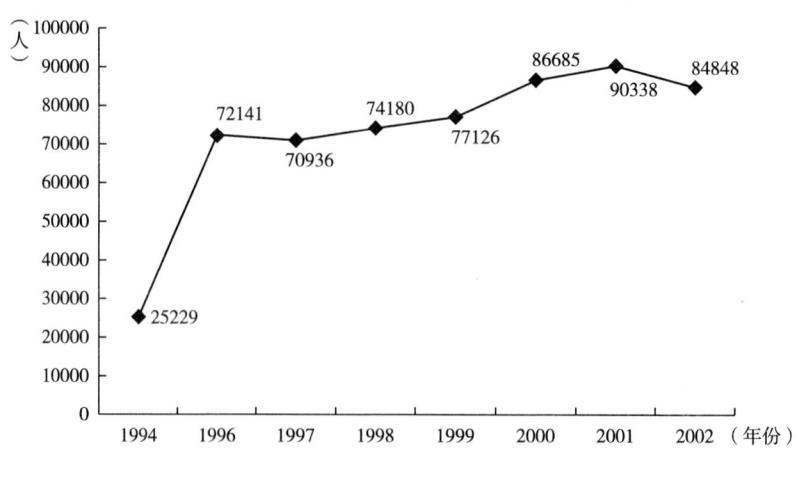

图 4-4 登记总人数趋势

第四章　金泳三政府改革公职人员财产登记与公开制度的效果

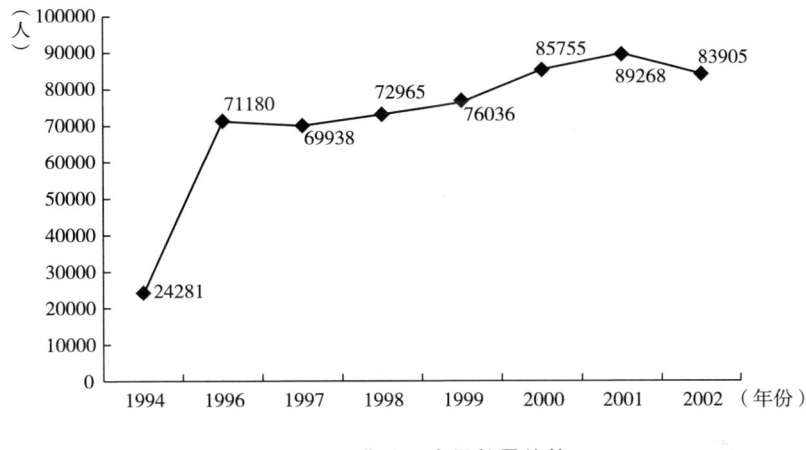

图 4-5　非公开人员数量趋势

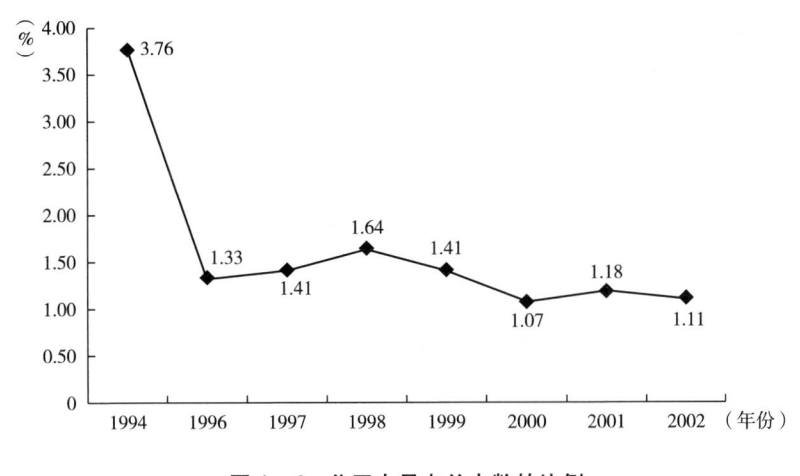

图 4-6　公开人员占总人数的比例

根据《公职人员伦理法》第八条第 11 款的规定，"公职人员伦理委员会在必要的时候，可把不是财产公开对象的登记义务者的登记事项的审查，委托给登记机关的首长或其他有关机关的首长进行"。从表 4-10 和图 4-7 可见，历年来，韩国政府公职人员伦理委员会委托给其他机关的审查人数几乎占到了可委任人数的 94%，而自身仅对其中约 6% 的非公开人员的财产进行审查。这样做，从积极的角度看，可以减轻委员会的审查负担，使其能集中精力重点审查高级公职人员的财产；但从消极的角度看，容易带来不实审查或审查结果不被信任的问题。将审查委任给登记机关首长，那么登记机关就同时成为审查机关。由本单位领导审查本部门人员的财产，是很不利于审查的彻底、真实和准确的。这样也会使登记人员数量增加的举措变得失去意义。

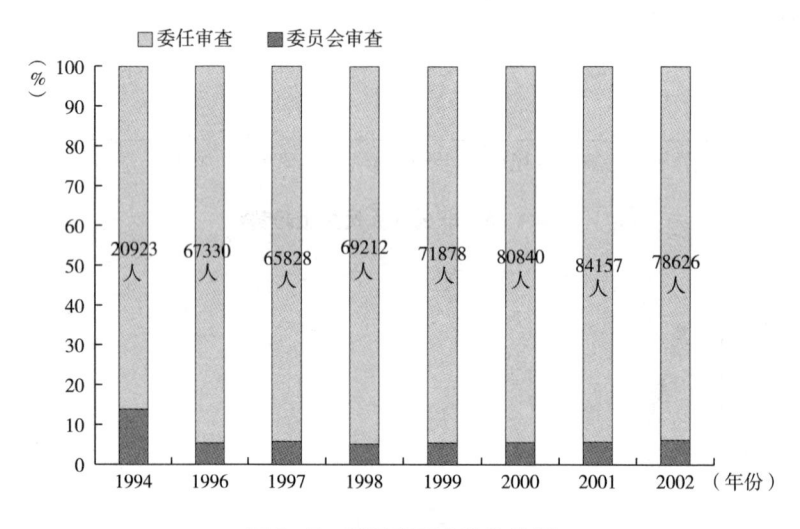

图 4-7 委任审查人数和比例

通过分析政府公职人员伦理委员会年度报告的相关数据可以看到，一方面，韩国绝大多数公职人员都如实登记财产，审查也未出现异常，说明公职人员财产登记与公开制度能够形成对公职人员的有效震慑，起到了预防腐败的作用；另一方面，由于审查工作不十分到位，也使得制度的效用在一定程度上被削弱，未能完全发挥发现和预防腐败的功能。

二　查处发现的案件

除政府公职人员伦理委员会的定期年度报告外，因财产的登记和公开实际牵出的公职人员的腐败案件的数量，也可以被视为是体制内评估的另一组重要数据。如果说年度报告的数据可以清晰地反映该制度预防

第四章 金泳三政府改革公职人员财产登记与公开制度的效果

腐败这个基本功能的发挥情况的话，那么分析由于该制度而实际发现的案件情况，则能够衡量该制度发现腐败这个辅助功能的发挥情况。

财产登记和公开制度发现腐败这一功能，在制度改革初期表现得十分突出。如前所述，金泳三上台后不久就公布了个人财产。在他的带领下，短短几个月内韩国政界高官基本上都公开了财产。结果，包括国会议长在内的许多重要官员由于在财产审查中发现有不动产投机、贪污受贿嫌疑而被迫辞职或是被移交法院。其中，因涉嫌渎职罪遭到整肃的高级官员达1363人，另有242人因使用不正当手段获取财产被迫辞职。比较重要的案件包括：韩国政界"常青树"金在淳因查出违法占用都市绿色保护地以及从事房地产投机买卖而被免职；国会议长朴浚圭因不诚实申报财产并被查出隐匿大量财产而被迫下台；法务部长官朴喜太、内阁保健社会部长官朴良实、建设部长官许在荣、汉城特别市市长金尚哲因违反制度规定而引咎辞职。

鉴于制度改革后不久就给政界带来如此巨大的震荡，公众舆论普遍认为这是一场动真格"打大老虎"的严厉迅猛的廉政运动。当时的民意调查显示，有88%的国民支持和欢迎政府的廉政改革。[①]

而财产登记与公开制度发现腐败的功能发挥到极致的标志性事件，则是其牵出了韩国历史上最大的贪腐案件——前总统全斗焕、卢泰愚案。1995年，以涉及秘密政治资金为由，金泳三政府将全斗焕、卢泰愚两任前总统送上法庭，最终，审判决全斗焕死刑，卢泰愚被判处有期徒刑22年零6个月。

由此可见，制度在改革后的实施初期，的确有效地发挥了发现腐败的作用。这从一个重要方面证明，金泳三政府的制度改革是有成效的。

不过，随着制度的实施，越到后来，其发现腐败的功能就越不明显。到金泳三政府后期，还是出现了很多腐败案件，而这些案件的发现却并非是源于涉案人员的财产登记与公开。例如国防部长李养镐、保健

[①] 敖依昌、刘益良：《韩国金泳三政府反腐廉政新举措述评》，《重庆大学学报》（社会科学版）1996年第1期，第114页。

部长李圣洁以及以金泳三次子为首的"太子派系"的受贿丑闻,对金泳三政府造成了沉重的打击。[①] 金泳三的民调支持率也因此下降到了44.9%。[②]

由实际发现的案件数量可见,公职人员财产登记与公开制度的改革确有成效,初期充分发挥了发现腐败的功能。但随着时间的推移,该功能发挥的效果有所减弱。这一点与前述的问卷调查的结果是一致的,社会公众越到后来对制度的评价就越低。

通过对两类体制内评估数据的分析我们发现,金泳三政府改革后的制度,在改革后初期发挥了发现腐败的功能,在运行一段时间后,起到了规约公职人员行为、预防腐败的作用。但同时,该制度仍存在一些有待改进的问题。

第三节 改革后制度存在的问题

金泳三政府对公职人员财产登记与公开制度的改革是韩国历届政府改革中最为全面和彻底的,它所确立的制度基本框架和主要内容都沿用至今。但如上所述,制度虽然总体效果良好,但各种数据显示,仍存在一些问题。本节将从第三章所提到的有关该制度的三个环节——登记环节、公开环节和审查处理环节入手,依次查找该制度存在的问题。

其中,登记环节主要讨论登记主体、登记财产范围与财产算定标示方法。[③] 公开环节重点考察公开主体和方式方法。审查处理环节主要讨

[①] 雷雨、王刚:《韩国腐败与反腐败的政治透视》,《东北亚论坛》1999年第1期,第20页。

[②] John Kie, Chiang Oh. *Korean Politics: The Quest for Democratization and Economic Development* (New York: Cornell University Press, 1999), p. 169.

[③] 有关登记机关和登记种类,如第三章所述,这方面已经相对完整,韩国学界也没有太大的争议,因此这里不再讨论。

第四章　金泳三政府改革公职人员财产登记与公开制度的效果

论审查机构设置和人员组成以及处罚措施。

一　登记主体范围是否得当

（一）登记义务者的范围

改革后的制度规定，原则上四级以上的公职人员都应登记财产。作为例外，监察院、国税厅、关税厅、法务部、检察厅所属公务员九级以上、警察公务员中警司以上、消防公务员中消防长以上也应登记财产。通过此规定，将全体公务员的20%，以及极易滋生腐败部门的所有公务员全都纳入登记义务者范围中来，从而极大扩大了原有的登记范围。那么，这种规定是否合理呢？

观察世界各国公职人员财产登记与公开制度的实践，在登记义务者范围的规定上可分为两类。一类是全体登记主义，即规定，所有的公职人员都应当登记财产；另一类是部分登记主义，即规定，某个职级以上的公职人员应登记财产。韩国就属于部分登记主义的国家。除此之外，美国、日本、加拿大、墨西哥、斯里兰卡、秘鲁、玻利维亚等国实行的也是部分登记主义。而实行全体登记主义的国家有马来西亚、新加坡、菲律宾、印度、土耳其、巴西等国。①

实行全体登记主义，最大的优点就是通过要求所有公职人员都必须登记，制度能够最大范围地覆盖公职人员群体。从理论上讲，这种设计是最理想和最彻底的制度安排。但在实践中，种种原因会使实际效果被打折扣。其中最大的问题是成本问题。要实行全体人员登记，必然需要庞大的人力和财力支持，而这是很多国家都难以独立承担的。观察已实行全体登记主义的国家，虽然在法律上有明确规定，但也仅是一种规定而已，实际上几乎都陷入因人手不足、资金缺乏而带来的审查不力、制

---

① 〔韩〕洪正选：《公务员的财产登记义务》，《考试研究》1993年第6期，第56~57页。

度实效性难以真正发挥的境地。

相反，部分登记主义虽然在理论上并不是最完美的制度设计，但如果能够在实践中做到制度的彻底贯彻执行，是可以通过规约部分公职人员的行为而起到震慑其他公职人员的作用的。与全体登记主义相比，这种做法还可节省国家的财政预算。因此，对绝大多数国家而言，实施部分登记主义是较为可行的，只要其能真正做到诚实登记、审查到位、严格处罚。

实行部分登记主义，有一关键性的问题需要解决，即"部分"是"多少"才是合适的。虽然由于各国情况不同，"部分"的范围也会有所不同，但仍然应当有一个基本的评价标准。简单来说，"部分"的范围应与腐败的程度和性质挂钩。越易发生腐败的部门，其公职人员中须进行财产登记的人员范围就应越大；越是为了防止体制性腐败，纳入财产登记范围的公职人员的职级就应越高。

从上述标准看，韩国金泳三政府改革后的制度所规定的登记义务者的范围还是比较合理的。韩国的腐败是自上而下的腐败，因此，规定四级以上公职人员登记是可取的；将从事司法执法监察业务、金钱业务等易滋生腐败的部门的所有公职人员纳入登记范围也是合理的。

但是，改革后制度对登记义务者范围的规定还存在一定的缺陷。在韩国，除了上述提到的司法执法和税务部门外，还有其他一些部门也非常容易发生腐败，且腐败发生率明显高于其他部门。这些部门就是诸如食品卫生、土木、建筑等涉及利益较大且直接对民众办公的部门。例如第二节提到的，韩国政界"常青树"金在淳因被查出违法占用都市绿色保护地、从事房地产投机买卖而被免职。在利益的驱使下，这些部门很容易出现贪污受贿索贿问题。因此，这些部门应当有更大范围的人员被纳入登记义务者的范畴。

（二）其他登记主体的范围

对于其他登记主体的范围，如第三章所述，金泳三政府一方面沿袭了之前制度的基本规定，配偶和其他直系亲属仍需登记财产；但另一

第四章 金泳三政府改革公职人员财产登记与公开制度的效果

面,它也做了一些重要的改革,其中最主要的一项改革就是引入了"拒绝告知财产制度",将直系亲属中凡是不属于登记义务者抚养的人群都排除在登记主体之列。这项改革究竟是否适当,在学术界引发了激烈的争论。

一些学者认为,登记主体应只包括登记义务者,而哪怕是像配偶和直系亲属这样的人群都不应成为登记义务者。从这个意义上讲,他们认为现有的"拒绝告知财产制度"所排除的登记主体范围仍然不够。在这些学者看来,财产登记制度规约的是公职人员的行为,是要求公职人员廉洁行政,而并非针对公职人员配偶和亲属的行为。将登记范围扩展到非公职人员,是对这些人财产隐私权的侵犯,违背了宪法的基本精神。不仅如此,他们还指出,世界上其他施行财产登记的国家基本上都只是要求公职人员本人登记,或者最多是本人、配偶和子女登记,并不要求几乎全部直系亲属也要登记财产。他们认为,韩国现有制度规定和国际上的通行做法不符。[①] 表4-11列出了目前一些国家、地区法律规定的登记主体的范围。

表4-11　财产登记制度部分实施国家（地区）的登记主体范围

登记主体范围	国家/地区类型	
	财产公开国家（举例）	财产非公开国家（举例）
公职人员	日本、英国、德国、法国（只总统公开）	马来西亚、加拿大、法国、印度、巴西、玻利维亚、巴布亚新几内亚、哥斯达黎加
公职人员及其配偶		加纳
公职人员、配偶、及其抚养的子女	子女条件： 21岁以下：美国 18岁以下：菲律宾 未成年子女：中国台湾	子女条件： 18岁以下：斯里兰卡、澳大利亚 抚养子女：新加坡、牙买加、墨西哥

---

① 〔韩〕罗钟焄:《公职者财产登记制度实效性确保方案的研究》,硕士学位论文,全南大学行政大学院,2001,第48~49页。

续表

登记主体范围	国家/地区类型	
	财产公开国家（举例）	财产非公开国家（举例）
公职人员、配偶，及其直系亲属	韩国	土耳其

资料来源：〔韩〕罗钟焄：《公职者财产登记制度实效性确保方案的研究》，硕士学位论文，全南大学行政大学院，2001。

而另一派学者则持完全相反的态度。他们认为，所有亲属都应纳入登记主体的范围，"拒绝告知财产制度"的设立不恰当，应予废除。这些学者对该例外制度条款的批评一直延续至今。许多韩国学者指出，以直系亲属是否被抚养为是否有拒绝登记财产权的判断依据，是非常不合理的，不符合韩国的现实。[①] 他们认为，在现代韩国社会，虽然以血缘为纽带结成的大家族共同体在逐步向三口之家的"核家庭"转变，但韩国家庭的家族观念并没有消失。同一家族的人虽然不生活在一起，相互之间没有抚养关系，但关系依然密切，财产相互转移的可能性完全存在。拒绝告知制度的设立无疑给试图隐匿财产的人提供了脱逃的合法渠道。在韩国流行的一种说法，"贫寒的公务员、富有的近亲属"给上述质疑提供了很好的佐证。

虽然如第三章第一节所述，到2008年，"拒绝告知财产制度"进行了形式上的调整，由原来的事后审查改为事前审查，并增加了三年一度的再审查，从而较好地杜绝了恶意利用制度转移财产的现象，但是逐年增加的拒绝告知的情形，却一次又一次把该制度的存废问题推向了风口浪尖。

2010年12月14日，韩国行政安全部公布，国会行政安全委员会议员朴大海提交的"财产登记告知拒绝现状"报告显示，作为监察公职人员不正当行为的监察院，其高级公职人员的家族拒绝做财产登记的比例

---

① 参见〔韩〕郑日燮《有名无实的公职人员财产登记和公开制度》，《地方自治》1996年第12期，第54页。

高达34.5%，为所有中央行政部门之首。① 拒绝登记比例居高不下，无疑严重影响了财产登记与公开制度效果的发挥。没有财产可以审查，制度如何做到发现腐败并预防腐败呢？

尽管"拒绝告知财产制度"的立法初衷是好的，是为了保护非公职人员的财产隐私权，尽管它的审查由事后审查调整为事前审查，从而最大限度地规避了恶意利用的可能，但由于其本身的设置存在问题，很难同时做到既保护他人的权益，又保证财产登记制度的有效实施。

具体来看，仅以是否独立生活作为直系亲属能否拒绝登记财产的唯一审查要件的规定，其效果是，即便事前切实审查，最多是让所有符合情况的人员不必登记，让存有问题的人员必须登记，却无法防止登记义务者向这些直系亲属转移财产，这就为登记义务者打开了一个制度缺口。不难推测，越到后来，公职人员财产登记制度效果越不好，和"拒绝告知财产制度"的关联性很大。李相洙2004年的调查显示，不诚实或虚假登记是造成财产登记制度不能有效治理腐败的最重要原因，与这一点也是吻合的。

由于"拒绝告知财产制度"带来了登记义务者的不诚实或虚假登记，而这又损害了制度的效果，因此有必要对其做出修改和完善。

二 登记财产范围与财产算定标示方法是否科学

（一）登记财产的范围

改革后的制度依然实行的是所有财产登记的原则，规定所有的不动产和动产都应进行登记。同时根据当时的情况，增加了两项登记内容，即登记义务者向非营利法人捐助的财产和在国外拥有的财产。

---

① 《家族财产公开军队最为透明》，韩国《朝鲜日报》2010年12月16日，A6面。

对继续采用所有财产登记原则的做法,韩国学者中也存在一些不同的看法。有学者在对比其他国家确定的登记范围的基础上,主张根据国家所处的发展阶段和具体的社会环境来确定,没有必要完全实行所有财产的登记。① 尽管如此,笔者认为这种规定是合理的。将所有财产都进行登记,能够最大限度地防止财产登记者将应登记财产转化为不登记财产的行为。事实上,目前大多数国家实施的都是所有财产登记的原则(参见表4-12)。

表4-12 部分国家的财产登记范围

财产登记范围	国家/地区
所有财产	韩国、马来西亚、中国台湾、菲律宾、墨西哥、土耳其、澳大利亚、巴西、斯里兰卡、秘鲁、玻利维亚、加纳、哥斯达黎加、牙买加、印度、巴布亚新几内亚等
所得收入	美国
所得和固定资产	日本
与职业、职务等相关联的收入	英国、德国

资料来源:〔韩〕罗钟焄:《公职者财产登记制度实效性确保方案的研究》,硕士学位论文,全南大学行政大学院,2001。

(二) 财产算定标示方法

修改后的《公职人员伦理法》明确规定了各类财产的算定或是标示方法。其中,对凡需计入财产总额的财产都给出了价格的算定方法,而无须计入财产总额、只需登记的财产则给出了标示方法。这种方法为登记义务者提供了核算和标示自己财产的标准和方法,但还存在一定的缺陷。

---

① 〔韩〕罗钟焄:《公职者财产登记制度实效性确保方案的研究》,硕士学位论文,全南大学行政大学院,2001,第50页。

第四章　金泳三政府改革公职人员财产登记与公开制度的效果

首先，这种仅将部分财产计入财产总额的做法，无法真实反映公职人员财产的实际状况。例如，依据规定，公职人员在联营公司、合资公司、股份公司等的出资额是不计算在总财产金额中的，仅需要列出出资比例和最近工作年度该公司的年销售金额的明细即可。这种规定是不合理的，因为在这些公司的出资额有可能是登记义务者财产中的最重要部分。除此以外，黄金、宝石、古董、艺术品等也仅是被要求标注明细即可。不将这些价值高昂的财产计入总资产中，同样难以如实反映公职人员的真实收入。这些规则上的漏洞有可能被某些腐败分子恶意利用，通过变换财产形式达到其隐匿财产的目的。

其次，对某些财产规定的算定或标示方法也存在问题。尽管此次改革后确立的算定标示方法从总体上看较为合理与客观，但仔细推敲后发现，某些规定缺乏实际可操作性。值得重视的是，如果财产的算定标示方法存有问题，那么对于那些腐败分子来说，就有可能被其恶意利用；而对于那些诚实申报的人员来说，则会给其带来麻烦，造成申报不当，甚而遭到惩罚。以下是财产算定标示方法的几处不适当的规定。

第一，有关土地价格的规定。修改后的《公职人员伦理法》仅规定，土地价格按《有关不动产价格公示及鉴定评价的法律》确定的公示地价计算。但问题是，在韩国，"公示地价"有多种，有建设部出台公布的"地价"，有国税厅制定的"地价"，有行政自治部确定的"地价"，还有韩国鉴定院给出的"地价"。每个部门所规定的"地价"其适用范围也不同，建设部的"地价"主要用于土地征收补偿和征收土地超额税时使用，国税厅的"地价"主要在征收转让所得税时使用，韩国鉴定院的"地价"是向金融机构申请贷款时使用，行政自治部的"地价"则用于征收地方税时使用。面对如此多的适用于不同情形的"公示地价"，登记义务者究竟该以哪一个为准呢？究竟哪种"公示地价"是适用于"登记财产"之用的呢？由于《公职人员伦理法》没有任何这方面的规定，登记义务者在实际登记土地价额时选择的计算标准也就千差万别。

  如果说没有明确标准，更多的是造成选择上的困难的话，那么规定土地价格要依照公示地价而登记的做法，则会真正影响到财产总额的计算。因为，不论是哪种"公示地价"，其价额都远低于市场价额。例如，一般情况下，建设部的"地价"大体上是市场价格的70%~80%，国税厅的为90%，鉴定院的为60%，而行政部的最低，仅为市价的25%左右。如此，不管用哪种"地价"，都不能准确反映登记义务者的土地资产状况。有鉴于此，有关土地价额的规定，有必要寻找更为合理的计算方法。

  第二，有关股票、债券等有价证券价格计算的规定。修改后的法律规定：国债、公债、公司债券按票面价额申报；股票以是否上市做出区分，上市股票以登记基准日证券交易所最终交易价格来申报，未上市的股票按票面价额申报。这种规定存在以下一些问题：就债券而言，到期后，它的收益是本金和固定利息，并且这种获益是稳定的，不管发放债券的机构获利与否。这意味着，最终的收益必将高于最初的票面价额。因此，仅用票面价额申报是不妥当的。

  就上市股票而言，规定以登记基准日的收盘价来计算也不尽合理，尤其在计算财产公开人员的财产时。因为公开人员的财产公开日与登记基准日之间相差2~3个月。而在这段时间里，其价值的变化将可能非常大，因为股票是不定股息率，收益随时间变化波动很大。登记基准日的价额是不能准确反映登记义务者的股票价值拥有情况的。

  此外，与登记的有价证券的金额与实际数额有较大差距相比，登记义务者不据实申报所持有的有价证券的做法，带来的危害更大。不申报，就无法确定其来源是否合法。事实上，在韩国，有价证券的持有是非常敏感的问题，它往往是最容易发生腐败的环节。因此，如何更好地确认、审核以及标注这部分有价证券，是制度应着力予以完善的地方之一。

第四章　金泳三政府改革公职人员财产登记与公开制度的效果

第三，有关宝石、古玩、艺术品等的标示方法。修改后的法律规定，单价500万韩元以上的宝石、古玩、艺术品应予登记，列出种类、大小、色泽等明细。该规定面临的突出问题是，500万韩元的价值应如何估算？由谁来估算？是自我估价还是由专门的鉴定机构来估价？这些在修改后的法律中都没有明确的规定。而且，由于有500万韩元以下的相关物品不予登记这一规定，因此由于估价方法和估价机构不明确，很可能出现故意压低这类资产价额使其低于500万韩元的行为，以此规避申报此类资产。

除了以上指出的改革后制度在登记财产范围和财产算定标示方法上所存在的一些缺陷之外，还应注意的一点是，登记义务者在填写登记各类财产时，只需记载相关价额或属性，无须注明取得来源，也不必提供有关取得经过的说明文件。这种相对宽松的规定无疑会加大审查财产来源是否合法的难度。从制度完善的角度来说，对财产来源的说明也应当成为登记的内容之一。

三　财产公开主体与公开方式是否可行

金泳三政府对制度最重大的改革就是以法律的形式确立了公职人员财产公开制度。改革后的制度规定，原则上，一级以上的财产登记义务者应公开财产。公开的渠道是官报，时间是在申报后1个月内。

财产公开的重大意义不言而喻。作为一项"阳光法案"，只有将公职人员的财产置于强有力的外部监督之下，让其接受公众的监督，才能更有效地实现发现腐败、震慑公职人员心理的效果，进而起到预防腐败的作用。那么，设立的这项制度是否已经完善了呢？其公开的主体和方法是否还有需要改进的地方呢？

(一) 财产公开的主体

观察已实行财产公开制度的国家，以美国为例，《伦理改革法案》规定，除在国家安全部门工作或其他不宜暴露身份的官员外，各受理机关均须将财产申报资料公开，供大众查阅复印，以便接受社会监督。也就是说，除特殊情况外，所有登记人员均应公开财产。以美国的行政部门为例，每年约有 2.8 万名联邦行政官员的财产须公布。

而韩国的公开人员仅是登记人员的一小部分。其行政机构的公开人数，每年仅有 1000 余人（参见表 4-10）。虽然公开的人数越多并不意味着制度就一定越好，但是从理论上讲，接受公众监督的公职人员数量越多，制度的效果就越值得期待。美国和韩国实施财产公开制度的时间差不多，但美国制度的效果，要远好于韩国。因此，在可能的情况下，可以考虑扩大公开人员的范围。而前述调查中也明确显示，仅规定小部分人群公开财产是导致制度效果不佳的第三位原因（参见表 4-8）。

(二) 财产公开的方法

各国财产公开的方法不尽相同。例如，法国采取的是公开发表的形式，美国则是以个人请求查阅的方式来公开。目前韩国采取的是官报刊载的方式，这种方式多少也存在一定的问题。

由于公开人员本身所处的地位，他的一举一动本身就极容易引起社会公众的关注。当涉及个人财产问题时，就会更加受到关注。但是在韩国，公众的这种注意力却往往不是在财产获取渠道是否合法上，而更多关注的是公职人员实际拥有财产的多少上。通常情况是，在公开刊载财产后，就会出现对拥有大量财产的公职人员无端非难的事件。此时，媒体更会起到推波助澜的作用。以韩国 2011 年 3 月的财产公开为例，包括

第四章 金泳三政府改革公职人员财产登记与公开制度的效果

《中央日报》《东亚日报》《朝鲜日报》在内的韩国最有影响力的三家报纸在报道高级公职人员财产公开情况时,大都是以某某人财产最多为标题的。例如,"崔大浩安阳市长103亿元最高 李再明城南市长股票10亿元"①,"郑梦准资产2亿减少后又增2亿"②,"75%国会议员财产增加 平均增加47%"③,等等。"舆论对于公职人员财产的积累过程不加慎重的调查与分析,只将财产的过多视为问题,很大程度上影响了公众对于公共行政的判断。他们普遍认为公职人员财产的增加皆因为贪污腐败。"④ 这种误导公众关注点的做法,在有意无意中造成了财产公开的负面效果。"越来越多的公职人员在工作上追求安逸无事、懒惰、以赤贫为骄傲,有能力的人对公职持回避态度的现象越来越多。"⑤

可见,报纸舆论导向的错误,即便无损制度的有效性,也带来了其他不良的后果,使政府行政能力受损。不仅如此,这种误导的持续发生还会带来更多的虚假申报的情况。为了不被高度关注,不被公众指责,更多的登记义务者宁愿冒着被惩罚的风险,也要虚假登记。而当惩罚措施不是太严厉时,就更有可能如此。因此,如何在官报刊登财产的同时,引导公众将更多的注意力聚焦在其财产来源的合法性上,最大限度地减少对个人权益的侵害,是需要认真思考的问题。应尽力做到让有问题的公职人员受到应有的惩罚,而无问题的人员也不会无故受到诽谤。

综上,在财产公开环节,还存在公开主体的范围不够广泛以及公开的方式方法不恰当的问题。尽管如此,由不公开向公开的发展,无疑是制度建设过程中的重大进步。因为"非公开意味着在结构上公职人员的

---

① 《崔大浩安阳市长103亿元最高 李再明城南市长股票10亿元》,韩国《朝鲜日报》2011年3月28日,A11面。
② 《郑梦准资产2亿减少后又增2亿》,韩国《中央日报》2011年3月26日,A5面。
③ 《75%国会议员财产增加 平均增加47%》,韩国《东亚日报》2011年3月26日,A12面。
④ 《财产公开的问题点》,韩国《朝鲜日报》1993年6月19日,A12面。
⑤ 〔韩〕李相震:《公职人员财产登记和公开的效果性》,《庆尚大学社会科学研究所报告》,1993,第140页。

财产登记被置于国民的监视和批判之外","置于国民的监视和批判之外的财产登记制度对于握有权力的人来讲具有相当大的意义,对国民来讲却没有任何的意义"。① 而"凡是实施公职人员财产登记制度并发挥有效作用的国家皆是将登记财产公开的国家"。②

四 财产审查机构设置和人员组成是否合理

改革后的制度规定,公职人员伦理委员会负责登记财产的审查。因此,除了在原有的基础上增加伦理委员会的数量外,还明确规定了委员会的人员组成,以增强委员会的独立性。《公职人员伦理法》规定,公职人员伦理委员会由包括委员长和副委员长各1人在内的9人组成,其中,包括委员长在内的5人,应在法官、教育工作者、学识渊博和德高望重的人士中选任。③《公职人员伦理法施行令》第十六条规定,包括副委员长在内的剩余4名委员由总统委任。④

从上述规定可以看到,作为委员会委员长的选任重在考察其社会威望、学历背景。当然,其他委员也是如此。但问题是,委员会最重要的职责是审查财产,社会威望、学历背景等资历真的符合委员会的工作要求吗？在财产审查中,与德望、学历相比,显然更重要的应是财务、审计方面的专业知识。尽管由社会知名人士或者律师担任委员长和委员有助于增加委员会的社会威望和法律威信,但如果缺乏专业的审计知识,是很难真正切实履行审查职责的。审查环节是财产登记与公开制度中最为关键的一环,因此,这种并不十分专业的职业设计很可能

---

① 〔韩〕洪正选:《公务员的财产登记义务》,《考试研究》1993年第6期,第53页。
② 〔韩〕李相震:《公职人员财产登记和公开的效果性》,《庆尚大学社会科学研究所报告》,1993,第146页。
③ 韩国法制处国家法令信息中心:《公职人员伦理法》第九条第3款(1993年6月12日修订)。
④ 韩国法制处国家法令信息中心:《公职人员伦理法施行令》第十六条(1993年7月12日修订)。

第四章 金泳三政府改革公职人员财产登记与公开制度的效果

不利于财产审查,并影响制度的效果。表4-13显示,政府公职人员伦理委员会历届的委员长几乎都是由教育界人士或法律界人士来担任的。

表4-13 政府公职人员伦理委员会历届委员长

姓 名	职 业	任 期
李荣德	(前)明志大学校长	1993年8月9日~1993年12月22日
朴煐植	(前)延世大学校长	1994年1月29日~1995年5月16日
赵要翰	(前)崇实大学校长	1995年7月21日~1997年7月20日
金锺云	(前)首尔大学校长	1997年8月20日~1998年4月20日
尹一泳	律师	1998年5月1日~2002年4月30日
金硕洙	律师	2002年5月13日~2002年9月10日
朴万浩	律师	2002年10月21日~2004年10月20日
李容勋	律师	2004年10月28日~2005年9月25日
李南周	(前)韩国外国语大学东源育英会理事长	2004年10月14日~2007年10月13日
金东健	律师	2007年11月26日~2009年11月25日
李相培	(前)国会议员	2009年11月26日~2013年11月25日
李熙玉	(前)宪法裁判所裁判官	2014年2月13日

资料来源:韩国政府公职人员伦理委员会网站:http://www.gpec.go.kr/。

公职人员伦理委员会除了人员组成外,其下辖的工作人员的专业技能和数量也非常重要。施行令第二十条规定,为有效处理委员会的事务和事实调查等,委员会可设立若干名干事和事务职职员。[①] 在实际运作中,各委员会所属职员全部是从本部门的工作人员中抽调来的。这些人员本身并不具备和审查相关的审计、法律方面的专业知识,在其后的委员会工作中,也未被安排参加专门性的培训。退一步讲,如果说委员会的委员们因并不参与直接的审查工作,其不具备专业知识还能被接受的话,实际进行财产审查的工作人员如果也缺乏专业技能,其审查的准确

---

① 韩国法制处国家法令信息中心:《公职人员伦理法施行令》第二十条(1993年7月12日修订)。

性就会受到很大的影响。从这个意义上讲，为提高审查的准确性，需要有针对性地提高工作人员的专业素养。

此外，目前各委员会所辖工作人员数量偏少，这也是影响审查效果的一个重要因素。以政府公职人员伦理委员会为例，其所属干事和事务职职员法定为15名。这一数字与政府公职人员伦理委员会所承担的中央25个部门的人员的登记财产审查的工作量显然难以匹配。有学者计算过，以1993年《公职人员伦理法》全面修订后政府公职人员伦理委员会的审查工作量来计算，当时它所负责的登记人员为2.2万名，公开人员750名。如果以其人手计算，要想对上述人员财产逐一有效审核，至少需要1~2年的时间。到2009年，政府公职人员伦理委员会管辖的登记义务者数量已超过8万，公开对象人数也达到1782人，[①] 工作量将近1993年的4倍，以法律规定的15名工作人员来计算，其审核时间至少需要4年。可是根据《公职人员伦理法》的规定，委员会应在申报公开后的三个月内，完成对全部财产公开者的审查。无怪乎委员会会将其他非公开人员的财产审查委托给原登记机关或其他机关的首长来进行。但即使如此，对公开人员财产的审查也很难做到完全彻底的实质性审查。因此，对伦理委员会工作人员的数量设置也必须予以调整。

除公职人员伦理委员会自己负责审查外，由前可知，修改后的制度还规定了委任审查，登记机关或其他机关的首长可被委任审查权。[②] 在此规定下，各委员会在实际审查过程中都将绝大部分由其负责的登记人员的财产审查委托给了其他部门。以政府公职人员伦理委员会为例，它基本上将四级以下公职人员的财产审查权都做了委任（参见表4-14）。

[①] 韩国行政安全部：《09年度高级公职人员定期财产变动申报事项公开》，2009年3月27日。

[②] 韩国法制处国家法令信息中心：《公职人员伦理法》第八条第11款（1993年6月12日修订）。

表4-14 政府公职人员伦理委员会委任对象

政府公职人员伦理委员会委任范围
• 四级以下一般职和与此相当的别定职公务员
＊2000年度开始监事院、国税厅、关税厅的四级公务员的财产审查不再被委任
• 四级外务职公务员
• 在相当于四级一般职公务员的职位任职的研究官、指导官、奖学官、教育研究官、教授、副教授
• 总警以下的警察公务员及消防正以下的消防公务员
＊2000年度开始警察公务员中总警的财产审查不再被委任
＊地方警察厅所属警卫、警士的登记财产由地方警察厅审查
• 少将以下的军官及军务员
• 地方检察厅和支厅的副检事长级以外的检事
＊2000年度开始支厅的部长级以上的检事的财产审查不再被委任
• 国家安全企划部一级以下的职员

资料来源：韩国政府公职人员伦理委员会网站，http：//www.gpec.go.kr/。

根据1994年《公职人员伦理法》的规定，接受委托的机关的首长，拥有相关审查的大部分权限，仅有两项事项需要得到委员会的确认，即"获取有关金融往来的资料"和"向法务部长官（或国防部长官）委托调查事项时"（第八条第12款）。此外，还须在审查结束后一个月内向委员会汇报审查结果。可见，在委任审查后，伦理委员会仅充当了一个被告知的角色。如前所述，由于委任，登记机关同时又是审查机关，就很容易导致不实审查或审查结果不被信任。对于这种隐患，如果伦理委员会能够依法有力监督被委任机关的行为，还可以在一定程度上保证审查结果的真实与可信赖。但现有法律却仅仅赋予伦理委员会被告知的权限，如此一来，委任审查的弊端——审查缺失客观性和真实性——就非常凸显。财产登记与公开制度实施多年来，鲜有公职人员在审查后被要求惩戒或是解职，这一事实充分说明了这一问题。表4-15展示了政府公职人员伦理委员会1993~2004年财产审查的结果，其中，要求惩戒或解任的仅有十几例。显然，委任审查问题也是制度建设中亟须完善的内容。

表 4-15　登记财产审查结果（1993～2004 年）

区　分	审查人员	无异常	要求补充	给予警告或要求解任	征收过息金	要求惩戒	要求解任
合　计	833486	789904	43125	434	7	14	2
公开对象者	11857	10789	1013	53	—	1	1
非公开对象者	821629	779115	42112	381	7	13	1

资料来源：〔韩〕罗宽柱：《公职者财产登记制度实效性确保方案研究》，硕士学位论文，首尔市立大学都市科学大学院，2005，第 71 页。

综上，在审查环节，公职人员伦理委员会的委员和工作人员的组成，以及委任审查的设置，都存在有待完善的空间，现有的缺陷在一定程度上阻碍了制度效果的发挥。

五　处罚措施是否有力

修订后的《公职人员伦理法》规定，对于违反该法规定的人员，应给予行政处罚或刑事处罚。其中，行政处罚的内容是"要求给予惩戒或解任"，针对的行为包括"不进行财产登记；不申报变更事项、不提供说明材料；在没有许可的情况下，阅览、复印登记材料或指使他人从事此行为；虚假登记；不配合公职人员伦理委员会对登记事项的审查；利用财产登记事项达到本法规定以外的目的；把财产登记情况泄露给他人"等七种。

刑事处罚的内容是"徒刑或罚款"，共有"利用职务上秘密获取财产罪""拒绝登记财产罪""提交虚假资料罪""拒绝出席罪""未经许可阅览复印罪""泄露秘密罪"六项罪名。

虽然上述处罚措施较之改革前加大了力度，但是仍存在两个方面的问题。

第四章 金泳三政府改革公职人员财产登记与公开制度的效果

第一,对不诚实登记行为的处罚过轻。由前述调查可知,不诚实登记是导致制度效果不佳的首要原因,而对虚假登记的过轻处罚也是重要原因之一(参见表4-8)。由于制度发挥功能的基本前提是公职人员所登记的财产须真实准确,如果不切实处理好虚假登记的问题,将很难对制度的效果有较高的期待。

尽管有多种原因都可能导致不诚实的登记,但是惩罚力度不够无疑是重要原因之一。当公开人员在面对公众可能的质疑和虚假登记两个选择时,如果虚假登记的后果不严重,他就有可能选择后者。惩罚力度的大小,直接决定了公职人员在行为选择时的倾向。惩罚力度越大,选择诚实登记的可能性就越大。而修改后的法律仅规定,不诚实登记会受到行政处罚,但不受刑事处罚。而对于在制度实施过程中较少出现的利用职务获取秘密、拒绝登记等行为却设立了刑事处罚。可见,在直接关涉制度效果的不诚实登记问题上,现有的处罚力度是偏轻的。事实上,早在1993年法律修订前,就有学者建议对虚假登记的行为予以自由刑[①]的处罚。[②]

但也有韩国学者主张不加重行为处罚,他们认为"对不诚实登记行为的处罚,针对的是违反正直性的行为,并不是针对持有巨额不明财产的行为,因此没有施加严厉的刑事处罚的必要",除非有证据证明该财产确为非法途径获得,而如果是这样,则会有其他贪污受贿法予以惩罚。如果仅以不诚实登记财产为由就进行刑事处罚的话,实质是推定财产的拥有者有腐败行为。他们认为这样的做法是不符合韩国法律精神的。

对此,笔者认为,加大对虚假登记行为的处罚,施以刑事惩罚,并不意味着这就是在推定不实登记人员有腐败行为,而只是由于不诚实登记行为本身就具有严重社会危害性,是否诚实登记关乎制度的成败。当

[①] 管制、拘役、有期徒刑和无期徒刑都属于自由刑的范围。
[②] 〔韩〕洪正选:《公务员的财产登记义务》,《考试研究》1993年第6期,第61页。

然，对于不诚实登记行为，在量刑上不必太过严苛，可参照他国的相关法律规定来设置。例如，美国法律就规定，故意不申报或虚假申报财产的，可被处以1万美元以下的罚款、5年以下的有期徒刑。①

第二，处罚措施贯彻执行不力。从政府公职人员伦理委员会的年度报告书来看，自1993年制度改革后，尚未发现有被处以刑事处罚的案件，仅有几项行政处罚的案件。如此的处罚结果，很难不被怀疑有条款虚置的问题。再好的规定，也只有在被认真贯彻执行后，才能发挥应有的作用。前述调查中显示，"法律制度的脆弱性"是制度效果不佳的第二位的原因。从这个意义上讲，必须认真贯彻制度的规定，尤其是在处罚措施上的规定，以提高制度的刚性，以保证制度预防腐败的效果。

综上，本节从登记、公开、审查处理三个环节入手，查找制度的问题点。分析发现，登记环节主要存在以下几方面的问题：一是登记义务者的范围还相对较少，一些易发生腐败部门的人员还未纳入登记范围中来；二是"拒绝告知财产制度"的规定易增加公职人员隐匿财产的可能；三是将部分财产不计入总资产的做法难以准确体现财产总额；四是部分财产的算定、标示方法不准确，存在较大问题；五是财产登记中只列出各类财产和价额，不注明来源的做法不利于之后的审查。公开环节主要存在两方面的问题：一是公开人员的范围太狭窄，不利于实现公众对财产的监督；二是公开财产的方法有待改进，目前官报的舆论导向太过集中于财产的多寡，而非关注来源的合法与否。审查处理环节存在的问题包括：一是公职人员伦理委员会委员的选任资格与职务的要求并不十分匹配，专业人士较少；二是伦理委员会工作人员的专业素质不高，数量偏少，严重影响审查工作的质量和效率；三是伦理委员会的委任审查偏多，难以保证审查的客观性和准确性；四是对事关制度效果的类似虚假登记行为处罚过轻，类似行为频出；五是制度贯彻不十分彻底，相

---

① 参见韩国行政自治部《韩、中、日、美公务员公职伦理的有关规定》（2000年），第135页。

第四章 金泳三政府改革公职人员财产登记与公开制度的效果

关制裁措施实施不到位。上述问题点的存在正是今后制度建设中需要完善的部分。

小　结

本章重在评估改革后的公职人员财产登记与公开制度的效果。以预防和发现腐败为评价标准，通过对体制外评估数据——三位韩国学者的调查和透明国际的清廉指数报告，以及体制内评估数据——政府公职人员伦理委员会年度报告和实际查处发现的案件的分析，得出的结论是：改革后的制度的确在初期发挥了发现腐败的功能，在运行一段时间后，主要起到了规约公职人员行为、预防腐败的作用。但同时也发现，越到后来，制度的效果就越弱，这表明现有制度还存在一定的问题。

基于此，本章的后半部分主要从登记、公开和审查处理三个环节讨论了现有制度可能存在的问题。分析认为，在登记主体的范围、登记财产的范围和财产的算定标示方法、公开的主体和公开的方式方法、公职人员伦理委员会的人员组成和委任审查方式以及处罚措施的力度等方面还存在不同程度的缺陷。

面对这些问题，金泳三以后的政府是否做了制度上的改进？就目前来看，韩国现有的制度又有哪些方面需要去完善？这即是第五章要讨论的主要内容。

第五章 后金泳三时期财产登记与公开制度发展情况及完善建议

金泳三政府之后的几任政府在已有的制度框架下,在完善制度的道路上做了哪些工作?是否解决了制度衍生出的一系列问题?本章的前半部分将重点回答这一问题。后半部分则将在梳理上述制度发展情况的基础上,借鉴清华大学廉政中心相关研究成果,给出进一步的制度完善建议。

第一节 后金泳三时期公职人员财产登记与公开制度的发展

为充分发挥制度的实效性,金泳三政府之后的几届政府都在总结之前制度发展经验的基础上,对制度内容进行了一定的调整。本节将讨论金泳三总统之后的金大中、卢武铉和李明博总统时期制度的改革情况。

一 金大中政府时期(1998~2003年)

金大中政府分别于2001年1月26日和2001年4月27日对规定公

职人员财产登记与公开制度的《公职人员伦理法》和《公职人员伦理法施行令》进行了修订。其中，对《公职人员伦理法》的修订主要是增加财产公开对象人员应申报股票投资细目、财产变动事项可延缓申报这两项规定。对《公职人员伦理法施行令》的修订则主要是将建筑、土木、环境、食品、卫生等部门更多较低职级的公职人员纳入登记义务者范围之内，而同时对其他一些部门则缩小了登记范围，提高了这些部门应登记人员的职级。具体的改革内容如下：

（一）财产登记环节

在登记义务者的规定上，调整了部分部门应登记人员的范围，将建筑、土木、环境、食品、卫生等易滋生腐败的部门所属公务员登记范围由原来的四级扩展到七级，而同时将监察、税务、检察部门所属公务员登记范围由原来的九级提高到七级。具体的调整内容体现在修订后的《公职人员伦理法施行令》第三条第 3 款[①]中。规定如下：

以下部门应登记人员为：

第 3 款第 4 项：监察院所属公务员中五级以下七级以上的一般职公务员和与此相当的别定职公务员。

第 3 款第 7 项：国税厅及关税厅所属公务员中五级以上七级以下的一般职公务员和与此相当的别定职公务员。

第 3 款第 8 项：法务部及检察厅所属公务员中五级以下七级以上的检察事务职公务员和毒品搜查职公务员。

第 3 款第 9 项：中央行政机关（包括下属机关）所属公务员或地方自治团体所属公务员（邑、面、洞所属公务员除外）中就职于以监察业务为主要职能的部门（指中央行政机关中根据《政府组织法》成立的最小单位的补助机构和与此相当级别的职位和地方自治

[①] 韩国法制处国家法令信息中心：《公职人员伦理法施行令》第三条第 3 款第 4 项、第 7 项、第 8 项、第 9 项、第 9 项之二、第 10 项（2001 年 4 月 27 日修订）。

团体中根据《条例》或《规则》成立的最小单位的补助机构和与此相当级别的职位）的五级以上七级以下的一般职公务员，和与此相当的特定职、别定职公务员及其上级监督者。

（新设）第3款第9项之二：中央行政机关所属公务员或地方自治团体所属公务员中在建筑、土木、环境、食品领域承担民事、许可，监察、监督，指导、取缔业务的部门工作的五级以下七级以上的一般职公务员，和与此相当的特定职公务员、别定职公务员，及其上级监督者。

第3款第10项：地方自治团体所属公务员中就职于与课税、征税、查税及审税业务有关的部门的五级以下七级以上的一般职公务员，和与此相当的特定职公务员、别定职公务员，及其上级监督者。

——2001年4月27日《公职人员伦理法施行令》

上述改革措施也与第三章对登记义务者范围的分析相契合。改革后，基本上将极易滋生腐败的部门中中上级公职人员都纳入登记范畴。此次修订后的《公职人员伦理法施行令》对登记义务者范围的规定也一直延续到今天。

此外，修订后的《公职人员伦理法》也对登记义务者的范围有稍许的调整，将原来的"地方自治团体首长和地方议会议员"修改为"地方自治团体首长等地方自治团体的政务职公务员和地方议会议员"。① 修订后，凡属政务职的地方公职人员都应登记财产，而不再仅仅是首长和议员。

在财产变动申报方面，增设了财产公开对象人员应申报股票投资细目和财产变动事项延缓申报的规定。与金泳三政府时期相比，金大中时期韩国的股票市场相当繁荣。相当多的公职人员手中都持有大量股票。作为对这种新现象的回应，《公职人员伦理法》新设第六条之二，规定：

---

① 韩国法制处国家法令信息中心：《公职人员伦理法》第三条第1款第2项（2001年1月26日修订）。

第五章 后金泳三时期财产登记与公开制度发展情况及完善建议

> 作为公开对象人员的登记义务者,在按规定进行财产变动申报时,应将与股票取得、转让有关的交易内容一同申报给登记机关。申报的股票交易内容不予公开。①
>
> ——2001年1月26日《公职人员伦理法》

"股票交易细目申报"这一新规定的设置,有助于审查机关对股票的来源和处分过程进行监督和调查,防止公职人员利用公权力不法获利。

此外,在法律的第六条,还增设了第六条之三,就财产变动申报的延缓做了明确规定。规定如下:

> 凡进行"定期财产变动申报"和"义务免除者财产变动申报"时,登记义务者在符合下列各项之一情况下提出变动事项申报延缓的,登记机关首长可给予3年以内的延缓。
> ①根据法令规定派遣到国外工作的情形;
> ②根据法令规定休职的情形;
> ③在在外公馆②或驻外事务所工作的情形;
> ④除此之外由总统令确定的情形。
> 对因该条第1款规定的事由而获得延缓变动事项申报的登记义务者,在延缓事由消失后1个月内,应将财产登记或是变动事项申报以后发生的财产变动事项进行申报。③
>
> ——2001年1月26日《公职人员伦理法》

新增的规定,充分考虑到了部分登记人员由于工作上的原因,无法在规定的时间内完成财产变动申报的困难。这表明制度在不断的发展完善中,更趋合理化和人性化。

---

① 韩国法制处国家法令信息中心:《公职人员伦理法》第六条之二(2001年1月26日修订)。
② 在外公馆是指在国外设置的外务部的派遣机关,包括大使馆、代表部、公使馆、总领事馆等,履行外交、条约、通商、国际形势调查、侨民保护和对外宣战等事务。
③ 韩国法制处国家法令信息中心:《公职人员伦理法》第六条之三(2001年1月26日修订)。

（二）财产公开环节

在公开人员范围方面，做了一处调整。调整后的《公职人员伦理法》第十条第 2 款明确给出了应公开财产的契约职公职人员范围。而在此之前，此部分人群范围是由总统令来确定。

应公开财产的人员是：

第 2 款第 9 项之二：可以被任命为"一级一般职国家和地方公务员"、"总统令确定的外务公务员和国家情报院企划调整室室长"、"高等法院部长判事级以上法官和大检察厅检事级以上检事"、"中将以上军官"、"治安监以上的警察公务员和特别市、广域市、道、特别自治道的地方警察厅厅长"以及"地方国税厅厅长和二级三级的国务院关税长"的契约型公务员。①

——2001 年 1 月 26 日《公职人员伦理法》

通过以法律的形式将此类契约职公职人员的公开范围加以规定，减少了过去总统令规定的不确定性和易变性。

（三）财产审查处理环节

在这一环节，金大中政府在公开人员财产的审查期限和移交调查的情形两个地方做了调整。修改后的《公职人员伦理法》将审查期限在原有三个月的基础上又延长了三个月；将原有的有虚假登记嫌疑的人员移交法务部审理调查的规定进一步调整为有虚假登记或者有利用职务上所知秘密谋取经济利益的嫌疑人移交法务部审理的规定，即增加了一项审查移交的情形。具体规定如下：

第八条第 10 款：公职人员伦理委员会必须在登记或变动申报

---

① 韩国法制处国家法令信息中心：《公职人员伦理法》第十条第 2 款（2001 年 1 月 26 日修订）。

第五章　后金泳三时期财产登记与公开制度发展情况及完善建议

公开后的三个月内，完成对全部财产公开人员的审查。但是，在认为确有必要的情况下，公职人员伦理委员会可依议决，将审查期限延长三个月。

第八条第 7 款：公职人员伦理委员会对具有虚假登记或利用职务上所知秘密来获取财物或财产上利益之嫌疑的登记义务者，应向法务部长官（军人或军队系统服务人员，则请求国防部长官）提交证明材料并规定期限，请求予以调查。①

——2001 年 1 月 26 日《公职人员伦理法》

通过进一步延长审查期限，有利于保障审查的彻底性和切实性。这一调整有助于解决第四章指出的由于审查人手不足且审查时间不长而带来的审查不彻底的问题。增加移交调查的情形，说明了对审查中所发现问题的重视，表明此届政府注重通过财产登记与公开制度发现更多的腐败问题。

综上可见，金大中政府对制度的修改涉及登记、公开和审查处理三个环节。通过上述的这些调整，金泳三政府时期确立的制度内容变得更加完善。参照韩国法制处的法律文本，笔者将金大中政府对《公职人员伦理法》的修订内容绘表如表 5-1 所示。

表 5-1　金大中政府时期《公职人员伦理法》修订的主要内容

修订日期	主要修订内容
2001 年 1 月 26 日	·财产公开对象者在申报财产变动事项时，应一并向申报机关提交有关股票取得与转让的股票交易明细申报书 ·除虚假申报外，凡有利用职务上所知秘密来取得财物或财产上的利益之嫌疑，也需被移送到法务部（或军务部）长官处接受调查。依据调查的结果采取相应的措施 ·原由总统令规定的应公开财产的契约型公务员，改为由法律直接做出规定 ·对有赴国外工作或休假情形的人员，可给予财产变动申报的延缓，延缓期为 3 年

资料来源：韩国根据法制处的《法令沿革》（http://www.moleg.go.kr）整理而得。

---

① 韩国法制处国家法令信息中心：《公职人员伦理法》第八条第 7 款、第 10 款（2001 年 1 月 26 日修订）。

-209-

二　卢武铉政府时期（2003~2008年）

在金大中政府之后，继任的卢武铉政府曾经两次修订了《公职人员伦理法》，分别是在2005年5月18日和2006年12月28日。首次修订主要是增加了对股票白纸信托制度（"주식백지신탁제도"，[①] 又称"株式白纸信托制度"，韩音译）的规定。第二次修订的主要内容是扩大了总资产的算定范围、调整了部分财产的算定标示方法、设立了金融交易信息事先查询制度、增加了公职人员伦理委员会的审查权限以及增设了"拒绝告知"的事前许可条款等。

（一）2005年5月的第一次修订

此次修订后的《公职人员伦理法》专门新设"股票的出售和信托"一章（即第二章之二）。之所以如此重视股票的信托，与当时韩国公众对政府和公职人员的信任日渐丧失密切相关。卢武铉政府时期，越来越多的高级公职人员因大量持有股票而获利，所持财产总额骤增。这些人员恰恰又是财产公开的人群。相比之下，广大民众却几乎未从股票投资中获益。现实收益上的悬殊导致公众对公职人员尤其是高层是否有利用职权获得股票内幕交易信息而产生了强烈的怀疑。因此，如何妥善地解决股票持有与权力拥有的关系，避免不当获利情况的发生，成为卢武铉政府亟待解决的重大问题。

株式白纸信托制度属于利害冲突规避制度的一种。它设置的初衷主要是，考虑到当公职人员职务的公共利益与自身利益发生冲突时，很有可能造成对公共利益的侵害和对公正执行职务的妨害。株式白纸信托制度的基本内容是，要求财产公开人员对超过一定限额的股票进行处理，

[①] 即"股票保密信托"，英文称"blind trust"，指的是委托人把财产投资交给受托人打理，受托人不向任何人披露投资情况，且原则上不受委托人影响。

第五章 后金泳三时期财产登记与公开制度发展情况及完善建议

超过部分或者直接出售或者信托给有资质的相关机构。通过设立信托制度，可以尽可能地避免公共利益与自身利益发生冲突的情形，规避上述侵害和妨害事件的发生。参照美国的制度设计，此次修订将株式白纸信托制度纳入其中，具体规定如下：

（新设）第十四条之四：登记义务者中的公开对象人员、财政经济部和金融委员会所属公务员中由总统令确定的人员（以下称"公开对象者等"），其本人及其利害关系人（配偶和直系亲属）所持有的股票总价额，超过总统令规定的1000万韩元至5000万韩元范围外的部分（总统令规定金额为3000万韩元），从超过之日起1个月以内，由其本人或要求利害关系人将有关股票出售，或者签订"株式白纸信托合同"，同时将该行为报告给登记机关。但取得株式白纸信托审查委员会认定的不具有职务关联性决定通知的，不需采取上述措施。

签订的"株式白纸信托合同"应包括如下要件：

①信托机关应从签订信托合同之日起60天内处分信托的股票。如果60天内处分股票确有困难，信托机关在得到公职人员伦理委员会同意的情况下，可延长股票的处分时限。此时，延长次数应为1次，期限为30天。

②公开对象者等和利害关系人不得参与信托财产的管理、运营和处分。

③公开对象者等和其利害关系人不能要求提供有关信托财产的管理、运营和处分的信息，信托机关也不能提供相关信息。但信托机关在签订信托合同时，可在总统令规定的范围内，事先告知信托财产的基本运营方法。

④当发生信托终止的事由时，信托人员可解除信托合同。[①]

——2005年5月18日《公职人员伦理法》

[①] 韩国法制处国家法令信息中心：《公职人员伦理法》第十四条之四（2005年5月18日修订）。

为对公开对象人员及其利害关系人所持股票与其职务间的关联性进行审查，行政自治部还专门设立了株式白纸信托审查委员会。这里所说的职务关联性，依据相关法规可知，指的是有直接或间接地接触到有关股票信息的可能性和行使影响力的可能性。修订后的《公职人员伦理法》第十四条之五详细规定了株式白纸信托审查委员会的组成、审查权限与审查步骤等内容。其中，第十四条之五第 2 款至第 5 款涉及委员会的组成，第 6 款至第 10 款与审查权限等相关。规定如下：

第 1 款：为对公开对象者等和利害关系人所持股票的职务关联性与否进行审查和决定，在行政自治部设置株式白纸信托审查委员会。

第 2 款：株式白纸信托审查委员会由包括 1 名委员长在内的 9 人组成。

第 3 款：委员长和委员都由总统令任命或委托。其中，在国会和大法院院长推荐的人员中分别任命或委托 3 名委员。

第 4 款：委员应是公职人员伦理委员会委员、法官、教育工作者、与股票有关的金融专家，以及其他有白纸信托方面知识并且德高望重的人。

第 5 款：委员长和委员的任期为两年，可连任一次。

第 6 款：公开对象者等若想以本人及其利害关系人所持股票与职务无关联性为由，免除股票出售或株式白纸信托义务的，在其所持股票总价额超过总统令规定的 1000 万韩元至 5000 万韩元时，从超过之日起 1 个月内应向株式白纸信托审查委员会请求就职务关联性有无进行审查。

第 7 款：委员会应在审查请求之日起的 1 个月内完成审查，并将结果通知给请求人（必要情况下，依议决可延长审查期限 1 个月）。

第 8 款：审查时，判断股票与职务关联性有无的标准为是否有直接或间接地接触到有关股票信息的可能性和行使影响力的可

第五章　后金泳三时期财产登记与公开制度发展情况及完善建议

能性。

第 9 款：在审查的必要情况下，委员会可要求公开对象者等提供资料或对其提出书面质疑。

第 10 款：在审查的必要情况下，委员会可要求有关机关团体提供相关资料，此时，该团体不得无故拒绝。①

——2005 年 5 月 18 日《公职人员伦理法》

为配合株式白纸信托制度的有效实施，修订后的法律还新设立多个条款，就白纸信托时公开人员和信托机构的行为做了明确的限制性规定。这些规定体现在第十四条之六、之七、之八中。其中，第十四条之六是关于信托期内不得再取得新股票的规定，第十四条之七是关于公开人员不得向信托机构索取信托信息，而信托机构也不能主动向其提供相关信息的规定，第十四条之八是关于信托机构要定期向株式白纸信托审查委员会汇报工作的规定。规定如下：

（新设）第十四条之六：在依本法第十四条之四签订株式白纸信托合同的情况下，在信托合同终止前，公开对象人员及其利害关系人等均不能取得新的股票。但在上述规定的限制期间内，因继承或其他总统令规定的事由取得股票的，在取得之日（继承时，为从知道继承之日）起 1 个月内应直接将股票出售或白纸信托，并将该事实向登记机关申报。

（新设）第十四条之七：公开对象人员及其利害关系人等不得要求信托业者、集合投资业者、投资公司、投资买卖业者提供公开有关信托财产的管理、运营和处分内容等信息，该上述公司、业体也禁止向公开对象人员及其利害关系人提供有关信息。但公司、业体在处分信托财产后，因此而发生的诸如交纳让渡所得税等纳税义

---

① 韩国法制处国家法令信息中心：《公职人员伦理法》第十四条之五（2005 年 5 月 18 日修订）。

务的，为保证义务的自愿履行，可将履行中的必要信息通知给公开对象人员等。

（新设）第十四条之八：株式白纸信托的受托机关应将每年1月1日至12月31日有关信托财产的管理、运营和处分的内容在第二年1月中旬向管辖公职人员伦理委员会报告。①

——2005年5月18日《公职人员伦理法》

通过上述第十四条之四至十四条之八的新设规定，股票的株式白纸信托制度基本确立起来。为进一步保证条款的全面贯彻实施，还对违反法律的行为设立了行政和刑事处罚措施。其中，行政措施上，对于违反《公职人员伦理法》第十四条之四的规定不进行申报的行为，违反第十四条之六的规定不得再取得新的股票或不申报的行为，违反第十四条之七的规定要求提供有关信托财产的管理运营和处分的信息的行为，参与信托财产的管理运营和处分的行为、违反第十四条之十的规定终止株式白纸信托合同的行为，由公职人员伦理委员会给予要求"解任或惩戒议决"的行政处罚。② 刑事处罚上，新设"拒绝股票白纸信托罪""违反禁止参与股票白纸信托罪"两项罪名。规定如下：

（新设）第二十四条之二：对公开对象者等无正当理由拒绝出售所持股票或白纸信托的，处以一年以下有期徒刑或1000万韩元以下的罚款。③

（新设）第二十八条之二：对公开对象人员及其利害关系人等要求提供有关信托财产的管理、运营和处分信息的，或是信托业者、集合投资业者、投资公司、投资买卖业者以及投资中介的

---

① 韩国法制处国家法令信息中心：《公职人员伦理法》第十四条之六、之七、之八（2005年5月18日修订）。
② 韩国法制处国家法令信息中心：《公职人员伦理法》第二十二条（2005年5月18日修订）。
③ 韩国法制处国家法令信息中心：《公职人员伦理法》第二十四条之二（2005年5月18日修订）。

第五章　后金泳三时期财产登记与公开制度发展情况及完善建议

任职人员同意提供信息请求的，分别处以一年以下有期徒刑或1000万韩元以下罚款；对公开对象人员及其利害关系人等参与信托财产的管理、运营和处分的，处以一年以下有期徒刑或1000万韩元以下的罚款。①

——2005年5月18日《公职人员伦理法》

可见，卢武铉政府此次制度改革的注意力主要集中在对股票这一财产的监管上。通过将公开人员所持股票限定在一定范围内，要求将超过部分全部出售或是委托给专门信托机构管理，解决了两大现实问题：

一是最大限度地减少了权力对股票的影响，杜绝了公职人员用手中的权力获取暴利的可能性。与金大中时期设立的"股票交易细目报告义务化"规定相比，此次规定无疑更进了一步，因为前一规定能做到的只是根据申报的股票交易细目来分析有无利用权力获利的嫌疑，是一种事后监督行为，而此次规定则是从源头上规避了"利害冲突"的发生，具有预防的功能。

二是解决了难以对不申报的股票进行追踪审查的问题。正如第四章所述，以登记基准日证券交易所的交易价格来申报股票的做法并不能完全真实地反映财产的持有状况，对制度的实效性会有损害。但与之相比，危害性更大的是原有的制度无法追踪到不申报的股票。如果公职人员故意隐瞒不申报，委员会是无法对这部分财产进行追踪审查的。而此处规定由专门信托机构管理股票，并要求受托机构定期向公职人员伦理委员会报告财产处分状况，就杜绝了公职人员刻意隐匿股票持有情况的发生，可以及时地追踪和审查这部分资产。

参照韩国法制处的法律文本，笔者将卢武铉政府第一次对《公职人员伦理法》所修订的主要内容绘表如表5-2所示。

---

① 韩国法制处国家法令信息中心：《公职人员伦理法》第二十八条之二（2005年5月18日修订）。

表 5-2　卢武铉政府首次修订《公职人员伦理法》的主要内容

修订日期	主要修订内容
2005年5月18日	·公职人员执行的职务与公职人员的财产有利害关系时,应努力防止利害冲突,公正地执行职务 ·登记义务者中的公开对象者、财政经济部和金融委员会所属公务员中由总统令确定的人员,其本人、利害关系人(配偶和直系亲属)所持有的股票总价额,超过总统令规定的1000万韩元至5000万韩元的部分,从超过之日起1个月以内直接或要求利害关系人将有关股票出售或签订"株式白纸信托合同",并向登记机关申报 ·为审查持有的股票是否与职务存在关联性,在行政自治部设置由9名委员组成的股票白纸信托审查委员会 ·签订股票白纸信托合同时,公职人员及其利害关系者以及受托机构不能要求提供或提供与信托财产的管理、运用、处分有关的情报 ·公开对象者拒绝出售股票或是并不履行白纸信托相关的事项时,视情况,给予解任或是惩戒的处罚

资料来源:韩国根据法制处的《法令沿革》(http://www.moleg.go.kr)整理而得。

(二) 2006年12月的第二次修订

在继2005年的第一次修订之后,2006年12月28日,卢武铉政府再次对《公职人员伦理法》进行了修订,在多处做了补充性规定。

1. 财产登记环节

在登记财产范围上,新设第四条第2款第5项,将股票购买选择权纳入登记财产范围之列。[①] 所谓股票购买选择权,简单来讲,就是公司给予一些人员在未来某段时期内以预先约定的价格购买一定数量本公司普通股票的权利。通过增设此登记内容,再次体现了卢武铉政府对公职人员持有股票情况的关注。

在财产算定标示方法上,第二次修订做了两方面的调整。一是将原有的一些仅标示明细而不计入总资产金额的财产纳入总资产的计算中,

[①] 韩国法制处国家法令信息中心:《公职人员伦理法》第四条第2款(2006年12月28日修订)。

第五章　后金泳三时期财产登记与公开制度发展情况及完善建议

并明确给出了这些财产的算定方法。二是调整了原有的部分财产的算定方法。

第一方面的调整，实际上是扩大了应计算价额的财产范围。根据1993年法律的规定，黄金和白金（包括黄金和白金制品）、古董和艺术品、宝石类以及在联营公司、合资公司、股份有限公司中出资的份额都只需列出相应的明细单，不算定价额，不计入登记义务者所持有的总财产中（参见第三章第一节）。而此次修订后的法律规定，上述四类财产在登记时不仅应标明相应的明细，还需计算价额，并将其反映在财产总额中。具体的算定方法为：

第四条第3款：各类财产的价额算定方法如下。

⑧在联营公司、合资公司、股份有限公司中出资的份额，列出出资金额、所占份额的比率和最近工作年度的公司的年度销售额。

⑨黄金和白金（包括黄金和白金制品），按实际交易价格或申报时的市场价格登记，并列出种类、含量和重量等的明细单。

⑩宝石类，按实际交易价格或专家等的评价额登记，并列出种类、大小、色泽等的明细单。

⑪古董和艺术品，按实际交易价格或专家等的评价额登记，并列出种类、大小、作者、制作年代等的明细单。①

——2006年12月28日《公职人员伦理法》

此外，修订后的法律还规定，由于上述财产被列入总资产的计算中，因此，在进行财产变动申报时，若有金额上的变化，也同其他变动财产一起申报。②

显然，上述修订是对金泳三政府制定的部分财产不纳入总金额算

---

① 韩国法制处国家法令信息中心：《公职人员伦理法》第四条第3款（2006年12月28日修订）。

② 韩国法制处国家法令信息中心：《公职人员伦理法》第六条（2006年12月28日修订）。

定、仅标示细目的规定的改进。如第四章第三节所述，部分颇具价值的财产被排除在总财产价额之外，不仅难以准确衡量出登记义务者的实际资产拥有情况，更有可能出现被恶意利用转移资产的情况。因此，此次调整不管是在登记义务者总财产的计算方面，还是在切断财产转移通道方面，都体现了制度的一大进步。

第二方面的调整是修改了原有的土地、住宅和商街大厦等不动产的算定方法。由表5-3可见，土地价格的计算方法由原来的"公示地价"调整为"个别公示地价（没有个别公示地价的，则按公示地价）或实际交易额"。专门针对某类或某块区域的土地确定的"个别公示地价"显然要比统一的"公示地价"更准确地反映登记土地的价额，而在"个别公示地价"外增加的又一选项"实际交易额"，则是当时土地价格最真实的反映。"个别公示地价"和"公示地价"都会比实际的市场交易额要低很多，用"实际交易额"来算定土地价额是最准确的。

修改后的住宅的价额算定方法同土地类似，可选择采用"公示价格"或"实际交易额"。而对像商街、大厦、写字楼等其他不动产，同样也有"公示价格"和"实际交易额"这两种选择。依据这些修订后的算定方法计算出的不动产价格会更为真实和准确。

表5-3 1993年和2006年《公职人员伦理法》中部分财产算定方法比较

财产类别	算定方法	
	1993年	2006年
土地	按《有关不动产价格公示及鉴定评价的法律》确定的公示地价	按《有关不动产价格公示及鉴定评价的法律》确定的个别公示地价（部分土地没有个别公示地价的，以同法第九条确定的公示地价为基准来算定金额）或实际交易价格
住宅	按《所得税法》确定的基准市价	按《有关不动产价格公示及鉴定评价的法律》第十六条、第十七条所确定的公示价格或实际交易价格

第五章　后金泳三时期财产登记与公开制度发展情况及完善建议

续表

财产类别	算定方法	
	1993年	2006年
商街、大厦、写字楼等其他不动产	土地部分按《有关地价公示和土地等的评价法律》确定的公示地价来算定价额，建筑物部分按国家或地方自治团体公示的最高价格来计算（有取得时价格的，附上取得价格），然后将两部分价额合计	为地基和建筑价格的合计额或实际交易价格。其中地基部分，按《有关不动产价格公示及鉴定评价的法律》的个别公示地价（部分土地没有个别公示地价的，以同法第九条规定的公示地价为基准来算定金额）来计算；建筑物部分，按国家或地方自治团体公示的最高价格来计算（有取得时的价格的，附上取得价格）

资料来源：韩国法制处国家法令信息中心：《公职人员伦理法》第四条第3款（2006年12月28日修订）。

除了登记财产范围和财产算定标示方法方面的调整外，卢武铉政府2006年的改革在财产变动申报方面也进行了修订，主要是新设立了金融交易信息事先查询制度，同时调整了个别变动申报的截止时间和次数。

金融交易信息事先查询制度是一种在变动财产申报之前，先由名义人向公职人员伦理委员会提出获取金融交易信息申请，在获得委员会同意的情况下，再由委员会向金融机构索取相关资料并转交给名义人的制度。具体规定如下。

（新设）第六条第5款：在进行定期财产变动申报时，公职人员伦理委员会在必要情况下，可不受《有关金融实名交易和秘密保护的法律》之第四条和《有关信用信息的利用和保护的法律》之第三十三条的约束，依名义人的请求，根据《有关促进信息通信网的利用和信息保护等的法律》之第二条第1款第1项的规定，利用信息通信网，向金融机关的首长提出提供名义人金融交易中相关余额资料（应包括借款余额的资料）的要求。在收到此要求时，相关金融机关的首长应通过信息通信网提供该资料。①

——2006年12月28日《公职人员伦理法》

通过设立金融信息事先查询制度,可以有效地避免财产变动申报中有关金融交易信息的虚假申报,而且还能减轻申报人员自身人力和财力上的负担。因为在该制度确立之前,申报人须自己查询交易情况并计算交易所剩余额。

此外,此次修改后的法律还调整了定期财产变动的截止时间,截止日期由原来的1月末调整到2月末。② 对于义务免除人员的财产变动申报,则将申报次数由原来的3次缩减为2次。③

2. 财产审查环节

此环节主要有3处调整:其一,调整了公职人员伦理委员会的管辖范围;其二,增加了委员会在审查过程中的权限;其三,对"拒绝告知财产"的审查由事后审查变为事前审查。

在公职人员伦理委员会的管辖范围上,将更多公职人员的财产审查交由上一级公职人员伦理委员会来负责。具体来说,原来由特别市、广域市、道、特别自治道(即地方自治团体④)公职人员伦理委员会负责的各地方自治团体首长、广域议会议员和三级以上地方公务员的财产审查交由政府公职人员伦理委员会来负责;原来由市、郡、区(即基础自治团体)公职人员伦理委员会负责的基础自治团体的议会议员和四级地方公务员的财产审查交由各地方自治团体伦理委员会来负责(参见表5-4)。

---

① 韩国法制处国家法令信息中心:《公职人员伦理法》第六条第5款(2006年12月28日修订)。
② 韩国法制处国家法令信息中心:《公职人员伦理法》第六条第1款(2006年12月28日修订)。
③ 韩国法制处国家法令信息中心:《公职人员伦理法》第十一条第1款(2006年12月28日修订)。
④ 广域自治团体包含1个特别市、5个广域市和9个道,基础自治团体包含67个市、98个郡和65个自治区。

第五章 后金泳三时期财产登记与公开制度发展情况及完善建议

表 5-4　2006 年法律修订后各公职人员伦理委员会的管辖范围

各公职人员伦理委员会	管辖范围
国会公职人员伦理委员会	・国会议员、国会所属公务员
大法院公职人员伦理委员会	・法官、法院所属公务员
宪法裁判所公职人员伦理委员会	・宪法裁判所裁判官、宪法裁判所所属公务员
中央选举管理委员会公职人员伦理委员会	・各级选举管理委员会所属公务员
特别市、广域市、道、特别自治道公职人员伦理委员会	・特别市、广域市、道、特别自治道所属四级以下公务员 ・所属公职有关团体的任员和职员（非公开者） ・特别市、广域市、道、特别自治道议会所属四级以下公务员 ・市、郡、区议会议员 ・市、郡、区的四级公务员
市、郡、区公职人员伦理委员会	・市、郡、区所属五级以下公务员 ・所属公职有关团体的任员和职员（非公开者） ・市、郡、区议会所属五级以下公务员
特别市、广域市、道、特别自治道教育厅公职人员伦理委员会	・特别市、广域市、道、特别自治道教育厅所属四级以下公务员 ・教育委员会所属四级以下公务员
政府公职人员伦理委员会	・上述以外的政府所属（中央行政机关）专职人员 ・地方自治团体（市①、道，市②、郡、区）的首长，广域（市、道）议会议员 ・市、道教育监和市、道教育委员 ・地方自治团体、教育厅所属三级以上公务员 ・公职有关团体的任员和职员

注：退职人员的财产审查机构为退职时所属公职人员伦理委员会，义务免除人员的财产审查机构为义务免除时所属公职人员伦理委员会。

资料来源：韩国法制处国家法令信息中心：《公职人员伦理法》第九条第 2 款（2006 年 12 月 28 日修订）。

---

① 这里的"市"，指的是特别市和广域市，属于一级行政区划，与道同级。
② 这里的"市"，是一般的市，属于二级行政区划。

将更多公职人员的财产审查交由上一级公职人员伦理委员会来负责，这种做法有利于增强审查的独立性和权威性，进而有助于更及时地发现和预防腐败。值得注意的是，此次修订后的委员会管辖范围迄今还未发生变动。

在公职人员伦理委员会的审查权限上，2006年的这次修订新设了第六条第13款，规定公职人员伦理委员会在审查时，必要情况下，可要求财产公开人员就财产的形成过程做出详细的说明。具体规定如下：

> （新设）第六条第13款：公职人员伦理委员会对公开对象人员和公职选举候选人等的财产登记事项进行审查时，必要情况下，可要求其对登记财产的取得日期、取得经过以及取得来源等（即"财产形成过程"）予以说明。此时，被要求说明财产形成过程的人员需提交从财产登记之日起过去3年间的相关的证明材料。被要求说明财产形成过程的人员无正当事由不得拒绝做出说明和提出材料。
>
> ——2006年12月28日《公职人员伦理法》

为规范该条款的实施，2006年版法律还设置了相应的行政处罚规定：对公职人员伦理委员会的说明要求做出虚假说明或提供虚假资料的有关人员可以要求给予解任或惩戒的议决，或是处以2000万韩元以下过怠金。①

新增的这一权限，对于解决第四章第三节所提到的登记财产只要求记录价格或相关属性的弊端来说，无疑是一个较好的方法。要求公开人员提供过去三年的财产来源证明，便于有效地调查其财产来源的合法性，以回应社会公众的知情要求和质疑。不过遗憾的是，这个规定还仅是一种选择性规定，而不是强制性规定，而且该规定所针对的对象也仅是公开人员。

---

① 韩国法制处国家法令信息中心：《公职人员伦理法》第二十二条第3款、第三十条（2006年12月28日修订）。

第五章 后金泳三时期财产登记与公开制度发展情况及完善建议

此外，此次修订在审查环节上还做了一处调整，就是将有关"拒绝告知财产"的审查由原来的事后审查变为事前审查，以此来防止恶意利用此条款隐匿财产行为的发生（详见第三章第一节）。

综上，2006年法律修改的内容涉及登记和审查两个环节，所做的修订基本上回应了此前制度所存在的问题。从这个意义上讲，此次修订是有着制度发展上的积极意义的。参照韩国法制处的法律文本，笔者将此次修订内容绘表如表5-5所示。

表5-5 卢武铉政府第二次修订《公职人员伦理法》的主要内容

修订日期	主要修订内容
2006年12月28日	·登记财产的价额算定中加入实际交易价额 ·增加算入总资产的财产 贵金属类、古董和艺术品、在合资公司的出资额都需登记价额，以反映在财产总额中；财产变动申报时，也应申报该变动事项 ·新设金融信息事先查询权 在名义人要求下，公职人员伦理委员会从金融机关处获得金融交易中的信息并提供给名义人 ·新设有关财产形成过程说明的义务 公职人员伦理委员会在必要的情况下可要求公开对象的公职人员和公职选举候选人等说明财产形成的过程 虚假说明或是提供虚假资料或是不提交说明资料的可给予解任或惩戒议决，还可处以2000万韩元以下过怠金 ·直系亲属的告知拒绝许可制度 由"事后审查"改为"事前审查"，每三年接受所属公职人员伦理委员会的再审查 ·各公职人员伦理委员会的管辖范围调整 地方自治团体的长官、广域议会议员和三级以上地方公务员由政府公职人员伦理委员会审查；基础自治团体议会议员和四级以上公务员由特别市、广域市、道公职人员伦理委员会审查 ·其他修订事项 财产登记中增加股票购买选择权 定期变动申报日从1月末调整到2月末，义务免除人员申报次数由3次减为2次

资料来源：韩国根据法制处的《法令沿革》（http://www.moleg.go.kr）整理而得。

综合卢武铉政府两次对公职人员财产登记与公开制度的改革可见,卢武铉政府的改革也涉及财产登记、公开和审查处理三个环节。其中,在《公职人员伦理法》的首次修订中,主要是增设了要求公开人员对持有的股票进行信托的规定;在第二次修订中,主要是在总资产的算定范围和财产的算定方法、财产变动申报、公职人员伦理委员会的审查权等财产的登记和审查处理环节进行了调整。通过两次法律的修订,已有的部分制度缺陷得以弥补。

三 李明博政府时期(2008~2013 年)

李明博政府曾在 2009 年 2 月 3 日对《公职人员伦理法》做过一次修订。此次修订后的法律即是现行的韩国《公职人员伦理法》(以下称"现行法")。与前两任政府相比,此次修改幅度不大。其中比较重要的修改内容是增设了"不动产信息事先查询制度",还增加了财产申报免除的规定。此外,在登记主体、公开人员的范围等方面也有小的调整。

首先,确立了不动产信息事先查询制度。此制度与卢武铉政府所设立的金融交易信息事先查询制度性质上是相同的,指的是在财产变动申报前,登记义务者在获得名义人许可的前提下,向公职人员伦理委员会提出获取不动产信息的申请,再由委员会向相关机关索取材料,并转给登记义务人的制度。只是,内容上是与不动产相关的。具体规定如下:

(新设)第六条第 6 款:为进行定期变动财产申报,登记义务者除在获得名义人许可后,向公职人员伦理委员会提出提供不动产持有、登记以及征税信息(包括有关土地面积、建筑物、住宅的信息)申请的,公职人员伦理委员会可不受《有关公共机关的个人信息保护的法律》之第十条的约束,利用信息通信网,向中央行政机关、地方自治团体、公职有关团体以及其他公共机关的首长提出提供相关资料的要求,此时被请求机关的首长应通过信

第五章　后金泳三时期财产登记与公开制度发展情况及完善建议

息通信网予以提供。①

——2009年2月3日《公职人员伦理法》

可以看到，不管是金融交易信息事先查询制度，还是不动产信息事先查询制度，都是为了方便登记人员查询应登记财产的内容，同时有助于避免恶意误报、虚报行为的发生。根据现行法第六条第5款、第6款、第7款、第9款和施行令第五条的规定，笔者将两项制度的实施程序绘图如图5-1所示。

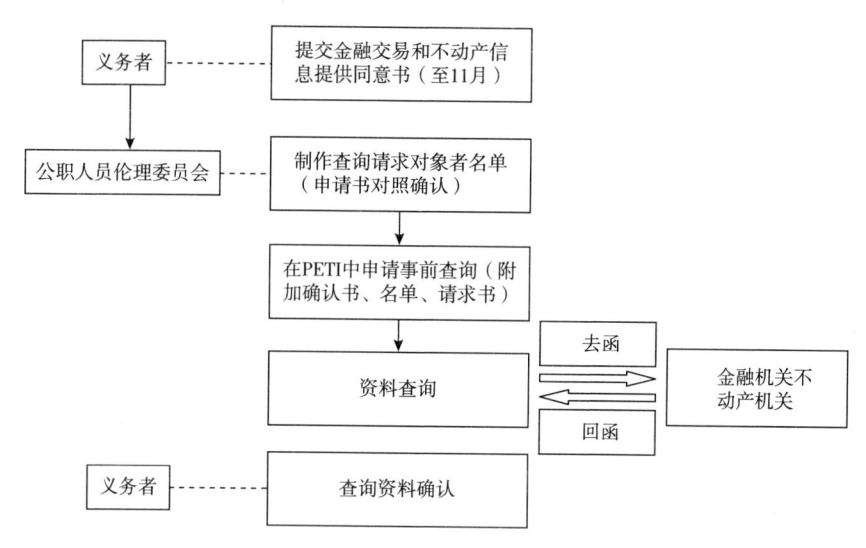

图5-1　金融交易信息事先查询制度和不动产信息事先查询制度实施程序

其次，调整了原有财产变动申报延缓的适用情形，新设财产申报免除的规定。财产变动申报的延缓是2001年1月26日法律修订时首次设置的，依据当时法律第六条之三的规定，适用的情形共有四类（见前述金大中政府时期的改革）。而此次修改，又增加了三类适用的情形，即因拘禁导致申报困难的、因失踪等而下落不明的，以及与这两项相当的

---

① 韩国法制处国家法令信息中心：《公职人员伦理法》第六条第6款（2009年2月3日修订）。

-225-

事由情形。①

不仅如此，对于新纳入申报延缓范围内的三类情形，法律还规定登记机关的首长可根据本机关所属公职人员伦理委员会的议决，对符合这三类情形之一的人员给予变动事项申报的免除。② 换言之，此次修订也新增设了财产变动申报的免除规定。通过这一调整，使得变动申报时更多的特殊情形被考虑进来。新增的这两个规定如表5-6所示。

表5-6　财产变动申报的延缓和免除

区　　分		申报的延缓		申报的免除
根　　据		第六条之三第1款	第六条之三第2款	第六条之三第2款
事　　由		被派遣到国外工作；休职；在驻外公馆或驻外事务所工作	拘禁；失踪下落不明；与之相当的事由	拘禁；失踪下落不明；与之相当的事由
对　　象		定期变动，义务免除	定期变动，义务免除，退职申报	定期变动，义务免除，退职申报
期　　间		3年内事由消失日截止	事由消失日截止	—
程　序	申请	义务者的申请	—	—
	议决	—	伦理委员会议决	伦理委员会议决
	许可	登记机关的首长	登记机关的首长	登记机关的首长

除了上述两项内容的调整外，此次法律还在以下几个方面做了小的调整。一是对登记主体中亲属的范围做了调整：将原来的"登记义务者若因婚姻关系入籍到夫家或入赘到妻家的，直系亲属为配偶的直系亲属"改为"此种情况下，直系亲属仍为登记义务者的直系亲属"；将原来的"直系亲属中已出嫁的女子、外祖父母、外孙子女排除在登记之列"改为"直系亲属中已出嫁的女子、外曾祖父母、外祖父母、外孙子

---

① 韩国法制处国家法令信息中心：《公职人员伦理法》第六条之三第1款（2009年2月3日修订）。
② 韩国法制处国家法令信息中心：《公职人员伦理法》第六条之三第2款（2009年2月3日修订）。

女、外曾孙子女排除在登记之列"。①

二是对登记人员和公开人员的范围做了调整。将金融通货委员会的推荐职委员纳入登记和公开人员的范畴。②

三是新设了"公职有关团体"的规定。《公职人员伦理法》规定,"公职有关团体"的"任员"应进行财产登记。但在此之前,何为"公职有关团体"是由总统令确定的。为增强规定的权威性,此次法律修订新设第三条之二,以法律的形式明确给出了什么是"公职有关团体"。具体规定如下:

> （新设）第三条之二：政府公职人员伦理委员会根据政府或地方自治团体的财政援助规模、任员选任办法等，指定符合下列情况之一的机关、团体为公职有关团体：
>
> （1）韩国银行；
>
> （2）公企业；
>
> （3）接受政府的出资、捐助、补助的机关、团体（包括再出资、再捐助），以及接受委托执行政府业务的机关、团体；
>
> （4）根据《地方公企业法》所建立的地方公社、地方公团和接受地方自治团体的出资、捐助、补助的机关、团体（包括再出资、再捐助）以及接受委托执行地方自治团体业务的机关、团体；
>
> （5）任员选任时，需得到中央行政机关的首长、地方自治团体的首长承认、同意、推荐、提请的机关、团体或是由中央行政机关的首长、地方自治团体的首长选任、任命、委托任员的机关、团体。③
>
> ——2009年2月3日《公职人员伦理法》

---

① 韩国法制处国家法令信息中心：《公职人员伦理法》第四条第1款（2009年2月3日修订）。
② 韩国法制处国家法令信息中心：《公职人员伦理法》第四条、第十条（2009年2月3日修订）。
③ 韩国法制处国家法令信息中心：《公职人员伦理法》第三条之二（2009年2月3日修订）。

综上，李明博政府对《公职人员伦理法》的修订涉及设立不动产信息事先查询制度、调整财产变动申报延缓的适用对象、增设财产申报免除规定、重新确定登记亲族范围、有限扩充公开对象人员群体等。参照法律文本，笔者将此次修订的内容绘表如表5-7所示。

表5-7 李明博政府修订《公职人员伦理法》的主要内容

修订日期	主要修订内容
2009年2月3日	·调整财产登记亲族的范围 所有财产登记义务者应将本人直系亲属的财产进行登记，但法律施行之前，已登记财产的已婚女性按之前规定登记配偶直系亲属的财产 ·金融通货委员会的推荐职委纳入财产登记和公开范畴 ·确定公职有关团体的标准 ·调整财产变动申报延缓对象的适用情形，新设申报免除规定 登记义务者被确认因拘禁、失踪等而导致申报困难的，经所属公职人员伦理委员会议决，给予申报义务的延缓或免除 ·登记义务者财产申报时，在获得名义人同意的情况下申请不动产信息的，可事先给予提供

资料来源：韩国根据法制处的《法令沿革》（http://www.moleg.go.kr）整理而得。

值得一提的是，李明博政府还先后因他法等的修订而将相应机构的名称做了修改。这些法律包括《总统警卫室法》《有关金融委员会的设置等的法律》《高等教育法》《有关信用信息的利用和保护的法律》和《国家公务员法》等。此外还按现在的韩国语法习惯修改了原有的条款表达方式（具体参见本书附录）。

综上，本节主要讨论了金泳三之后的几任政府在制度完善上所做的努力。这些政府曾先后四次对《公职人员伦理法》进行了修订，对此前制度运行中暴露出的问题以及现实中新出现的情况都做了及时的回应。从这一角度看，这几次修订有利于制度有效发挥预防腐败的功能。但同时也应看到，这些在原有制度框架下对相关规定的修正或补充并未完全解决第四章所指出的问题。例如"拒绝告知财产"制度、委任审查、公职人员伦理委员会的人员组成等事关制度效果的重要问题都没有予以解

第五章 后金泳三时期财产登记与公开制度发展情况及完善建议

决。更重要的是，这些修订虽涉及制度的各个环节，但都缺乏全局性的视野，有"头痛医头、脚痛医脚"之嫌。

第二节 韩国公职人员财产登记与公开制度的完善建议

如第一节所述，金泳三政府之后韩国历任政府对公职人员财产登记与公开制度的改革因全局性视野的缺乏而仍未能做到十分的完善。那么，什么样的改革完善方案才是全面而系统的方案呢？清华大学廉政与治理中心研究认为，预防制度的有效性主要取决于两方面的建设情况：一方面是制度自身的建设，涉及制度制定、制度实体、制度执行和制度评估四个方面；另一方面是制度外部的建设，包括配套制度建设和制度环境两个方面。[①] 具体如下：

在制度制定方面，要观察制度的制定过程是不是开放的，是否有广泛的公众参与，是否有充分的专家论证。

在制度实体方面，要分析制度本身是否具有科学性、可操作性和可执行性。

在制度执行方面，要分析制度是否被执行、在多大程度上得到执行、是否被扭曲以及扭曲的程度大小等。

在制度评估方面，要分析是否有评估机制，是否进行过定期的评估，评估的结果如何，若有效性差是否有反馈和改进机制等。

在配套制度建设方面，要分析是否有完善的配套制度，与制度的匹配情况如何。

在制度环境方面，要分析现有的基本制度（一般指宪法）是否合

---

① 任建明、杜治洲：《腐败与反腐败：理论、模型和方法》，清华大学出版社，2009，第162页。

理，与制度是否相容。

将上述表述用公式来表示就是：

制度有效性＝f（制度制定，制度实体，制度执行，制度评估，配套制度，制度环境）

公职人员财产登记与公开制度是一项预防腐败的制度，因此，它的有效性也就取决于以上几个方面。换言之，要想完善这一制度，就需要从这几方面入手，做到符合各方面的要求。基于此，本节从这六方面入手，尝试提出韩国公职人员财产登记与公开制度建设的整体性完善建议。

一　制度内部建设

从影响力的大小看，有关制度内部建设的四个因素对制度有效性的影响力大小并不相同。"时间维度上越靠前的，影响作用就越大些。"[①]制度制定是制度建设的首要环节，因此它对制度有效性的影响是最大的，制度评估最后发生，因此，影响力最小。

（一）制度制定

如上所述，在制度制定过程中要做到公开、有广泛的公众参与和充分的专家论证。因此，公职人员财产登记与公开制度要保证有效性，必须首先在制定环节做好工作。就已确立的韩国公职人员财产登记与公开制度而言，在其今后的制度修订中，应遵循程序法上的规定，依程序修订法律。

事实上，回顾该制度的制定和修订过程就可以看到制度制定这个环节的重要性。朴正熙政府时期，公职人员财产登记的实践仅进行了一次

---

① 任建明、杜治洲：《腐败与反腐败：理论、模型和方法》，清华大学出版社，2009，第162页。

第五章 后金泳三时期财产登记与公开制度发展情况及完善建议

就告结束,其最重要的原因就在于它依据的是政府的行政指令,而不是法律。正是因为缺乏在各方参与和充分论证基础上的制度制定过程,没有形成法律,所以对该制度的实践无法有效延续。

而到了金泳三政府时期,在当时政治民主化氛围浓厚的背景下,《公职人员伦理法》的修订工作全面展开。法律修订向全社会公开,在经过详细的专家论证、公众广泛参与听证会等程序后,1993年6月,修订工作全面完成,包括高级公职人员财产公开、公职人员伦理委员会全面负责财产审查工作等在内的一系列新的规定被纳入制度内容中。修订后的法律反映了当时社会的诉求,代表了广大韩国公众的心声。之所以如此,和当时韩国政府严格遵循程序法的规定、保证程序上的合法有直接的关系。

有鉴于此,在今后法律和施行令的修订中,也应严格按照程序来进行。通过程序的合法性,保证制度从最开始就具有有效性。

(二)制度实体

如果说在制度制定时,严格按程序要求推出的制度一定是一项合法的制度的话,那么有关制度各方面的具体规定如何,则决定了它是否就是一项合理的制度。合理的制度设计对制度实效性的发挥具有积极的促进作用。当制度具有科学性、可操作性和可执行性时,其效果也就非常值得期待。

第四章第三节分析了金泳三政府改革后的制度所存在的问题。例如,在登记环节中,登记义务者的范围、"拒绝告知财产"制度、财产算定标示方法、财产总额的算定等都存在一些问题;在公开环节,公开人员的范围、公开的方法等方面也存在问题;在审查处理环节,公职人员伦理委员会人员的组成、委任审查、处罚措施等方面也存在需要改进的地方。而如本章第一节所述,金泳三之后的三届韩国政府在制度完善上均做出了努力,对金泳三政府改革所遗留的部分问题基本给予了解决,包括调整了登记义务者的范围、扩大了财产总额的算定部分、改变了部分财产的算定方法并引入株式白纸信托制度等,并从便利化申报的角度,增设了金融交易信息和不动产信息事先查询制度,以及为满足特殊人群的需要,增加了财产变动申报的延缓和免除的规定等。

应当承认,经过几任政府的努力,原有的制度变得越发完善。但同时,现有制度还有不少可以进一步改进和完善的地方,还可以在以下几个方面做出修正。

(1) 在登记主体上,可考虑对登记义务者亲属的范围进行重新界定。如前所述,韩国公职人员财产登记与公开制度的登记主体分为两类,一类是登记义务者,一类是配偶和直系亲属。

从现有的规定看,登记义务者的范围已经相对合理。在经过法律的几次修订后,登记义务者不仅包括了四级以上的全体公职人员,而且一些极易滋生腐败的部门的公职人员的最低登记级别还被扩展至七级。而将配偶纳入登记主体之列,也符合韩国社会的现状。韩国人家庭观念很强,家庭财产都是夫妻共有,鲜有夫妻之间作明确划分的情况。因此,将配偶财产一并登记和申报也有助于更加全面地了解公职人员财产的持有情况。

现在的问题在于,直系亲属的范围不尽合理。简而言之,现有的属于登记主体的直系亲属范围仍然偏小。如前所述,在最近一次的法律修订时,还进一步将曾祖父母和外曾孙子女排除在应登记的直系亲属之列。公职人员的职业特性决定了他应将个人的隐私权让位于公众的知情权,需要登记和公开自身的财产。问题是,公职人员的直系亲属牺牲个人的财产隐私权而接受外部监督是否也是合理的呢?显然,答案是肯定的。正如第四章所述,腐败官员为隐匿财产,会利用任何可用的渠道和方法。从彻底治理腐败的角度出发,需要包括公职人员及其配偶直系亲属在内的人员做出一定程度的权利上的牺牲。

目前属于登记主体的直系亲属范围存在许多例外性的规定,这些规定主要涉及两类人群,一类是依照"拒绝告知财产制度"可向公职人员伦理委员会申请不登记的人群,另一类是不需要任何审查,法律直接规

第五章 后金泳三时期财产登记与公开制度发展情况及完善建议

定的无须登记的人群，包括直系亲属中的出嫁女、外曾祖父母、外祖父母、外孙子女、外曾孙子女。对这两类例外人群的规定并不合理。

就拒绝告知财产制度而言，虽然能保护相关个人的财产隐私权，但其带来的不利后果更为严重。该制度的存在，就为登记义务者恶意转移财产提供了可能的通道。因此该制度可考虑予以废除。为了兼顾宪法对隐私权的保护，可考虑做出规定：凡满足独立生活条件的直系亲属，只登记财产而不对外公开。

在第二类人群中，对出嫁女的排除的规定也不尽合理。韩国民法明确规定，不管男女，也不管女子出嫁与否，都享有相同比例的继承权。这意味着向儿子和女儿转移财产的概率是相同的，在此情况下，无法排除公职人员向出嫁女儿转移财产的可能性。换言之，现有规定中将出嫁女子排除在登记主体的直系亲属范围之外的做法缺乏充分的理由。

（2）在财产的算定方法上，可考虑改进算法以更准确地测算财产的实际价值。首先，土地价值的算定方法。2006 年调整后的计算方法显然比 1993 年时更为合理。前者不仅将公示地价改为个别公示地价，还增加了实际交易额的选项。尽管如此，这种设置仍然存在一些问题。第一个问题是条款中虽然设有个别公示地价和实际交易额两个选项，但并没有明确规定优先适用哪一种，而是交由登记人员自己选择，这就会导致"实际交易额"这个选项被虚化。因为如第四章第三节所述，不管是哪种公示地价，其价额都远低于实际的交易金额，所以绝大多数人都会选择"个别公示地价"的算法。有鉴于此，在今后的制度修订中，可考虑在条款中明确规定以实际交易金额为优先计算方法，只有在没有实际交易金额时，适用个别公示地价算法。

另一个问题是条款中仍没有明确给出应准用哪个部门的公示地价。现行条款仅规定，在没有个别公示地价时，适用公示地价。但如其所述，多个部门都出台了不同的公示地价。对此，可考虑做出规定，以国税厅发布的公示地价为准，因为它的地价约为市价的 90%，能够较为真实地反映土地的价额。对住宅、商街、大厦等其他不动产算定方法的改进也可参考以上两方面的建议。

其次，股票、债券等有价证券的算定方法。就股票而言，2005年的修订引入了股票白纸信托制度，要求持有的8000万韩元以外的股票都必须被信托或是出售，实现了对这部分股票的有效监管。尽管如此，公职人员手持的8000万韩元以内的股票还需要自我管理和申报。如前所述，原有的计算方法对公开人员来说不尽合理，因为申报以登记基准日的收盘价为准，而这距离财产公开日至少有2~3个月时间。因此，就公开人员而言，如果他所持股票为上市股票，可考虑做出规定，要求其以附加页的形式，将公开前一周的股票价额附于登记表后，作为补充材料。对于国债、公债、公司债券等而言，可考虑将原有的按"票面价额"申报，改为按"票面价额加上申报当年的债券利息"来申报，以更准确地反映债券的实际价值。

再次，在联营公司、合资公司、股份公司中出资份额的算定方法。原有规定是按照"出资金额"来申报。但这种方法无法准确反映出资人员当前的财产拥有情况，因为随着公司经营的盈亏，其收益必定会产生波动。此部分资产可考虑按照最初出资金额所占公司总金额的比例（即出资比例）乘以登记（包括变动申报）当年公司的总资产的方法来计算。

（3）在公开环节，应尽可能扩大公开人员的范围，改进公开方法。现有的公开人员范围依然是金泳三政府确立的一级以上的公职人员，仅仅在2009年最近的一次法律修改中增加了金融委员会的推荐职委员。但公开人员的总体人数并未发生太大变化，维持在一两千人。

然而，公职人员财产登记与公开制度之所以被誉为"阳光法案"并被寄予很高的期待，最核心的一点就在于公职人员的财产会被公之于众，会被暴露在公众视野中，接受公众的监督。是否被公开、公开的程度大小，是该制度能否发挥最大效用的关键。从这个意义上讲，韩国有必要向美国学习，实行全体公开主义。除从事情报、国家安全等职业的特殊公职人员外，其他所有工作人员都须公开所登记的财产。

第五章 后金泳三时期财产登记与公开制度发展情况及完善建议

在公开方法上，应注意引导舆论走向。目前，韩国是通过官报进行对外公开的。但公开的内容仅是财产的总额和财产的增减额。而官报同步给出的社论、评论也是有关谁的财产最多、谁的财产在过去一年里增长最多这样的内容。如前所述，这样的报道有可能误导社会舆论，并给公开人员带来不必要的心理压力。因此，在公开方式上，可考虑在官报上重点披露公开人员财产的主要来源、财产增减的原因等内容，以引导社会公众重点关注公开人员财产积累方式的合法性。

（4）在审查方面，应提高公职人员伦理委员会的审查能力。公职人员财产登记与公开制度在金泳三改革后，虽设置了专门的具有独立审查能力的公职人员伦理委员会，但是其所承担的审查任务与自身的审查能力并不匹配。其中承担审查人数最多的政府公职人员伦理委员会，目前其所负责的登记对象人数已超过 8 万，即便是将除公开人员以外的其他登记人员的审查委任给相关的登记义务机关的首长来进行，15 名职员在三个月内完成对近 2000 名公开人员的财产审查也是很难做到的。审查能力与审查工作量之间的不对称，不仅会带来审查不够彻底的弊病，还会使增加登记义务者范围的努力失去意义。

因此，为保证审查的全面性与准确性，保证审查结果为公众所信服，应在全面提高各公职人员伦理委员会所属职员业务素质的基础上，减少每名负责审查的工作人员的工作量，例如可考虑做出规定，每名工作人员至多负责审查 100 名公开对象人员的财产。

除公开人员的财产审查外，韩国各公职人员伦理委员会还负有对非公开人员财产的审查责任。只是因为还规定了委任审查，使得绝大多数登记人员被委托给登记机关或其他机关的首长来进行，审查结果的准确性因此而备受质疑。有鉴于此，可考虑减少委任审查。但考虑到目前韩国国家财力不足和专业人员缺乏的基本情况，可采取逐步减少而非一次性收回审查权限的办法。与此同时，还应增强被委任机关的审查责任感，为此，可使用抽样审查的方法。例如，首先对由原登记机关审查的人员财产登记情况做随机抽选，交由所属公职人员伦理委员会重新审

-235-

查，抽查比例基本控制在委任审查人数的1%以内。重新审查中如果发现虚报、漏报的情况，在给予该登记义务者相应处分的同时，对未尽到审查责任的登记机关首长给予记过处分，所在单位则处以罚金。而在一段时间后，随着财力支持的增大和审查机关人员配备的完善，逐步扩大抽查比例和自审比例。

（5）在处罚方面，应加大惩处力度。特别是对于登记过程中发生频率极高，且对登记审查有直接影响的"虚假登记行为"，可考虑做出明确的刑事处罚规定，设置"虚假登记财产罪"。现有的"拒绝登记财产罪"的量刑规定是处以一年以下有期徒刑或1000万韩元以下罚款。参考这一标准，"虚假登记财产罪"的量刑可规定为："登记义务者虚假登记（包括变动申报）财产的，应处以6个月以下的有期徒刑或500万韩元以下的罚款。"之所以在"拒绝登记财产罪"基础上的量刑减半，是由于与虚假登记相比，不登记的行为更为恶劣。

（三）制度执行

制度能否被执行，在多大程度上被执行，关乎制度的成败。再好的制度，也只有被全面贯彻执行，才能发挥应有的功能。如前所述，韩国的公职人员财产登记与公开制度还存在执行不力的问题，许多惩罚措施往往被束之高阁，而且执行还不够客观、公正和独立。

公职人员财产登记与公开制度的执行是由登记机关和公职人员伦理委员会两个部门共同负责。前者负责登记，后者负责审查和公开。虽然两者都很重要，但制度落脚点却在后者上。公职人员伦理委员会在整体国家机构中所处的位置和各委员会间彼此的关系在很大程度上决定了制度执行的彻底性。

目前，韩国拥有各级公职人员伦理委员会近270个。其中，中央有5个，分别设置在政府、国会、大法院、宪法裁判所和中央选举委员会；地方共有262个，分别设置在246个地方自治团体和16个市、道教育厅中。这些委员会被设置在各级机关内部，并非独立的国家机关,相互之间没有隶属或监督关系,仅有管辖上的分工。这种"内嵌"式的机构设置和各委员会的各行其职无疑影响了制度执行的公正性和效率。

其实,对于各级伦理委员会的这种设置对制度执行的不利影响这一问题,韩国学者已经注意到,并且提出了诸多改进方案。其中,有两个方案最具代表性。方案一是建议将各公职人员伦理委员会纳入监察院的组织框架内,由监察院来统一行使职能;方案二是主张另行设立第三方机关,总揽各公职人员伦理委员会的工作。

主张方案一的学者认为,相比其他机关,监察院不仅由于其直接隶属于总统,不受行政机关等的约束,因而更具组织结构上的独立性,而且其本身的监察职能也有利于保证财产审查工作的专业性。不仅如此,将公职人员伦理委员会吸纳到监察院系统,还能免去因另设机关所带来的国家财政负担。

但质疑这种方案的声音也很多。许多学者认为,作为总统的直属机关,监察院如果全权负责财产的审查和公开,将会侵犯三权分立的原则。因为监察院虽在隶属上不受总理所领导的中央政府的辖制,但其所被赋予的权力在性质上仍属于行政权。由这样的机关去监督执行司法、立法机关公职人员的财产登记与公开事宜,会构成对上述机关事务的干涉,与宪法原则不符。此外,这种方案还会造成监察院的过度膨胀和工作量过大。监察院目前承担着对所有公职人员行为的监察业务,它本身的人力物力已难以满足现有的业务量的需求,在这种情况下,贸然增加财产登记审核等业务,很可能会造成工作效率的低下,难以达到制度要求。

对于方案二,也有一些质疑的声音。质疑的焦点在机构的位置和财政支出上。他们认为,要设立第三方机关,首先要解决的就是该机关应置于何种权力之下,立法、司法还是行政?而哪种安排更合理,需要经过长时间的调研和论证。此外,另设新机关还需要大量的财政支持和人力支持,而这一问题很难在短时间内得到解决。

笔者认为，在遵循三权分立的原则下，在充分考虑到韩国现有的财力、人力的基本实情的基础上，可以对公职人员伦理委员会的机构设置状况进行适度的、渐进性的改革。在借鉴上述两个方案优缺点的基础上，可考虑如下方案：在现有的各公职人员伦理委员会之上设立总的协调各委员会事务的机关（可命名为公职人员伦理委员会总会），它隶属于国务总理，性质上是协调监督机关，具体负责协调各公职人员伦理委员会业务的管辖分配，对各委员会的工作负有指导义务，同时承担制度研发、调解审查公开过程中发生的纠纷的职责。公职人员伦理委员会总会和各委员会之间是指导与被指导、监督与被监督的关系，但前者无权干涉后者的实际工作。这种隶属和权限上的设置，不仅能够在一定程度上避免方案二中财力人力不足的问题，而且因其是协调机关，也就不存在对立法、司法机关工作的干涉，不违反三权分立的原则，同时将其置于总理之下，尽可能地提高了这一协调机关的行政级别，也便于其工作的开展。

此外，在实现公职人员伦理委员会内部机构的一体化后，为保证制度执行中各委员会工作的顺利开展，不受所属部门和其他部门的干涉，还应将各公职人员伦理委员会的工作纳入司法机关的专门监督中，由司法机关从外部监督委员会工作的公正性与合法性。

韩国国家机关的设置情况，如图 5-2 所示。

（四）制度评估

反馈和评估机制的有无、好坏，对于制度的制定者分析和总结成败原因、更有效率地施加投入，以及不断提高和改善制度内容有着重要意义。但目前，韩国还没有一套官方的、权威的、完整的公职人员财产登记与公开制度的评估机制。对制度状况的评估，也仅是个别学者通过小规模的问卷调查来实施的。这种评估不仅缺乏连贯性，而且调查范围偏小，难以完全反映制度的真实状况。

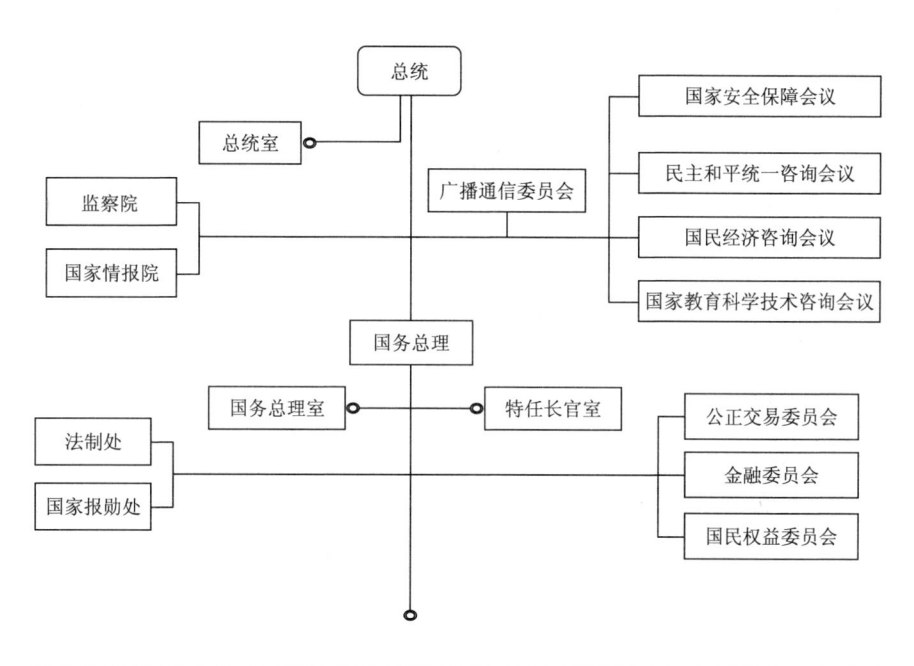

第五章 后金泳三时期财产登记与公开制度发展情况及完善建议

企划财政部	教育科学技术部	外交通商部	统一部
・国税厅・关税厅 ・调达厅・统计厅			
法务部	国防部	行政安全部	文化体育观光部
・检察厅	・兵务厅 ・防卫产业厅	・警察厅 ・消防防灾厅	・文化财厅
农林水产食品部	知识经济部	保健福祉部	环境部
・农村振兴厅 ・山林厅	・中小企业厅 ・特许厅	・食品医药品安全厅	・气象厅
雇佣劳动部	女性家庭部	国土海洋部	
		・海洋警察厅 ・行政中心复合城市建设厅	

图5-2 韩国国家机关设置

资料来源：http：//www.president.go.kr/kr/cheongwadae/organization/government.php。

- 239 -

有鉴于此，就韩国而言，可考虑建立针对制度的官方定期评估机制，亦即体制内评估体系。目前，韩国政府已建立了对国家整体腐败状况评估的权威评估机构——国家清廉委员会。该委员会每年都会以公职人员和普通民众为调查对象，定期对中央和地方政府的腐败程度进行系统的评估，并在此基础上，给出现有反腐廉政体系的问题点。遗憾的是，在该评估机构每年发布的国家反腐败政策评估中，并没有包括对公职人员财产登记与公开制度的效果评估。

一个可行的改进做法是，在国家清廉委员会内部专门设立一个评估部门，负责财产登记与公开制度的定期评估。这样不仅可以充分发挥清廉委员会在这方面的专业能力，避免因新设机构带来的人力技术资源的不足，还可以进一步充实完善国家清廉委员会的机构职能，建立起对各项反腐政策和制度的全面评估网络。在设立初期，专设的这一部门可先借鉴使用其他类型制度的评估测量方法，随后逐步开发适合公职人员财产登记与公开制度的新的评估方案。

二 制度外部建设

一项制度有效性的发挥不仅与制度自身建设相关，还有赖于制度外的建设。其中，制度与配套制度间是否形成了良好的契合关系，宪政秩序是否有利于制度的实施都是重要的因素。首先来看配套制度建设。

（一）配套制度

韩国在实施公职人员财产登记与公开制度的同时，还开发了其他一些与之相配套的制度。其中，最先引入配合该制度实施的是金融实名制。

在1981年12月31日颁布《公职人员伦理法》一年后，韩国政府出台了《关于金融交易规定的法律》。其中规定：总统将确定1986年1月1日之后的某日开始实施金融实名交易。1993年，金泳三签署"总统紧急财政经济命令"第16号令，于当年8月12日正式实施了金融实名制。实施该制度的主要目的在于杜绝虚假交易，确立透明的金融交易秩序，为公职人员财产登记与公开制度的实施提供可靠的资金审查渠道。在金融实名制的配合下，更多的虚假登记行为被抑制。

不仅如此，韩国还推出了利害冲突规避制度，为的是当公职人员履行职务中发生公共利益与个人利益间的冲突时，避免公职人员做出有损公共利益的行为。其中，株式白纸信托制度就是最为重要的利害冲突规避制度之一。如前所述，该制度的设置，一方面有效地避免了公职人员企图利用职权或特殊身份来获取不当股票收益的行为，另一方面还便利了公职人员伦理委员会对公职人员财产的监管和审查。

除此以外，金融交易和不动产信息事先查询制度、大额交易和可疑交易报告制度等也都是韩国在实施公职人员财产登记与公开制度时开发的配套制度。这些配套制度的建立，有力地保障了制度的有效实施。就目前而言，韩国的配套制度建设已经相对比较完善，硬件投入基本完备，现在最大问题就是，在实践中，如何实现各项制度所涉及机关之间的有效配合。

目前由韩国政府开发的公职伦理综合信息系统（网上系统）实现了公职人员财产的登记申报、株式白纸信托、金融不动产信息查询等业务的综合办公。建立该系统的初衷是实现各部门间的配合，帮助公职人员伦理委员会开展财产登记与公开工作。但在实际运转中，却存在很多问题。例如，委员会在依据金融交易信息事先查询制度和不动产信息事先查询制度向相关金融和不动产机构申请查询有关事项时，经常会遇到无故拖延的情况，因为在《公职人员伦理法》中并没有明确规定提供的时间期限，只规定不能拒绝提供。这就严重影响了财产申报工作的进行，也影响到后续审查工作的开展。除此以外，在株式白纸信托制度的实施中，也出现了受托机构与公职人员伦理委员会之间不配合的情况。

由此可见，虽然韩国公职人员财产登记与公开制度的配套制度建设已经相对成熟，但是彼此间的实际配合还有待提高。因此，加强公职人员伦理委员会与金融机构等相关部门间的资料共享和职能配合应是今后韩国在配套制度建设方面需要重点改进的地方。

（二）制度环境

如第一章所述，制度环境是制度变迁的外在变量，对制度发展有重要的影响。制度环境一般体现在一国的宪法中，就公职人员财产登记与公开制度而言，它所涉及的宪法的基本内容有两条，一是公众的知情权，二是公民个人的财产隐私权。

公众知情权是公民行使一切民主权利的基本前提，它要求"政府通过信息发布机制，消除信息不对称的格局，打破信息权力关系中的非均衡性，从而限制政府作为强大信息源的控制权，保障信息弱势方的利益不受侵害，最终实现信息权力结构的均衡"。[1] 要维护公众的知情权，需要将涉及政府和公职人员的相关信息进行公开。从这个意义上讲，公职人员财产登记与公开制度体现了对公民知情权的保护。

而隐私权也是韩国宪法规定的内容之一。它要求国家尽力保护所有公民个人的基本信息，包括财产的持有情况。当其隐私权受到侵犯时，公民有权向法院提起诉讼，进行维权。可见，公职人员财产登记与公开制度与公民隐私权的保护之间是存在一定张力的。

这也意味着，韩国宪法同时保护公众的知情权和隐私权，对于公职人员财产登记与公开制度而言并不是十分有利，因而才会出现前面已经提及的以保护隐私权为由拒绝登记和公开的情况。

那么，究竟应当如何看待隐私权和知情权之间的冲突呢？当公职人员以公职身份出现时，他是国家公权力的化身。此时，与公权力行使直接相关的个人权益便发生了性质上的变化，不再是法律所要保护的隐私权。恩格斯说过："个人隐私一般应受到保护，但当个人隐私与最重要的公共利益——政治生活发生联系的时候，个人的私事就已经不是一般意义的私事，而属于政治的一部分，它不受隐私权的保护，应成为历史

---

[1] 杨建国：《论公众知情权视角下的政府新闻发言人制度》，《广东行政学院学报》2010年第1期，第9页。

第五章 后金泳三时期财产登记与公开制度发展情况及完善建议

记载和新闻报道不可回避的内容。"①

当官员以私人名义从事活动并获益时,此时的隐私权是应当保护还是应当服从于公众的知情权,从理论上讲,取决于其行为是否与公职人员的职位有直接或密切的联系。但一般可言,公职人员的个人财产状况很难与其公共职权完全分离,二者总是息息相关的。因此,对公众而言,他们"不仅需要知悉官员职务行为中直接涉及的隐私,而且需要知悉他们私人行为中的一些隐私,判断他们是否公私一致、表里如一,审查他们是否以权谋私、损公肥私,以全面考察官员是否符合公共职位的要求"。②基于此,公职人员以私人名义从事的获益行为,也应当受到公众知情权的制约。

因此,对公职人员而言,其隐私权的满足应以公众知情权的满足为前提。韩国宪法只规定知情权和隐私权都是不可侵犯的权利,但没有明确界定二者的外延和适用条件,这就为公职人员财产登记和公开制度的深入有效开展增加了隐形的阻力。从这个意义上讲,可以考虑设置解决两者冲突的条款,以平衡公众知情权与公职人员个人隐私权之间的关系。此外,对公职机关及其所属公职人员,确立信息公开为主、隐私权保护为辅的原则,确保公职人员隐私权的保护不会妨碍公众的知情权。

综上,本节借鉴清华大学廉政与治理中心"预防制度有效性"模型,从制度制定、制度实体、制度执行、制度评估、配套制度以及制度环境六个方面提出了系统的制度完善建议。简而言之,在制度制定上,应注意严格遵守基本的法律程序;制度实体上,考虑重新界定登记义务者亲属的范围,寻找更合理准确的财产算定方法,尽可能扩大公开人员的范围,改进现有的公开方法,提高公职人员伦理委员会的审查能力,加大惩处力度;制度执行上,考虑设立总协调机关,协调配合伦理委

---

① 王利民、杨立新、姚辉:《人格权法》,法律出版社,1997,第150页。
② 刘伟:《官员财产申报制度的法理分析和法律构建》,《领导与科学》2010年第6期,第4页。

会的执行工作,同时引入司法机关的外部监督;制度评估上,考虑建立定期评估机制,基于反馈的信息推动制度的不断改革。在配套制度上,开发新的与财产申报制度相配套的其他制度,同时加强相关机构的职能配合;制度环境上,考虑在宪法中补充公民知情权与公职人员隐私权的冲突解决条款。

小　结

　　本章主要讨论了金泳三政府之后的历届政府在完善公职人员财产登记与公开制度上所做的努力。并在此基础上,提出了进一步的、系统的完善建议。

　　分析发现,金泳三政府之后的三届政府在金泳三政府确立的制度框架下都对其进行了有针对性的改革。例如,调整了登记义务者的范围、扩大了财产总额的算定部分、强化了委员会的审查权限、增设了财产变动申报的延缓和免除条款等,此外还新设立了株式白纸信托制度、金融不动产信息查询制度等新制度。

　　尽管有所改革,但是这些调整或者补充并没有完全解决原有制度存在的所有问题,因此,本章后半部分着重给出了制度完善的系统化建议。简单来说,可以从制度内部建设和外部建设两方面同时入手,在制度制定、制度实体、制度执行、制度评估环节上做到有法可依、有法必依、执法必严、违法必究,在配套制度建设和制度环境方面也应做出相应的改进,为制度发展和完善提供有力的外部保障。

第六章 结论

一 结论与启示

本书以金泳三政府对韩国公职人员财产登记与公开制度的改革为研究对象,重点考察了制度与腐败的关系、改革的原因、改革的成果、改革的效果以及改革后的制度发展,并提出了进一步的完善建议。具体分为以下五个部分。

第一章是理论探讨部分,主要是从理论上验证"公职人员财产申报制度在腐败治理上有积极作用"这一核心假设。为证明这一假设,本章第一节首先探讨了有关腐败的几个基本问题,包括腐败的定义、腐败的成因、腐败的后果和腐败的治理方法。通过分析得出,腐败的存在对一国来说弊大于利,要有效地治理腐败,应着力提高腐败的预期成本。

在此基础上,第二节重点讨论了制度和公职伦理与腐败治理的关系。研究发现,制度可以凭借其强有力的外部约束力,迫使个体放弃腐败,而公职伦理可以通过"软性"的方式,使个体主动地选择不腐败。

在第二节的研究基础上,第三节着重讨论了公职人员财产申报制度与腐败治理的内在逻辑机制。研究表明,制度可以通过直接和间接两种方式实现腐败的治理。具体来讲,财产申报制度可以通过公开审查环节，增加腐败被发现的可能，起到提高腐败成本、直接迫使个体放弃腐败的作用；还可以通过制度性压力，使他律转化成自律，提升个体道德素养，以道德为中间媒介，起到间接治理腐败的作用。

第二章进入到实证研究部分，重点探讨韩国公职人员财产登记与公开制度为何偏偏在金泳三政府时期而非其他政府时期达到制度均衡的状态，即探讨金泳三制度改革的成因。本章分析认为，这是以下三种因素综合作用的结果。三者缺一不可，都是制度改革的必要条件。一是制度自身的发展。到金泳三政府时期，制度已经历过僵滞和创新阶段。制度在不断的试错中，逐渐清晰地展示出什么样的制度以及如何改革制度才能更好地发挥效用。制度自身的变迁经历为全面改革奠定了坚实的基础。

二是制度生态环境的变化。制度的改革和推进需要制度环境的保障。到金泳三政府时期，以经济要素、社会要素、沟通网、符号系统和政治架构组成的制度生态环境已基本达到了制度改革的要求。这一时期，成熟的国内政治环境为制度的改革提供了良好的外部条件。而同时，当时腐败问题的日趋严重也对制度的改革提出了紧迫性的要求。

三是制度推进的主体因素。金泳三个人强烈的廉政意识和极强的行动力保证了改革在其上台后较短的时期内就得以成功实现，而当时既得利益集团实力的减弱，也促进了改革的顺畅进行。

第三章通过法律文本的分析，展示了金泳三政府公职人员财产登记与公开制度改革的主要内容。通过与1981年颁布的《公职人员伦理法》和1982年颁布的《公职人员伦理法施行令》的比较可以看到，金泳三政府的改革涉及财产登记、财产公开和财产的审查处理全部三个环节。

在登记环节，扩大登记义务者的范围，以增强制度对更广泛的公职人员群体行为的约束；引入拒绝告知财产制度，以保护公职人员直系亲属中符合条件人员的财产隐私；增加登记机关的数量，以满足登记义务者范围扩大后对登记机关数量的需要；完善财产登记的种类，以全面监管公职人员在任职之初、任职期间及任职届满后的财产情况；细化各类登记财产名目和算定标示方法，以保证财产的准确估价与核算。

第六章 结论

在公开环节，首次以法律的形式确立实施财产公开制度。为保证公开制度的顺利实施，在公开的时间、对象、主体及程序上都做了详细的规定。

在审查处理环节，将登记机关首长的审查管辖权移交给相对独立的公职人员伦理委员会来行使，以增强审查的真实性、彻底性与权威性；强化公职人员伦理委员会的审查权限，增加对结果的处理权，以保证登记义务者能够如实登记；引入委任审查制度，以减轻公职人员伦理委员会因庞大的审查对象群体而带来的繁重的审核业务；加大处罚力度，新设多项行政和刑事处罚，以此保障制度的约束效力。

第四章综合使用体制内评估和体制外评估数据，以预防和发现腐败为评估标准，对金泳三政府制度改革后的效果进行了评估。其中，体制外评估数据是三位韩国学者的调查和透明国际的清廉指数报告，体制内评估数据是政府公职人员伦理委员会年度报告和实际查处发现的案件。分析得出的结论是：改革后的制度的确在初期发挥了发现腐败的功能，在运行一段时间后，主要起到了规约公职人员行为、预防腐败的作用。但同时也发现，越到后来，制度的效果越有所减弱，这表明金泳三政府改革后的制度仍然存在一定问题。

第四章的后半部分从登记、公开和审查处理三个环节讨论了问题所在。讨论发现，改革后的制度在登记主体的范围、登记财产的范围和财产的算定标示方法、公开的主体和公开的方式方法、公职人员伦理委员会的人员组成和委任审查以及处罚措施的力度方面还存在问题。

第五章首先分析了金泳三政府之后的几届政府在公职人员财产登记与公开制度的改革和建设上所做的工作。这些工作包括：调整登记义务者的范围、扩大财产总额的算定部分、强化委员会的审查权限、增设财产变动申报的延缓和免除条款、新设立株式白纸信托制度和金融不动产信息查询制度等。但继任的几届政府的改革都未离开金泳三政府所确立的制度的基本框架，此前存在的问题并未完全得到解决。

因此，第五章在后半部分借鉴"预防制度有效性"模型，从制度制定、制度实体、制度执行、制度评估、配套制度以及制度环境六个方面提出了系统的制度完善建议。具体的建议内容包括：制度制定上，注意严格遵守基本的法律程序；制度实体上，重新界定登记义务者亲属的范围，规定更合理准确的财产算定方法，尽可能扩大公开人员的群体并改进现有的公开方法，提高公职人员伦理委员会的审查能力，加大惩处力度；制度执行上，设立总协调机关，协调配合伦理委员会的执行工作，引入司法机关的外部监督；制度评估上，建立定期评估机制，并依据反馈信息做好制度的改进工作；配套制度上，着力开发新的与财产申报制度配套的其他制度，并加强相关机构的职能配合；制度环境上，在宪法中确立公民知情权与隐私权的冲突解决条款。

通过研究韩国公职人员财产登记与公开制度的基本过程和改革经验，我们可以获得关于相应的制度建设的两点启示。

第一，制度发展要循序渐进，内容规定要逐步完善。金泳三政府改革之所以成功的首要原因就是制度自身的发展。如果没有张勉民主党时期的法律提案、没有朴正熙时期的首次登记实践、没有全斗焕时期颁布的《公职人员伦理法》、没有卢泰愚时期的《公职人员伦理法修正法案》的提出，金泳三政府是不可能顺利进行改革的。换言之，金泳三政府改革的实现是基于制度已有的实践和已确立的法律地位。没有过去的试错和实践，也就无法发现制度存在的问题；而没有制度的法理依据的确立，法律的修订也就无从谈起。从这个意义上讲，任何制度的建设都很难一步到位，要允许它有一段时间的积累过程。

就韩国公职人员财产登记与公开制度的内容本身而言，最初也并非合理，同样经历了逐步完善的过程：由最初三级以上公职人员登记扩展至四级以上，由仅财产登记发展到将部分登记人员的财产公开，由形式审查升级到设立专门的伦理委员会进行实质审查等等。每一步的发展都与韩国当时的实际发展状况紧密相连。超前于当时实际的规定很难施行或者持续下去，一个典型的例子就是全斗焕政府初期原本规定将所有法律规定的应登记人员的财产都进行登记，但最终却只能分阶段实施。总之，韩国的经验启示我们，应根据本国的实际情况做出适宜的规定，并逐步完善制度的内容。

第二，配套制度应不断跟进，处罚措施需从严有力。韩国的制度之所以能够取得较好的治理腐败的效果，与它不断推出的各种配套制度密切相关。例如，1993年推出的金融实名制，它确立了强制性的透明交易秩序，有效避免了公职人员在财产申报过程中匿名转移财产的可能；再如2005年推出的株式白纸信托制度，对防止公职人员隐匿持有的股票、利用职权牟取股票暴利发挥了积极效用；又如2006年和2009年相继推出的金融交易和不动产信息事先查询制度，不仅有效杜绝了财产申报中虚假申报的行为，还减轻了申报人员财力物力上的负担。这些都启示我们，在公职人员财产申报制度的建设中，不应仅仅关注制度自身的建设，还要为其准备好相应的配套制度。

韩国在制度的建设中，也注意到应设置处罚性措施来树立制度的权威。但相对于配套制度建设来说，韩国各届政府在处罚措施的设置方面做得不算太好。由于没有对重要的、事关制度效果的不良行为设置严格的惩罚措施，而已有的惩罚措施规定的处罚也过轻，制度在实施中遇到了许多问题，实际效果因此而减弱。对违反制度的行为做出严格的处罚是制度有效实施的保障，因此，必须建立起包括行政处罚和刑事处罚在内的强有力的、综合的处罚措施系统，以增强制度的刚性和约束力。

二 对中国的借鉴意义

作为韩国的邻国，中国迄今未以法律的形式建立公职人员财产申报制度。同为亚洲国家，韩国在制度本土化过程中曾经遭遇过的阻力、面临过的挑战等都对我国现阶段制度的建设有很好的借鉴意义。

在我国，有关公职人员申报财产制度的探讨早在20世纪80年代就已经有了。1987年11月17日，在第六届全国人大常委会第二十三次会议上，时任全国人大常委会秘书长、法制工作委员会主任王汉斌就曾指出："一些国家规定公务员应当申报财产收入，我国对国家工作人员是否建立申报财产制度问题，需在其他有关法律中研究解决。"① 1988 年，监察部会同国务院法制局起草了《国家行政工作人员报告财产和收入的规定草案》，这被视为中国构建公职人员财产申报制度的初步尝试。起草工作后来被停止。1989 年，在全国人大会议上，有代表提出应尽快制定"阳光法案"（即《财产申报法》）。1994 年，全国人大常委会将《财产收入申报法》正式列入 5 年立法规划，但实质立法工作并未启动。1999 年，监察部向国务院上报了《国家公职人员财产申报法》的立法项目，建议列入第九届全国人大立法规划，但最终并未列入。自 2005 年开始，许多全国人大代表和全国政协委员连续多年在"两会"上提出公职人员财产申报立法的议案或建议。

可以看到，到目前为止，我国还没有就公职人员财产申报出台相关的正式法律。不过，还是出台了一系列相关的政策性规定。1995 年 4 月 30 日，中共中央办公厅、国务院办公厅联合发布《关于党政机关县（处）级以上领导干部收入申报的规定》（简称《1995 年规定》）。该规定是我国首个有关财产登记的规范性文件，它要求县处级以上领导干部向本单位的组织人事部门申报工资、津贴、补贴等收入。

1997 年 1 月，中共中央办公厅、国务院办公厅印发了《关于领导干部报告个人重大事项的规定》（简称《1997 年规定》），规定干部应将"本人、配偶、共同生活的子女营建、买卖、出租和参加集资建房情况"以及"配偶、子女经营个体、私营工商业，或承包、租赁国有、集体工商企业的情况"等与财产有关的内容向本单位党委汇报。②

---

① 王威：《财产申报"立法研究"一晃二十年了》，《民主与法制时报》2007 年 10 月 22 日。
② 《1997 年规定》第三条：报告人应报告下列重大事项：（一）本人、配偶、共同生活的子女营建、买卖、出租私房和参加集资建房的情况；（二）本人参与操办的本人及近亲属婚丧喜庆事宜的办理情况（不含仅在近亲属范围内办理的上述事宜）；（三）本人、子女与外国人通婚以及配偶、子女出国（境）定居的情况；（四）本人因私出国（境）和在国（境）外活动的情况；（五）配偶、子女受到执法执纪机关查处或涉嫌犯罪的情况；（六）配偶、子女经营个体、私营工商业，或承包、租赁国有、集体工商企业的情况，受聘于三资企业担任企业主管人员或受聘于外国企业驻华、港澳台企业驻境内代办机构担任主管人员的情况。

第六章　结论

2000年12月，中国共产党中央纪律检查委员会第五次会议决定，要进一步规范党员领导干部的从政行为，加强领导干部廉政自律工作，要在省部级现职领导干部中首先实行家庭财产报告制度。[①]

2001年6月，中共中央纪委和中共中央组织部联合刊发了《关于省部级现职领导干部报告家庭财产的规定（试行）》（简称《2001年规定》）。与《1995年规定》相比，此次规定的财产申报涵盖的人员范围增加，包括了领导干部本人及其配偶和由其抚养的子女的个人财产和共有财产。申报内容不仅有工资劳务收入，还包括有价证券、古玩字画、土地所有权和存款等。此外还规定，不仅现职人员，离退休干部也应在离任后一个月内申报家庭财产。

2006年9月，中共中央办公厅发布了《关于党员领导干部报告个人有关事项的规定》（简称《2006年规定》），《1997年规定》同时废止。规定要求党员干部的9类个人事项必须进行报告。[②] 其中涉及财产的报告事项为"配偶、共同生活的子女私人在国（境）外经商办企业的情况"。

2010年7月，中共中央办公厅、国务院办公厅发布最新的《关于领导干部报告个人有关事项的规定》（简称《2010年规定》），《1995年规定》和《2006年规定》同时废止。此次规定将财产申报与重大事项报告整合在一起，要求领导干部报告"本人婚姻变化和配偶、子女移居国（境）外、从业等事项"和"收入、房产、投资等事项"。从具体的内容上看，在申报内容、申报主体、处罚力度方面，《2010年规定》都有新的突破。内容上，增加了房产、投资情况的申报；主体上，规定非党员干部也应就配偶、子女的从业情况进行申报；处罚上，首次明确对违反申报纪律的，给予调整工作岗位、免职等组织处理和纪律处分。

从上述情况可见，有关财产申报的政策性规定在不断地细化和改进，不过尚未包括对申报财产予以公开的规定。但一些地方政府目前已

[①] 《尉健行在中共中央纪律检查委员会第五次全体会议上的讲话》，《人民日报》2000年12月25日。

[②] 《2006年规定》第三条。

经开始尝试对基层领导干部的申报财产进行公开。2009年初，新疆维吾尔自治区阿勒泰地区、浙江省慈溪市两地率先对部分基层领导干部的财产进行公开试点，被认为具有"破冰"意义。

此外，2013年11月，十八届三中全会提出健全反腐倡廉法规制度体系，完善惩治和预防腐败、防控廉政风险、防止利益冲突、领导干部报告个人有关事项、任职回避等方面法律法规，推行新提任领导干部有关事项公开制度的试点。目前共有试点市县27个。其中，地级行政区5个，分别是新疆阿勒泰地区、重庆市黔江区和江北区、宁夏银川市和江苏淮安市；县级行政区22个，分别是浙江慈溪市、象山县、桐庐县、磐安县、湖南浏阳市、湘乡市、安徽庐江县、青阳县、江西黎川县、宁夏青铜峡市、江苏宿迁泗阳县、泗洪县、宿豫区、无锡北塘区、徐州贾汪区、镇江丹徒区、南京江宁区、辽宁锦州古塔区、湖北荆门掇刀区、广东佛山顺德区、韶关始兴县和四川高县。

综上可见，目前我国财产申报制度的实施还仅是依据政策性规定，尚无相关的正式法律。虽然现有的政策性规定在申报主体、申报内容、申报方法上都有新的发展，但仍不完善，而当前制度实施的法律依据缺失则是最为突出的问题。

借鉴韩国公职人员财产登记与公开制度的发展经验，我国公职人员财产申报制度在今后发展中可着重注意以下几个大的原则问题。

一是尽快确立制度的法理依据。目前，我国在制定有关公职人员财产申报制度的法律问题上还存在不少反对论调。这些论调大体包括以下四种：其一，"维护隐私权论"，认为官员也是公民，享有个人隐私不受侵犯的权利，强制要求官员公布财产，是对官员个人隐私权的侵犯；其二，"监督无效论"，认为财产申报是由官员个人进行的，有腐败问题的官员肯定会在申报过程中隐瞒财产，在无法准确获得财产持有信息的情况下，监督根本无从谈起；其三，"成本过高论"，认为中国官员数量众多，配套制度又不完善，因此立法成本与执法成本会非常高昂；其四，"立法条件不具备论"，认为建立相关法律制度的条件尚不具备，这些论调却又往往语焉不详。①

关于对第一种和第二种论调的反驳，本书的第五章第二节和第一章第三节已经就公职人员的隐私权与公众的知情权之间，以及公职人员财产申报制度和腐败治理之间的关系做了详细的阐释，这里不再赘述。至于第三种和第四种论调，韩国的经验已经向我们展示，肃清腐败是民主社会的应有之举，以反腐成本过高为由拒绝腐败治理只是放纵腐败的借口，而且任何一种制度的立法都不是在所有条件都成熟的情况下才能实施。我国自1994年以来，就已颁布实施了一系列有关财产登记的规定，积累了较为丰富的经验，也为制度立法打下了坚实的实践基础。因此，通过立法确立制度的正式法律依据的时机已经到来。

尽快确立制度的法理依据具有不言而明的重要意义。杰里米·波普就曾指出，"腐败的根源不是制度的僵化，而是围绕这种制度的不确定性"②。较之政策性规定，法律具有更加稳定的特点，在较长时间内不会有太大的变化，因此也更具有权威性。尽快确立我国公职人员财产申报制度的法理依据，制定相关立法，能够确保制度的持续性和权威性，推进制度的有效实施。

二是在具体的制度设置时，应遵循"分步实施，逐步扩大""登记与公开并举"的原则。在申报主体、申报内容、申报种类、财产公开、财产审查、处罚措施等方面努力探索适合我国国情的财产申报规则体系。考虑到韩国在立法初期所遇到的挫折和压力，我国在制度设置时，在申报主体的规定上，应遵循按级别、分阶段、逐步扩大的原则，初期可沿用现有的相关政策性规定，将申报主体限定在处级领导以上，之后再逐步向易发生腐败部门的更低级别公务员扩展，将更多的人员纳入申报的范围。

至于立法初期是否应同时公开财产这一问题，鉴于韩国制度在实施

---

① 毛飞：《什么阻碍了反腐利器出炉？》，《检察风云》2005年第13期，第38页。
② 〔新西兰〕杰里米·波普：《反腐策略——来自透明国际的报告》，王淼洋等译，上海译文出版社，2000，第26页。

的前 10 年里，因为没有公开财产而导致制度效用大打折扣的经验教训，我国可考虑登记与公开并举。美国最高法院终身法官布兰代斯在其《他人之钱财》一书中曾指出："公开性被认为是治疗社会病和工业病的良方，阳光被视为是最好的消毒剂，而灯光是效率最高的警官。"在确认了应当公开财产这一原则之后，相应的许多细节问题也需随之明确，包括哪些人应该公开财产、公开哪些形式的财产、家庭成员财产是否也须公开、新闻媒介和公众可通过何种途径了解这些被公开的内容，等等。公开意味着将公职人员及其财产放置到公众视野下，接受公众监督，具有极强的社会敏感性，因此必须在翔实论证的基础上做出合理的规定。

　　三是应抓好制度执行环节，着力开发制度绩效评估体系。制度能否被切实执行，关乎制度的成效。缺乏执行力的制度，必然会流于形式，成为摆设。因此，在公职人员财产申报制度依法正式实施后，应当全力抓好制度执行环节，保证制度的贯彻实施。

　　此外，还应积极制定制度绩效评估体系，就制度的施行状况开展定期评估，查找制度规定中的问题点，总结制度实施的经验和教训，不断推动制度的改革和完善。

参考文献

一　中英文文献

（一）专著

[1] 蔡小平、王伟:《行政伦理与公仆意识》,兰州大学出版社,2010。
[2] 沈荣华:《行政权力制约机制》,国家行政学院出版社,2006。
[3] 程虹:《制度变迁的周期》,人民出版社,2000。
[4] 樊纲:《渐进式改革的政治经济学分析》,上海远东出版社,1996。
[5] 范如国:《制度演化及其复杂性》,科学出版社,2011。
[6] 冯益谦主编《公共伦理学》,华南理工大学出版社,2010。
[7] 胡鞍钢:《中国:挑战腐败》,浙江人民出版社,2001。
[8] 江美塘:《制度变迁与行政发展》,天津人民出版社,2004。
[9] 汪向东、姜奇平:《电子政务行政生态学》,清华大学出版社,2007。
[10] 李惠国:《当代韩国人文社会科学》,商务印书馆,1999。
[11] 李建华:《德性与德心:道德社会培育及其心理研究》,教育科学出版社,2000。

[12] 李军林：《制度变迁的路径分析：一种博弈理论框架及其应用》，经济科学出版社，2002。

[13] 李秋芳：《廉政文化建设》，中国社会科学出版社，2011。

[14] 李仁武：《制度伦理研究：探寻公共道德理性的生成路径》，人民出版社，2009。

[15] 李雪勤：《中国拒绝腐败》，中国言实出版社，1997。

[16] 梁国庆：《中外反腐败实用全书》，新华出版社，1994。

[17] 柳新元：《利益冲突与制度变迁》，武汉大学出版社，2002。

[18] 麻承照：《廉政文化概论》，中国方正出版社，2011。

[19] 《马克思恩格斯选集》（第二卷），人民出版社，1972。

[20] 任建明、杜治洲：《腐败与反腐败：理论、模型和方法》，清华大学出版社，2009。

[21] 任晓：《韩国经济发展的政治分析》，上海人民出版社，1995。

[22] 唐凯琳、龙兴海：《个体道德论》，中国青年出版社，1993。

[23] 王邦佐等编著《中国政党制度的社会生态分析》，上海人民出版社，2000。

[24] 王沪宁主编《腐败与反腐败——当代国外腐败问题研究》，上海人民出版社，1990。

[25] 王利民、杨立新、姚辉：《人格权法》，法律出版社，1997。

[26] 王伟等：《中国韩国行政伦理与廉政建设研究》，国家行政学院出版社，1998。

[27] 徐景峰：《联合国预防犯罪和刑事司法领域活动与文献阅览》，法律出版社，1992。

[28] 杨光斌：《制度变迁与国家治理——中国政治发展研究》，人民出版社，2006。

[29] 杨继亮：《腐败论》，中国社会科学出版社，1997。

[30] 尹保云：《韩国为什么能够成功》，文津出版社，1993。

[31] 张康之：《公共管理伦理学》，中国人民大学出版社，2003。

[32] 中国监察学会秘书处、中央纪委监察部秘书局、纪检监察研究所编译《国外公务员从政道德法律法规汇编》，中国方正出版社，1997。

[33] 邹东涛主编《经济中国之新制度经济学与中国》，中国经济出版社，2002。

[34] 〔美〕埃莉诺·奥斯特罗姆、拉里·施罗德、苏珊·温：《制度激励与可持续发展》，陈幽泓等译，上海三联书店，2000。

[35] 〔美〕埃莉诺·奥斯特罗姆、帕克斯、惠特克：《公共服务的制度构建》，宋全喜、任睿译，上海三联书店，2000。

[36] 〔英〕保罗·哈里森：《第三世界：苦难·曲折·希望》，钟菲译，新华出版社，1984。

[37] Bun Woong Kim et al. (eds.), *Administrative Dynamic and Development: The Korea Experience*, Seoul, Kybo, 1985.

[38] Harvey A. Averch et al., *The Matrix of Policy in the Philippines*, Princeton, Princeton University Press, 1971.

[39] 〔英〕戴维·M. 沃克：《牛津法律大辞典》，李双元等译，光明日报出版社，1989。

[40] 〔美〕丹尼尔·W. 布罗姆利：《经济利益与经济制度——公共政策的理论基础》，陈郁、郭宇峰、汪春译，上海人民出版社，1996。

[41] 〔美〕凡勃伦：《有闲阶级论》，蔡受白译，商务印书馆，1964。

[42] 〔美〕F. J. 古德诺：《政治与行政》，王元译，华夏出版社，1987。

[43] 〔美〕赫伯特·西蒙：《管理行为——管理组织决策过程的研究》，杨砾译，北京经济学院出版社，1988。

[44] 〔新西兰〕杰里米·波普：《反腐策略——来自透明国际的报告》，王淼洋等译，上海译文出版社，2000。

[45] 〔新西兰〕杰里米·波普：《制约腐败——构建国家廉政体系》，清华大学公共管理学院廉政研究室译，中国方正出版社，2003。

[46]〔韩〕金大中:《金大中哲学与对话集:建设和平与民主》,冯世则等译,世界知识出版社,1991。

[47]〔美〕康芒斯:《制度经济学》,于树生译,商务印书馆,1962。

[48]〔德〕柯武刚、史漫飞:《制度经济学》,韩朝华译,商务印书馆,2000。

[49]〔美〕里格斯:《行政生态学》,金耀基译,台湾商务印书馆,1978。

[50]〔加〕里克·斯塔彭赫斯特、〔美〕萨尔·J. 庞德:《反腐败——国家廉政建设的模式》,杨之刚译,经济科学出版社,2000。

[51]〔南非〕罗伯特·克利特加德:《控制腐败》,杨光斌等译,中央编译出版社,1998。

[52]〔德〕马克斯·韦伯:《经济与社会》(上卷),林荣远译,商务印书馆,1997。

[53]〔美〕迈克尔·沃尔泽:《正义诸领域》,褚松燕译,译林出版社,2002。

[54]〔法〕孟德斯鸠:《论法的精神》,曾斌译,京华出版社,2000。

[55]〔美〕诺斯:《制度、制度变迁与经济绩效》,刘守英译,上海三联书店、上海人民出版社,1994。

[56]〔韩〕朴正熙:《我们国家的道路》,陈琦伟译,华夏出版社,1998。

[57]孙宽平:《转轨规则与制度选择》,社会科学文献出版社,2004。

[58]〔美〕R. 科斯、A. 阿尔钦等:《财产权利与制度变迁——产权学派与新制度学派译文集》,刘守英译,上海三联书店,1994。

[59]〔美〕苏珊·罗斯·艾克曼:《腐败与政府》,王江、陈文浩译,新华出版社,2000。

[60]〔美〕特里·L. 库珀:《行政伦理学:实现行政责任的途径》,张秀琴译,中国人民大学出版社,2001。

[61]〔美〕V. 奥斯特罗姆、D. 菲尼等编《制度分析与发展的反思》,

王城等译，商务印书馆，1994。

[62]〔德〕约翰纳·伯爵·兰斯多夫：《腐败与改革的制度经济学：理论、证据与政策》，清华大学公共管理学院廉政与治理研究中心译，中国方正出版社，2007。

[63]〔美〕约瑟夫·奈：《硬权力与软权力》，门洪华译，北京大学出版社，2005。

（二）文章

[1] 敖依昌、刘益良：《韩国金泳三政府反腐廉政新举措述评》，《重庆大学学报》1996年第1期。

[2]《把"收入申报"改为"财产申报"》，《江南论坛》2002年第3期。

[3] 包心鉴：《廉政文化：从伦理到制度》，《红旗文稿》2007年第9期。

[4] 包恒新：《反腐倡廉要义的透析与把握》，《福建论坛》2000年第5期。

[5] 曹贵宝、刘宏勋、刘书增：《加美韩新等国家和地区财产申报制度及经验的借鉴与启示》，《邯郸学院学报》2008年第2期。

[6] 曹正汉：《解释制度的两个因素：功能和深层结构》，《佛山科学技术学院学报》2011年第4期。

[7] 陈君：《财产申报制度是廉政之必要条件》，《社会》1994年第5期。

[8] 陈俊松：《制度变迁理论的两种范式》，《经济问题探索》2001年第5期。

[9] 陈可雄：《反腐败必须釜底抽薪——访著名经济学家吴敬琏教授》，《新华文摘》1994年第1期。

[10] 陈琦：《制度创新与制度变迁的理论辨析》，《煤炭经济研究》2004年第10期。

[11] 陈世阳：《全球化时代国家形象的作用和地位》，《新远见》2011年第1期。

[12] 陈世阳：《试论国家形象战略》，《晋中学院学报》2009年第10期。

[13] 陈晓律：《发展与腐败——韩国模式透析》，《南京大学学报》

1998 年第 1 期。

[14] 陈濯、晏一茗：《腐败根源的深层理论探究》，《中国青年政治学院学报》2004 年第 4 期。

[15] 程福财：《论制度的功能演变与制度变迁》，《上海大学学报》2001 年第 1 期。

[16] 程虹：《制度变迁阶段的周期理论》，《武汉大学学报》1999 年第 1 期。

[17] 程同顺、李秋兰：《腐败的委托—代理分析》，《唯实》2004 年第 2 期。

[18] 程竹汝：《论权力的工具性问题》，《政治学研究》1996 年第 3 期。

[19] 崔俊杰：《人性·道德·腐败》，《华北电力大学学报》2003 年第 3 期。

[20] 戴昌桥：《公共权力腐败的根源探析》，《当代经济管理》2008 年第 11 期。

[21] 《当前腐败现象成因诸说的探讨》，《社会科学文荟》1995 年第 6 期。

[22] 邓大才：《论制度变迁规模与变迁方式的组合模式》，《湖南社会科学》2004 年第 1 期。

[23] 邓国禄：《新老制度经济学变迁理论比较研究》，《合作经济与科技》2008 年第 9 期。

[24] 丁伟峰：《中国财产申报制度建立的障碍及清除路径》，《通化师范学院学报》2011 年第 5 期。

[25] 董建新：《论制度功能》，《现代哲学》1996 年第 4 期。

[26] 董亚男：《制度变迁中的政府行为：理论基础与现实选择》，《行政与法》2009 年第 1 期。

[27] 范炜烽：《制度变迁理论中的人性假设分析》，《求索》2006 年第 3 期。

[28] 方秀玉：《韩国社会的腐败现象及其对策》，《韩国研究论丛》2003

年第 1 期。

[29] 方秀玉：《试论韩国第一共和国时期外交政策与韩美关系（1948至1960年）》，《韩国研究论丛》2007年第2期。

[30] 费京润、闫萍：《韩国公职人员的财产申报和公开制度》，《法学杂志》1997年第2期。

[31] 干以胜：《建立我国财产申报制度的意义和步骤》，《中国监察》1994年第12期。

[32] 葛守昆：《"经济人"与制度安排》，《学海》2001年第4期。

[33] 顾阳：《防止利益冲突制度：理论内涵、制度功能和实践途径》，《探索》2011年第2期。

[34] 郭定平：《韩国政治转型的成就与问题》，《韩国研究论丛》1998年第S1期。

[35] 《国外反腐败的理论与实践及其借鉴意义——何增科研究员访谈》，《国外理论动态》2005年第2期。

[36] 《国外公职人员财产申报一览》，《人民检察》1995年第2期。

[37] 《韩国政府的公务员财产登记与公开制度》，《中国人才》2010年第17期。

[38] 郝宏桂：《朴正熙威权政治与韩国民主化进程的关系》，《历史教学》2008年第7期。

[39] 何向南：《建立财产申报制度的设想》，《人民检察》1995年第1期。

[40] 胡军：《强制性、诱致性制度变迁及其它——兼论中国改革方式的理论基础》，《南方经济》2002年第8期。

[41] 黄百炼：《西方国家预防腐败的程序和制度评析》，《政治学研究》1996年第4期。

[42] 黄鑫鼎：《制度变迁理论的回顾与展望》，《科学决策》2009年第9期。

[43] 黄兆群：《论韩国前总统金泳三》，《烟台师范学院学报》2003年

第 1 期。

[44] 霍迎：《公务员财产申报制度研究》，《法制与社会》2009 年第 23 期。

[45] 姬亚平：《建立国家公职人员财产申报制度的设想》，《行政法学研究》1993 年第 4 期。

[46] 蒋嵘涛：《基于委托代理理论的官员腐败分析》，《金融经济》2011 年第 8 期。

[47] 蒋雅文：《论制度变迁理论的变迁》，《经济评论》2003 年第 4 期。

[48] 蒋云根：《国外财产申报的制度化建设与启示》，《领导科学》2010 年第 15 期。

[49] 金承权：《岔路口上的韩国经济与金泳三的经济政策及其影响》，《国外社会科学》1994 年第 4 期。

[50] 金东日：《韩国集权体制的转型及其条件探析》，《韩国研究论丛》2008 年第 1 期。

[51] 金东日：《韩国民主化过程论析》，《南开学报》2003 年第 5 期。

[52] 金浩镇：《金泳三政府的改革政策：政治方面》，《当代韩国》1994 年第 4 期。

[53] 阚道远：《财产申报制度研究综述》，《理论前沿》2009 年第 17 期。

[54] 孔德涛：《腐败问题所引发的制度伦理思考》，《忻州师范学院学报》2010 年第 1 期。

[55] 孔凡河：《韩国官员财产申报制度的路径变迁及启示》，《行政论坛》2010 年第 6 期。

[56] 冷雄辉：《政府主导的需求诱致性制度变迁：一个理论假说》，《现代商业》2009 年第 21 期。

[57] 雷雨、王刚：《韩国腐败与反腐败的政治透视》，《东北亚论坛》1999 年第 1 期。

[58] 李传伟：《我国公务员财产申报制度的困境及其出路》，《理论界》2009 年第 9 期。

[59] 李德崑：《美国韩国政府治理与预防腐败的做法及启示》，《中国

经贸导刊》2005 年第 22 期。

[60] 李敦球：《韩国民主政治的变迁与走向》，《国际论坛》2000 年第 2 期。

[61] 李国强：《韩国总统金泳三反贪污内情》，《国际新闻界》1994 年第 1 期。

[62] 李睿鑫：《博弈论、制度变迁理论与财政管理体制改革》，《地方财政研究》2007 年第 8 期。

[63] 李小红：《中国公务员财产公开制度的现状及建构障碍》，《江苏警官学院学报》2010 年第 4 期。

[64] 李志昌：《制度功能之哲学分析》，《哲学分析》2011 年第 4 期。

[65] 廖申白：《公共资源、制度与公职腐败——三种默认公职腐败的私人态度的分析与评论》，《玉溪师范学院学报》2003 年第 9 期。

[66] 廖泽平：《对腐败成因的公共选择理论分析》，《唯实》2001 年第 1 期。

[67] 林喆：《当代中国官员财产申报制度建立的难点及对策》，《中国党政干部论坛》2009 年第 9 期。

[68] 刘重春：《韩国公务员财产申报制度及其借鉴意义》，《学习与实践》2010 年第 9 期。

[69] 刘东建：《韩国政治社会化的历史分析及启示》，《当代韩国》2010 年第 2 期。

[70] 刘复晨：《韩国反腐从改善人文环境着手》，《党的建设》2007 年第 1 期。

[71] 刘辉煌：《制度变迁方式理论的演变发展及其缺陷》，《求索》2005 年第 6 期。

[72] 刘庆龙、刘志敏：《政府形象——21 世纪公共关系拓展的重要领域》，《南昌航空工业学院学报》2005 年第 3 期。

[73] 刘伟：《官员财产申报制度的法理分析和法律构建》，《领导与科学》2010 年第 6 期。

[74] 刘向晖：《中韩行政革新的路径选择比较》，《华北电力大学学报》2006 年第 3 期。

[75] 刘晓苏：《腐败根源的政治心理学分析》，《探索与争鸣》2005 年第 8 期。

[76] 刘旭东：《新时期我国官员财产申报制度的实践及其完善措施》，《中共杭州市委党校学报》2009 年第 3 期。

[77] 刘永丰：《韩国反腐历程评析》，《西南民族大学学报》2005 年第 3 期。

[78] 刘再春：《论制度的本质、功能和创新》，《山西高等学校社会科学学报》2004 年第 8 期。

[79] 龙兴海：《公职伦理建设论纲》，《中南大学学报》2005 年第 5 期。

[80] 罗春华：《理性选择制度主义的制度变迁理论与模式》，《江西农业大学学报》2011 年第 1 期。

[81] 马广奇：《制度变迁理论：评述与启示》，《生产力研究》2005 年第 7 期。

[82] 马静：《浅析腐败的制度经济学》，《山西财经大学学报》2010 年第 S1 期。

[83] 马亚琴：《加强制度建设是预防和惩治腐败的治本之策》，《新西部》2010 年第 7 期。

[84] 马颖：《政府权威与战后韩国的经济发展》，《亚太经济》2006 年第 1 期。

[85] 马占稳：《韩国现代化中的后期反腐败》，《北京行政学院学报》2004 年第 2 期。

[86] 《美英两国官员财产申报制度完备》，《共产党员》2009 年第 10 期。

[87] 毛飞：《什么阻碍了反腐利器出炉？》，《检察风云》2005 年第 13 期。

[88] 梅丽红：《官员财产申报：从政策调整到立法突破》，《探索》2010 年第 6 期。

[89] 彭定光：《论制度伦理的立论基础》，《哲学研究》2011 年第 2 期。

[90] 彭慧君：《论塑造清廉为民的新时期政府形象》，《安徽农业大学学报》2009年第3期。

[91] 朴昌根：《韩国现代化模式：产业化与民主化并驾齐驱》，《韩国研究论丛》2007年第2期。

[92] 朴昌根：《论韩国人的家族中心主义价值观对韩国社会政治、经济、经营现代化的影响》，《韩国研究论丛》2000年第1期。

[93] 朴东勋：《论朴正熙时期韩国发展型国家的形成与演变》，《延边大学学报》2011年第1期。

[94] 朴永浩：《试论治理腐败的逻辑》，《东疆学刊》2006年第3期。

[95] 蒲志强：《公职人员财产申报制度的行政伦理研究》，《政治学研究》2010年第5期。

[96] 任勇：《韩国反腐败进程及其经验》，《国际资料信息》2007年第4期。

[97] 乔新生：《让公务员财产申报制度进入法律层面》，《领导之夜》2010年第2期。

[98] 邱小玲：《论公共权力视阈下的官德建设》，《道德与文明》2010年第4期。

[99] 瞿喜宝：《制度的功能问题研究》，《云梦学刊》2006年第4期。

[100] 邵任薇：《韩国公共伦理制度建设及其启示》，《探求》2006年第5期。

[101] 史晋川：《论制度变迁理论与制度变迁方式划分标准》，《经济学家》2002年第1期。

[102] 束克东：《制度变迁的原因、方式及趋势》，《平顶山学院学报》2006年第4期。

[103] 斯宜：《国外财产申报制度的特点、内容与性质》，《党政论坛》1994年第1期。

[104] 宋文斌：《国家公职人员财产申报制度初探》，《中国刑事法杂志》1995年第4期。

[105] 苏晓、彭云峰：《构建中国国家软实力的战略思考》，《战略纵

横》2012 年第 1 期。

[106] 孙世强：《"制度人"假设与制度功能性分析》，《学习与探索》2006 年第 2 期。

[107] 孙晓翔：《韩国现代化进程中的腐败问题》，《东北亚论坛》2010 年第 1 期。

[108] 锁利铭：《基于制度变迁理论的政府转型动因、主体与机制分析》，《云南行政学院学报》2008 年第 3 期。

[109] 唐兴霖：《里格斯的行政生态理论述评》，《上海行政学院学报》2000 年第 3 期。

[110] 童中贤：《反腐败制度建设论》，《中国青年政治学院学报》2002 年第 2 期。

[111] 屠振宇：《财产申报制度中的隐私权保护》，《法商研究》2011 年第 1 期。

[112] 万昌华：《韩国政治现代化的历史考察》，《读书》2000 年第 10 期。

[113] 王柏杨：《官员财产申报制度的伦理思考》，《经济研究导刊》2011 年第 11 期。

[114] 王超英：《试析腐败危害、原因及反腐对策》，《太原师范专科学校学报》2000 年第 3 期。

[115] 王承艳：《制度伦理与制度创新》，《中国集体经济》2009 年第 12 期。

[116] 王刚：《韩国政府惩治腐败》，《文史月刊》2010 年第 6 期。

[117] 王桂芳：《腐败问题的特点、成因及治理策略探析》，《中共山西省委党校学报》2006 年第 5 期。

[118] 王和君：《财产申报制度的伦理考量》，《伦理学研究》2009 年第 3 期。

[119] 王和民、钟庆明：《关于制订有中国特色的财产申报制度的思考》，《理论前沿》1995 年第 13 期。

[120] 王凯艳：《韩国"高级公务员团"制度相关分析》，《东方企业文

化》2010 年第 2 期。

[121] 王伟:《从制度上塑造公务员职业伦理精神》,《学习月刊》2005 年第 8 期。

[122] 王伟:《公共行政伦理价值定位与规范体系》,《伦理学研究》2003 年第 3 期。

[123] 王伟:《行政伦理法制:廉政建设的重要途径》,《国家行政学院学报》2005 年第 S1 期。

[124] 王旭宽:《腐败的制度性缺陷及其治理对策》,《兰州学刊》2007 年第 10 期。

[125] 王玉海:《诺斯制度变迁理论的演进及其应用价值》,《东方论坛》2004 年第 4 期。

[126] 汪玉凯:《官员财产申报制度难以建立的思考》,《今日中国论坛》2009 年第 Z1 期。

[127] 翁立伟:《官员素质如何影响国家形象》,《对外传播》2011 年第 4 期。

[128] 吴方旭:《制度变迁理论演化历史与未来发展》,《湖南行政学院学报》2007 年第 3 期。

[129] 吴红:《邓小平政治合法性思想初探》,《前沿》2005 年第 6 期。

[130] 吴吉远:《贪污与腐败辨析》,《研究参考》1997 年第 6 期。

[131] 夏炎:《古代官员的财产公开方式》,《政府法制》2010 年第 29 期。

[132] 郇天莹:《美国官员财产申报制度构建的路径分析与启示》,《中国行政管理》2009 年第 2 期。

[133] 严浩坤、文彬:《腐败的经济学分析——理论、方法与观点》,《贵州社会科学》2007 年第 4 期。

[134] 颜卫青:《制度伦理的边界、功能涵涉及意义》,《求实》2004 年第 9 期。

[135] 杨蓓蕾:《关于我国建立财产申报制度可行性的探讨》,《党政论

坛》1994 年第 1 期。

[136] 杨冬云：《国家形象的构成要素与国家软实力》，《湘潭大学学报》2008 年第 5 期。

[137] 杨贺男：《制度与德性：公共行政伦理的二重维度考察》，《理论导刊》2010 年第 8 期。

[138] 杨建国：《我国公务员财产申报解读：理据、缺失及构建》，《南京农业大学学报》2009 年第 2 期。

[139] 杨建国、王淮庆：《论官员财产申报的正当性》，《党政干部学刊》2010 年第 10 期。

[140] 杨龙：《论制度的结构、功能与绩效》，《理论与改革》2006 年第 2 期。

[141] 杨兴华：《南朝鲜经济的发展及原因》，《世界历史》1990 年第 4 期。

[142] 杨依山：《制度变迁理论评述》，《理论学刊》2009 年第 6 期。

[143] 叶惟：《治理腐败关键在制度建设》，《今日南国》2008 年第 5 期。

[144] 尹保云：《公民社会运动与韩国的民主发展》，《当代韩国》2009 年第 3 期。

[145] 尹保云：《韩国的反腐败斗争》，《战略与管理》1994 年第 6 期。

[146] 尹保云：《韩国威权主义时期的选举》，《韩国研究论丛》2008 年第 1 期。

[147] 殷德生：《制度创新的一般理论：逻辑、模型与扩展》，《经济评论》2003 年第 6 期。

[148] 尹益洙：《韩国由威权主义向政治民主化转型的回顾与思考》，《江苏社会科学》2001 年第 3 期。

[149] 于风政：《论"腐败"的定义》，《新视野》2003 年第 5 期。

[150] 曾河山：《从英法韩文化战略看国家形象的塑造》，《对外大传播》2007 年第 2 期。

[151] 张春梅：《预防腐败的制度建设研究》，《理论界》2009 年第 11 期。

[152] 张涣萍：《浅议官员素质与国家形象》，《对外传播》2011 年第 3 期。

[153] 章平平：《金泳三与韩国的反腐败运动》，《理论观察》1993 年第 6 期。

[154] 张淑芳：《财产申报法与相关法律的衔接》，《探索与争鸣》2010 年第 4 期。

[155] 张晓燕：《金泳三政权：通过改革建立新秩序》，《中国党政干部论坛》1994 年第 12 期。

[156] 张学谦：《金泳三加强廉政建设的举措》，《国际展望》1994 年第 6 期。

[157] 张亚明：《基于公共选择理论的腐败治理制度研究》，《内蒙古社会科学》2011 年第 3 期。

[158] 张亚明：《基于委托代理理论的腐败综合治理研究》，《燕山大学学报》2011 年第 1 期。

[159] 张蕴萍：《西方经济学的制度变迁理论述评》，《金融经济》2007 年第 24 期。

[160] 张忠义：《韩国财产公开防止腐败》，《瞭望》1995 年第 43 期。

[161] 赵俊：《我国应建立公职人员财产申报制度》，《中国社会科学院研究生院学报》2007 年第 2 期。

[162] 赵昆：《"经济人"与制度伦理建设初探》，《石家庄学院学报》2005 年第 5 期。

[163] 赵文贞：《试论制度变迁理论的方法论》，《内蒙古财经学院学报》2009 年第 3 期。

[164] 赵岳阳：《制度变迁视角下的利益集团理论》，《当代经济研究》2010 年第 12 期。

[165] 曾峻：《行政伦理建设的法治化路径初探》，《上海行政学院学报》2005 年第 6 期。

[166] 曾小华：《制度的分类和分层》，《资料通讯》2004 年第 5 期。

[167] 詹小洪：《韩国腐败文化与廉政建设》，《炎黄春秋》2010 年第 2 期。

[168] 詹小洪：《浅析韩国的经济难题和腐败毒瘤》，《太平洋学报》

2004 年第 2 期。

[169] 郑砚农：《公共外交——国家形象传播多元化》，《国际公关》2011 年第 2 期。

[170] 钟杰：《谈腐败行为的制度原因》，《湖北社会科学》2003 年第 10 期。

[171] 周泽华：《深刻剖析腐败根源 构筑防腐教育防线》，《经济与社会发展》2009 年第 1 期。

[172] 周金恋：《韩国公职人员财产登记制度的演变及其启示》，《河南社会科学》2006 年第 6 期。

[173] 朱海忠：《韩国政治转型中的政府与社会》，《扬州大学学报》2002 年第 5 期。

[174] 朱虹：《国家形象的影响力》，《中国党政干部论坛》2007 年第 10 期。

[175] 竹立家：《国外官员财产申报制度的政治和法律基础探析》，《领导科学》2010 年第 16 期。

[176] 朱效梅：《制度的根源分析》，《探求》2004 年第 1 期。

[177] 朱中原：《官员财产申报制度 20 年难产》，《中国改革》2007 年第 12 期。

[178] 庄锡昌：《转型期的韩国政治论述》，《韩国研究论丛》1998 年第 S1 期。

[179] 谢孝东：《韩国威权主义政治与腐败关系研究》，西北大学硕士学位论文，2008。

[180] 王威：《财产申报"立法研究"一晃二十年了》，《民主与法制时报》2007 年 10 月 25 日。

[181]《尉健行在中共中央纪律检查委员会第五次全体会议上的讲话》，《人民日报》2000 年 12 月 25 日。

[182] David H. Bayley, "The Effects of Corruption in a Developing Nation," *The Western Political Quarterly*, Vol. 19, 1966.

［183］〔美〕麦凯尔·埃里特奥：《"好处费"腐蚀着世界》，《编译参考》1995年第6期。

［184］〔美〕迈克尔·约翰斯顿：《论作为一种反腐战略的社会发展》，何增科译，《经济社会体制比较》1995年第6期。

［185］S. Park, "Two Forces of Democratization in Korea," *Journal of Contemporary Asia*, Vol. 28, 1998.

［186］J. S. Nye, "Corruption and Political Development: A Cost–Benefit Analysis," *The American Political Science Review*, Vol. 61, 1967.

［187］W. Dong, "The Democratization of South Korea: What Role does the Middle Class Play?" *Korea Observers*, Vol. XXII, No. 2, Summer 1991.

［188］World Bank, "Korea's Experience with the Development of Trade and Industry," Washington, 1988.

［189］World Bank, "Helping Countries Combat Corruption," Washington D. C., 1997a.

二　韩文文献

（一）专著

[1]강신택.한국행정학의논리[M].서울:博英社, 2005.

[2]강원도공직자윤리위원회.재산등록사항공개목록[M].강원도:강원도공보간실, 1993.

[3]경제정의실천시민연합.공직자부패방지방안과공직윤리법청원[M]. 서울:경제정의실천시민연합, 1993.

[4]교양과행복.공직자윤리의개념과중요성[M].서울:교양과행복, 2010.

[5]구자용.행정통제의이해[M].서울:전예원, 1995.

[6]국회도서관입법자료분서실.公務員腐敗防止方案과관련된豫想爭點

— 271 —

과立法上의補完策[G].서울:국회도서관, 1994.

[7] 김영종.부패학[M].서울:숭실대학교출판부, 1993.

[8] 김용법.韓國公務員公職倫理定着을위한實證的研究:公織者否定腐敗防止[M].서울:延世大學校, 1984.

[9] 김일.公職倫理論[M].서울:學文社, 1995.

[10] 김태균.공직자재산등록제도의입법적개선방안에관한연구[M].서울:한국법제연구원, 2011.

[11] 김택.공직윤리와관료부패[M].파주:한구각술정보, 2010.

[12] 김택.공직윤리와청백리사상연구[M].파주:한국학술정보, 2011.

[13] 나중식.한국의공직윤리[M].서울:서울경제경영, 2010.

[14] 노정현.깨끗해야떳떳하다[M].서울:미래미디어, 1996.

[15] 문정인,모정린.한국의부정부패:그비용과실태[M].서울:오름사, 1993.

[16] 박홍식.내부고발의논리[M].서울:나남출판사, 1999.

[17] 반부패국민연대.반부패지도[M].서울:사람생각, 2001.

[18] 부정방지대책위원회.公職資財産登錄制度의實態와改善方案[G].서울:부정방지대책위원회, 1997.

[19] 서울특별시공직자윤리위원회.공직자윤리제도비교연수:미국브라질말레이지아호주[M].서울:서울특별시, 1997.

[20] 소병희.공공선택의정치경제학[M].서울:박영사, 1993.

[21] 신종순.公織의倫理[M].서울:博英社, 1973.

[22] 안갑준.공직자의윤리[M].서울:아세아문화사, 1977.

[23] 우근민.우리나라公職倫理에관한研究[M].서울:國防大學院, 1986.

[24] 이병철.행정윤리[M].울산:울산대학교출판부, 2004.

[25] 이상안.공직윤리봉사론[M].서울:博英社, 2000.

[26] 이시윤.민사소송법[M].서울:박영사, 1997.

[27] 이은영외.부정부패의사회학[M].서울:나남, 1997.

[28] 이형구.公職倫理制度發展方案에대한研究:財産登錄公開制度를中心으로[M].과천:중앙공무원연구원, 2002.

[29]자치정보화조합.공직윤리종합정보시스템사용자설명서:윤리업무 담당자[G].서울:자치정보화조합, 2005.
[30]재정경제원.金融實名制關聯質疑應答集[M].과천:재정경제원, 1996.
[31]전수일.관료부패론[M].서울:선학사, 1996.
[32]총무처.재산등록사항공개목록1993[M].서울:총무처, 1993.
[33]최락인.관료제론:조직개혁과공직윤리[M].서울:큰일, 1999.
[34]최순영.공직윤리제도의문제점과개선방안[M].서울:한국행정연구원, 2007.
[35]한인섭.권위주의형사법을넘어서[M].서울:동성사, 2000.
[36]허영.한국헌법론[M].서울:박영사, 1993.
[37]홍영기외(역).정치경제학사전[M].서울:이성과현실사, 1991.
[38]김운태, 미군정의 한국통치[M].서울:박영사, 1992.

（二） 期刊文章

[1]강경근.공직자부패와헌법이론[J].한국부패학회보, 1997（02）.
[2]강경근.부패방지의법제적고찰[J].아태공법연구, 2003（01）.
[3]강성남.우리나라부패통제기구의개선방안[J].한국부패학회보, 1997（01）.
[4]김광암.미국의부패방지법연구[J].형평과정의, 1998（01）.
[5]김문현.공직자윤리획립을위한향후의법적과제[J].공법연구, 1994（02）.
[6]김종무.공무원부패방지제소성공요인분석[J].한국행정학보, 2004（02）.
[7]강경근.공직자부패와헌법이론[J].한국부패학회보, 1997（02）.
[8]강경근.부패방지의법제적고찰[J].아태공법연구, 2003（01）.
[9]김광암.미국의부패방지법연구[J].형평과정의, 1998（01）.
[10]김문현.공직자윤리획립을위한향후의법적과제[J].공법연구, 1994（02）.

[11]김병록.공직부패의헌법적조명[J].공법연구, 2001 (02).
[12]김병섭.김대중정부의부패통제정책평가-가능성과지속되는문제[J].
　　　행정논총, 2001 (03).
[13]김병섭.부패방지위원회의독립성[J].행정논총, 2002 (04).
[14]김선업.한국사회의연줄망의구조적특징[J].한국사회학, 1992 (06).
[15]김신규.뇌물죄에관한연구[J].목포대학교사회과학연구소보, 1997
　　　(12).
[16]김종원.뇌물죄의문제점[J].고시계, 1987 (10).
[17]김왕수.한국사회의부패원인에대한이론적고찰[J].사회발전연구, 1998
　　　(04).
[18]김영성,신기원.공직자윤리법에관한고찰[J].사회과학연구소논문
　　　집, 1993 (04).
[19]김원주.공무원의비밀엄수의무[J].문연김원주교수정년기념논문집, 2000
　　　(01).
[20]김용세.뇌물과사교의례[J].사회과학논문집, 1996 (01).
[21]김용세.뇌물에대한법적규제[J].사회과학논문집, 1995 (01).
[22]김용세.뇌물의직무관련성[J].법학연구, 1995 (01).
[23]김용세.공직부패방지제도에관한연구[J].사회과학논문집, 1998
　　　(01).
[24]김용세.공직부패의개념,유형과구조[J].행사정책연구, 1998 (03).
[25]김용세.뇌물규제를위한현행법제:내용과한계[J].법학연구, 1998
　　　(01).
[26]김용세.부패방지를위한기본전략[J].사회과학논문집, 1998 (02).
[27]김재홍.공공부문과민간부문간보수격차의요인에관한연구:공부원
　　　의보수수준을중심으로[J].한국행정학보, 1996 (03).
[28]김종범,김정환.OECD뇌물방지협정이국내뇌물죄에주는영향[J].
　　　통상법률, 1998 (03).
[29]김준호.부정부패사범단속의문제점과대책[J].형사정책연구, 1999

(02).

[30] 김중양.공직자재산등록제[J].考試界, 1994 (03).

[31] 김태룡.역대정부의부패방지정책의평가와과제[J].한국행정학보, 2003 (02).

[32] 김택.반부패제도의국제적동향및비교연구-홍콩,싱가프로,말레이시아를중심으로[J].한국부패학회보, 2001 (01).

[33] 김해동.관료부패에관한이론[J].행정논총, 1972 (01).

[34] 김해동.관료부패의유형[J].행정논총, 1990 (01).

[35] 김호섭.부정부패와공직윤리-공직자윤리법의개정을중심으로[J].한국행정연구, 1996 (04).

[36] 라영재,이태영.부패방지거버넌스에관한연구[J].한국행정학보, 2003 (02).

[37] 문준조.부패와뇌물공여에대한국제적규제동향에관한연구[J].현안분석, 2001 (01).

[38] 민영성.진술거부권의행사와불이익추정의금지[J].저스티스, 2002 (01).

[39] 박상식.싱가포르의부정부패추방[J].자치행정구, 1997 (01).

[40] 박정수.국재협력을통한효과적인부패방지[J].한국행정학보, 2003 (02).

[41] 박정수.부패방지를위한시민사회의역할과시민운동[J].형사정책연구, 2002 (02).

[42] 박흥식,이창길.공직자재산등록및공개제도에대한공직사회이해관계집단간인식의차이[J].한국부패학회보, 2010 (06).

[43] 서보학.공직자부정부패에대한형사법적대응방안[J].형사정책, 1999 (01).

[44] 심희기.신상공개의정당화근거와적절한공개대상과공개기준의탐색[J].저스티스, 2002 (01).

[45] 연성진.공무원범죄의추이에관한연구[J].형사정책연구, 1999 (01).

[46] 오영근.공무원범죄와양형[J].형사정책연구, 1994 (04).

[47] 오영근.부정부패에대한형사법적대응방안-뇌물죄규정의해석,적용, 집행을중심으로[J].제1회한국법학자대회논문집, 1998 (01).
[48] 오영근,이상용.뇌물죄에관한연구-수뢰죄의양형실태와통제방안[J].형사정책연구, 1996 (01).
[49] 우영기.중뢰죄와배임중재죄의재검토-부정부패의효율적방지를위한조언[J].법조, 2000 (04).
[50] 윤태범.관료부패의구조에관한연구[J].한국행정학보, 1993 (03).
[51] 윤태범.한국부패학회보[J].형사정책연구, 1997 (01).
[52] 윤태범.우리나라정부의반부패정책의평가[J].한국행정학보, 1999 (01).
[53] 윤태범,김성남.행정윤리의연구:이론과현실적용[J].한국행정학보, 2001 (01).
[54] 이동명.뇌물죄에있어서의직무[J].법학연구, 2000 (05).
[55] 이병철.한국공직자재산공개에대한평가와정책방향[J].울산대학교사회과학논집, 2003 (01).
[56] 이상수,박홍식.내부고익신고자보호법의국제적비교를통한법제도개선연구[J].한국정책학회보, 2003 (02).
[57] 이상수.공무상비밀누설죄에있어서비밀의의의[J].저스티스, 1997 (03).
[58] 이상진.공직자재산등록공개의효과성[J].경상대학교사화과학연구소학보, 1993 (01).
[59] 이왕재.공직자재산공개의문제점분석과정책제언-공직자윤리위원회의운영을중심으로[J].상명여대사회과학연구, 1995 (01).
[60] 이종수.한국사회의총체적부패구조-그개책은없는가[J].국책연구, 1995 (01).
[61] 이종영.공부패방지법의문제점과개선방안[J].중앙법학, 2003 (01).
[62] 이철호.헌법상직업선택의자유와공직자취업제한문제[J].헌법학연구, 2002 (03).

[63]이효성.개혁실마리공직자재산공개[J].한국논단, 1995 (05).

[64]임영섭.공직자윤리위원회과연실효성있는가?[J].지방자치, 1993 (01).

[65]임웅.뇌물죄의본질과구성요건[J].고시연구, 1992 (12).

[66]임웅.뇌물범죄에관한연구[J].형사정책구, 1998 (10).

[67]장근호.OECD부패방지협약과후속이행조치에관한논의와평가[J]. 대외경제정책원, 1999 (01).

[68]장영철.부패방지를위한공법적대응[J].연세법학연구, 2002 (01).

[69]장일순.한국사회의뇌물행위에대한사회학적원인분석[J].사회과학 논문집, 1982 (01).

[70]전수일.관료부패연구-사회문화적접근[J].한국행정학보, 1984 (01).

[71]전수일.공무원의윤리규범과행동기준에관한연구-선물,접대및이 익수수의한도를중심으로[J].부패학회보, 1999 (04).

[72]田秀一.官僚腐敗와公職者의倫理問題에관한硏究[J].KWU, 1982 (11).

[73]전영평.시민단체에의한부패통제:논리,유형,분석[J].한국행정학보, 2003 (01).

[74]정일섭.유명무실한공직자재산등록공개제도[J].지방자치, 1996 (12).

[75]정일섭.재산등록및공개제도에관한연구[J].사회과학연구소논문집, 1999 (01).

[76]정진연.공무원범죄에관한연구-뇌물죄를중심으로[J].한국부패학 회보, 2001 (01).

[77]조은경,이정주.부패친화적연고주의문화의국가별비료분석[J].한 국행정학보, 2006 (01).

[78]진계호.뇌물죄에있어서의몇가지문제[J].법학논총, 1998 (01).

[79]최종고.공직자윤리의법적기초-법사적,비교법적고찰[J].저스티스, 1991 (01).

[80]정진연.공무원범죄에관한연구-뇌물죄를중심으로[J].한국부패학회보, 2001 (01).
[81]홍정선.개정공직자윤리법의문제범-재산등록제도및등록재산공개제도를중심으로[J].현대공법이론의전개, 1995 (01).
[82]홍정선.公務員(公職者)의財産登錄義務[J].考試研究, 1993 (06).
[83]홍정선.부패방지법과부패방지위원회의역할[J].형사정책연구, 2002 (02).
[84]회영출.공무원처우개선에관한연구[J].한국행정학보, 2000 (01).
[85]김용철, 문정인.한국의 경제발전 민주화 경험: 정치경제의 역설적 순환[J].사회과학논집, 1995 (26).

(三) 学位论文、报纸文章、报告等

[1]김상식.腐敗防止政策의實效性에關한硏究:公職者財産登錄制度의組織學習論適解釋[D].서울:고려대학교, 2005.
[2]김규현.公職腐敗에대한법的統制硏究[D].대전:대전대학교, 2005.
[3]김정우.정경유착구조의현상적이해및근절을위한제도적대응방안[D].서울:연세대학교, 1998.
[4]金重陽.우리나라공직자재산등록제도에관한연구[D].서울:서울대학교, 1985.
[5]나관주.公職者財産登錄制度實效率性確保方案硏究[D].서울:서울시립대학교, 2005.
[6]羅鐘焄.公職者財産登錄制度效率性確保方案에關한硏究[D].광주:全南大學校, 2001.
[7]심재필.공직자윤리확립을위한재산등록제도의실효성확보방안에관한연구[D].경남:경남대학교, 1998.
[8]이만영.腐敗防止制度의벤치마킹에관한硏究:主要國家와韓國의事例比較[D].서울:동국대학교, 1999.
[9]장승덕.韓國官僚腐敗文化의改革戰略에관한硏究[D].서울:한양대학교, 1994.

[10]전선민.공무원부패방지방안에관한연구[D].서울:숙영여자대학교, 1998.

[11]진창호.韓國公務員의行政倫理에관한硏究:阻害要因을中心으로[D]. 서울:단국대학교, 1996.

[12]최영준.우리나라공직자재산등록공개제도에대한평가[D].서울:국방대학교, 1995.

[13]홍성옥.공무원부정부패방지에관한연구[D].서울:중앙대학교, 2000.

[14]가족재산공개군이가장투명[N].朝鮮日報, 2010, 12(26).

[15]공직자재산공개실시[N].朝鮮日報, 1993, 6(19).

[16]과거공직자재산등록제도[N].東亞日報, 1993, 3(25).

[17]대선결과나와[N].中央日報, 1971, 4(30).

[18]47%가1억원이상늘어[N].東亞日報, 2011, 3(26).

[19]정몽준2조줄었다2조늘어[N].中央日報, 2011, 3(26).

[20]최대호안양시장103억최고[N].朝鮮日報, 2011, 3(28).

[21]고인규.공지자재산등록시스템획기적으로개선[R].서울:행정안전부, 2008.

[22]공성률.2005년도공직자정기재산변동신고사항공개[R].서울:행정자치부, 2005.

[23]권순록.이명박대통령등새정부고위고익자재산등록사항공개[R].서울:행정안전부, 2008.

[24]김혜영.09년도고위공직자정기재산변동신고사항공개[R].서울:행정안전부, 2009.

[25]박중훈외.한국의부패실태및요인분석[R].서울:국무조정실, 1999.

[26]부정방지대책위원회.공직자비리의처벌실태및방지대책[R].서울:부정방지대책위원회, 1998.

[27]이상엽.지방행정분야부패방지대책[R].서울:국무조정실, 2000.

[28]이형복.2004년도공직자정지재산변동사항공개[R].서울:행정자치부, 2004.

[29]한창섭.6.2지방선거신규선출직공직자재산등록사항공개[R].서울:행정안전부, 2010.

附 录

公职人员伦理法

(2009年)

行政安全部

修订:

1981年12月31日	法律第3520号《公职人员伦理法》
1987年12月4日	法律第3993号《军事法院法》
1988年8月5日	法律第4017号《宪法裁判所法》
1991年11月30日	法律第4408号《宪法裁判所法》
1993年6月11日	法律第4566号
1994年3月16日	法律第4739号《公职选举和防止不正当选举法》
1994年12月31日	法律第4853号
1995年12月29日	法律第5108号《有关地价公示和土地等的评价的法律》
1997年12月13日	法律第5454号《有关根据政府部处命令等的变更修订建筑法等的法律》
1997年12月31日	法律第5491号《韩国银行法》

附录　公职人员伦理法（2009年）

1997年12月31日	法律第5493号《有关金融实名交易和秘密保护的法律》
1999年1月21日	法律第5681号《国家情报院法》
1999年12月31日	法律第6087号《总统警卫室法》
2000年12月29日	法律第6306号《外务公务员法》
2001年1月26日	法律第6388号
2001年7月24日	法律第6494号《防止腐败法》
2003年3月12日	法律第6861号《宪法裁判所法》
2004年3月12日	法律第7189号《公职选举和防止不正当选举法》
2005年1月14日	法律第7335号《有关不动产价格公示及鉴定评价的法律》
2005年5月18日	法律第7493号
2005年12月29日	法律第7796号《国家公务员法》
2006年2月21日	法律第7849号《济州特别自治道设置和建成国际自由都市特别法》
2006年12月28日	法律第8098号
2007年5月17日	法律第8435号《有关家族关系的登记等的法律》
2007年8月3日	法律第8635号《有关资本市场和金融投资业的法律》
2008年2月29日	法律第8852号《政府组织法》
2008年2月29日	法律第8863号《有关金融委员会的设置等的法律》
2008年2月29日	法律第8872号《总统警卫室法》
2009年1月30日	法律第9356号《高等教育法》[①]
2009年2月3日	法律第9402号

[①] 像2009年1月30日、2010年3月22日后标有他法的，就说明是因为其他法而做的相关的术语上的修订。而像2009年2月3日后空白的，说明此次修订是本部法自身条款的修订日。

| 2009年4月1日 | 法律第9617号《有关信用信息的利用和保护的法律》 |
| 2010年3月22日 | 法律第10148号《国家公务员法》 |

第一章　总则

(2009年2月3日修订)

第一条　目的

本法对公职人员、公职候选人的财产登记、登记财产的公开、财产形成过程的说明、利用公职取得财产加以规定，同时对公职人员的礼品申报和株式白纸信托、退职公职人员的就业限制等加以规定，旨在防止公职人员不正当的财产增值，确保公务履行的公正性，确立作为国民服务者的公职人员应具备的伦理准则。

(2009年2月3日全文修订)

第二条　生活保障等

为保证公职人员献身于公职，国家应该保障公职人员的生活，并努力确立公职伦理准则。

(2009年2月3日全文修订)

第二条之二　利害冲突防止义务

1. 当公职人员履行的公职与公职人员的财产发生关联时，国家或地方自治团体应尽力避免影响公正执行公务行为的发生。

2. 当公职人员履行的公职与自身财产发生关联时，为避免影响公正执行公务行为的发生，公职人员应确保公职履行的正义性，将公共利益放在首位，诚实履行职务。

(2009年2月3日全文修订)

第二章　财产登记和公开

(2009年2月3日修订)

第三条　登记义务者等

1. 凡符合下列各项之一的公职人员（以下称"登记义务者"），必须根据本法的规定，进行财产登记。

（2009 年 2 月 3 日修订）

（1）总统、国务总理、国务委员、国会议员等国家政务职公务员。

（2）地方自治团体的首长和地方议会的议员等地方自治团体的政务职公务员。

（3）四级以上的一般职国家公务员（高级公务员团[①]中的一般职公务员也包含在内）和地方公务员以及获得与此相当报酬的别定职公务员（高级公务员团中的别定职公务员也包含在内）。

（4）总统令确定的外务公务员和四级以上的国家情报院的职员以及总统室警务公务员。

（5）法官和检事。

（6）宪法裁判所宪法研究官。

（7）大领[②]以上的军官以及与此相当的军务员。

（8）教育公务员中的总长[③]、副总长、研究生院院长、学长（包括大学的学长）、专科大学的校长以及与专科大学相当的各类学校的校长，

[①]　高级公务员团制度是韩国政府为了提高政府工作效率，依据《国家公务员法》《高级公务员团人事规定》等有关规定从 2006 年 7 月 1 日起对政府的室、局长级公务员按照本人成绩和能力开始实行跨部门人事管理的制度，以增强高级公务员的全局意识，使政府各部门的合作更加密切，有效克服部门利己主义。韩国政府原来的公务员管理实行一至九级职级管理（三级以上为高级公务员），其弊端主要是以工龄和资历作为晋升高级公务员的主要条件。由于对高级公务员的能力考查和开发不足，加上绩效管理薄弱，缺乏外部竞争，民间优秀人才难以进入高级公务员队伍，导致高级公务员能力提高缓慢，影响了国家公务员的整体素质和能力。高级公务员团不分级别，只有职务之分，由过去的职级管理过渡为职务管理。具体来说，原来的公务员只能由低职级向高职级逐级晋升，但高级公务员团制度实行后，各级国家公务员及民间人才均可参与竞争高级公务员团内空缺职务，增强了公开性和竞争性，提高了政府的执政能力和工作效率。属于高级公务员团的高级公务员的职务等级有两种。一种是相当于一级公务员的高级公务员，另一种是相当于二至三级公务员的高级公务员。——译者注

[②]　韩国法律中的"大领"相当于我国的"大校"。——译者注

[③]　韩国法律中的"总长"相当于我国的"校长"。——译者注

首尔特别市、直辖市、各道的教育监①、教育长以及教育委员。

（9）总警（包括自治总警）以上的警察公务员和消防正以及地方消防正以上的消防公务员。

（10）就职于可以任命为第（3）至第（7）项以及第（9）项公务员职位的和与此相当职位的契约职公务员。

（11）根据《有关公共机关运营的法律》所建立的公企业（以下称"公企业"）的正副首长、常任监事，韩国银行的总裁、副总裁以及监事，金融通货委员会的推荐职委员，金融监督院的院长、副院长以及监事，农业合作组合中央会、水产业合作组合中央会的会长以及常任监事。

（12）第三条之二的公职有关团体（以下称"公职有关团体"）的任员。

（13）其他根据国会规则、大法院规则以及总统令所确定的特定部门的公务员和公职有关团体的职员。

2. 删除。（1993年6月11日）

第三条之二　公职有关团体

1. 依本法第九条第2款第（8）项之政府公职人员伦理委员会根据政府或地方自治团体的财政援助规模、任员选任办法等，指定符合下列各项之一的机关、团体为公职有关团体。

（1）韩国银行。

（2）公企业。

（3）接受政府的出资、捐助、补助的机关、团体（包括再出资、再捐助），以及接受委托执行政府业务的机关、团体。

（4）根据《地方公企业法》所建立的地方公社、地方公团和接受地方自治团体的出资、捐助、补助的机关、团体（包括再出资、再捐助）以及接受委托执行地方自治团体业务的机关、团体。

---

① 韩国16个广域地方自治团体设有教育监，教育监是指统筹办理广域地方自治团体教育委员会的业务的职位。——译者注

(5）任员选任时，需得到中央行政机关的首长、地方自治团体的首长承认、同意、推荐、提请的机关、团体或是由中央行政机关的首长、地方自治团体的首长选任、任命、委托任员的机关、团体。

2. 本条第 1 款规定的公职有关团体的指定标准、程序，以及其他事项由总统令规定。

（2009 年 2 月 3 日本条新设）

第四条 登记对象财产

1. 登记义务者需登记的财产是指符合下列各项之一的人员的财产（包括无论以何种名义，但事实上归其所有的财产和向非营利法人捐助的财产以及国外的财产，下同）。

（1）本人。

（2）配偶（包括具有事实上的婚姻关系者。下同）。

（3）本人的直系亲属，但已出嫁的直系女子、外曾祖父母、外祖父母、外孙子女以及外曾孙子女除外。

2. 登记义务者需登记的财产如下：

（1）有关不动产的所有权、地上权[①]和传世权[②]。

（2）矿业权、渔业权以及其他准用不动产规定的权利。

（3）下列各目之一的动产、证券、债权、债务以及知识财产权：

①所有人持有的合计为 1000 万韩元以上的现金（包括支票）；

②所有人持有的合计为 1000 万韩元以上的存款；

③所有人持有的合计为 1000 万韩元以上的股票、国债、公债、公司债券等证券；

④所有人持有的合计为 1000 万韩元以上的债权；

⑤所有人持有的合计为 1000 万韩元以上的债务；

⑥所有人持有的合计价值 500 万韩元以上的黄金和白金（包括黄金

---

① 相当于我国民法中的土地使用权。——译者注
② 相当于我国民法中的租赁权。——译者注

和白金的制品）；

⑦单价相当于500万韩元以上的宝石；

⑧单价相当于500万韩元以上的古董和艺术品；

⑨每券为500万韩元以上的会员券；

⑩一年内能够有1000万韩元以上收入的知识财产权；

⑪汽车、建筑机械、船舶及飞机。

（4）在联营公司、合资公司及有限公司中的出资份额。

（5）股票购买选择权①。

3. 根据本条第1款规定需登记的财产，各类的价格算定方法或标示方法如下。

（1）土地，按《有关不动产价格公示及鉴定评价的法律》确定的个别公示地价（部分土地没有个别公示地价的情况下，以同法第九条确定的公示地价为基准来算定金额）或实际交易价格。

（2）住宅，按《有关不动产价格公示及鉴定评价的法律》第十六条、第十七条确定的公示价格或实际交易价格。

（3）商街、大厦、写字楼以及其他不动产的价值，为地基和建筑价格的合计额或实际交易价格。其中地基部分，按《有关不动产价格公示及鉴定评价的法律》的个别公示地价（部分土地没有个别公示地价的情况下，以同法第九条规定的公示地价为基准来算定金额）来计算；建筑物部分，按国家或地方自治团体公示的最高价格来计算（有取得时的价格的，附上取得价格）。

（4）准用不动产规定的权利，按实际交易价格或专家等的评价额，并列出种类、数量和内容等的明细单。

（5）现金、存款、债权以及债务，按实际数额。

（6）国债、公债、公司债券等有价证券，按证券面额。

---

① 股票购买选择权是指给予对公司的成立、公司的运营和技术革新等有过贡献或可以做出贡献的理事、监事等以特别有利的价格购买公司发行的新股或公司所持有股票的权利。——译者注

（7）股票中在韩国交易所上市的股权和根据《有关资本市场和金融投资业的法律》第一百六十六条规定的在场外交易的股票中采用与证券市场类似方法交易的股票，按财产登记日的最终交易价格（如果交易在财产登记日前停止，则以最后一日的最终交易额为准。只是，根据《有关资本市场和金融投资业的法律》第一百六十六条规定的在场外交易的股票中采用与证券市场类似方法交易的股票以总统令规定的价格为准），其他的股票按票面价格。

（8）在联营公司、合资公司、有限公司中出资的份额，列出出资金额、所占份额的比率和最近工作年度公司的年度销售额。

（9）黄金和白金（包括黄金和白金制品），按实际交易价格或申报时的市场价格，并列出种类、含量和重量等的明细单。

（10）宝石类，按实际交易价格或专家等的评价额，并列出种类、大小、色泽等的明细单。

（11）古董和艺术品，按实际交易价格或专家等的评价额，并列出种类、大小、作者、制作年代等作品的明细单。

（12）会员券的价值，按取得时的价值。只是高尔夫会员券按《所得税法》确定的标准市价或实际交易价格。

（13）汽车、建筑机械、船舶及飞机，按实际交易价格或考虑折旧等后的专家等的评价额，并列出其生产日期、制造商、登记号等的明细单。

（14）股票买受选择权，列出将获得股票的种类、数量、活动价格、活动期间等条件，以及股票的市价等的明细单。

4. 本条第 3 款规定以外的需登记财产的价值计算方法和标示方法以及其他有关登记的必要事项，由总统令确定。

5. 对于本条第 2 款规定的财产，持有者可登记或交付有关该财产的取得日期、取得经过以及取得来源等的说明材料。

6. 在按本条第 1 款规定的登记对象的财产中，向非营利法人捐助的财产，应与其他登记的财产加以区分，并说明登记义务者在法人中的职位。

（2009 年 2 月 3 日全文修订）

第五条 财产登记机关和登记时间等

1. 公职人员在其成为登记义务者后的一个月内,应分别向以下各机关(以下称"登记机关")登记自成为登记义务者以来的财产。但是公职人员在其成为登记义务者后的一个月内被免除登记义务的除外;因调离、降任、降等或退职而免除登记义务的人员在三年(退职为一年)以内再次成为登记义务者的,可以申报调离、降任、降等、退职以后的变动情况,或依据本法第十一条第1款规定申报财产变动事项后的变动情况,来替代登记。

(1) 国会议员以及其他国会所属公务员:国会事务处。

(2) 法官以及其他法院所属公务员:法院行政处。

(3) 宪法裁判所所长、宪法裁判所裁判官以及宪法裁判所所属公务员:宪法裁判所事务处。

(4) 中央选举管理委员会以及各级选举管理委员会所属公务员:中央选举管理委员会事务处。

(5) 政府的部、处、厅(包括根据总统令确定的委员会等的行政机关。下同)所属公务员:各有关的部、处、厅。

(6) 监察院所属公务员:监察院事务处。

(7) 国家情报院所属公务员:国家情报院。

(8) 地方自治团体所属公务员:各有关的地方自治团体。

(9) 地方议会议员和地方议会所属公务员:各有关的地方议会。

(10) 特别市、广域市、道、特别自治道①教育厅所属公务员:各有关的特别市、广域市、道、特别自治道教育厅。

(11) 特别市、广域市、道、特别自治道教育委员会的教育委员和其所属公务员:各有关的教育委员会。

(12) 公职有关团体的任职员:监督公职有关团体的部、处、厅。

---

① 2006年7月1日,韩国宣布位于南部的济州成为首个特别自治道,中央政府除国防安全和外交之外,其他事务都划归当地政府管理,目的是将其发展成为亚洲的商业中心,与中国香港和新加坡竞争。——译者注

但受到特别市、广域市、道、特别自治道以及市、郡、区（只限有自治权的区。下同）之监督的公职有关团体的任职员的登记机关，为特别市、广域市、道、特别自治道以及市、郡、区。

（13）除此以外根据本法第十条第1款的规定应公开财产登记事项的政府的部、处、厅所属公务员和监察院、国家情报院所属公务员以及公职有关团体的任员等登记义务者，可不受本款第（5）项至第（7）项及第（12）项的约束，向行政安全部进行公职人员财产公开的登记。

2. 本条第1款中有关但书的情况下，如现在的登记机关与以前的登记机关不一致，先前登记机关的首长应将由于调离等原因而被免除登记义务者的有关财产登记的档案材料，在其再次成为登记义务者之日起的一个月内移交给新登记机关的首长。没有免除登记义务，只是登记机关变更的，其处理办法同上。

3. 本条第1款第（5）项所规定的登记机关，因需登记财产的登记义务者人数过多，难以履行登记义务时，可根据总统令指定部分所属机关为登记机关。

（2009年2月23日全文修订）

第六条 变动事项申报

1. 登记义务者必须把每年1月1日至12月31日期间财产上发生的变化，到第二年的2月底为止，向登记机关申报。但最初登记之后或根据第五条第1款但书部分的规定申报之后发生的变动事项，应向登记机关申报成为登记义务者之日起至该年12月31日期间的变动情况。

2. 退职的登记义务者，应在退职后的一个月内，把本年1月1日（1月1日以后成为登记义务者的，则从成为登记义务者的日期起）至退职日期间发生的财产上的变动，向退职时隶属的登记机关申报。但是，在退职后的一个月内再次成为登记义务者的人员，则可以根据本条第1款规定的申报变动事项以申报来替代登记。

3. 12月份成为登记义务者的人员，可以将成为登记义务者之日起至12月31日期间发生的变动情况与第二年的变动事项或是根据本条第2

款之规定需要申报的退职人员变动事项一并申报。而在1月份内退职的登记义务者，可将根据本条第1款之规定需要申报的变动事项纳入根据本条第2款之规定需要申报的退职人员变动事项一并申报。

4. 本条第2款的规定适用于根据本法第三条第1款第（11）项至第（13）项规定的被视为登记义务者的人员中，由于其所属机关或团体从公职有关团体中被排除而免除登记义务的人员。

5. 为进行本条第1款规定的申报，第九条第1款规定的公职人员伦理委员会（以下称"公职人员伦理委员会"）在必要情况下，可以不受《有关金融实名交易和秘密保护的法律》之第四条和《有关信用信息的利用和保护的法律》之第三十三条的约束，依名义人的请求，根据《有关促进信息通信网的利用和信息保护等的法律》之第二条第1款第（1）项的规定，向金融机关的首长，要求使用信息通信网（以下称"信息通信网"），提供金融交易中有关余额的资料（信用信息中包括有关借款余额的资料，本条下同）。在收到此要求时，相关金融机关的首长应该通过信息通信网提供资料。此时，金融机关的首长可以不受《有关金融实名交易和秘密保护的法律》之第四条第2款的约束，可以不必向名义人通报在名义人同意的情况下提供金融交易中有关余额的资料。

（2009年4月1日修订）

6. 为进行本条第1款规定的申报，登记义务者获得名义人许可，向公职人员伦理委员会提出提供不动产持有、登记以及征税信息请求（包括有关土地面积、建筑物、住宅的信息，下同）的，公职人员伦理委员会可不受《有关公共机关的个人信息保护的法律》之第十条的约束，向中央行政机关、地方自治团体、公职有关团体以及其他公共机关的首长，要求使用信息通信网提供有关资料，此时被请求机关的首长应通过信息通信网予以提供。

7. 公职人员伦理委员会应该在第1款规定的变动事项申报截止日15日以前，将第5款规定之有关金融交易中余额的资料提供给名义人。

8. 根据本条第1款、第2款的规定进行申报时，应提交买卖契约、收据等（包括副本）能够说明财产增减原因的资料，并具体说明事由。

9. 公职人员伦理委员会依本条第 5 款获得的关于金融交易中余额的资料和依第 6 款获得的关于不动产持有、登记以及征税信息的资料，可以不受《有关金融实名交易和秘密保护的法律》之第四条和《有关信用信息的利用和保护的法律》之第三十三条以及《有关公共机关的个人信息保护的法律》之第十条的约束，在对登记事项进行审查时使用。

（2009 年 4 月 1 日修订）（2009 年 2 月 3 日全文修订）

第六条之二　股票交易细目申报

1. 属于第十条第 1 款规定的公开对象者的登记义务者根据第六条或是第十一条第 1 款的规定申报财产变动事项时，要将符合第 4 条第 1 款规定的人员的有关股票取得、转让的股票交易内容向登记机关申报。

2. 根据本条第 1 款的规定，申报股票交易细目时，需申报的股票交易范围、申报的方法等由总统令确定。

3. 根据本条第 1 款的规定申报的股票交易内容不予公开。

4. 有关依本条第 1 款进行的申报、申报事项的审查以及管理等，按照本法第八条、第八条之二、第十二条至第十四条以及第十四条之三执行。

（2009 年 2 月 3 日全文修订）

第六条之三　变动事项申报的延缓

1. 登记机关的首长在登记义务者符合下列情形之一时提出的变动事项申报延缓，对依本法第六条第 1 款或第十一条第 1 款规定进行的变动事项申报可以给予 3 年以内的延缓。

（1）根据法令规定派遣到国外工作的情形。

（2）根据法令规定休职的情形。

（3）在在外公馆①或驻外事务所工作的情形。

---

① 在外公馆是指在国外设置的外务部的派遣机关，包括大使馆、代表部、公使馆、总领事馆等，履行外交、条约、通商、国际形势调查、侨民保护和对外宣战等事务。——译者注

（4）除此之外，由总统令确定的情形。

2. 登记机关的首长在登记义务者符合下列情形之一时，根据管辖公职人员伦理委员会的议决，对依本法第六条或第十一条规定进行的变动事项申报可以给予延缓或免除。此种情况下，登记机关的首长要将名单及事由等妥善管理。

（1）确认是因拘禁致使申报困难的情形。

（2）因失踪等而下落不明的情形。

（3）确认是因同第（1）项和第（2）项相当的事由而致使申报困难的情形。

3. 对因本条第1款或第2款规定的事由而获得延缓变动事项申报的登记义务者，在延缓事由消灭后1个月内，要将最终财产登记或是变动事项申报以后发生的财产变动事项进行申报。

（2009年2月3日全文修订）

第六条之四 变动事项申报的范围和内容

第六条第1款和第2款规定的变动事项申报的范围和内容如下。

1. 第四条第2款第（1）项和第（2）项规定的财产以及第四条第3款第（12）项规定的高尔夫会员券，因买卖、赠予或是公示价格告知等原因发生的变动事项。不同的是，在发生买卖等的交易行为的情形下需要申报实际交易额，而在像发生赠予的行为而无法得知实际交易额或在该年度没有发生交易行为的情形下，就公示价格的变动额进行申报，但是公示价格的变动额如果比之前申报的实际交易价低，则无须申报。

2. 第四条第2款第（3）项规定财产的品种、数量、金额等增减的变动事项。但是，第四条第2款第（3）项第⑦目和第⑧目规定的财产，在第六条第1款和第2款规定的登记期间，没有发生交易行为的，即使金额有变动，也无须申报变动额。

3. 第四条第1款和第6款规定的向非营利法人捐助的财产，捐助财产具体的内容、非营利法人的名称、主要办事机构所在地、代表人、经营范围，其他有关非营利法人的事项以及登记义务者在法人中职位的变动事项。

（2009年2月3日全文修订）

第七条 登记期限的延长

登记机关的首长在登记义务者（包括本法第六条第2款的退职公职人员。以下第八条、第十条、第十二条、第十三条以及第二十四条均与此相同）因故要求延长财产登记（包括申报，以下相同）的期限时，如认为其理由正当，可延长其财产之全部或一部分的登记时间。但登记义务者必须在延长的期间内进行登记。

（2009年2月3日全文修订）

第八条 登记事项的审查

1. 公职人员伦理委员会负责对登记事项进行审查。

2. 公职人员伦理委员会如认为登记义务者由于过失而漏报部分登记财产或价值统计上部分记载不属实，应指定期限，令其对财产登记材料进行补充。

3. 公职人员伦理委员会进行根据本条第1款规定的必要审查时，可向登记义务者要求提供资料、向其提出书面质疑，还可以进行确认事实所必要的调查。此时，公职人员伦理委员会应向登记义务者给予解释和提出说明资料的机会。

4. 公职人员伦理委员会为进行根据本条第1款规定的审查，可向国家机关、地方自治团体、公职有关团体以及其他公共机关的首长要求提供报告或资料。此时，机关或团体的首长不受他法之约束，不可拒绝提出报告或资料。

5. 公职人员伦理委员会为进行根据本条第1款规定的审查，如认为需要确认金融往来内容（包括信用信息，下同）时，可不受《有关金融实名交易和秘密保护的法律》之第四条和《有关信用信息的利用和保护的法律》之第三十三条的约束，依照国会规则、大法院规则、宪法裁判所规则、中央选举管理委员会规则或总统令规定的基准，通过人事文件或信息通信网，要求金融机关的首长提出关于金融往来内容的资料。此时，该金融机关的人员不得拒绝。

（2009年4月1日修订）

6. 公职人员伦理委员会可要求登记义务者及其配偶、直系亲属、其他与财产登记有关的人员出席，并听取其陈述。

7. 公职人员伦理委员会根据本条第1款规定的审查结果，对其中具有进行虚假登记或利用职务上所知秘密来获取财物或财产上利益之嫌疑的登记义务者，应提交证明材料并提出期限，请求法务部长官（军人或军队系统服务人员，则请求国防部长官）调查。

8. 法务部长官或国防部长官在接受根据本条第7款规定的调查后，应立即令检事、检察官进行调查，并将调查结果向公职人员伦理委员会通报。

9. 本条第8款规定的检事、检察官的调查，可以使用刑事诉讼法令（包括《军事法院法》）中关于搜查的规定。但不使用关于人身拘束的规定。

10. 公职人员伦理委员会根据本法第十条第1款的规定，在把根据本法第五条第1款规定的登记和根据本法第十条规定的变动事项的申报公开以后的三个月内，必须完成对全部财产公开者的审查。但是，公职人员伦理委员会在认为确有必要的情况下，依议决，可以将审查期限延长三个月。

11. 公职人员伦理委员会在必要的时候，可把不是财产公开对象的登记义务者的登记事项的审查，委托给登记机关的首长或其他有关机关的首长进行。接受委托的机关的首长，必须向所属的公职人员伦理委员会汇报审查结果。

12. 本条第2款至第9款的规定，在根据本条第11款的规定进行委托审查时，准予使用。此时，如需要获得本条第5款规定的关于金融往来内容的资料或有必要根据本条第7款规定进行委托调查时，应得到所属公职人员伦理委员会的确认。

13. 公职人员伦理委员会对第十条第1款规定的公开对象者以及第

十条之二规定的公职选举候选人等的财产登记事项进行审查时，必要情况下可以要求其对第四条规定的登记财产的取得日期、取得经过以及取得来源等（以下称"财产形成过程"）予以说明。此时被要求说明财产形成过程的人员需要提交从财产登记之日起过去 3 年间有关说明内容的证明材料。

14. 根据本条第 13 款规定被要求说明财产形成过程的人员没有正当理由不得拒绝说明和提出材料。

15. 根据本条第 13 款和第 14 款规定的有关财产形成过程的说明和材料提出的事项由总统令确定。

（2009 年 2 月 3 日全文修订）

第八条之二　审查结果的处理

1. 公职人员伦理委员会，根据本法第八条的规定对登记事项进行审查，如认为有虚假记载或因重大过失行为出现遗漏或误记或有利用职务上所知秘密来获取财物或财产上利益之事实，应予以以下各项之一的处理。

（1）警告或校正措施。

（2）处以本法第三十条规定的过怠金罚款。

（3）通过报纸的广告栏，公布其虚假登记的事实。

（4）要求解任或惩戒（包括罢免）议决。

2. 为认定是否有本条第 1 款规定之重大过失，应综合考虑登记财产和在登记中遗漏财产的规模、种类、价额以及漏记或误记的经过等。

3. 公职人员伦理委员会根据本条第 1 款规定采取的处理措施，其中第 1 款第（3）项的处理，可与其他处理措施一并执行。

4. 公职人员伦理委员会根据本条第 1 款的规定采取处理措施时，应向登记机关的首长及其他有关机关的首长通报。

5. 公职人员伦理委员会根据本条第 1 款的规定采取处理措施时，如果认为第四条第 1 款规定的人员中有违反其他法令，采取不正当的方法获取财物或财产上的利益之嫌疑的，可以向法务部长官（军人或军队系统服务人员，向国防部长官）通报。但是，违反的是租税有关的法令时，若是国税可以向国税厅厅长或关税厅厅长、若是地方税可以向相关地方自治团体的首长分别通报。

（2009年2月3日全文修订）

第九条　公职人员伦理委员会

1. 为了对以下各事项进行审查和做出决定，在国会、大法院、宪法裁判所、中央选举管理委员会、政府、地方自治团体以及特别市、广域市、道、特别自治道教育厅，分别设立公职人员伦理委员会。

（1）审查财产登记事项并对其结果进行处理。

（2）确认本法第八条第12款后半部分规定的有关事项。

（3）承认本法第十七条第1款但书规定的有关事项。

（4）除此之外，本法或其他法令赋予公职人员伦理委员会权限的有关事项。

2. 各公职人员伦理委员会的管辖事项如下：

（1）国会公职人员伦理委员会：国会议员、国会所属公务员，以及本系统退职公职人员的事项。

（2）大法院公职人员伦理委员会：法官、法院所属公务员以及本系统退职公职人员的事项。

（3）宪法裁判所公职人员伦理委员会：宪法裁判所裁判官、宪法裁判所所属公务员，以及本系统退职公职人员的事项。

（4）中央选举管理委员会公职人员伦理委员会：中央选举管理委员会、各级选举管理委员会所属公务员，以及本系统退职公职人员的事项。

（5）特别市、广域市、道、特别自治道公职人员伦理委员会：特别市、广域市、道、特别自治道所属四级以下公务员，所属公职有关团体的任员和职员，特别市、广域市、道、特别自治道议会所属四级以下公务员，市、郡、区议会议员，市、郡、区的四级公务员，以及本系统退职公职人员的事项。

（6）市、郡、区公职人员伦理委员会：市、郡、区所属五级以下公务员，所属公职有关团体的任员和职员，市、郡、区议会所属五级以下公务员，以及本系统退职公职人员的事项。

（7）特别市、广域市、道、特别自治道教育厅公职人员伦理委员会：特别市、广域市、道、特别自治道教育厅所属四级以下公务员，教育委员会所属四级以下公务员，以及本系统退职公职人员的事项。

（8）政府公职人员伦理委员会管理的范围是：关于本款第（1）项至第（7）项以外的公职人员和退职公职人员的事项。

3. 公职人员伦理委员会，由包括委员长和副委员长各1人在内的9人组成。其中包括委员长在内的5人，在法官、教育工作者、学识渊博和德高望重的人士以及市民团体（根据《非营利民间团体支援法》第2款的规定指的是非营利民间团体，下同）推荐的人员中选任。但市、郡、区公职人员伦理委员会，由包括委员长和副委员长各1人在内的5人组成。其中包括委员长在内的3人，在法官、教育工作者、学识渊博和德高望重的人士以及市民团体推荐的人员中选任。

4. 公职人员伦理委员会委员的任期、选任以及审查程序等有关的必要事项，根据以下规定确定。

（1）国会公职人员伦理委员会：国会规定。

（2）大法院公职人员伦理委员会：大法院规则。

（3）宪法裁判所公职人员伦理委员会：宪法裁判所规则。

（4）中央选举管理委员会公职人员伦理委员会：中央选举管理委员会规定。

（5）政府公职人员伦理委员会：总统令。

（6）特别市、广域市、道、特别自治道公职人员伦理委员会和市、郡、区公职人员伦理委员会以及特别市、广域市、道、特别自治道教育厅公职人员伦理委员会：有关的地方自治团体的条例。

5. 公职人员伦理委员会可在本法和本条第4款的各项规定的规则、总统令以及其他条例的范围内，制定其活动规程。

（2009年2月3日全文修订）

第十条　财产登记的公开

1. 公职人员伦理委员会对管辖下的登记义务者中，符合以下各项之一的公职人员及其配偶、直系亲属的财产登记和根据本法第六条规定的变动事项的申报，应在登记和申报期限结束后的一个月内，在官报或公报上刊载，予以公开。

（2010 年 3 月 22 日修订）

（1）总统、国务总理、国务委员、国会议员、国家情报院院长和副院长等国家的政务职公务员。

（2）地方自治团体的首长和地方议会议员等地方自治团体的政务职公务员。

（3）一级一般职国家公务员（包括任命到《国家公务员法》第二十三条规定的职务等级中最高等级职位的高级公务员团中的一般职公务员）和地方公务员以及得到与此相当报酬的别定职公务员（包括高级公务员团中的别定职公务员）。

（4）总统令确定的外务公务员和国家情报院的企划调整室室长。

（5）高等法院部长判事级以上的法官和大检察厅检事级以上的检事。

（6）中将以上的长官级军官。

（7）教育公务员中的总长、副总长（大学的学长除外）以及专科学校校长，相当于专科学校的各类学校的校长，特别市、广域市、道、特别自治道的教育监和教育委员。

（8）治安监以上的警察公务员和特别市、广域市、道、特别自治道的地方警察厅厅长。

（9）地方国税厅厅长以及具有三级公务员级别的或属于高级公务员团的关税长。

（10）可以被任命到第（3）至第（6）项、第（8）项以及第（9）项公务员职位的，以及与此相当职位的契约型公务员。但若是第（4）项、第（5）项、第（8）项以及第（9）项中的职位已被指定，则仅适用于被任命到该职位的契约型公务员。

（11）公企业的正、副首长、常任监事，韩国银行的总裁、副总裁以及监事，金融通货委员会的推荐职委员，金融监督院的院长、副院长以及监事，农业合作组合中央会、水产业合作组合中央会的会长以及常任监事。

（12）其他根据总统令所确定的政府公务员以及公职有关团体的任员。

（13）本款第（1）项至第（12）项的退职人员（仅在第六条第2款规定的情况下公开）。

2. 登记义务者在财产登记完毕后，因晋升或调离等原因，成为本条第1款规定的公开对象者的人员，应根据本法第五条第1款的规定，在其成为公开对象者后的一个月内再次向登记机关登记自成为公开对象者以来的财产。但公开对象者在调到非公开对象的职位后的3年内再次成为公开对象者时，只需公开最后公开以后发生的变动事项。

3. 除本条第1款和第2款的情况以外，任何人在没有得到公职人员伦理委员会或登记机关首长的许可下，不得翻阅、复印有关登记义务者财产登记的材料或指使他人从事此行为。

4. 公职人员伦理委员会或登记机关的首长，除符合以下各项的情况以外，不得同意阅览、复印。

（1）对登记义务者或过去的登记义务者进行犯罪搜查和违法调查以及与此有关的审判上的需要。

（2）国会议员根据《国会法》第一百二十八条第1款、《有关国政监察和调查的法律》第十条第1款、《有关国会证词和鉴定的法律》第四条的规定，要求提供国政监察和调查等资料，或为了查明在议政活动方面特定公务员是否与违法事件有牵连。此时，不得对外公开关于财产登记事项的全部明细单。

（3）国家机关、地方自治团体和公职有关团体的首长，为判断所属公职人员是否与违法事件有牵连。

（4）登记义务者或过去的登记义务者要求阅览或复印本人之登记事项。

（2009年2月3日全文修订）

第十条之二　公职选举候选人等的财产公开

1. 欲成为总统、国会议员、地方自治团体首长、地方议会议员候选人的人员办理候选人登记时，应根据本法第四条的规定，向所属选举管理委员会提交上一年12月31日为止的登记对象财产申报书。所属选举管理委员会在公开候选人登记情况的同时还要公开候选人的财产申报事项。

2. 在提出大法院院长、宪法裁判所所长、国务总理、监察院院长、大法官、国会事务总长等经国会同意方可任命的公职人员的任命同意案或宪法裁判所裁判官、中央选举管理委员会委员等在国会选举的公职人员之选举案时，上述有关公职候选人应向国会提交根据本法第四条规定的关于财产登记的申报书。国会议长应立即将公职候选人申报的财产予以公开。但是候选人在该任命同意案或选举案提交之前，根据本法第十条第1款规定已公开上一年12月31日止或之后的登记对象财产时，无须再申报。只需向国会提交足以确认已公开登记对象财产的文件。

3. 中央选举管理委员会公职人员伦理委员会和国会公职人员伦理委员会可对本条第1款、第2款提出的财产申报进行审查，并公开审查结果。

4. 在对本条第3款的审查中，可适用本法第八条第2款至第6款、第13款以及第14款的规定。

5. 本条第1款和第2款申报书的格式、公开方法以及其他有关事项，根据国会规则、中央选举管理委员会规则确定。

（2009年2月3日全文修订）

第十一条　调离人员等的财产申报

1. 登记义务者保持有公务员或公职有关团体任员、职员的身份（包括在退职后的一个月内再次成为公务员或公职有关团体的任员、职员），因调离而被免除登记义务，应在调离日起的一个月内，将该年1月1日（如是1月1日以后成为登记义务者，则从成为登记义务者的日期起算）以后至调离日止的财产变动事项，向原登记机关申报。第二年，则应在调离的月份申报上一年的财产变动情况。但在财产变动事项申报义务期间退职时，适用本法第六条第 2 款规定。

2. 根据本条第 1 款规定的申报和对该申报事项的管理，可准用本法第六条至第八条、第八条之二、第十条、第十二条至第十四条以及第十四条之三的规定。

（2009 年 2 月 3 日全文修订）

第十二条 诚实履行登记义务等

1. 登记义务者根据本法第四条的规定，在登记的财产以及其价格、取得日期、取得经过和来源等资料中，不得有虚假的记载。

2. 登记义务者对公职人员伦理委员会的登记事项审查，应诚实地回应。

3. 本法第四条第 1 款第（2）项、第（3）项的人员，在公职人员伦理委员会对登记事项进行审查时，应予诚实回答。

4. 在本法第四条第 1 款第（3）项的人员中，如有不是被抚养的人员，在所属公职人员伦理委员会的许可下，可以不受本条第 3 款规定的约束，拒绝告知登记财产的内容，并每 3 年接受一次再审查。此种情况下，登记义务者应说明拒绝告知的事由并申请许可。

5. 本条第 4 款规定的有关告知拒绝的许可申请和审查的必要事项由总统令规定。

（2009 年 2 月 3 日全文修订）

第十三条 禁止利用财产登记事项达到本法规定以外之目的

登记义务者除虚假登记或其他本法规定事由外，不因登记事项而受到不利待遇或处分，任何人均不得利用本法规定的有关财产登记的事项，达到本法规定以外的目的。

（2009 年 2 月 3 日全文修订）

第十四条 严守秘密

从事和曾经从事财产登记的工作人员以及其他因职务上关系而了解财产登记情况的人员，不得向他人泄露所知情况。

（2009 年 2 月 3 日全文修订）

第十四条之二　禁止利用职务上所知秘密获取财物

登记义务者不得利用职务上所知的秘密来获取财物或财产上的利益。

（2009 年 2 月 3 日全文修订）

第十四条之三　禁止提供或泄露金融往来资料

根据本法第八条第 5 款规定取得关于金融往来内容之资料的人员不得将该资料提供或泄露给他人或达到本法规定以外的目的。

（2009 年 2 月 3 日全文修订）

第二章之二　股票的出售和信托

（2009 年 2 月 3 日修订）

第十四条之四　股票的出售和信托

1. 登记义务者中属于第十条第 1 款规定的公开对象者、企划财政部和金融委员会所属公务员中由总统令确定的人员（以下称"公开对象者等"），其本人和利害关系人（指第四条第 2 款和第 3 款规定的人员，但是第四条第 3 款中，根据第十二条第 4 款的规定拒绝登记事项的人员除外）所持有的股票总价额，超过总统令规定的 1000 万韩元至 5000 万韩元范围外的部分，从超过之日（成为公开对象者等时或是根据第六条之三第 1 款和第 2 款规定延缓事由消失时，股票的总价额超过总统令规定的金额 1000 万韩元至 5000 万韩元范围外的，超过之日应为成为公开对象者等之日或延缓事由消失之日；根据第十四条之五第 6 款的规定，向株式白纸信托审查委员会请求就职务关联性有无的审查时，超过之日应为接到认定为有职务关联性决定通知之日）起 1 个月以内直接采取以下各项规定之措施，或要求利害关系人采取以下各项规定之措施，并将该事实向登记机关申报。但是，根据第十四条之五第 7 款的规定接到株式白纸信托审查委员会的不认定有职务关联性的决定通知的，则不需要采取该措施。

（1）有关股票的出售。

（2）签订具有以下各目要件的有关信托或投资信托（以下称"株式白纸信托"）的合同。

①受托机关应从签订信托合同之日起 60 天以内处分信托的股票。如果 60 天内处分股票确有困难的，信托机关在得到公职人员伦理委员会同意的情况下，可延长股票的处分时限。此时，延长次数应为 1 次，期限为 30 天。

②公开对象者等和利害关系人不参与信托财产的管理、运营和处分。

③公开对象者等和利害关系人不能要求提供有关信托财产的管理、运营和处分的信息，信托机关也不能提供相关信息。但信托机关在签订信托合同时，可在总统令规定的范围内，事先告知信托财产的基本运营方法。

④当发生第十四条之十第 2 款规定的情形时，信托者可以终止信托合同。

⑤受托机关尽善良管理者的注意义务从事信托业务时，对此发生的一切损失不承担责任。

⑥受托机关作为从事信托业务的机关，根据《有关资本市场和金融投资业的法律》的规定，应为信托业者或集合投资业者。但公开对象者等和利害关系人最近 3 年内作为任职员的所属公司除外。

2. 依本条第 1 款进行的申报和依法第五条进行的登记同时进行时，应登记的股票种类和价额需以本条第 1 款规定的出售股票之日或签订株式白纸信托合同之日为基准日计算。

3. 公开对象者等因株式白纸信托合同的签订或终止而发生的财产变动事项，应将其包含在依第六条和第十一条规定的申报中。

4. 依本条第 1 款规定申报签订的株式白纸信托合同时，在信托合同终止前，该信托财产不列入根据第六条以及第六条之二第 1 款规定的申报对象中。

5. 有关本条第 1 款规定的出售股票以及株式信托的申报和公开方法由总统令规定。

6. 有关本条第 1 款规定的申报和申报事项的审查与管理，适用第六条之二第 3 款、第七条、第八条、第八条之二、第十二条至第十四条、第十四条之三的规定。

(2009 年 2 月 3 日全文修订)

第十四条之五　株式白纸信托审查委员会的职务关联性审查

1. 为对公开对象者等和利害关系人所持股票的职务关联性与否进行审查和决定，在行政安全部设置株式白纸信托审查委员会。

2. 株式白纸信托审查委员会由包括 1 名委员长在内的 9 人组成。

3. 株式白纸信托审查委员会的委员长和委员由总统令任命或委托。其中，在国会和大法院院长推荐的人选中各任命或委托 3 名委员。

4. 株式白纸信托审查委员会的委员应是公职人员伦理委员会的委员、法官、教育工作者、与股票有关的金融专家，以及其他有关于白纸信托方面的知识并且德高望重的人。

5. 委员长和委员的任期为 2 年，可连任 1 次。

6. 公开对象者等若想以本人及其利害关系者所持有的股票与职务无关联性为由，免除第十四条之四第 1 款规定的股票出售义务或是株式白纸信托义务的，本人和利害关系人所持有的股票总价额，超过总统令规定的金额 1000 万韩元以上 5000 万韩元范围时，从超过之日（成为公开对象者等时或是根据第六条之三第 1 款和第 2 款规定延缓事由消失时，股票的总价额超过总统令规定的金额 1000 万韩元以上 5000 万韩元的，超过之日为成为公开对象者等之日或延缓事由消失之日）起 1 个月以内应向株式白纸信托审查委员会请求就职务关联性有无的审查。

7. 株式白纸信托审查委员会从本条第 6 款规定的审查请求之日起一个月内就有关股票的职务关联性有无进行审查并做出决定，该结果应通知请求人。但是，株式白纸信托审查委员会在必要的情况下，依议决，可延长审查期限 1 个月。

8. 股票的职务关联性有无的判断标准为是否有直接或间接地接触到有关股票信息的可能性以及行使影响力的可能。

9. 株式白纸信托审查委员会就股票的职务关联性有无进行审查时，在必要的情况下，可要求公开对象者等提供资料或提出书面质疑。

10. 株式白纸信托审查委员会就股票的职务关联性有无进行审查时，

在必要的情况下，可要求有关机关、团体、业体等提供资料，有关机关、团体、业体无正当理由不得拒绝。

11. 有关株式白纸信托审查委员会的审查程序和运营等的必要事项由总统令规定。

（2009年2月3日全文修订）

第十四条之六　股票取得的限制

1. 根据第十四条之四第1款规定的签订株式白纸信托合同的情况下，在信托合同终止之前，公开对象者等及其利害关系人均不能取得新的股票。

2. 公开对象者等本人或利害关系人在本条第1款规定的限制期间内，因继承或其他总统令规定的事由取得股票的，在取得之日（继承的话，是从知道继承之日）起1个月以内应直接将股票出售或白纸信托，或是要求利害关系人将股票出售或白纸信托，并将该事实向登记机关申报。但是，从株式白纸信托审查委员会接到不认定有职务关联性决定通知的，则不需要进行上述的行为。

3. 有关本条第2款的株式白纸信托和职务关联性审查的事项准用第十四条之四第3款至第6款以及第十四条之五的规定。

（2009年2月3日全文修订）

第十四条之七　禁止提供有关信托财产的信息

1. 根据第十四条之四第1款以及第十四条之六第2款规定的签订株式白纸信托合同的情况，公开对象者等及其利害关系人，不受《有关资本市场和金融投资业的法律》第九十一条和第一百一十三条规定的约束，不得要求信托业者、集合投资业者、投资公司、投资买卖业者提供有关信托财产的管理、运营和处分内容的公开等信息，信托业者、集合投资业者、投资公司、投资买卖公司以及投资中介也禁止向公开对象者等及其利害关系人提供有关信息。但是，信托业者、集合投资业者、投资公司、投资买卖公司以及投资中介在处分信托财产之后，因此而发生诸如让渡所得税等纳税义务的，为保证公开对象者等及其利害关系人能自愿履行纳税义务，可将履行中的必要信息通知有关公开对象者等及其利害关系人。

2. 第十四条之四第 1 款和第十四条之六第 2 款规定的签订株式白纸信托合同的情况，公开对象者等及其利害关系人不能参与信托财产的管理、运营和处分。

（2009 年 2 月 3 日全文修订）

第十四条之八　信托情况的报告等

1. 株式白纸信托的受托机关要将每年 1 月 1 日（签订株式白纸信托的年份，起始日期为签订合同之日）起至 12 月 31 日有关信托财产的管理、运用和处分的内容在第二年 1 月中旬向管辖公职人员伦理委员会报告。若是在 12 月中旬签订株式白纸信托合同的，则与第二年的管理、运营和处分的有关内容一同申报。

2. 如果信托财产的价额低于总统令规定的金额，株式白纸信托的信托机关应将情况向管辖公职人员伦理委员会通报，公职人员伦理委员会应通知信托者。

3. 有关本条第 2 款信托机关通报的时间和方法由总统令规定。

（2009 年 2 月 3 日全文修订）

第十四条之九　对受托机关的监督

受托机关的任职员如果违反此法或是依此法颁布的命令、处分的，公职人员伦理委员会可以要求金融监督委员会对该任职员采取改正错误或惩戒处分等的适当措施。

（2009 年 2 月 3 日全文修订）

第十四条之十　股票的出售要求和信托的终止

1. 株式白纸信托的信托者在获得公职人员伦理委员会的许可下，可以书面要求受托机关将信托财产全部出售。

2. 株式白纸信托的信托者，在发生下列各项事由之一的情况下，可以请求受托机关终止株式白纸信托合同。但发生第（2）项情况时，必须请求受托机关终止株式白纸信托合同。

（1）收到第十四条之八第 2 款规定的通知的情况。

（2）收到本条第 1 款规定的出售要求，受托机关将信托财产全部出售的情况。

（3）因退职、调离等事由公开对象者等被排除在公开对象者等范围之外的情况。

3. 依照本条第 2 款规定终止株式白纸信托合同的，株式白纸信托的受托机关应在终止之日起 1 个月以内将终止事由以及该年 1 月 1 日（如果在株式白纸信托合同签订当年终止的，从株式白纸信托合同签订之日）起至终止日为止的有关信托财产的管理、运营和处分的内容向管辖公职人员伦理委员会报告。此时，如果株式白纸信托合同是在 1 月中旬终止的，可以将上一年度的有关管理、运营和处分的内容一起报告。

（2009 年 2 月 3 日全文修订）

第三章　礼品的申报

（2009 年 2 月 3 日修订）

第十五条　申报接受外国政府等的礼品

1. 公务员（包括地方议会议员以及教育委员，以下第二十二条、第二十三条第 1 款，与此相同）、公职有关团体的任员和职员，接受外国或与其职务有关系的外国人（包括外国团体，下同）的礼品，必须立即向其所属的机关、团体的首长申报，并上交礼品。他们的家属接受外国或与公务员、公职有关团体的任员、职员有职务上关系的外国人的礼品，按同样规定申报。

2. 根据本条第 1 款的规定，需申报的礼品的价值，由总统令确定。

（2009 年 2 月 3 日全文修订）

第十六条　礼品归属国库等

1. 根据本法第十五条第 1 款规定申报的礼品，应立即归属国库。

2. 关于对申报的礼品进行管理、保存等事项，由总统令确定。

（2009 年 2 月 3 日全文修订）

第四章 限制退职公职人员的就业

（2009年2月3日修订）

第十七条 限制退职公职人员到有关私人企业就业

1. 曾在由总统令所确定的职务级别或职务领域工作过的公务员以及公职有关团体的任员和职员，在退职日起的两年内，不得到与其退职前三年间所属部门业务有密切关系并具有一定规模的以营利为目的的私人企业（以下称"营利私人企业"）或是出于谋求营利私人企业的公共利益和相互合作等的目的而设立的法人、团体（以下称"协会"）就业。但是，在得到其所属公职人员伦理委员会的承认时，不受此限制。

2. 其所属公职人员伦理委员会根据本条第1款的规定在确认业务密切关系性与否以及是否同意从业的必要情况下，可以要求有关营利私人企业的业主或协会的会长提供相应的材料，营利私人企业以及协会的首长在没有正当理由时应当提供材料。

3. 本条第1款规定的退职公职人员所属部门业务与营利私人企业间的密切关系的范围、营利私人企业的规模以及关联协会的规模，根据国会规则、大法院规则、宪法裁判所规则、中央选举管理委员会规则和总统令确定。

4. 根据本条第3款在确定所属部门的业务范围等以及将其适用时，应注意防止对退职公职人员的自由和权利的不当侵害。

（2009年2月3日全文修订）

第十八条 就业承认申请

根据本法第十七条第1款但书的规定，退职公职人员如欲获得就业的承认，应根据国会规则、大法院规则、宪法裁判所规则、中央选举管理委员会规则和总统令的规定，通过所属机关的首长，向所属公职人员伦理委员会提出就业承认的申请。

（2009年2月3日全文修订）

第十九条 就业人员的解任要求等

1. 公职人员伦理委员会委员长，国家机关和地方自治团体以及公职有关团体的首长，对曾在有关的机关、团体工作的人员（公职人员伦理委员会委员长的情形，则为根据本法第十七条第 1 款规定的应限制就业的人员）违反第十七条第 1 款的规定而就业时，应向有关中央行政机关的首长（国会为国会事务总长，法院为法院行政处处长，宪法裁判所为宪法裁判所事务处处长，中央选举管理委员会为中央选举管理委员会事务总长，下同），要求对当事人采取解除就业的措施。接到要求的中央行政机关的首长，应向当事人就业的营利私人企业或协会的负责人要求解任。

2. 根据本条第 1 款的规定，接受解任要求的营利私人企业或协会的负责人，应立即予以响应。

（2009 年 2 月 3 日全文修订）

第五章 补则

（2009 年 2 月 3 日修订）

第二十条 计划、总括机关

行政安全部长官掌管本法所规定的关于财产登记及公开、申报礼品、退职公职人员的就业限制的企划和总括业务。

（2009 年 2 月 3 日全文修订）

第二十条之二 向国会等报告

1. 公职人员伦理委员会应在每年定期国会或有关的地方议会第 2 次正式会议举行时，提交关于上一年度财产登记、礼品申报、退职公职人员就业限制的工作和监督情况以及公职人员伦理委员会活动的年度报告书。

2. 编制本条第 1 款年度报告书的有关事项，由总统令确定。

（2009 年 2 月 3 日全文修订）

第二十一条 委任规定

关于本法施行有关的必要事项，根据国会规则、大法院规则、宪法裁判所规则、中央选举管理委员会规则、总统令以及地方自治团体的条例确定。

（2009 年 2 月 3 日全文修订）

第六章　惩戒和罚则

（2009 年 2 月 3 日修订）

第二十二条　惩戒等

公职人员伦理委员会对具有下列各款情况之一的公务员、公职有关团体的任职员，可以以此为由要求解任或惩戒议决。

1. 违反本法第五条第 1 款的规定，不进行财产登记。

2. 违反本法第六条第 1 款（包括本条第 3 款规定的 12 月份成为登记义务者的人员的变动事项申报的情况）、第 8 款、第六条之二以及第十一条第 1 款的规定，不申报变更事项、不申报股票交易细目以及不提出说明材料等。

3. 违反本法第八条第 13 款的规定，对于公职人员伦理委员会的说明要求做出虚假说明或提供虚假资料。

4. 违反本法第八条第 14 款的规定，没有正当理由拒绝说明或提供资料。

5. 违反本法第十条第 3 款（包括第十一条第 2 款）的规定，在没有许可的情况下，阅览、复印登记材料或指使他人从事此行为。

6. 违反本法第十二条第 1 款（包括第六条之二第 4 款和第十一条第 2 款）的规定，不诚实地进行财产登记，如虚假登记等。

7. 违反本法第十二条第 2 款（包括第六条之二第 4 款和第十一条第 2 款）的规定，不响应公职人员伦理委员会对登记事项的审查。

8. 违反本法第十三条（包括第六条之二第 4 款和第十一条第 2 款）的规定，利用财产登记事项达到本法规定以外的目的。

9. 违反本法第十四条（包括第六条之二第 4 款、第十一条第 2 款和第十四条之四第 6 款）的规定，把财产登记情况泄露给他人。

10. 违反本法第十四条之四第 1 款的规定，不进行申报。

11. 违反本法第十四条之六的规定，取得股票或不申报。

12. 违反本法第十四条之七第 1 款的正文规定，要求提供有关信托财产的管理、运营和处分的信息。

13. 违反本法第十四条之七第 2 款的规定，参与信托财产的管理、运营和处分。

14. 违反本法第十四条之十第 2 款的规定，终止株式白纸信托合同。

15. 违反本法第十五条的规定，不申报或上缴从外国或外国人处接受的礼品。

（2009 年 2 月 3 日全文修订）

第二十三条 删除（2001 年 7 月 24 日）

第二十四条 拒绝登记财产罪

1. 登记义务者无正当理由拒绝登记财产，处以一年以下徒刑或 1000 万韩元以下罚款。

2. 本法第十条之二第 1 款和第 2 款规定的公职选举候选人等无正当理由而不提出关于登记财产的申报书，处以 6 个月以下的徒刑或 500 万韩元以下的罚款。

（2009 年 2 月 3 日全文修订）

第二十四条之二 拒绝股票白纸信托罪

公开对象者等无正当理由违反本法第十四条之四第 1 款和第十四条之六第 2 款的规定，拒绝出售自己持有的股票或白纸信托，处以一年以下徒刑或 1000 万韩元以下罚款。

（2009 年 2 月 3 日全文修订）

第二十五条 提交虚假资料罪

各机关、团体、业体的首长在接到公职人员伦理委员会（包括根据第八条第 11 款的规定，受公职人员伦理委员会的委托而具有处理财产登记权限的登记机关的负责人，以下第二十六条，同此）或株式白纸信托审查委员会根据本法第八条第 4 款和第 5 款（包括第六条之二第 4 款、第十一条第 2 款、第十四条之四第 6 款）或第十四条之五第 5 款的规定，提交报告和材料的要求时，如无正当理由，提出虚假报告、虚假资料，或是无正当理由拒绝提出报告、资料的，处以一年以下徒刑或

1000 万韩元以下的罚款。

(2009 年 2 月 3 日全文修订)

第二十六条　拒绝出席罪

接到公职人员伦理委员会根据本法第八条第 6 款（包括第六条之二第 4 款、第十一条第 2 款和第十四条之四第 6 款）规定提出的出席要求的人员，无正当理由而不出席，处以 6 个月以下的徒刑或 500 万韩元以下的罚款。

(2009 年 2 月 3 日全文修订)

第二十七条　未经许可阅览、复印罪

违反本法第十条第 3 款的规定，在未经许可的情况下阅览、复印财产登记的材料或指使他人从事此行为，处以一年以下的徒刑或 1000 万韩元以下的罚款。

(2009 年 2 月 3 日全文修订)

第二十八条　泄露机密罪

1. 现在从事或曾经从事财产登记工作的人员以及其他因职务关系而了解财产登记情况的人员，无正当理由，违反本法第十四条（包括第六条之二第 4 款、第十一条第 4 款和第十四条之四第 6 款）的规定，泄露公开的财产登记情况以外的财产登记情况，处以一年以下的徒刑或 1000 万韩元以下的罚款。

2. 得到关于金融往来内容之资料的人员，违反本法第十四条之三（包括第六条之二第 4 款、第十一条第 2 款和第十四条之四第 6 款）的规定，向他人提供或泄露该资料或达到规定目的以外之目的，处以三年以下的徒刑或 2000 万韩元以下的罚款。

3. 本条第 2 款的徒刑和罚款，可以一并施行。

(2009 年 2 月 3 日全文修订)

第二十八条之二　违反禁止参与股票白纸信托罪

1. 公开对象者等及其利害关系人违反本法第十四条之七第 1 款的正文规定，要求提供有关信托财产的管理、运营和处分信息的，或是信托业者、集合投资业者、投资公司、投资买卖业者以及投资中介的任职员同意提供信息请求的，分别处以一年以下的徒刑或 1000 万韩元以下的罚款。

2. 公开对象者等及其利害关系人违反本法第十四条之七第 2 款的规定，参与信托财产的管理、运营和处分，处以一年以下的徒刑或 1000 万韩元以下的罚款。

(2009 年 2 月 3 日全文修订)

第二十九条 违反就业限制罪

退职公职人员违反本法第十七条第 1 款的规定，到营利私人企业或协会就业，处以一年以下的徒刑或 1000 万韩元以下的罚款。

(2009 年 2 月 3 日全文修订)

第三十条 过怠金①

1. 对具有下列各项情况之一的人员，处以 2000 万韩元以下的过怠金。

(1) 公职人员伦理委员会根据本法第八条之二第 1 款第 (2) 项 (包括准用第六条之二第 4 款、第十一条第 2 款和第十四条之四第 6 款规定的情形) 的规定，决定处以过怠金的人员。

(2) 根据本法第八条第 13 款的规定，对公职人员伦理委员会的说明要求做出虚假说明或提出虚假资料的人员。

(3) 违反本法第八条第 14 款的规定，无正当理由不做出说明或提出资料的人员。

2. 对具有下列各项情况之一的人员，处以 1000 万韩元以下的过怠金。

(1) 根据本法第十七条第 2 款的规定，对提出资料的要求，无正当理由拒绝或提出虚假资料的营利私人企业的业主或协会的会长。

(2) 根据本法第十九条第 2 款的规定，拒绝解任要求的营利私人企业的业主或协会的会长。

---

① 过怠金是依照行政法的规定，要求不履行一定职务或有轻微违反法则行为的人员向国家缴纳的罚款。——译者注

3. 公职人员伦理委员会对本条第 1 款和第 2 款应给予过怠金处罚的人员，应将其违反规定的事实，根据《非诉讼事件程序法》，向审理过怠金的管辖法院通报。

（2009 年 2 月 3 日全文修订）

附　则

1. 附则（第 3520 号，1981 年 12 月 31 日）

本法自 1983 年 1 月 1 日起施行。

2. 附则（第 3993 号，1987 年 12 月 4 日）《军事法院法》

第一条　施行日

本法自 1988 年 2 月 25 日起施行。

第二条　省略。

第三条　其他法律的修订

第 1 款至第 6 款省略。

第 7 款《公职人员伦理法》中做如下修订：

第八条第 6 款中"军法会议法"修订为"军事法院法"。

第 8 款至第 15 款省略。

第四条　省略。

3. 附则（第 4017 号，1988 年 8 月 5 日）

第一条　施行日

本法自 1988 年 9 月 1 日起施行。（但书省略）

第二条至第七条　省略。

第八条　其他法律的修订

第 1 款至第 10 款省略。

第 11 款《公职人员伦理法》中做如下修订：

第五条第 1 款第（4）项中"第（3）项以外的"修订为"第（4）项以外的"，本款第（4）项修订为第（5）项，同时本条本款第（4）项新设如下，"（4）宪法裁判所所长、宪法裁判所裁判官以及宪法裁判所所属公务员：宪法裁判所事务处"。

4. 附则（第 4408 号，1991 年 11 月 30 日）

第一条　施行日

本法自公布之日起施行。

第二条　省略。

第三条　其他法律的修订

第 1 款至第 2 款省略。

第 3 款《公职人员伦理法》中做如下修订：

第五条第 1 款第（4）项中"常任裁判官"修订为"宪法裁判所裁判官"。

第九条第 1 款正文中"大法院"后增添"宪法裁判所"；同条第 2 款第（3）项中"第（1）项和第（2）项"修订为"第（1）项至第（3）项"，本款第（3）项修订为第（4）项，本条本款第（3）项新设如下，"（3）宪法裁判所公职人员伦理委员会：宪法裁判所裁判官、宪法裁判所所属公务员，以及本系统退职公职人员的事项"；本条第 3 款中"大法院规则"后增添"宪法裁判所规则"。

第十七条第 2 款中"大法院规则"后增添"宪法裁判所规则"。

第十八条中"大法院规则"后增添"宪法裁判所规则"。

第十九条第 1 款中"法院行政处处长"后增添"宪法裁判所为宪法裁判所事务处处长"。

第二十一条中"大法院规则"后增添"宪法裁判所规则"。

第 4 款至第 8 款省略。

5. 附则（第 4566 号，1993 年 6 月 11 日）

第一条　施行日

本法在公布后的一个月后施行。但对于地方自治团体的首长、地方议会议员、教育委员、地方自治团体所属的公务员以及公职有关团体的任员和职员等的财产登记和公开财产登记的事项，在公布后的两个月后施行。

第二条　经过措施

第1款　本法施行以后，登记义务者应在本法施行之日起的一个月内，向登记机关登记施行日时的财产。

第2款　本法施行以后，公职人员伦理委员会根据本条第1款的规定，对于应公开财产的公职人员所进行的登记，应在登记结束后的一个月内，在官报或公报上公开刊载。

第3款　对于本法施行以后应公开财产的公职人员的财产登记，根据本条第2款的规定，在公开以后的3个月内审查完毕。

第4款　登记机关根据以前的规定所制定的公职人员财产登记的报表和规定，自本法施行日起一律作废。

6. 附则（第4739号，1994年3月16日）《公职选举和防止不正当选举法》

第一条　施行日

本法自公布之日起施行。

第二条至第九条　省略。

第十条　其他法律的修订

第1款至第3款省略。

第4款《公职人员伦理法》中做如下修订：

第十条之二第1款中"办理候选人登记时，提交依本法第四条规定的登记对象财产申报书"修订为"办理候选人登记时，提交上一年度截止到12月31日的依本法第四条规定的登记对象财产申报书"；但书部分新设如下，"但是，候选人在该选举的候选人登记申请之前，根据本法第十条第1款规定已公开登记对象财产的，不需再申报。但需根据《公职选举和防止不正当选举法》第四十九条第4款的规定，向所属选举区选举管理委员会提交足以确认已公开登记对象财产的文件"。

第十一条　省略。

7. 附则（第4853号，1994年12月31日）

本法自公布之日起施行。

8. 附则（第 5108 号，1995 年 12 月 29 日）《有关地价公示和土地等的评价的法律》

第一条　施行日

本法在公布后的六个月后施行。

第二条至第七条　省略。

第八条　其他法律的修订

第 1 款《公职人员伦理法》修订如下：

第四条第 3 款第（1）项和第（3）项中"公示地价"分别修订为"按个别公示地价（部分土地没有个别公示地价的情况下，根据同法第十条的规定以公示地价为基准来算定金额）"。

第 2 款至第 10 款省略。

9. 附则（第 5454 号，1997 年 12 月 13 日）《有关根据政府部处命令等的变更修订建筑法等的法律》

本法自 1998 年 1 月 1 日起施行。（但书省略）

10. 附则（第 5491 号，1997 年 12 月 31 日）《韩国银行法》

第一条　施行日

本法自 1998 年 4 月 1 日起施行。

第二条至第六条　省略。

第七条　其他法律的修订

第 1 款《公职人员伦理法》中做如下修订：

第三条第 1 款第（9）项和第十条第 1 款第（10）项中"银行监督院的院长"分别修订为"金融监督院的院长"。

第 2 款至第 5 款省略。

第八条　与其他法令的关系

本法施行以后，在其他法令中有援引之前的《韩国银行法》的规定的，此法中如有相对应的规定则援引本法中的相应条款，原援引"韩国银行理事"修订为援引"韩国银行副总裁"，原援引"韩国银行监督院或银行监督院"修订为援引"金融监督院"，原援引"韩国银行监督院的院长或银行监督院的院长"修订为援引"金融监督院的院长"。

11. 附则（第5493号，1997年12月31日）《有关金融实名交易和秘密保护的法律》

第一条　施行日

本法自公布之日起施行。

第二条至第十二条　省略。

第十三条　其他法律的修订和与其他法令的关系

第1款至第3款省略。

第4款《公职人员伦理法》中做如下修订：

第八条第5款中"《有关金融实名交易和秘密保护的紧急财政经济命令》第四条"修订为"《有关金融实名交易和秘密保护的法律》第四条"。

第5款至第8款省略。

第十四条　省略。

12. 附则（第5681号，1999年1月21日）《国家情报院法》

第一条　施行日

本法自公布之日起施行。

第二条　省略。

第三条　其他法律的修订

第1款至第5款省略。

第6款《公职人员伦理法》中做如下修订：

第三条第1款第（4）项中"国家安全企划部"修订为"国家情报院"。

第五条第1款第（7）项中"国家安全企划部所属公务员：国家安全企划部"修订为"国家情报院所属公务员：国家情报院"；同款第（13）项中"国家安全企划部所属公务员"修订为"国家情报院所属公务员"。

第十条第1款第（1）项中"国家安全企划部部长"修订为"国家情报院院长"；同款第（4）项中"国家安全企划部"修订为"国家情报院"。

第7款至第14款省略。

第四条　省略。

13. 附则（第6087号，1999年12月31日）《总统警卫室法》

第一条　施行日

本法自2001年1月1日起施行。

第二条和第三条　省略。

第四条　其他法律的修订

《公职人员伦理法》中做如下修订：

第三条第1款第（4）项中"四级以上的外务公务员以及国家情报院的职员"修订为"四级以上的外务公务员和国家情报院的职员以及总统警卫室的警卫公务员"。

14. 附则（第6306号，2000年12月29日）《外务公务员法》

第一条　施行日

本法自2001年7月1日起施行。

第二条至第十条　省略。

第十一条　其他法律的修订

第1款和第2款省略。

第3款《公职人员伦理法》中做如下修订：

第三条第1款第（4）项修订为"（4）总统令确定的外务公务员和四级以上的国家情报院的职员以及总统警卫室的警卫公务员"。

第十条第1款第（4）项修订为"（4）总统令确定的外务公务员和国家情报院的企划调整室室长"。

第十二条　省略。

15. 附则（第6388号，2001年1月26日）

第一条　施行日

本法在公布后的六个月后施行。

第二条　适用例

第六条之二的修订规定适用于本法施行以后进行的股票交易，第十七条的修订规定适用于本法施行以后的退职人员。

第三条　其他法律的修订

《公职选举和防止不正当选举法》中做如下修订：

第八十五条第 1 款后半部分"在有关私人企业的就业限制"修订为"在有关私人企业等的就业限制"，"有关私人企业的任职员"修订为"有关私人企业和协会的任职员"。

16. 附则（第 6494 号，2001 年 7 月 24 日）《腐败防止法》

第一条　施行日

本法在公布后的六个月后施行。

第二条　其他法律的修订

《公职人员伦理法》中做如下修订：

"第二十三条　利用职务上得知的机密获取财产之罪"删除。

17. 附则（第 6861 号，2003 年 3 月 12 日）

第一条　施行日

本法在公布后的三个月后施行。

第二条　省略。

第三条　其他法律的修订

《公职人员伦理法》中做如下修订：

第三条第 1 款新设第（5）项之 2："（5）之 2. 宪法裁判所宪法研究官"。

18. 附则（第 7189 号，2004 年 3 月 12 日）《公职选举和防止不正当选举法》

第一条　施行日

本法自公布之日起施行。

第二条至第十七条　省略。

第十八条　其他法律的修订

第 1 款《公职人员伦理法》中做如下修订：

"第十条之二　公职选举候选人等的财产公开　第 1 款中的但书[①]"

---

① 此附则为 2004 年附则，前文为 2010 年法，因此在第十条之二第 1 款中没有了"但书规定"。

删除。

第 2 款省略。

19. 附则（第 7335 号，2005 年 1 月 14 日）《有关不动产价格公示及鉴定评价的法律》

第一条　施行日

本法自公布之日起施行。

第二条至第十条　省略。

第十一条　其他法律的修订

第 1 款省略。

第 2 款《公职人员伦理法》中做如下修订：

第四条第 3 款第（1）项和第（3）项中"《有关地价公示及土地等的评价的法律》"分别修订为"《有关不动产价格公示及鉴定评价的法律》"；"根据同法第十条的规定"分别修订为"根据同法第九条的规定"。

第 3 款至第 24 款省略。

第十二条　省略。

20. 附则（第 7493 号，2005 年 5 月 18 日）

第一条　施行日

本法在公布后的六个月后施行。

第二条　对公开对象者的适用规定

本法施行之日，公开对象者等本人及其利害关系人所持有的股票总价额，超过总统令规定的金额 1000 万韩元以上 5000 万韩元以下时，有关公开对象者等应从本法施行之日起 1 个月以内根据第十四条之四第 1 款的规定，出售股票或者白纸信托，并将情况向登记机关申报。

21. 附则（第 7796 号，2005 年 12 月 29 日）《国家公务员法》

第一条　施行日

本法自 2006 年 7 月 1 日起施行。

第二条至第五条　省略。

第六条　其他法律的修订

第 1 款至第 9 款省略。

第 10 款《公职人员伦理法》部分修订如下：

第三条第 1 款第（3）项修订为"（3）四级以上的担任一般职务的国家公务员（包括高级公务员团中的一般职公务员）和地方的公务员以及得到与此相当报酬的担任特定职务的公务员（包括高级公务员团中的特定职公务员）"。

第十条第 1 款第（3）项修订为"（3）一级一般职国家公务员（包括高级公务员团中的一般职公务员）和地方公务员以及得到与此相当报酬的特定职公务员（包括高级公务员团中的特定职公务员）"；同款第（8）项中"二级和三级公务员"修订为"具有三级公务员级别的或属于高级公务员团的关税长"。

第 11 款至第 68 款省略。

22. 附则（第 7849 号，2006 年 2 月 21 日）《济州特别自治道设置和建成国际自由都市特别法》

第一条　施行日

本法自 2006 年 7 月 1 日起施行。

第二条至第三十九条　省略。

第四十条　其他法律的修订

第 1 款至第 8 款省略。

第 9 款《公职人员伦理法》部分修订如下：

第三条第 1 款第（8）项中"总警以上"修订为"总警（包括自治总警）以上"。

第 10 款至第 47 款省略。

第四十一条　省略。

23. 附则（第 8098 号，2006 年 12 月 28 日）

第一条　施行日

本法在公布后的六个月后施行。但第六条第 1 款、第 3 款和第 11 款的修订规定自 2007 年 1 月 1 日起施行。

第二条 对告知拒绝者的经过措施

本法施行以后，登记义务者对于依之前规定的告知拒绝人员，应在本法施行之日起 15 日内，根据第十二条第 4 款的修订规定，向所属公职人员伦理委员会申请许可告知拒绝，所属公职人员伦理委员会应在申请之日起 1 个月内决定许可与否，并将结果予以通报。

24. 附则（第 8435 号，2007 年 5 月 17 日）《有关家族关系的登记等的法律》

第一条 施行日

本法自 2008 年 1 月 1 日起施行。（但书省略）

第二条至第七条 省略。

第八条 其他法律的修订

第 1 款至第 3 款省略。

第 4 款《公职人员伦理法》部分修订如下：

第四条第 1 款第（3）项中"登记义务者因婚姻关系，丈夫或妻子入籍对方家中的"修订为"登记义务者有婚姻关系的"。

第 5 款至第 39 款省略。

第九条 省略。

25. 附则（第 8635 号，2007 年 8 月 3 日）《有关资本市场和金融投资业的法律》

第一条 施行日

本法在公布后的一年零六个月后施行。（但书省略）

第二条至第四十一条 省略。

第四十二条 其他法律的修订

第 1 款至第 28 款省略。

第 29 款《公职人员伦理法》部分修订如下：

第四条第 2 款第（3）项各目以外的部分以及同项第③目中"有价证券"分别修订为"证券"；同条第 3 款第（7）项正文中"在韩国证券物品交易所上市的股票，在韩国证券业协会登记的股票"修订为"在韩国交易所上市的股票",同项但书中"根据《证券交易法》第一百九十四条规定"修订为"根据《有关资本市场和金融投资业的法律》第一百六十六条规定","有价证券市场"修订为"证券市场"。

第十四条之四第1款第(2)项第⑥目正文中"根据《信托业法》规定的信托公司(包括兼营信托业的金融机关)和根据《间接投资资产运营业法》规定的资产运用公司"修订为"根据《有关资本市场和金融投资业的法律》规定的信托业者或集合投资业者"。

第十四条之七第1款正文中"《信托业法》第十七条之十和《间接投资资产运营业法》第一百二十五条规定"修订为"《有关资本市场和金融投资业的法律》第九十一条和第一百一十三条规定","信托公司、资产运营公司、投资公司、销售公司"分别修订为"托业者、集合投资业者、投资公司、投资买卖业者",同款但书中"信托公司、资产运营公司、投资公司、销售公司"修订为"信托业者、集合投资业者、投资公司、投资买卖公司以及投资中介"。

第二十八条之二第1款中"信托公司、资产运营公司、投资公司、销售公司"修订为"信托业者、集合投资业者、投资公司、投资买卖公司以及投资中介"。

第30款至第67款省略。

第四十三条和第四十四条　省略。

26. 附则(第8852号,2008年2月29日)《政府组织法》

第一条　施行日

本法自公布之日起施行。但书(省略)根据附则第六条修订的法律中,有先于本法施行日前公布但还没有施行的法律其修订部分从各有关法律的施行日起施行。

第二条至第五条　省略。

第六条　其他法律的修订

第1款至第194款省略。

第195款《公职人员伦理法》部分修订如下:

第五条第 1 款第（13）项中"行政自治部"修订为"行政安全部"。

第十四条之四第 1 款各项之外的正文中"财政经济部"修订为"企划财政部"。

第十四条之五第 1 款中"行政自治部"修订为"行政安全部"。

第二十条中"行政自治部长官"修订为"行政安全部长官"。

第 196 款至第 760 款省略。

第七条　省略。

27. 附则（第 8863 号，2008 年 2 月 29 日）《有关金融委员会的设置等的法律》

第一条　施行日

本法自公布之日起施行。

第二条至第四条　省略。

第五条　其他法律的修订

第 1 款至第 43 款省略。

第 44 款《公职人员伦理法》部分修订如下：

第十四条之四第 1 款中"金融监督委员会"修订为"金融委员会"。

第 45 款至第 85 款省略。

28. 附则（第 8872 号，2008 年 2 月 29 日）《总统警卫室法》

第一条　施行日

本法自公布之日起施行。

第二条　省略。

第三条　其他法律的修订

第 1 款和第 2 款省略。

第 3 款《公职人员伦理法》部分修订如下：

第三条第 1 款第（4）项中"总统警卫室"修订为"总统室"。

第 4 款省略。

第四条　省略。

29. 附则（第 9356 号，2009 年 1 月 30 日）《高等教育法》

第一条　施行日

本法自公布之日起施行。

第二条　其他法律的修订

第 1 款省略。

第 2 款《公职人员伦理法》部分修订如下：

第三条第 1 款第（7）项和第十条第 1 款第（7）项中"专科大学院长"修订为"专科大学的院长"。

第 3 款省略。

30. 附则（第 9402 号，2009 年 2 月 3 日）

第一条　施行日

本法自公布之日起施行。但是，第四条第 2 款、第 3 款，第十四条之四第 1 款第（2）项，第十四条之七和第二十八条之二的修订规定自 2009 年 2 月 4 日起施行。

第二条　适用规定

本法施行以后，根据之前规定作为登记财产的已婚女性登记义务者，不受第四条第 1 款第（3）项修订规定的约束，遵从之前规定。

第三条　其他法律的修订

第 1 款《公职选举法》部分修订如下：

第二百六十六条第 1 款第（3）项中"《公职人员伦理法》第三条（登记义务者）第 1 款第（10）项和第（11）项"修订为"《公职人员伦理法》第三条第 1 款第（12）项和第（13）项"。

第 2 款《有关公职者的兵役事项申报和公开的法律》部分修订如下：

第二条第（12）项中"《公职人员伦理法》第三条第 1 款第（9）项和第（10）项"修订为"《公职人员伦理法》第三条第 1 款第（11）项和第（12）项"。

第 3 款《国家人权委员会法》部分修订如下：

第二条第（6）项第 4 目中"《公职人员伦理法》第三条第 1 款第

（10）项"修订为"《公职人员伦理法》第三条第 1 款第（12）项"。

第 4 款《有关防止腐败和国民权益委员会的设置和运营的法律》部分修订如下：

第二条第 1 项第 4 目中"《公职人员伦理法》第三条第 1 款第（10）项"修订为"《公职人员伦理法》第三条第 1 款第（12）项"。

31. 附则（第 9617 号，2009 年 4 月 1 日）《有关信用信息的利用和保护的法律》

第一条　施行日

本法在公布后的六个月后施行。

第二条至第十一条　省略。

第十二条　其他法律的修订

第 1 款省略。

第 2 款《公职人员伦理法》部分修订如下：

第六条第 5 款前半部分、同条第 9 款以及第八条第 5 款中"《有关信用信息的利用和保护的法律》之第二十四条"修订为"《有关信用信息的利用和保护的法律》之第三十三条"。

第 3 款至第 24 款省略。

第十三条 省略。

32. 附则（第 10148 号，2010 年 3 月 22 日）《国家公务员法》

第一条　施行日

本法自公布之日起施行。

第二条至第四条　省略。

第五条　其他法律的修订

《公职人员伦理法》部分修订如下：

第十条第 1 款第（3）项中"与此相当"修订为"任命到《国家公务员法》第二十三条规定的职务等级中最高等级职位"。

公职人员伦理法施行令

(2009 年)

行政安全部（伦理负责室）

修订：

1993 年 7 月 12 日	总统令第 13927 号全文修订
1994 年 12 月 23 日	总统令第 14441 号《教育部和所属机关职制》
1994 年 12 月 31 日	总统令第 14498 号
1996 年 12 月 31 日	总统令第 15243 号
1997 年 12 月 31 日	总统令第 15596 号
1998 年 12 月 31 日	总统令第 16031 号
1999 年 2 月 1 日	总统令第 16094 号《仁川国际机场公司法施行令》
1999 年 10 月 11 日	总统令第 16574 号《船舶安全法施行令》
1999 年 12 月 7 日	总统令第 16608 号
2000 年 2 月 14 日	总统令第 16709 号《有关金融机关不良资产等的有效处理和韩国资产管理公司设立的法律的施行令》
2000 年 3 月 13 日	总统令第 16752 号《韩国教育广播公司法施行令》
2000 年 4 月 18 日	总统令第 16784 号《契约职公务员规定》
2001 年 4 月 27 日	总统令第 17213 号
2001 年 5 月 24 日	总统令第 17227 号《商业设计振兴法施行令》
2001 年 6 月 30 日	总统令第 17275 号《公务员报酬规定》
2001 年 11 月 29 日	总统令第 17420 号《腐败防止法施行令》
2002 年 3 月 2 日	总统令第 17538 号《韩国机场公司法施行令》
2003 年 2 月 4 日	总统令第 17899 号
2003 年 12 月 30 日	总统令第 18207 号《韩国铁路设施公团法施行令》

2004年1月9日	总统令第18210号
2004年12月3日	总统令第18594号《有关科学技术领域政府捐助研究机关等的设立、运营和扶植的法律施行令》
2005年2月11日	总统令第18698号
2005年6月30日	总统令第18920号《有关政府捐助研究机关等的设立、运营和扶植的法律施行令》
2005年7月26日	总统令第18965号《国家清廉委员会职制》
2005年11月16日	总统令第19133号
2005年12月1日	总统令第19162号《渔村、渔港法施行令》
2005年12月28日	总统令第19206号《釜山交通公团法施行令》
2006年4月27日	总统令第19458号《有关矿害的防止和恢复的法律施行令》
2006年6月29日	总统令第19563号《济州特别自治道设置和建成国际自由都市特别法施行令》
2006年8月17日	总统令第19644号
2006年12月21日	总统令第19759号
2007年3月16日	总统令第19929号《有关科学技术领域政府捐助研究机关等的设立、运营和扶植的法律施行令》
2007年3月27日	总统令第19958号《消费者基本法施行令》
2007年6月21日	总统令第20099号
2007年7月26日	总统令第20191号《有关总统记录物管理的法律施行令》
2008年2月29日	总统令第20741号《行政安全部和所属机关职制》
2008年7月29日	总统令第20947号《有关资本市场和金融投资业的法律施行令》
2008年9月10日	总统令第20993号《科学技术基本法施行令》
2008年9月30日	总统令第21052号《有关矿害的防止和恢复的法律施行令》

2008年12月3日	总统令第21146号《有关消防产业的振兴的法律施行令》
2009年2月3日	总统令第21289号
2009年5月13日	总统令第21487号《国民权益委员会职制》
2009年11月23日	总统令第21841号

第一条 目的

本令目的是规定《公职人员伦理法》（以下称"法"）中委任的事项及其施行所必要的事项。

（2009年2月3日全文修订）

第二条 删除（2009年2月3日）

第三条 登记义务者

1. 法第三条第1款第（4）项规定的"总统令确定的外务公务员"是指高级公务员团中的外务公务员和依《公务员报酬规定》第五十一条职务等级为六等级以上职位的外务公务员。

2. 法第三条第1款第（7）项规定的"与此相当的军务员"是指二级以上的军务员。

3. 法第三条第1款第（12）项规定的"任员"是指理事、监事（包括虽然名称不同，但与此相当职务者）以上常勤任员。

4. 法第三条第1款第（13）项规定的"总统令所确定的特定部门的公务员和公职有关团体的职员"是指如下人员。

（2009年5月13日修订）

（1）《有关研究职和指导职公务员任用等的规定》附表二第（1）项第1目至第3目和第（2）项第1目、第2目及第（3）项第1目所规定的研究职公务员；附表二之二第（1）项第1目、第2目和第（2）项第1目、第2目及第（3）项第1目所规定的指导职公务员中相当于四级以上或属于高级公务员团的一般职公务员的研究官和指导官。

（2）任命于相当于四级以上或属于高级公务员团的一般职公务员职

位的奖学官和教育研究官。

（3）专科学校（包括相当于专科学校的各种学校）的处长、室长。

（4）监察院所属公务员中五级以下七级以上的一般职公务员和与此相当的别定职公务员。

（5）《国民权益委员会职制》第十一条规定的腐败防止局所属五级以下七级以上的一般职公务员和与此相当的别定职公务员。

（6）国家警察公务员中的警正、警监、警卫、警司和自治警察公务员中的自治警正、自治警监、自治警卫、自治警司。

（7）消防公务员中的消防领、消防警、消防尉、消防长和地方消防领、地方消防警、地方消防尉、地方消防长。

（8）国税厅及关税厅所属公务员中五级以下七级以上的一般职公务员和与此相当的别定职公务员。

（9）法务部及检察厅所属公务员中五级以下七级以上的检察事务职公务员和毒品搜查职公务员。

（10）中央行政机关（包括下属机关，本条下同）所属公务员或地方自治团体所属公务员（邑、面、洞所属公务员除外，下同）中就职于以监察业务为主要职能的部门（指中央行政机关中根据《政府组织法》成立的最小单位的补助机构和与此相当级别的职位和地方自治团体中根据《条例》或《规则》成立的最小单位的补助机构和与此相当级别的职位，本条下同）的五级以下七级以上的一般职公务员，和与此相当的特定职公务员、别定职公务员及其上级监督者。

（11）中央行政机关所属公务员或地方自治团体所属公务员中在建筑、土木、环境、食品领域承担民事、许可，监察、监督，指导取缔的业务部门工作的五级以下七级以上的一般职公务员，和与此相当的特定职公务员、别定职公务员，及其上级监督者。

（12）地方自治团体所属公务员中就职于与课税、征税、查税及审税业务有关的部门的五级以下七级以上的一般职公务员，和与此相当的特定职公务员、别定职公务员，及其上级监督者。

(13) 就职于可以任命为第（1）项、第（2）项以及第（4）项至第（12）项公务员的职级和职务或与此相当的职级和职位的契约职公务员。

(14) 金融监督院的二级以上职员。

5. 第 4 款第（11）项规定的有关部门由有关登记机关的首长（法第五条第 3 款规定的登记机关的首长除外）确定。

（2009 年 11 月 23 日修订）（2009 年 2 月 3 日全文修订）

第三条之二　公职有关团体的范围等

1. 能够被指定为法第三条之二第 1 款规定的公职有关团体的机关、团体的范围如下。

（2009 年 11 月 23 日修订）

（1）法第三条之二第 1 款第（1）项、第（2）项以及第（5）项规定的机关、团体。

（2）法第三条之二第 1 款第（4）项规定的地方公社和地方公团。

（3）接受政府、地方自治团体每年 10 亿韩元以上的出资、捐助和补助的机关、团体。

（4）接受委托执行政府、地方自治团体业务的机关、团体中，预算规模超过 100 亿韩元的机关、团体。

（5）接受政府、地方自治团体的出资、捐助和补助的机关、团体中，政府再出资、再捐助的金额单独或共同地构成本金总额的机关、团体。

2. 行政安全部部长应将根据本条第 1 款规定指定的公职有关团体（以下称"公职有关团体"）每季度末在官报上公示。

（2009 年 11 月 23 日修订）

3. 公职有关团体因法律或条款的变更或是其他的事由，不符合本条第 1 款规定的公职有关团体范围的，在事由发生时应被排除在公职有关团体之外。

（2009 年 11 月 23 日修订）

4. 政府或地方自治团体在所属的机关、团体发生符合本条第 1 款规定的公职有关团体范围的事由时，应立即向政府公职人员伦理委员会通报。

（2009 年 11 月 23 日新设）（2009 年 2 月 3 日本条新设）

第四条 登记对象财产的表示方法等

（2009 年 2 月 3 日修订）

1. 删除（1994 年 12 月 31 日）

2. 根据法第四条第 2 款第（3）项第⑩目规定需登记的知识财产权应记载标示其种类、内容、保存期间及其他权利的明细单和因无形财产权而获得的年度所得金额及其所得原因。

（2009 年 2 月 3 日修订）

3. 根据法第四条第 1 款和第 6 款规定需登记的向非营利法人捐助的财产应记载标示捐助财产的明细、非营利法人的名称、主要办事机构所在地、法人代表、营业范围和其他非营利法人的明细及登记业务者在该法人中的地位。

（2009 年 2 月 3 日修订）

4. 法第四条第 3 款第（1）项至第（4）项、第（9）项至第（13）项规定中"实际交易价格"是指买卖时实际的买入额或卖出额；或收用时的补偿额。

（2009 年 2 月 3 日修订）

5. 法第四条第 3 款第（7）项但书中"总统令规定的价格"是指财产登记基准日的基准价（指交易价中的平均价，下同）。但是，交易在财产登记基准日前结束的，为结束日的基准价。

（2009 年 2 月 3 日修订）

第四条之二 财产登记时价额算定方法

财产登记义务者根据法第五条第 1 款和第十条第 2 款的规定登记财产时法第四条第 2 款第（1）项和第（2）项以及第（3）项第⑥目至第⑨目（本项第⑨目的财产仅高尔夫会员券符合）、第 11 目的财产价额按财产登记基准日的评估价（指除了法第四条第 3 款第（1）项至第（4）项，第（9）项至第（11）项，第（12）项但书以及第（13）项规定的实际交易价格之外的价额算定方法，下同）算定。但是，没有评估价或是事实上不能确定时，按实际交易价格算定。

（2009 年 2 月 3 日全文修订）

第四条之三 登记机关

1. 法第五条第 1 款第（5）项中"总统令确定的委员会等的行政机关"是指如下各行政机关。

（1）公正交易委员会。

（2）金融委员会。

（3）国民权益委员会。

（4）广播通信委员会。

2. 法第五条第 3 款中规定的登记机关如下。

（1）环境部部长指定的地方环境官署所属公务员，为所属地方环境官署。

（2）国土海洋部部长指定的所属机关所属公务员，为所属机关。

（3）国税厅厅长指定的地方国税厅所属公务员，为所属地方国税厅。

（4）警察厅厅长指定的地方警察厅所属公务员，为所属地方警察厅。

（5）海洋警察厅厅长指定的地方海洋警察厅所属公务员，为所属地方海洋警察厅。

（2009 年 2 月 3 日全文修订）

第四条之四 财产登记和变动事项申报的修订

根据法第五条和第六条规定的财产登记和变动事项申报的内容中，所属公职人员伦理委员会认为价额记载有轻微错误的，登记机关的长官在登记义务者请求的情况下，自登记结束之日或是申报结束之日起 10 日之内允许修订登记和变动事项申报的内容。

（2009 年 11 月 23 日本条新设）

第五条 金融交易和不动产信息提供同意书的提出等

1. 财产登记义务者和利害关系人［指法第四条第 1 款第（2）项和

第（3）项规定的人员，但法第四条第1款第（3）项的人员中根据法第十二条第4款规定获得财产申报事项告知拒绝许可的人员除外，下同〕根据法第六条第5款和第6款的规定，请求确认金融资料和不动产资料的，在法第六条第1款正文规定的变动申报期间（以下称"定期变动申报期间"）开始前1个月截止，应将金融交易和不动产信息提供同意书（以下称"同意书"）通过登记机关提交给公职人员伦理委员会。此时，利害关系人通过财产登记义务者提出同意书。

2. 财产登记义务者和利害关系人，如果想撤回第1款规定的同意书，应向所属公职人员伦理委员会提出同意撤回书。

3. 利害关系人因是未成年人、限制行为能力人、无行为能力人或精神病以及其他不可避免的事由，亲自书写并提交第1款规定的同意书和第2款规定的同意撤回书困难的，利害关系人的代理人可以书写并提交同意书和撤回同意书。

4. 对于由会员社、加盟社等组成的中央会、联合会、协会等机构（以下称"协会等"），拥有关于财产和信用的信息、通信网络，并接受金融机关管理的，公职人员伦理委员会可要求有关金融机关的长官授权，使用该协会等的信息通信网络进行金融查询。

（2009年2月3日全文修订）

第五条之二　股票交易细目申报的范围和方法

1. 根据法第六条之二第1款的规定应申报交易内容的股票如下。

（1）根据《有关资本市场和金融投资业的法律》第三百七十三条规定在韩国交易所上市的股票。

（2）根据《有关资本市场和金融投资业的法律》第一百六十六条规定在场外交易的股票中，采用和有价证券市场类似方法交易的股票。

2. 申报的股票交易范围为第1款规定的股票在申报期间的所有股票交易。

3. 申报股票交易细目时，在股票变动事项申报书中，需附上记载有金融机关发给的委托账号、股票交易日、项目、数量、实际交易额等的股票交易细目书或是委托账户簿的副本。

（2009 年 2 月 3 日全文修订）

第五条之三 变动事项申报的延缓许可

1. 登记机关的首长，在登记义务者根据法第六条之三第 1 款的规定申请变动事项申报的延缓时，应将变动事项申报的延缓与否及时向该登记义务者通报。

2. 登记义务者在法第六条之三第 1 款规定的各延缓事由超过 3 年时，根据法第六条之三第 3 款的规定申报变动事项之后，可以再次申请 3 年范围内的变动事项申报的延缓。

（2009 年 2 月 3 日全文修订）

第五条之四 动产金额等的变动申报内容

根据法第六条之四第 2 款的规定需要申报法第四条第 2 款第（3）项第⑥目至第⑧目以及第⑪目规定的财产时，有交易的申报实际交易价格，因赠予等原因而无从知道实际交易价格的或没有交易发生的，申报专家等的评价金额。

（2009 年 2 月 3 日全文修订）

第六条 登记义务者变动事项的通报

国家机关和公职有关团体所属公务员或任、职员因新录用、晋升、转补、转职或退职等原因成为登记义务者或免除登记义务时，其首长应在发出人事命令的同时将命令的内容及时通报给法第五条第 1 款、第 3 款及法第六条第 2 款中规定的登记机关。

（2009 年 2 月 3 日全文修订）

第七条 财产登记期限的延长许可

1. 登记义务者根据法第七条的规定申请延长财产登记期限时，登记机关［指法第五条第 1 款第（5）项至第（7）项、第（12）项正文以及同条第 3 款所规定的登记机关，下同］的首长应及时向该登记义务者通报财产登记期限的延长与否。此时，法第十条第 1 款和第 2 款规定的财产公开对象者的财产登记期限最多可延长 20 日，其他登记义务者最多可延长 30 日。

2. 因病假、在外国滞留的事由延长财产登记期限的，第 1 款后半部分规定的延长期限从事由消失之日起算。

（2009 年 2 月 3 日全文修订）

第八条 财产登记情况报告

登记机关的首长应在每季度的 10 日前向政府公职人员伦理委员会汇报上个季度的财产登记情况。但第四条之三所规定的登记机关的财产登记情况，应由法第五条第 1 款第（5）项中规定的登记机关的首长进行综合汇报。

（2009 年 2 月 3 日全文修订）

第九条 财产登记材料等的移送（2007 年 6 月 21 日修订）

委员会为了公开或审查登记事项向登记机关的首长要求移送必要的财产登记材料等时，登记机关的首长应及时移送接收或保管中的财产登记材料。

（2007 年 6 月 21 日修订）

第十条 财产登记材料的补充和提交等

1. 根据法第八条第 2 款和第八条之二第 1 款的规定，接到财产登记材料补充命令的登记义务者如果没有特别的事由，应在接到命令之日起 20 日内提交补充申报书。

2. 根据法第八条第 3 款的规定，从委员会接到提交资料的要求或书面质疑的登记义务者，如果没有特别的事由，应在接到要求或书面质疑之日起 20 日内提交资料或答辩书。

3. 根据法第八条第 4 款和第 5 款的规定，从所属公职人员伦理委员会接到提交报告书或资料等要求的国家机关、地方自治团体、公职有关团体及其他公共机关或金融机关的首长，如果没有特别的事由，应在接到要求之日起 20 日内提交报告书或资料。

（2009 年 2 月 3 日全文修订）

第十条之二　金融交易资料的提交等

根据法第八条第 5 款规定，公职人员伦理委员会向金融机构的首长要求提出有关金融交易内容的材料时，应在进行审查所需要的最小范围内，符合下列各项情况之一时提出要求。

（1）从财产登记的内容上看，认定没有诚实地登记金融财产时。

（2）登记义务者因财产上的问题引起社会议论时。

（3）无特殊理由，出现财产上的过多增减时。

（4）其他财产登记事项中存在漏记疑点时。

（2009 年 2 月 3 日全文修订）

第十一条　对登记义务者和关系人等的出席要求

1. 委员会根据法第八条第 6 款的规定要求出席时，应制作出席要求书。

2. 接到本条第 1 款的出席要求书的登记义务者及其配偶和直系亲属以及其他与财产登记事项有关的人员应在指定的出席日出席委员会会议。

3. 根据本条第 1 款的规定接到出席要求 2 次以上的人员拒绝接收出席要求书或无正当理由不出席时，委员会应向所辖检察厅告发。

（2009 年 2 月 3 日全文修订）

第十二条　陈述、听取等

1. 委员会可根据法第八条第 6 款的规定，向出席的登记义务者等提出有关财产登记事项的提问。此时，应给予出席的登记义务者充分的陈述机会。

2. 本条第 1 款规定的登记义务者等可申请证人，但由委员会决定是否采纳。

（2009 年 2 月 3 日全文修订）

第十三条　受任机关的登记事项审查结果报告

1. 根据法第八条第 11 款规定，接受登记事项审查之委托的机关的首长应在审查结束后的一个月内向委员会报告审查结果。此时的报告依照本令第八条但书部分的规定。

2. 本条第 1 款的审查结果汇报应包括如下内容：

（1）受任机关的财产登记现状；

（2）审查概要；

（3）审查结果（包括措施意见）；

（4）其他根据本令第三十六条规定制作年度报告书所必要的事项。

(2009 年 2 月 3 日全文修订)

第十四条　对受任机关的监督及审查

1. 根据法第八条第 11 款的规定，委员会可监督和监察接受登记事项审查之委托的机关的受任事务处理情况。

2. 环境部部长、国土海洋部部长、国税厅厅长、警察厅厅长和海洋警察厅厅长，根据本令第四条之三第 2 款的规定将所属机关指定为登记机关的，可监督或监察该机关的受任事务处理情况。

(2009 年 2 月 3 日修订)

第十四条之二　财产形成过程说明的要求等

1. 公职人员伦理委员会对于法第十条第 1 款各项中的公开对象者和法第十条之二中的公职选举候选人等（此款以下称"公开对象者等"），在符合下列各项情况之一时，可以要求提供法第八条第 13 款规定的财产形成过程的说明。

（1）有一定理由怀疑有与职务有关的不正当财产增值时。

（2）为确认法第八条之二第 5 款规定的是否有违反其他法令，采取不正当的方法获取财物或财产上的利益之嫌疑时。

（3）因财产上的问题引起社会议论时。

（4）在考虑公开对象者等的报酬水准时，无特殊理由，出现财产上的过多增减时。

（5）有相当于第（1）项至第（4）项规定的事由的，公职人员伦理委员会决议要求说明时。

2. 接到说明财产形成过程要求的人员，如果没有特别的事由，应在

- 339 -

接到要求之日起 20 日内向公职人员伦理委员会提交说明书或证明材料。

3. 接到说明财产形成过程要求的人员，以遗失、灭失和毁损等的事由，无法提出证明材料的，应向公职人员伦理委员会提交包含有说明该事实、交易时间、交易双方以及交易目的等主要内容的可以代替证明材料的说明书（以下称"证明材料代替说明书"）。

4. 公职人员伦理委员会在验证有关证明材料代替说明书的内容的事实关系时，可以要求提出附加说明或是证明材料。

（2009 年 2 月 3 日全文修订）

第十五条 关于惩戒议决要求等的处理结果的通报

根据法第八条之二第 1 款第（4）项及法第二十二条规定，接到关于公务员或任、职员的解任、惩戒议决邀请或要求的所属机关或公职有关团体的首长应向委员会通报其处理结果。

（2009 年 2 月 3 日全文修订）

第十五条之二 公职人员伦理委员会的管辖

法第九条第 2 款第（5）项至第（8）项规定的特别市、广域市、道、特别自治道公职人员伦理委员会，市、郡、区公职人员伦理委员会，特别市、广域市、道、特别自治道教育厅公职人员伦理会和政府公职人员伦理委员会的具体管辖参看附表①。

（2009 年 2 月 3 日全文修订）

第十六条 政府公职人员伦理委员会的构成及选任方法

包括委员会的委员长在内的 5 名委员在法第九条第 3 款正文规定的人中委任，包括副委员长在内的 4 名委员在政府所属公务员中由总统任命。

（2009 年 2 月 3 日全文修订）

第十七条 委员长及委员的任期

1. 委员长及委员的任期为 2 年，但可以连任一次。

2. 政府所属公务员中任命的委员的任期，不受本条第 1 款规定的限

---

① 见本书 371 页。

制，以任命当时的职位的在职时间为期限。

(2009 年 2 月 3 日全文修订)

第十八条 委员长和副委员长的职务

1. 委员长代表委员会，总括委员会的职务。

2. 委员长因不得已的事由不能履行职务时，副委员长代行其职务。

(2009 年 2 月 3 日全文修订)

第十九条 委员会会议等

1. 委员长召开委员会会议，并担任议长。

2. 在职委员中过半数的委员出席时，委员会会议方可召开；出席委员中过半数赞成时，委员会会议方可议决。但是，下列各项之一的事项应有出席委员三分之二以上赞成时才能议决。

(1) 法第八条第 7 款规定的委托调查和同条第 12 款规定的委托调查的承认。

(2) 法第八条之二第 1 款规定的措施和同条第 5 款规定的向相关行政机关的首长通报。

(3) 法第二十二条规定的解任或惩戒议决的要求。

(4) 法第二十四条、第二十四条之二、第二十五条至第二十九条规定的人员的告发。

3. 委员不得参与下列各项之一的委员会的审查和议决。

(1) 与委员本人有关的事项。

(2) 与委员本人有亲属关系或曾经有过亲属关系的人员有关的事项。

(3) 委员本人成为证人或鉴证人的事项。

4. 根据本条第 3 款规定不能参与审查或议决的委员应从第 2 款规定的在职委员人数中除掉。

5. 委员会的会议不公开。

(2009 年 2 月 3 日全文修订)

第二十条 委员会的干事等

1. 为处理委员会的事务和进行事实调查等，委员会设若干名干事和事务职职员。

2. 干事由行政安全部长官在行政安全部所属公务员中任命。

(2009年2月3日全文修订)

第二十一条　津贴等

在预算范围内可向委员会的委员长、副委员长及委员发放津贴、差旅费及其他必要的经费。

(2009年2月3日全文修订)

第二十二条　委员会的运行规定

除本令规定的事项以外，委员会运行的必要事项依照委员会的规定。

(2009年2月3日全文修订)

第二十三条　专办员的指定

登记机关的首长应在所属职员中指定负责财产登记、礼品申报及退职公职人员就业限制等业务的专办员并向委员会通报。

(2009年2月3日全文修订)

第二十四条　财产公开对象者

1. 法第十条第1款第（3）项规定的需要公开登记财产的属于高级公务员团的一般职和别定职公务员是指任职于高级公务员团中最高等级职位的人员。

2. 法第十条第1款第（4）项中"总统令确定的外务公务员"是指根据《公务员报酬规定》第五十一条的规定职务等级为十二等级以上十四等级以下职位的外务公务员或是属于高级公务员团的外务公务员中任职于最高等级职位的人员。

3. 法第十条第1款第（12）项规定的须公开登记财产的政府公务员如下。

（1）任职于相当于第1款规定的属于高级公务员团的一般职和别定职公务员职位的研究官、指导官、奖学官以及教育研究官。

（2）就职于可以任命为第（1）项公务员职位的契约职公务员。

4. 法第十条第1款第（12）项规定的须公开登记财产的公职有关团

体的任员如下。

（2009 年 11 月 23 日修订）

（1）本令第三条之二第 1 款规定的机关、团体中，政府、地方自治团体的出资、捐助、补助额或再出资、再捐助额为 200 亿韩元以上的机关、团体的首长。

（2）由中央行政机关的首长、地方自治团体的首长承认或选任任员的公职有关团体中，政府、地方自治团体的出资、捐助、补助额为 100 亿韩元以上的机关、团体的首长。

（3）由中央行政机关的首长、地方自治团体的首长承认或选任任员的公职有关团体中，由总统任免的机关、团体的首长。

5. 行政安全部长官应在每季度末前通过官报公示须公开登记财产的公职有关团体的任员。（2009 年 11 月 23 日修订）

（2009 年 2 月 3 日全文修订）

第二十五条 财产的公开目录的提出

法第十条第（1）项和第（2）项规定的公开对象者应编制登记财产的公开目录，并在根据法第五条和法第六条的规定登记财产或申报变动事项时向登记机关提交。

（2009 年 2 月 3 日全文修订）

第二十六条 登记事项的阅览、复印的许可

法第十条第 3 款规定的阅览、复印等的许可权属于如下人员。

1. 法第十条第 4 款第（1）项至第（3）项规定的资料的阅览、复印的许可权属于委员会［根据法第八条第 11 款规定，将审查权委任于登记机关的首长时，为该登记机关的首长（只限属于法第十条第 4 款第（3）项的情况）］。

2. 法第十条第 4 款第（4）项规定的资料的阅览、复印的许可权属于登记机关的首长（根据本令第九条规定，财产登记材料移送至委员会时为委员会）。

（2009 年 2 月 3 日全文修订）

第二十七条 拒绝告知财产登记事项的许可申请

1. 法第四条第 1 款第（3）项规定的登记义务者的直系亲属（以下称"直系亲属"）中不属于被抚养的人员，根据法第十二条第 4 款的规定，若想获得拒绝告知财产登记事项的许可，登记义务者应在其成为登记义务者之日起 15 日以内或定期变动申报期间开始之日起 20 日内通过登记机关向所属公职人员伦理委员会申请告知拒绝许可。

（2009 年 11 月 23 日修订）

2. 所属公职人员伦理委员会在收到第 1 款规定的申请之日起 10 日内，决定、通报许可与否，但必要情况下，可将决定、通报期间延长 10 日。

（2009 年 11 月 23 日修订）

3. 所属公职人员伦理委员会在有关告知拒绝审查的必要情形下，可要求登记义务者通过文书或电报通信网等电子媒体提交有关资料。

4. 法第五条第 1 款和第十条第 2 款规定的财产登记义务者的直系亲属从公职人员伦理委员会处收到本条第 2 款规定的告知拒绝不予许可决定的，在接到不许可决定之日，登记机关的首长根据法第七条的规定，延长该登记义务者的财产登记期间。此时，延长期间为 30 日（公开对象者为 20 日），但从接到所属公职人员伦理委员会的通报之日算起。

5. 接到本条第 2 款规定的告知拒绝许可的人员，从接到许可之日起，每 3 年，在第 3 年有关定期变动申报期间，将告知拒绝许可的再审查申请书提交给公职人员伦理委员会。

6. 接到本条第 5 款规定的再审查申请书的所属公职人员伦理委员会应在该年 11 月 30 日前决定、通报告知拒绝许可与否。

（2009 年 2 月 3 日全文修订）

第二十七条之二 财产登记告知拒绝许可要件

1. 法第十二条第 4 款前半部分规定的"被抚养者"是指因无收入或低收入，而无法独立维持生计因此受登记义务者之抚养的直系亲属。

2. 公职人员伦理委员会在判断本条第 1 款规定的独立维持生计与否时，应综合考虑以下各项情况。

（1）直系年长亲属：年龄，就业，持有的财产以及通过就业、产业或财产获得的定期收入的情况等。

（2）直系年幼亲属：年龄，居民登记表上是否有其他的世代，就业，就业等的期间以及通过就业、产业获得的定期收入的情况等。

3. 公职人员伦理委员会在判断本条第 2 款各项规定的定期收入情况时，应考虑《国民基础生活保障法》第六条规定公布的最低生活费、家族人数、居住区域、物价水平以及其他必要的事项。

（2009 年 2 月 3 日全文修订）

第二十七条之三　企划经济部和金融委员会所属公务员的范围

法第十四条之四第 1 款各项规定以外部分的正文中"总统令确定的人员"是指企划财政部中掌管金融政策、银行、证券、保险等有关事务的局（包括本部、团、部、组）所属高级公务员团中的公务员和四级以上公务员（包括与此相当的公务员）以及金融委员会所属高级公务员团中的公务员和四级以上公务员（包括与此相当的公务员）。

（2009 年 2 月 3 日全文修订）

第二十七条之四　株式白纸信托对象所持股票的下限价额

法第十四条之四第 1 款各项规定以外部分的正文和第十四条之五第 6 款中"总统令规定的金额"和法律第 7493 号公职人员伦理法修订法附则第 2 款中"总统令规定的金额"，皆为 3000 万韩元。

（2009 年 2 月 3 日全文修订）

第二十七条之五　信托财产的运营方法

法第十四条之四第 1 款第（2）项第③目但书中"总统令规定的范围"是指《有关资本市场和金融投资业的法律》中规定的范围（委托人以特定的方式运营股票的项目除外）。

（2009 年 2 月 3 日全文修订）

第二十七条之六　申报和公开的方法

1. 欲申报法第十四条之四第 1 款和法第十四条之六第 2 款规定的出售股票或签订株式白纸信托合同事实的人员，应在申报书中附加证明材料，提交给登记机关。

2. 登记机关的首长收到根据法第十四条之四第 1 款和第十四条之六第 2 款的规定所提交的出售股票或签订株式白纸信托合同事实的申报的，应从收到申报之日起一个月内，将内容在官报或公报上刊载公开。但是，对于本令第二十七条之三规定的企划财政部和金融委员会所属公务员，收到申报的企划财政部长官和金融委员会应及时将所属公务员申报的有关出售股票或签订株式白纸信托合同的事实通报给行政安全部长官，行政安全部长官应在接到通报之日起一个月内将内容在官报或公报上刊载公开。

（2009 年 2 月 3 日全文修订）

第二十七条之七　株式白纸信托审查委员会的运营等

1. 法第十四条之五规定的株式白纸信托审查委员会（以下称"审查委员会"）的委员长，代表审查委员会，召开审查委员会会议，并担任议长，总括审查委员会的职务。

2. 审查委员会中设 1 名副委员长，副委员长在委员中互选产生，在委员长因不得已的事由无法履行职务时，代行其职务。

3. 在职委员过半数出席时，审查委员会会议方可召开，出席委员过半数赞成时，方可议决。

4. 除本条第 1 款至第 3 款规定事项以外，有关审查委员会的运营准用本令第十九条第 3 款至第 5 款和第二十条至第二十二条的规定。

（2009 年 2 月 3 日全文修订）

第二十七条之八　职务关联性的判断基准

1. 法第十四条之四第 1 款规定的公开对象者等，其职务能够使其获得本人或利害关系人所持股票的企业的经营或财产权利的有关信息，或者其职务能够对该企业施加影响的，根据法第十四条之五第 8 款规定判断股票的职务关联性有无时，应考虑是否从事或者指挥、监督符合下列各项情况之一的职务。

（1）和关联业种的政策或是法令的立案、执行等有关的职务。

（2）和各种搜查、调查、监察和检查有关的职务。

（3）和认可、许可、免许、特许等有关的职务。

（4）和查税、课税、征税有关的职务。

（5）和法令的指导、监督有关的职务。

（6）和预算的编成、审议、执行或是工程、物资的合同有关的职务。

（7）和法令上事件的审理或审判等有关联的职务。

（8）其他的审查委员会认定的有职务关联性的职务。

2. 审查委员会可以公示一定类型或项目的股票是没有职务关联性的。

（2009年2月3日全文修订）

第二十七条之九　股票取得事由

法第十四条之六第2款正文中"总统令规定的事由"是指如下事由。

1. 因赠予（包括遗赠）、担保权行使、代物辨济①的受领等取得股票的情况。

2. 因转换社债②、附新株引受权社债③、交换社债④的权利行使而取得股票的情况。

3. 员工持股会会员通过员工持股会取得股票的情况。

---

① 即"代物清偿"，指债务人以他种给付代替其所负担的给付，从而使债消灭的情况。债务人原则上应依债的标的履行债务，不得以其他标的代替，但也不尽然。在双方当事人合意时，债务人也可以代物清偿，代物清偿仍然发生债消灭的后果。——译者注

② 即"可转换债券"，它是债券的一种，可以转换为债券发行公司的股票，通常具有较低的票面利率。从本质上讲，可转换债券是在发行公司债券的基础上，附加了一份期权，并允许购买人在规定的时间范围内将其购买的债券转换成指定公司的股票。——译者注

③ 即"附认股权证公司债券"，指公司债券附有认股权证，持有人依法享有在一定期间内按约定价格（执行价格）认购公司股票的权利，是债券加上认股权证的产品组合。——译者注

④ 即"可换股债券"，是指以其他公司股票为标的股票的可转换型债券。——译者注

4. 通过股票买受选择权的行使取得股票的情况。

5. 法第十四条之四第 1 款规定的公开对象者等在成为公开对象者之前，行使有价证券选择交易的权利，取得股票的情况。

6. 基于根据本条第（1）项至第（4）项规定取得的股票，行使新株引受权①取得的股票。

（2009 年 2 月 3 日全文修订）

第二十七条之十 信托财产的评价和通报

法第十四条之八第 2 款规定的株式白纸信托的受托机关，应以每季度的最后一日（如最后一日为公休日或是受托机关的休务日，为前一天）为基准，对信托财产做以评价，当信托财产的总额低于 3000 万韩元时，应在每季度最后一日后的 1 个月内向管辖公职人员伦理委员会通报情况。但是，若是在每年度的最后一季度，则可以同法第十四条之八第 1 款规定的信托情况的报告一起通报。

（2009 年 2 月 3 日全文修订）

第二十八条 礼品的金额

根据法第十五条第 1 款规定，需申报的礼品为按接受礼品当时赠送国家或外国人所属的国家的市价超过 100 美元，或按照国内市价超过 10 万韩元的礼品。

（2009 年 2 月 3 日全文修订）

第二十九条 礼品的管理和保存

1. 根据法第十五条第 1 款规定受理礼品申报的所属机关或公职有关团体的首长应在接受申报之日起 30 日内按照总统令将其礼品移交给法第五条第 1 款规定的登记机关的首长。但是，政府的登记机关及院、部、处、厅监督的公职有关团体的首长应将礼品移交给行政安全部长官（军人及军务员则移交给国防部长官）。

---

① 即"新股优先认购权"，指上市公司发行新股或可转换债券时老股东可以按原先持有的股份数量的一定比例优先于他人进行认购的权利。——译者注

2. 根据本条第 1 款的规定，接受移交礼品机关的首长应管理和保存礼品。其中具有文化、艺术价值，需永久保存的礼品应移交给《有关公共记录物管理的法律》第 9 款规定的文化体育部长官；当有别的机关管理和保存更为有效时，应移交给该机关的首长。

（2009 年 2 月 3 日全文修订）

第三十条　礼品的处理

1. 根据本令第二十九条规定负责移管礼品的机关的首长，如认为没有必要继续作为国有财产管理和保存该礼品时，可经与外务部长官协商，移交给调达厅厅长进行处理。

2. 调达厅厅长处理礼品时，如申报接受礼品的人员愿意购买该礼品，调达厅厅长应委托专业部门鉴定价格优先卖给该人。

（2009 年 2 月 3 日全文修订）

第三十一条　就业限制对象者

法第十七条第 1 款规定的被限制就业的公务员和公职有关团体的任、职员为法第三条规定的登记义务者。

（2009 年 2 月 3 日全文修订）

第三十二条　与就业限制的营利私人企业间的关联性范围

1. 法第十七条第 1 款正文中"所属部门的业务"，对于课（包括与此相当的部门）长与所属职员，指的是该课的业务，对于处于高层职位的人员，指的是职制、条款、规定或是职务上的指挥、监督部门的业务。对于派遣的人员，以派遣的机关、团体中所属部门的业务为准。

2. 法第十七条第 3 款规定的与退职公职人员负责的业务和营利私人企业间有密切关系的范围是指在退职前 3 年有负责下列各项之一的业务的情况。

（1）直接或间接地提供补助金、奖励金、启动资金等财政补助的业务。

（2）与认可、许可、免许、特许、承认等有直接关系的业务。

（3）与生产方式、规格、会计等的检查、监察有直接关系的业务。

（4）与查税、课税及征税有直接关系的业务。

（5）与工程或物资采购的合同、检查、验收等有直接关系的业务。

（6）根据法令直接监督的业务。

（7）根据其他业务的处理方法，认为有可能对企业的财产权利产生直接的较大的影响的业务。

（2009年2月3日全文修订）

第三十三条　就业限制的营利私人企业的规模

1. 法第十七条第3款规定的营利私人企业的规模是资产总额达100亿韩元以上、年交易额达300亿韩元以上的企业。

2. 法第十七条第3款规定的关联协会的范围是指由同条第1款规定的就业限制的营利私人企业加入的协会。但是，以下各协会除外。

（1）受国家或地方自治团体的委托，履行事务的协会。

（2）国家机关或地方自治团体的首长任命任员或是任员的选任需经其认可的协会。

3. 行政安全部长官应在每年12月份内确定本条第1款中规定的营利私人企业并刊在官报上公示。

4. 作为确定本条第3款规定的营利私人企业的资料，国税厅厅长应以上年度的各营利私人企业的课税期间或工作年度的终结日为基准，以电子文件的形式编制资产总额为50亿韩元以上、年交易额为150亿韩元以上的营利私营企业的明细单，于每年10月31日前向行政安全部长官通报。

（2009年2月3日全文修订）

第三十三条之二　就业限制与否的确认请求

本令第三十一条规定的就业限制对象者从其退职之日起2年内，若想在第三十三条第3款公示的营利私人企业和同条第2款规定的协会就业，应通过退职当时的所属机关或是公职有关团体的首长（退职当时的所属机关或公职有关团体废止的，为承继其业务的机关或公职有关团体的首长，下同）和所属中央行政机关或是地方自治团体的首长，向所属公职人员伦理委员会提出予以确认有关营利私人企业或协会是否为本人就业所限制的营利私人企业的请求。但是，欲获得第三十四条规定的就业确认的，不受此限。

(2009 年 2 月 3 日全文修订)

第三十三条之三　就业限制与否的确认

1. 接到第三十三条之二规定的就业限制与否确认请求书的所属机关或公职有关团体的首长，应附上有关确认请求事项的意见后，将其移交给所属中央行政机关或地方自治团体的首长，而所属中央行政机关或地方自治团体的首长应在调查确认下列规定的各事项后，附上意见，在正式工作的 15 日以前，将确认请求书移交给管辖公职人员伦理委员会。但是，所属中央行政机关或地方自治团体的首长认定在正式公示的 15 日之前确有无法向公职人员伦理委员会提交确认请求书的事由的，可先让就业限制对象者就业，但应在通报优先就业之日起 15 日内向管辖公职人员伦理委员会附加说明理由，并提交确认就业限制与否的请求。

（1）欲就业的私人企业是否为第三十三条第 3 款公示的营利私人企业。

（2）请求确认就业限制与否的人员其退职前 3 年内所属部门的业务和营利私人企业间是否有第三十二条规定的密切关联性。

（3）欲就业的协会是否为第三十三条第 2 款规定的协会。

2. 管辖公职人员伦理委员会应核查本条第 1 款移送来的确认请求书，将在营利私人企业或协会就业是否符合法第十七条第 1 款正文规定的限制的决定通知给所属中央行政机关或地方自治团体的首长，而所属中央机关或地方自治团体的首长应通过所属机关或公职有关团体的首长，将决定通知请求确认的人员。此时，若认为属于就业限制的，应将就业限制的理由予以通知；若是得到管辖公职人员伦理委员会承认的，则将允许就业的意思予以通知。

(2009 年 2 月 3 日全文修订)

第三十四条　就业承认

1. 欲得到法第十七条第 1 款但书中规定的就业承认的退职公职人员，若无特别理由，应在正式工作 15 日前经退职时所属机关或公职有关团体的首长和所属中央行政机关或地方自治团体的首长，将就业承认申请书提交给管辖公职人员伦理委员会。

2. 就业承认申请人退职时所属机关或公职有关团体的首长应对照本令第三十三条之三第 1 款的规定进行核查，然后将意见书（包括符合第 3 款规定的各项事由）附加于本条第 1 款的就业承认申请书中。

3. 管辖公职人员伦理委员会根据法第十七条第 1 款但书的规定承认就业时，应综合考虑第 2 款规定的意见书、就业承认申请人在退职之前的工作情况以及就业后行使影响力的可能等。认为有符合以下各项情况之一的特别事由的可以承认就业，对于第（2）项规定的情况，无特别的事由，都应予以承认。

（2009 年 11 月 23 日修订）

（1）国家安全上的理由或为了强化国家的对外竞争力和公共的利益就业之必要情况。

（2）因职制和定员的修订、废止或是预算的减少等职位没有了或是超过了定员，在与本人意志无关的情形下被免职的情况。

（3）为了改善国家或地方自治团体出资或再出资的营利私人企业的经营之必要情况。

（4）作为《国家技术资格法》规定的技术领域的资格证持有人（包括根据《资格基本法》的规定国家公认的民间资格证持有人），认为能对有关产业领域的发展和科学技术的振兴有特殊贡献的情况。

（5）根据法院的决定或法令的规定，选任为有关营利私人企业或协会的管理人或任职员的情况。

（6）根据录用合同，在一定期间被录用到需要专门知识、技术的职位的，退职后，在录用前所从事的领域再次就业的。

（7）第三十二条第 1 款前半部分规定的课（包括与此相当的部门）的所属职员，其本人之前直接从事的业务和营利私人企业没有密切的关联性，就业后，行使影响力的可能性很小的情况。

（2009 年 2 月 3 日全文修订）

第三十五条　就业确认

1. 本令第三十一条中规定的就业限制对象者退职时，国家机关、地方自治团体或公职有关团体的首长应在其退职后的 2 年间通过直接或是查询关联机关的方法确认其是否就职于法第十七条规定的关联性营利私人企业和协会，并将核查结果每年至少向管辖公职人员委员会汇报一次。

2. 所属机关或公职有关团体的首长、中央行政机关的首长、地方自治团体的首长或是管辖公职人员伦理委员会根据本令第三十三条之三和第三十四条第 2 款、第 3 款以及本条第 1 款的规定确认就业限制与否或是就业承认时，必要情况下，可以要求关联机关、团体的首长提供有关的资料，接到要求的关联机关、团体的首长，除有其他法令的特别规定，应及时地提供资料。

(2009 年 2 月 3 日全文修订)

第三十六条　年度报告书的编制等

1. 法第二十条之二中规定的年度报告书应包括以下内容。

（1）关于上一年度的财产登记、礼品申报以及退职公职人员的就业限制的现状及运营情况。

（2）关于上一年度的财产登记事项的审查情况和对其结果的处理内容及监督情况。

（3）关于上一年度财产登记事项公开的情况。

（4）其他关于公职人员伦理委员会活动的情况。

2. 法第五条第 1 款中规定的登记机关的首长和根据法第八条第 11 款的规定接受登记事项审查之委任的机关的首长应在每年的 3 月 31 日之前将编制本条第 1 款中规定的年度报告书所需的上一年度的财产登记、礼品申报及对退职公职人员的就业限制等运行情况和活动事项等提交到管辖公职人员伦理委员会。此时，关于材料的提交依照本令第八条但书部分的规定。

(2009 年 2 月 3 日全文修订)

第三十六条之二　公职伦理业务的电算化

1. 公职人员伦理委员会，登记机关的首长或是法第八条第 11 款规定的接受登记事项审查之委任的机关的首长，在符合下列各项之一的情况下，应要求将资料等录入到磁盘、光盘中提交或是通过信息通信网〔此处所指信息通信网是《有关促进信息通信网的利用和信息保护等的法律》第二条第 1 款第（1）项规定的信息通信网，本条以下同〕等提交。

（1）登记义务者财产登记或申报变动事项或是提交资料等的情况。

（2）财产登记义务者和利害关系人根据法第六条第 5 款和第 6 款的规定提交同意书的情况。

（3）根据法第八条第 4 款、第 5 款和第 12 款的规定，国家机关、地方自治团体、公职有关团体以及其他公共机关和金融机关的首长报告或提出资料等的情况。

2. 在根据本令第三十五条之二的规定提交资料时，所属机关或公职有关团体的首长、中央行政机关的首长、地方自治团体的首长以及管辖公职人员伦理委员会，应要求将该资料等录入到磁盘、光盘提交或是通过信息通信网等提交。

3. 在根据法第六条第 5 款和第 6 款的规定将财产登记义务者或利害关系人的同意书提交给金融机关的首长时，公职人员伦理委员会应要求将其录入到磁盘、光盘中提交或是通过信息通信网等提交。

（2009 年 2 月 3 日全文修订）

第三十七条　秘密事项的记载方法

本令第八条、第十三条、第二十五条及第三十六条中规定的报告内容或编制内容中根据相关法令被分类为秘密事项的，可以以不暴露详细内容的方法记载。

（2009 年 2 月 3 日全文修订）

第三十八条　施行规则

关于本令的施行所必要的事项由行政安全部令规定。

（1999 年 12 月 7 日、2008 年 2 月 29 日修订）

附　则

1. 附则（第 13927 号，1993 年 7 月 12 日）

第一条　施行日

本令自公布之日起施行。

第二条　适用规定

本令施行当时的登记义务者应在本令施行之日起 1 个月内到登记机关登记本令施行之日的财产。

2. 附则（第 14441 号，1994 年 12 月 31 日）《教育部和所属机关职制》

第一条　施行日

本令自公布之日起施行。但是……附则第四条第 1 款至第 4 款的修订规定自 1998 年 1 月 1 日起施行。

（1996 年 2 月 22 日修订）

第二条和第三条　省略。

第四条　其他法令的修订

第 1 款和第 2 款省略。

第 3 款《公职人员伦理法施行令》中做如下修订：

第三条第 2 款第（3）项中"国立教育评价院"删除。

第 4 款和第 5 款省略。

3. 附则（第 14498 号，1994 年 12 月 31 日）

第一条　施行日

本令自公布之日起施行。

第二条　对初次成为登记对象的登记义务者的经过措施

因本令的施行，初次成为登记对象的登记义务者应在本令施行之日起 2 个月内向登记机关登记本令施行之日的登记对象财产。

4. 附则（第 15243 号，1996 年 12 月 31 日）

本令自 1996 年 12 月 31 日起施行。

5. 附则（第 15596 号，1997 年 12 月 31 日）

本令自 1997 年 12 月 31 日起施行。

6. 附则（第 16031 号，1998 年 12 月 31 日）

本令自 1998 年 12 月 31 日起施行。

7. 附则（第 16094 号，1999 年 2 月 1 日）《仁川国际机场公司法施行令》

第一条　施行日

本令自 1999 年 2 月 1 日起施行。

第二条　省略。

第三条　其他法令的修订

第 1 款至第 10 款省略。

第 11 款《公职人员伦理法施行令》中做如下修订：

附表 1 和附表 2 中"首都圈机场建设公团"修订为"仁川国际机场公司"。

8. 附则（第 16574 号，1999 年 10 月 11 日）《船舶安全法施行令》

第一条　施行日

本令自 1999 年 10 月 16 日起施行。

第二条　省略。

第三条　其他法令的修订

第 1 款《公职人员伦理法施行令》中做如下修订：

附表 1 第 4 项机关、团体一栏中第 67 目修订为："67. 船舶检查技术协会"。

第 2 款省略。

9. 附则（第 16608 号，1999 年 12 月 7 日）

本令自 1999 年 12 月 31 日起施行。

10. 附则（第 16709 号，2000 年 2 月 14 日）《有关金融机关不良资产等的有效处理和韩国资产管理公司设立的法律的施行令》

第一条　施行日

本令自公布之日起施行。

第二条　其他法令的修订

第 1 款至第 3 款省略。

第 4 款《公职人员伦理法施行令》中做如下修订：

附表 1 第 4 项"由中央行政机关的首长或地方自治团体的首长选任任员或承认其选任之任员的机关或团体的机关、团体"栏中第 36 目修订为："36. 韩国资产管理公司"。

附表 2 第 2 项机关首长一栏中第 32 目修订为"32. 韩国资产管理公司"。

第 5 款至第 23 款省略。

11. 附则（第 16752 号，2000 年 3 月 13 日）《韩国教育广播公司法施行令》

第一条　施行日

本令自 2000 年 3 月 13 日起施行。

第二条和第三条　省略。

第四条　其他法令的修订

第 1 款《公职人员伦理法施行令》中做如下修订：

附表 1 第 3 项"接受政府或地方自治团体出资、补助或受委托履行业务的机关、团体"栏第 53 目中"韩国教育广播院"修订为"韩国教育广播公司"。

附表 2 第 2 项机关首长一栏第 55 目中"韩国教育广播院"修订为"韩国教育广播公司"。

第 2 款至第 4 款省略。

第五条　省略。

12. 附则（第 16784 号，2000 年 4 月 18 日）《契约职公务员规定》

第一条　施行日

本令自公布之日起施行。

第二条　省略。

第三条　其他法令的修订

第 1 款《公职人员伦理法施行令》中做如下修订：

第三条第 2 款第（11）项新设为："（11）《公务员报酬规定》附表 33 第 2 项第 1 目规定的年薪等级为第（1）项至第（4）项的一般契约职公务员和就职于本条第（4）项至第（10）项职级或职位的一般契约职公务员。"

第二十四条第 2 款修订为"2. 法第十条第 1 款第（11）项规定的须公开登记财产的政府公务员如下。（1）就任于相当于一般职一级公务员职位的研究官、指导官、奖学官以及教育研究官。（2）《公务员报酬规定》附表 33 第 2 项第 1 目规定的年薪等级为第（1）项至第（4）项的一般契约职公务员和就职于法第十条第 1 款第（9）项规定的职位的一般契约职公务员"。

第 2 款省略。

第四条　省略。

13. 附则（第 17213 号，2001 年 4 月 27 日）

第一条　施行日

本令自公布之日起施行。但是，第三条第 2 款第（9）项之 2 和第（12）项的修订规定自 2001 年 5 月 31 日起施行。

第二条　适用例

根据第三十三条第 1 款和第 3 款的修订规定，行政自治部长官在公示就业限制的营利私人企业前，准用先前的第三十三条第 1 款和第 2 款的规定。

14. 附则（第 17227 号，2001 年 5 月 24 日）《商业设计振兴法施行令》

第一条　施行日

本令自公布之日起施行。

第二条　其他法令的修订

第 1 款至第 5 款省略。

第 6 款《公职人员伦理法施行令》中做如下修订：

附表 1 第 4 项的机关、团体栏中第 69 目修订为"69. 韩国设计振兴院"。

第7款省略。

15. 附则（第17275号，2001年6月30日）《公务员报酬规定》

第一条　施行日

本令自2001年7月1日起施行。

第二条　其他法令的修订

第1款省略。

第2款《公职人员伦理法施行令》中做如下修订：

第三条第1款至第3款修订为第2款至第4款，同条第4款（之前的第3款）中"第2款第（9）项之2"修订为"第3款第（9）项之2"，同条第1款新设为"1.法第三条第4款中'总统令确定的外务公务员'是指根据《公务员报酬规定》第五十一条的规定职务等级为六等级以上职位的外务公务员"。

第二十四条第1款和第2款分别修订为第2款和第3款，同条第1款新设为"法第十条第1款第4项中'总统令确定的公务员'是指根据《公务员报酬规定》第五十一条的规定职务等级为十二等级至十四等级职位的外务公务员"。

附表2的题目中"第二十四条第1款"修订为"第二十四条第2款"。

第3款至第6款省略。

第三条　省略。

16. 附则（第17420号，2001年11月29日）《腐败防止法施行令》

第一条　施行日

本令自2002年1月25日起施行。

第二条　其他法令的修订

第1款省略。

第2款《公职人员伦理法施行令》中做如下修订：

第三条第3款中新设第（4）项之2为"（4）之2.腐败防止委员会所属公务员中五级以下七级以上的一般职公务员和与此相当的别定职公务员"。

第四条之二第 1 款中新设第（3）项为"（3）腐败防止委员会"。

17. 附则（第 17538 号，2002 年 3 月 2 日）《韩国机场公司法施行令》

第一条　施行日

本令自公布之日起施行。

第二条　省略。

第三条　其他法令的修订

第 1 款至第 5 款省略。

第 6 款《公职人员伦理法施行令》中做如下修订：

附表 1 和附表 2 中"韩国机场公团"分别修订为"韩国机场公司"。

第 7 款至第 13 款省略。

第四条　省略。

18. 附则（第 17899 号，2003 年 2 月 4 日）

第一条　施行日

本令自公布之日起施行。

第二条　对就业限制的经过措施

根据附表 1 的修订规定，公职有关团体的任职员，新成为就业限制对象的，若在本令施行之前退职的则准用之前的规定。

19. 附则（第 18207 号，2003 年 12 月 30 日）《韩国铁路设施公团法施行令》

第一条　施行日

本令自 2004 年 1 月 1 日起施行。

第二条至第四条　省略。

第五条　其他法令的修订

第 1 款至第 5 款省略。

第 6 款《公职人员伦理法施行令》中做如下修订：

附表 1 第 5 项机关、团体一栏中第 46 目修订为"46. 韩国铁路设施公团"。

第 7 款至第 19 款省略。

第六条　省略。

20. 附则（第 18210 号，2004 年 1 月 9 日）

第一条　施行日

本令自公布之日起施行。

第二条　对就业限制的经过措施

根据附表 1 的修订规定，公职有关团体的任职员，新成为就业限制对象的，若在本令施行之前退职的则准用之前的规定。

21. 附则（第 18594 号，2004 年 12 月 3 日）《有关科学技术领域政府捐助研究机关等的设立、运营和扶植的法律施行令》

第一条　施行日

本令自公布之日起施行。

第二条和第三条　省略。

第四条　其他法令的修订

第 1 款至第 5 款省略。

第 6 款《公职人员伦理法施行令》中做如下修订：

附表 1 第 4 项机关、团体一栏中第 91 目修订为"91. 韩国食品研究院"。

附表 2 第 2 项机关、团体一栏中第 97 目修订为"97. 韩国食品研究院"。

第 7 款至第 42 款省略。

第五条　省略。

22. 附则（第 18698 号，2005 年 2 月 11 日）

第一条　施行日

本令自公布之日起施行。

第二条　对就业限制的经过措施

根据附表 1 的修订规定，公职有关团体的任职员，新成为就业限制对象的，若在本令施行之前退职的则准用之前的规定。

23. 附则（第 18920 号，2005 年 6 月 30 日）《有关政府捐助研究机关等的设立、运营和扶植的法律施行令》

第一条　施行日

本令自 2005 年 7 月 1 日起施行。

第二条　省略。

第三条　其他法令的修订

第 1 款《公职人员伦理法施行令》部分修订如下：

附表 1 第 4 项机关、团体一栏中第 7 目、第 13 目分别修订为"7. 经济、人文社会研究会；13. 韩国交通研究院"，同一栏中第 38 目删除。

附表 2 第 2 项机关、团体一栏中第 4 目修订为"4. 经济、人文社会研究会"，同一栏中第 54 目删除。

第 2 款至第 5 款省略。

24. 附则（第 18965 号，2005 年 7 月 26 日）《国家清廉委员会职制》

第一条　施行日

本令自公布之日起施行。

第二条　其他法令的修订

第 1 款省略。

第 2 款《公职人员伦理法施行令》部分修订如下：

第三条第 3 款第（4）项之 2 中"腐败防止委员会"修订为"国家清廉委员会"。

第四条之二第 1 款第（3）项修订为"（3）国家清廉委员会"。

第 3 款和第 4 款省略。

25. 附则（第 19133 号，2005 年 11 月 16 日）

第一条　施行日

本令自 2005 年 11 月 19 日起施行。但是，第三十三条之二、第三十三条之三和第三十四条的修订规定自 2006 年 1 月 1 日起施行。

第二条　有关就职承认的适用例

第三十四条的修订规定适用于 2006 年 1 月 1 日之后首次收到的就业承认申请。

第三条　对就业限制的确认申请的经过措施

2006年1月1日以前根据第三十一条的规定就业限制对象者向所属中央行政机关或地方自治团体的首长申请确认就业限制与否的，可以不受第三十三条之二和第三十三条之三的修订规定的约束，准用之前的规定。

26. 附则（第19162号，2005年12月1日）《渔村、渔港法施行令》

第一条　施行日

本令自公布之日起施行。

第二条和第三条　省略。

第四条　其他法令的修订

第1款省略。

第2款《公职人员伦理法施行令》部分修订如下：

附表1第5项机关、团体一栏中第155目修订为"155. 韩国渔村渔港协会"。

第3款至第10款省略。

第五条　省略。

27. 附则（第19206号，2005年12月28日）《釜山交通公团法施行令》

第一条　施行日

本令自2006年1月1日起施行。

第二条　省略。

第三条　其他法令的修订

第1款至第5款省略。

第6款《公职人员伦理法施行令》部分修订如下：

附表1第5项机关、团体一栏中第44目删除。

附表2第2项机关、团体一栏中第31目修订为"31. 釜山交通公司"。

第7款至第12款省略。

28. 附则（第19458号，2006年4月27日）《有关矿害的防止和恢复的法律施行令》

第一条　施行日

本令自 2006 年 6 月 1 日起施行。

第二条　省略。

第三条　其他法令的修订

第 1 款省略。

第 2 款《公职人员伦理法施行令》部分修订如下：

附表 1 分栏第 5 项机关、团体一栏中第 54 目修订为"54. 矿害防止产业团"。

附表 2 公开对象人员范围栏的第 2 项机关、团体一栏中第 44 目修订为"44. 矿害防止产业团"。

第 3 款至第 6 款省略。

29. 附则（第 19563 号，2006 年 6 月 29 日）《济州特别自治道设置和建成国际自由都市特别法施行令》

第一条　施行日

本令自 2006 年 7 月 1 日起施行。

第二条至第六条　省略。

第七条　其他法令的修订

第 1 款至第 4 款省略。

第 5 款《公职人员伦理法施行令》部分修订如下：

第三条第 3 款第（5）项修订为："（5）国家警察公务员中的警正、警监、警卫、警司和自治警察公务员中的自治警正、自治警监、自治警卫、自治警司"。

第 6 款至第 32 款省略。

第八条　省略。

30. 附则（第 19644 号，2006 年 8 月 17 日）

第一条　施行日

本令自公布之日起施行。

第二条　对初次成为财产登记和财产公开对象的人员的经过措施

因本令的施行，初次成为财产登记和财产公开对象的人员应在本令施行之日起 1 个月内向登记机关登记本令施行之日的财产。

第三条 对属于高级公务员团的公务员的财产登记和公开的经过措施

在本令施行前,作为财产登记义务者和公开对象者已经登记和公开财产的人员,应根据本令的规定进行财产登记和财产公开。

31. 附则(第 19759 号,2006 年 12 月 21 日)

第一条 施行日

本令自公布之日起施行。

第二条 对就业限制的经过措施

根据附表 1 的修订规定,公职有关团体的任职员,新成为就业限制对象的,若在本令施行之前退职的则准用之前的规定。

32. 附则(第 19929 号,2007 年 3 月 16 日)《有关科学技术领域政府捐助研究机关等的设立、运营和扶植的法律施行令》

第一条 施行日

本令自 2007 年 3 月 27 日起施行。

第二条 省略。

第三条 其他法令的修订

第 1 款和第 2 款省略。

第 3 款《公职人员伦理法施行令》部分修订如下:

附表 1 第 4 项机关、团体一栏中第 155 目修订为"155. 韩国原子能研究院"。

附表 1 第 5 项机关、团体一栏中第 93 目修订为"93. 韩国原子能研究院"。

附表 2 第 2 项机关、团体一栏中第 64 目和第 133 目分别修订为"64. 韩国原子能研究院;133. 韩国原子能研究院"。

第 4 款至第 11 款省略。

第四条 省略。

33. 附则(第 19958 号,2007 年 3 月 27 日)《消费者基本法施行令》

第一条 施行日

本令自 2007 年 3 月 28 日起施行。（但书省略）

第二条至第六条　省略。

第七条　其他法令的修订

第 1 款和第 2 款省略。

第 3 款《公职人员伦理法施行令》部分修订如下：

附表 1 第 5 项机关、团体一栏中第 199 目修订为"199. 韩国消费者院"。

附表 2 第 2 项机关、团体一栏中第 126 目修订为"126. 韩国消费者院"。

第 4 款至第 16 款省略。

第八条　省略。

34. 附则（第 20099 号，2007 年 6 月 21 日）

本令自 2007 年 6 月 29 日起施行。

35. 附则（第 20191 号，2007 年 7 月 26 日）《有关总统记录物管理的法律施行令》

第一条　施行日

本令自 2007 年 7 月 28 日起施行。

第二条和第三条　省略。

第四条　其他法令的修订

第 1 款省略。

第 2 款《公职人员伦理法施行令》部分修订如下：

第二十九条第 2 款中"文化观光部长官"修订为"《有关公共记录物的法律》第 9 款规定的中央记录物管理机关的长官"。

36. 附则（第 20741 号，2008 年 2 月 29 日）《行政安全部和所属机关职制》

第一条　施行日

本令自公布之日起施行。（但书省略）

第二条至第五条　省略。

第六条　其他法令的修订

第 1 款至第 24 款省略。

第 25 款《公职人员伦理法施行令》部分修订如下：

第三条第 3 款第（4）项之 2 修订为："（4）之 2.《国民权益委员会职制》第十二条规定的腐败防止部所属五级以下七级以上的一般职公务员和与此相当的别定职公务员"。

第四条之三第 1 款第（2）项和第（3）项分别修订为"（2）金融委员会；（3）国民权益委员会"。

第四条之三第 2 款第（2）项和第十四条第 2 款中"建设交通部部长"分别修订为"国土海洋部部长"。

第二十条第 2 款中"行政自治部"修订为"行政安全部"。

第二十条第 2 款、第二十七条之六第 2 款但书、第二十九条但书、第三十三条第 3 款和第 4 款中"行政自治部长官"分别修订为"行政安全部长官"。

第二十四条第 1 款、第二十九条第 1 款正文和第三十八条中"行政自治部令"修订为"行政安全部令"。

第二十七条之三的题目"财政经济部和金融监督委员会所属公务员的范围"修订为"企划经济部和金融委员会所属公务员的范围"；同条除题目之外的部分中"财政经济部"修订为"企划经济部"，"金融监督委员会"修订为"金融委员会"。

第二十七条之六第 2 款但书中"财长经济部"修订为"企划经济部"，"金融监督委员会"修订为"金融委员会"，"财政经济部长官"修订为"企划经济部长官"。

第 26 款至第 105 款省略。

37. 附则（第 20947 号，2008 年 7 月 29 日）《有关资本市场和金融投资业的法律施行令》

第一条　施行日

本令自 2009 年 2 月 4 日起施行。（但书省略）

第二条至第二十五条　省略。

第二十六条　其他法令的修订

第 1 款至第 14 款省略。

第 15 款《公职人员伦理法施行令》部分修订如下；

第五条之二第 1 款第 1 项中"韩国证券交易所"修订为"韩国交易所"；同款第（2）项删除；同款第（3）项中"根据《证券交易法》第一百九十四条规定"修订为"根据《有关资本市场和金融投资业的法律》第一百六十六条规定"。

第二十七条之五中"《信托业法》和《间接投资资产运营法律》修订为《有关资本市场和金融投资业的法律》"。

附表 1 第 5 项机关、团体一栏中第 153 目修订为"153. 韩国预托结算院"。

第 16 款至第 113 款省略。

第二十七条和第二十八条　省略。

38. 附则（第 20993 号，2008 年 9 月 10 日）《科学技术基本法施行令》

第一条　施行日

本令自公布之日起施行。

第二条　其他法令的修订

第 1 款《公职人员伦理法施行令》部分修订如下：

附表 1 第 4 项机关、团体一栏中第 115 目修订为"115. 韩国科学创意财团"。

附表 2 第 2 项机关、团体一栏中第 100 目修订为"100. 韩国科学创意财团"。

第 2 款至第 4 款省略。

39. 附则（第 21052 号，2008 年 9 月 30 日）《有关矿害的防止和恢复的法律施行令》

第一条　施行日

本令自公布之日起施行。

第二条　省略。

第三条　其他法令的修订

第 1 款省略。

第 2 款《公职人员伦理法施行令》部分修订如下：

附表 1 第 5 项机关、团体一栏中第 25 目修订为 "25. 韩国矿害管理公团"。

附表 2 第 2 项机关、团体一栏中第 13 目修订为 "13. 韩国矿害管理公团"。

第 3 款至第 8 款省略。

40. 附则（第 21146 号，2008 年 12 月 3 日）《有关消防产业的振兴的法律施行令》

第一条　施行日

本令自 2008 年 12 月 6 日起施行。

第二条　其他法令的修订

第 1 款省略。

第 2 款《公职人员伦理法施行令》部分修订如下：

附表 1 第 5 项机关、团体一栏中第 197 目修订为 "197. 韩国消防产业技术院"。

第 3 款至第 7 款省略。

41. 附则（第 21289 号，2009 年 2 月 3 日）

第一条　施行日

本令自公布之日起施行。但是，第五条之二和第二十七条之五的修订规定自 2009 年 2 月 4 日起施行。

第二条　有关公职有关团体及其任员的公示特例

不受第三条之二第 2 款和第二十四条第 5 款的修订规定的约束，除在 2009 年 12 月外，在 2 月份也应在官报上公示公职有关团体及其任员。

第三条　其他法令的修订

第 1 款《公务员任用令》部分修订如下：

第五十条第 2 款但书中 "根据《公职人员伦理法》第三条第 1 款第（10）项的规定" 修订为 "根据《公职人员伦理法》第三条第 1 款第（12）项的规定"。

第 2 款《有关公职人员等的兵役事项申报和公开的法律施行令》部分修订如下：

第三条第 15 款中"《公职人员伦理法》第三条第 1 款第（9）项和第（10）项"修订为"《公职人员伦理法》第三条第 1 款第（11）项和第（12）项"。

第 3 款《有关性买卖防止和被害者保护等的法律施行令》部分修订如下：

第二条第 1 款第（4）项修订为"（4）根据《公职人员伦理法施行令》第三条之二第 2 款的规定行政安全部部长在官报上公示的公职有关团体（同条第 3 款规定的被排除在外的公职有关团体应予排除）"。

第 4 款《有关首都圈大气环境改善的特别法施行令》部分修订如下：

第二十八条第 6 款中"《公职人员伦理法》第三条第 1 款第（10）项"修订为"《公职人员伦理法》第三条第 1 款第（12）项"。

第 5 款《女性发展基本法施行令》部分修订如下：

第二条第 4 款第（2）项修订为"（2）根据《公职人员伦理法施行令》第三条之二第 2 款的规定行政安全部部长在官报上公示的公职有关团体（同条第 3 款规定的被排除在外的公职有关团体应予排除）"。

第 6 款《地方公务员任用令》部分修订如下：

第三十八条之六第 2 款但书中"根据《公职人员伦理法》第三条第 1 款第（10）项的规定"修订为"根据《公职人员伦理法》第三条第 1 款第（12）项的规定"。

42. 附则（第 21487 号，2009 年 5 月 13 日）《国民权益委员会职制》

第一条　施行日

本令自公布之日起施行。

第二条　其他法令的修订

《公职人员伦理法施行令》部分修订如下：

第三条第4款第5项中"《国民权益委员会职制》第十一条规定的腐败防止部"修订为"《国民权益委员会职制》第十一条规定的腐败防止局"。

第三条 省略。

43. 附则（第21841号，2009年11月23日）

第一条 施行日

本令自公布之日起施行。

第二条 有关公职团体和公开登记财产的公职有关团体的任员的公示的特例

行政安全部长官不受第三条之二第2款和第二十四条第5款的修订规定的约束，应在2009年11月30日之前将公职有关团体和公开登记财产的公职有关团体的任员在官报上公示。

附表 特别市、广域市、特别自治市、道、特别自治道的
公职人员伦理委员会的管辖
（与第十五条之二相关）

伦理委员会	管辖公务员
特别市、广域市、特别自治市、道、特别自治道公职人员伦理委员会	·市、郡、区议会议员 ·特别市、广域市、特别自治市、道、特别自治道和特别市、广域市、特别自治市、道、特别自治道议会所属四级以下一般职公务员，以及获得与其相当报酬的、职位相当的别定职、研究职和指导职公务员；地方消防厅及其下属单位所属消防公务员；及其上述退职人员 ·市、郡、区和市、郡、厅议会所属四级一般职公务员，以及获得与其相当报酬的、职位相当的别定职、研究职和指导职公务员；及其上述退职人员 ·与上述三类职级、职位相当的契约职公务员及其退职人员 ·特别市、广域市、特别自治市、道、特别自治道所属公职有关团体的任员、职员；及其退职人员
市、郡、区公职人员伦理委员会	·市、郡、区和市、郡、厅议会所属五级以下一般职公务员，以及获得与其相当报酬的、职位相当的别定职、研究职和指导职公务员；及其上述退职人员 ·与上述职级、职位相当的契约职公务员；及其退职人员 ·市、郡、区所属公职有关团体的任员、职员；及其退职人员

续表

伦理委员会	管辖公务员
特别市、广域市、特别自治市、道、特别自治道教育厅公职人员伦理委员会	・市、郡、区教育机构（机构内不设局）的长官；及其退职人员 ・特别市、广域市、特别自治市、道、特别自治道教育厅或教育委员会所属四级以下一般职公务员，以及获得与其相当报酬的、职位相当的别定职、研究职、教育研究职等的公务员；及其上述退职人员 ・与上述两类职级、职位相当的契约职公务员；及其退职人员
政府公职人员伦理委员会	・地方自治团体长官等地方自治团体政务职公务员；特别市、广域市、特别自治市、道、特别自治道议会议员；及其上述退职人员 ・教育监、教育委员、地方教育机构（机构内设局）的长官；及其上述退职人员 ・地方自治团体和地方议会所属三级以上一般职公务员、高级公务员团所属一般职公务员，以及获得与其相当报酬的、职位相当的别定职、研究职、指导职公务员；地方消防准监以上级别的消防公务员；及其上述退职人员 ・特别市、广域市、特别自治市、道、特别自治道教育厅或教育委员会所属三级以上一般职公务员，以及获得与其相当报酬的、职位相当的别定职、研究职、教育研究职等的公务员；及其上述退职人员 ・与上述第三和第四类职级、职位相当的契约职公务员；及其退职人员 ・法第九条第2款第（1）项至第（7）项以外的公务员；及其退职人员

公职人员伦理法[①]

(1981年)

第一条 目的

本法目的是通过对公职人员的财产登记、礼品申报和退职公职人员的就业限制等加以规定，来防止公职人员不正当行为，确保公务履行的公正性，从而构筑清廉的公职社会，进而确立作为国民服务者——公职人员的伦理准则。

第二条 生活保障等

为使公职人员献身于公职，国家应该保障公职人员的生活，并努力确立公职伦理准则。

第三条 登记义务者等

1. 凡符合下列各项之一的公职人员（以下称"登记义务者"），必须根据本法的规定，进行财产登记。

（1）国家和地方自治团体的政务职公务员。

（2）三级以上的一般职国家和地方公务员以及获得与此相当报酬的别定职公务员。

（3）三级以上的外务公务员、国家安全企划部的职员以及获得与此相当报酬的军务员。

（4）法官和检事。

（5）长官级军官。

（6）教育公务员中的总长、副总长、学长（大学校的学长除外）以及教育监。

[①] 1981年版《公职人员伦理法》，法律第3530号，1981年12月31日制定，1983年1月1日施行。该法由本书作者翻译。

（7）总警以上的警察公务员和消防正以及地方消防监以上的消防公务员。

（8）市长、郡守、区厅长、警察署长。

（9）五级以上的关税厅和国税厅所属公务员。

（10）总统令在符合下列各目之一的机关、团体中所指定的机关、团体（以下称"公职有关团体"）的任员。

①政府投资的机关和得到政府捐助、补助的机关、团体以及接受委托执行政府业务的机关、团体。

②根据《地方公企业法》所建立的地方公社、地方公团和得到地方自治团体的捐助、补助的机关、团体以及接受委托执行地方自治团体业务的机关、团体。

③在选任任员中，需得到中央行政机关的首长、地方自治团体的首长承认的或由中央行政机关首长、地方自治团体首长选任的机关、团体。

（11）其他总统令所指定的特定部门的公务员和公职有关团体的职员。

2. 登记义务者的财产登记可根据总统令规定分阶段实施。

第四条 登记对象财产

1. 登记义务者需登记的财产是指符合下列各项之一的人员的财产（包括无论以何种名义但事实上归其所有的财产，下同）。

（1）本人。

（2）配偶（包括具有事实上的婚姻关系者，下同）。

（3）本人的直系亲属，但已出嫁的女子除外。登记义务者因婚姻关系，丈夫或妻子入籍对方家中，则将对方的直系亲属均视为其直系亲属。

2. 登记义务者需登记的财产如下。

（1）有关不动产的所有权、地上权和传世权。

（2）矿业权、渔业权以及其他准用不动产规定的权利。

（3）总统令所规定的动产、有价证券、无形财产权、债权和债务以及所得。

3. 根据第 1 款规定应登记财产的标示方法、各所有者登记对象财产的范围以及其他必要事项由总统令规定。

第五条 财产登记机关和登记时间等

1. 公职人员在其成为登记义务者后的一个月内，应分别向以下各机关（以下称"登记机关"）登记自成为登记义务者以来的财产。但是因调离、降任或退职而免除登记义务的人员在三年以内再次成为登记义务者的，可以以申报调离、降任、退职以后的变动情况，或依据本法第十一条第 1 款规定申报财产变动事项后的变动情况，来替代登记。

（1）国会议员以及其他国会所属公务员：国会事务处。

（2）法官以及其他法院所属公务员：法院行政处。

（3）军人和军务员：国防部。

（4）第（1）项至第（3）项以外的登记义务者：总务处。

2. 本条第 1 款中有关但书的情况下，如现在的登记机关与以前的登记机关不一致，先前登记机关的首长应将由于调离等原因而被免除登记义务者的有关财产登记的档案材料，在其再次成为登记义务者之日起的一个月内移交给新登记机关的首长。没有免除登记义务，只是登记机关变更的，其处理办法同上。

第六条 变动事项申报

1. 登记义务者必须把每年 1 月 1 日至 12 月 31 日期间财产上发生的变化，到第二年的 1 月中旬为止，向登记机关申报。但最初登记之后或根据第五条第 1 款但书部分的规定申报之后发生的变动事项，应向登记机关申报成为登记义务者之日起至该年 12 月 31 日期间的变动情况。

2. 根据第 1 款规定申报时，应附加交易契约书、收据等（包括副本）能说明增减原因的资料，或明示原因。

3. 根据第 1 款规定应申报财产的变动事项的范围和内容由总统令规定。

第七条 登记期限的延长

登记机关的首长在登记义务者因不得已的事由要求延长财产登记（包括申报，以下相同）的期限时，如认为其理由正当，可延长其财产之全部或一部分的登记时间。但登记义务者必须在延长的期间内进行登记。

第八条 登记事项的审查

1. 登记机关的首长负责对登记事项进行审查时。

2. 登记机关的首长根据第 1 款规定进行审查时，必要情况下，可向登记义务者要求提供资料、向其提出书面质疑。

3. 登记机关的首长根据本条第 1 款规定审查时，可向国家机关、地方自治团体、公职有关团体等公共机关的首长要求协助提供必要的报告或资料等。

4. 登记机关的首长依据本条第 1 款规定的审查结果，对其中具有财产隐匿或虚假登记嫌疑的登记义务者，在获得所属公职人员伦理委员会确认后，应请求法务部长官（军人或军队系统服务人员，则请求国防部长官）调查。

5. 法务部长官或国防部长官在接受根据本条第 4 款规定的调查后，应立即令检事、检察官进行调查，并将调查结果向登记机关首长通报。

6. 本条第 5 款规定的检事、检察官的调查，可以适用刑事诉讼法令（包括《军事法院法》）中关于搜查的规定。但不适用关于人身拘束的规定。

7. 获得有关第 5 款规定的调查结果通报的登记机关的首长应将有财产隐匿或虚假登记事实的登记义务者情况向其所属机关、团体的首长通报。

第九条 公职人员伦理委员会

1. 为了对以下各事项进行审查和做出决定，在国会、大法院、政府分别设立公职人员伦理委员会。

（1）确认本法第八条第 4 款的规定。

（2）承认本法第十七条第 1 款但书的规定。

2. 各公职人员伦理委员会的管辖事项如下：

（1）国会公职人员伦理委员会：国会议员等国会所属公务员，以及本系统退职公职人员的事项。

（2）大法院公职人员伦理委员会：法官等法院所属公务员，以及本系统退职公职人员的事项。

（3）政府公职人员伦理委员会：第（1）项和第（2）项以外的公

职人员和退职公职人员的事项。

第十条 登记财产的非公开

1. 有关登记义务者的财产登记事项以不公开为原则。但是由总统令确定的登记义务者的登记事项可以公开。

2. 任何人在没有得到登记机关首长许可从事此行动的情况下，不得阅览、复印有关登记义务者财产登记的材料或指使他人为之。

3. 登记机关的首长，除符合以下各项的情况以外，不得同意阅览、复印。

（1）对登记义务者进行犯罪搜查、违法调查以及与此相关的审判上的需要时。

（2）国家机关、地方自治团体和公职有关团体的首长，为判断所属公职人员是否与违法事件有牵连时。

（3）登记义务者或原登记义务者要求阅览或复印本人之登记事项时。

4. 第1款但书中规定的有关公开的方法、程度等程序上的有关事项由总统令确定。

第十一条 调离人员等的财产申报

1. 登记义务者保持有公务员或公职有关团体任员、职员的身份（包括在退职后的一个月内再次成为公务员或公职有关团体的任员、职员），而因调离被免除登记义务，应在调离日起的一个月内，将该年1月1日（如是1月1日以后成为登记义务者，则从成为登记义务者的日期起算）以后至调离日止的财产变动事项，向原登记机关申报。之后两年间每年应在调离的月份申报上一年的财产变动情况。

2. 根据本条第1款规定的申报和对该申报事项的管理时，可准用本法第六条至第八条、第十条、第十二条至第十四条的规定。

第十二条 诚实履行登记义务等

1. 登记义务者应诚实登记财产。

2. 登记义务者对登记机关首长等所做的有关登记事项审查、调查时，应诚实地回应。

3. 本法第四条第1款第（2）项、第（3）项的人员，在登记义务者财产登记时或登记机关的首长等所做的有关登记事项审查调查时，应予以协助。

4. 本法第四条第1款第（2）项、第（3）项的人员因归责事由不能诚实登记财产的，登记义务者应明示该事由。

第十三条 禁止利用财产登记事项达到本法规定以外之目的

登记义务者除虚假登记或其他本法规定事由外，不因登记事项而受到不利待遇或处分，任何人均不得利用本法规定的有关财产登记的事项，达到本法规定以外的目的。

第十四条 严守秘密

从事和曾经从事财产登记的工作人员以及其他因职务上关系而了解财产登记情况的人员，不得向他人泄露所知情况。

第十五条 申报接受外国政府等的礼品

1. 公务员、公职有关团体的任员和职员，接受外国或与其职务有关系的外国人（包括外国团体，下同）的礼品，必须立即向其所属的机关、团体的首长申报，并上交礼品。他们的家属接受外国或与公务员、公职有关团体的任员、职员有职务上关系的外国人的礼品，按同样规定申报。

2. 根据本条第1款的规定，需申报的礼品的价值，由总统令确定。

第十六条 礼品归属国库等

1. 根据本法第十五条第1款规定申报的礼品，应立即归属国库。

2. 关于对申报的礼品进行管理、保存等事项，由总统令确定。

第十七条 限制退职公职人员到有关私人企业就业

1. 曾在由总统令所确定的职务级别或职务领域工作过的公务员以及公职有关团体的任员和职员，在退职日起的两年内，不得到与其退职前两年间曾工作过的部门有密切业务关系并具有一定规模的以营利为目的的私人企业（以下称"营利私人企业"）就业。但是，在得到其所属公职人员伦理委员会的承认时，不受此限制。

2. 本条第 1 款规定的退职公职人员曾担任过的工作与营利私人企业间的密切关系的范围、营利私人企业的规模，根据国会规则、大法院规则、总统令确定。

第十八条 就业承认申请

根据本法第十七条第 1 款但书的规定，退职公职人员如欲获得就业的承认，应根据国会规则、大法院规则和总统令的规定，通过所属机关的首长，向所属公职人员伦理委员会提出就业承认的申请。

第十九条 就业人员的解任要求等

1. 公职人员伦理委员会委员长，国家机关和地方自治团体以及公职有关团体的首长，对曾在有关的机关、团体工作的人员（公职人员伦理委员会委员长的情形，则为根据本法第十七条第 1 款规定的应限制就业的人员）违反第十七条第 1 款的规定而就业时，应向有关中央行政机关的首长（国会为国会事务总长，法院为法院行政处处长，下同），要求对当事人采取解除就业的措施。接到要求的中央行政机关的首长，应向当事人就业的营利私人企业或协会的负责人要求解任。

2. 根据本条第 1 款的规定，接受解任要求的营利私人企业或协会的负责人，应立即予以响应。

第二十条 计划、总括机关

总务处长官掌管本法所规定的关于财产登记、申报礼品、退职公职人员的就业限制的企划和总括业务。

第二十一条 施行令

关于本法施行有关的必要事项，根据国会规则、大法院规则、总统令确定。

第二十二条 惩戒等

公务员、公职有关团体的任、职员违反法第五条第 1 款、第六条第 1 款和第 2 款、第十条第 2 款（包括第十一条第 2 款中准用的情形）、第十一条第 1 款、第十二条第 1 款和第 2 款、第十三条（包括第十一条第 2 款中准用的情形）、第十四条（包括第十一条第 2 款中准用的情形）、第十五条第 1 款规定的，所属机关、团体的首长可以此为由要求给予惩戒。

第二十三条 罚则

1. 对违反第十条第 2 款（包括第十一条第 2 款中准用的情形）和第十四条（包括第十一条第 2 款中准用的情形）规定的人员，处以一年以下有期徒刑或 500 万韩元以下的罚款。

2. 第 2 款的情形，徒刑和罚金可一并使用。

第二十四条 罚则

对违反第十七条第 1 款或第十九条第 2 款规定的人员，处以一年以下有期徒刑或 500 万韩元以下的罚款。

图书在版编目（CIP）数据

韩国公职人员财产登记与公开制度研究/曹玮著.—北京：社会科学文献出版社，2016.1
（韩国研究文库）
ISBN 978-7-5097-7831-9

Ⅰ.①韩… Ⅱ.①曹… Ⅲ.①公务员-行政管理-研究-韩国 Ⅳ.①D731.263.1

中国版本图书馆CIP数据核字（2015）第167124号

·韩国研究文库·

韩国公职人员财产登记与公开制度研究

著　者／曹　玮

出 版 人／谢寿光
项目统筹／高明秀
责任编辑／王晓卿　李　博　何晋东

出　　版／社会科学文献出版社·全球与地区问题出版中心（010）59367004
　　　　　地址：北京市北三环中路甲29号院华龙大厦　邮编：100029
　　　　　网址：www.ssap.com.cn
发　　行／市场营销中心（010）59367081　59367090
　　　　　读者服务中心（010）59367028
印　　装／北京季蜂印刷有限公司
规　　格／开　本：187mm×1092mm　1/16
　　　　　印　张：24　字　数：346千字
版　　次／2016年1月第1版　2016年1月第1次印刷
书　　号／ISBN 978-7-5097-7831-9
定　　价／89.00元

本书如有破损、缺页、装订错误，请与本社读者服务中心联系更换

版权所有 翻印必究